海外铁路铺架施工技术与安全风险控制

孙立强　安爱军　胡钊光　张亚舟　等　编著

中国铁道出版社

2017年·北　京

内容简介

以肯尼亚新建蒙内铁路铺架工程为背景，结合肯尼亚当地社会环境、自然环境的实际情况，以施工组织为主，以工艺技术为辅，以降低施工风险（安全风险、经济风险、社会风险）为目标，研究海外铁路铺架工程施工风险的避险综合成套技术，使该成果对类似的海外铁路铺架工程具有示范性作用，为我国铁路走向世界的技术保障和安全保障提供参考。

图书在版编目(CIP)数据

海外铁路铺架施工技术与安全风险控制/孙立强等编著.—北京：中国铁道出版社，2017.3

ISBN 978-7-113-19342-3

Ⅰ.①海… Ⅱ.①孙… Ⅲ.①铁路工程—铺轨—安全技术②铁路工程—铺轨—风险管理 Ⅳ.①U215.5

中国版本图书馆CIP数据核字(2017)第011010号

书　　名：海外铁路铺架施工技术与安全风险控制
作　　者：孙立强　安爱军　胡钊光　张亚舟　等

责任编辑：许士杰　**编辑部电话**：(010)51873204　**电子信箱**：syxu99@163.com
编辑助理：曹丽莉
封面设计：崔丽芳
责任校对：王　杰
责任印制：郭向伟

出版发行：中国铁道出版社(100054，北京市西城区右安门西街8号)
网　　址：http://www.tdpress.com
印　　刷：北京铭成印刷有限公司
版　　次：2017年3月第1版　2017年3月第1次印刷
开　　本：787 mm×1 092 mm　1/16　印张：20　字数：482千
书　　号：ISBN 978-7-113-19342-3
定　　价：60.00元

《海外铁路铺架施工技术与安全风险控制》编著人员

孙立强　安爱军　胡钊光　张亚舟　易宏海　叶小林　任文峰　周国新

冷　冬　沈玉山　温欣岚　古俊晓　侯　敏　徐　鑫　雷　瑜　张　兵

孟晓鹏　莫　坤　颜炳仁　王立刚　曹方文　马　记　黄文宏　魏　刚

管　强　周晶华　张　强　谢青春　井伟文　冯朝干　柏春鹏　吴振兴

中国路桥工程有限责任公司参加编著人员

孙立强　安爱军　胡钊光　易宏海　叶小林　任文峰　周国新

沈玉山　温欣岚　侯　敏　雷　瑜　张　兵　孟晓鹏　莫　坤

中交隧道工程局有限公司参加编著人员

张亚舟　冷　冬　古俊晓　徐　鑫　颜炳仁　王立刚　曹方文

马　记　黄文宏　魏　刚　管　强　周晶华　张　强　谢青春

井伟文　冯朝干　柏春鹏　吴振兴

前　言

海外铁路建设是实施“一带一路”国家战略的关键一环，也是中国铁路“走出去”的国家战略需要。东非位于“一带一路”战略路线之上，东非共同体国家制定采用统一标准建设标准轨距铁路的技术政策，加速建设东非一体化现代铁路网。肯尼亚是“一带一路”战略在非洲唯一的支点，由中国交通建设股份有限公司承建的蒙内铁路是肯尼亚近百年来建设的首条新铁路，是东非铁路网的咽喉。以蒙内铁路为切入点进行铁路相关技术与管理的属地化研究，将为推动中国铁路全产业链走出去战略在非洲地区的落地生根奠定坚实的基础。在此国家战略实施过程中，铁路建造技术是其中的重要一环，而铁路铺架工程施工技术是铁路建造技术的一项十分重要的内容，对其相关技术与管理方法的总结、提炼，形成适合海外铁路的铺架施工技术与管理体系，将对类似工程起到示范性作用。

本书以肯尼亚蒙内铁路为工程背景，全方位论述了海外普速铁路铺架施工调查、铺架基地设置、轨枕与T梁预制、轨排组装、轨排与T梁运架、新线工程运输、铺架安全与应急等方面的技术与管理方法；以风险控制为主线，系统阐述了海外铁路工程驻在国社会环境调查策略、海外铁路铺架施工风险控制策略、高恐袭地区防恐安保策略；以安全精细化管理为主线，深入论述了海外铁路铺架施工安全与应急管理。在撰写书稿过程中，编著者们还结合自己的工作实际加入了若干公共安全应急制度典型范例和应急演练典型范例，以增加著作的实用性和示范性，力求使本书对我国同行在海外铁路铺架施工的安全快速地开展有较强的借鉴意义。

全书共分八章，撰写分工为：第一章由中国路桥工程有限责任公司易宏海、任文峰、沈玉山和中交隧道工程局有限公司冷冬撰写；第二章由中国路桥工程有限责任公司温欣岚和中交隧道工程局有限公司颜炳仁、马记撰写；第三章由中国路桥工程有限责任公司雷瑜和中交隧道工程局有限公司徐鑫、魏刚、管强、吴振兴撰写；第四章由中国路桥工程有限责任公司周国新和中交隧道工程局有限公司曹方文、黄文宏、周晶华撰写；第五章由中国路桥工程有限责任公司张兵、孟晓鹏和中交隧道工程局有限公司张强、井伟文撰写；第六章由中交隧道工程局有限公司古俊晓、冯朝干撰写；第七章由中国路桥工程有限责任公司叶小林和中交隧道工程局有限公司王立刚撰写；第八章由中国路桥工程有限责任公司莫坤、侯敏和中交隧道工程局有限公司谢青春、柏春鹏撰写。全书由胡钊光、张亚舟负责统稿，由孙立强、安爱军负责审定。本书撰写工作得到了石家庄铁道大学黄守刚、李向国的大力支持和热情帮助，在此表示衷心感谢。

限于编著委员会的水平和能力所限，书中错误和不妥之处在所难免，恳请广大读者批评指正。

编著者

2016年11月

目　录

第一章 海外铺架工程施工特点与环境调查策略

第一节 海外铁路建设项目发展形势与面临的风险

一、海外铁路建设项目发展形势

自 20 世纪 90 年代以来，经济全球化成为世界经济发展的主要趋势，各国之间的经济联系不断加强，具体表现为国际贸易和外国直接投资（FDI）的快速发展。随着改革开放的逐步深入和社会主义市场经济体系的逐步建立，中国开始加快融入世界经济的步伐，对外贸易和对外直接投资迅速扩张。特别是在“走出去”战略的激励下，中国企业开始在世界范围内拓展经营范围，扩展海外市场，由此刺激了中国的国际工程承包业务，企业的海外项目不断增多，甚至成为一部分中国企业的主要盈利环节。

在铁路对外投资建设方面，中国已经后来居上，走在世界的前列。无论是普速铁路还是高速铁路，我国的铁路建设和运营技术也正逐步向海外发展。

2014 年 5 月 11 日，中国与肯尼亚两国领导人以及来自东非其他五国的总统或外长，共同见证了蒙巴萨—内罗毕铁路相关合作协议的签署，涉及金额 38.04 亿美元。蒙内铁路是肯尼亚独立以来的最大工程，是肯尼亚百年来建设的首条最长新铁路，全部采用“中国标准”制造。该项目正线全长 480 km，采用单线内燃机车牵引，设计客运时速 120 km、货运时速 80 km，该项目采用中国国铁一级标准进行设计施工。该铁路建成后，蒙巴萨到内罗毕从建成前的十多个小时缩短到 4 个多小时。该铁路将最终把肯尼亚与东非内陆国卢旺达、乌干达和南苏丹连接起来。2016 年 3 月 24 日，中国中交集团与肯尼亚政府在内罗毕签署了纳瓦沙—基苏木标轨铁路项目、基苏木—马拉巴标轨铁路项目、新建基苏木港项目及内罗毕集装箱内陆港扩建项目（ICD）的商务合同，合同额总计约为 53 亿美元。采用与蒙内铁路相同的技术标准，合同工期为 54 个月，这是继蒙内铁路之后继续采用中国标准、中国技术建造的国际干线铁路。

2015 年 10 月 16 日，中国和印尼正式签署雅万高铁项目，该高铁项目全部采用中国装备。雅万高铁是中国高铁第一次全系统、全要素、全产业链走出国门、走向世界。这是国际上首个由政府主导搭台、两国企业间进行合作建设和管理的高铁项目，也是中国高速铁路从技术标准、勘察设计、工程施工、装备制造、物资供应，到运营管理、人才培训、沿线综合开发等全方位整体走出去的第一单项目，对于推动中国铁路特别是高铁走出去，具有重要的示范效应。

2016 年 6 月 25 日，中国铁路总公司与俄罗斯国有企业在中俄两国领导人的见证下签署了全面战略合作协议，双方将加快“莫斯科—北京”欧亚高速运输走廊项目的建设，并共同开展“莫斯科—喀山”的高铁项目。莫斯科—喀山高速铁路是欧亚高速运输走廊的试点项目，总里程达 770 km，将延伸至北京，并以此打造“莫斯科—北京”欧亚高速运输通道。由此可见，中俄高铁合作前景广阔。莫斯科—北京的高铁总长 7 000 公里以上，建成后，往来两地由原来的 6 天行程缩短 2 天时间，将极大便利两国人民的友好交流。

近年来，我国高铁建设飞速发展，令世人瞩目，我国高铁的发展速度远远超过世界上任何一个国家，中国高铁的运营里程已居世界第一，除此之外，中国高铁还包括时速最高、在建规模最大、拥有系统技术最全等特点。这是都得益于高铁的快速发展。同时这也是中国铁路吸引外资的一大重要优势，在促进合作的同时，也有利于激活市场竞争，打破垄断，提高效率，降低成本，有助于提高我国铁路企业建设水平和竞争力。这对于我国的铁路企业走出国门、走向世界，也起到了极大的推动作用。

二、海外铁路建设项目面临的风险

与此同时，我们也应清醒地认识到，中国经济在融入世界经济的过程中，速度虽快，但起步较晚，尚处在初级阶段，对世界市场的规则还不能够做到充分的了解与运用。因此，中国的国际工程承包业务也存在很多不完善之处，走出国门的海外施工项目仍然面临较大风险，铁路项目亦如此。不同于国际间的商品贸易，铁路建设项目存在着周期长、金额大以及结构复杂等特点。

此外，随着科学技术的不断发展，各国的社会环境与经济环境不断变化，带来了更多的不确定性。还有一点，那就是中国目前的铁路建设市场主要在发展中国家，有些属于法律法制不太完善的国家，有些甚至属于高恐袭风险国家。

作为铁路建设一个重要组成部分的施工阶段，是铁路建设中投资最多、风险最高的阶段。在海外进行铁路施工，由于所处的政治环境、社会环境、自然环境等与国内差别较大，所以所涉及的安全问题远比国内复杂。比如在肯尼亚蒙内铁路施工时，当地经济，文化发展相对而言比较落后，部族之间经常爆发争斗，暴力抢劫事件也常有发生。偷盗工程施工材料、机械油料的事件几乎每天都有。加上当地居民大都嗜好喝酒，而且经常借酒滋事，施工的社会环境极为恶劣。

因此，随着中国企业在海外进行铁路建设项目业务拓展的同时，经济风险、安全风险、社会风险也在不断增大。能否对这些风险加以深刻认识和全面控制，逐渐成为影响中国海外铁路建设项目成败的关键。

第二节　海外铁路铺架施工特点

一、铺架施工在铁路建设中的地位

一般来讲，铁路工程施工合同中要求的通车期限，是整条铁路竣工交付期限，线路中的所有工程和工作的工期安排，都必须以此期限为准来安排铁路各标段、各类施工工程的合理工期。在铁路建设各类工程工期的安排中，铺架施工具有突出和特殊的地位，它是整条线路建设过程中一个非常重要的里程碑工程。在全线施工进度计划安排中，铺轨是决定所有“线下工程”工期的限制线，也是检查控制工程工期上有无困难，是否需要提早开工的主要标准。铺轨工程对于降低工程成本和“线上工程”的加速施工具有重要作用，因为新线一经铺架，就可以运行工程列车，工程材料、机具设备和施工给养等方面的运输费用就可以大大降低。同时，在开通工程列车运输的同时，也能开办临时客货运业务，提早发挥新线的经济效益和社会效益。

铺架工期的安排既要求所有“线下工程”都能在铺架前完成，又必须保证“线上工程”在交付使用前1～2个月全部完成。对于重点土石方、特大桥、高桥及长大隧道等控制性工程必须提早开工，安排好施工顺序，加强组织措施，提供一切保证条件，从而使其不致影响铺架的连续作业，避免临时绕行。一般情况下，各类工程与铺架施工的关系如下：

(1)路基工程必须在铺架前半个月完工，以便进行线路复测，设置线路桩，整修路面及边坡以及正线上预铺底砟等工作。

(2)桥梁工程应在铺架前一个月完工，以便铺架单位进行桥位复核、桥头加固、修筑架梁岔线等工作，对于难度大的特大桥，为保证工期，也可采用现场制梁，集中统一架设的方法，以加快铺架进度。

(3)隧道工程应在铺轨前一个月完工，以便有充分的时间进行检查整修、整体道床施工、场地清理等工作。

(4)凡影响铺架施工的工程都必须提前准备，提前开工，邻近铺架基地的工程应首先开工，而使铺架作业循序向前，连续施工。所有“线下工程”都必须在铺架到达前半月至一个月完成，以保证铺架单位充分做好铺架准备，保证铺架进度。

(5)给水工程需要妥善安排，可在铺架前修建部分正式给水工程，以满足铺架需要，其余待铺轨后进行，以便利用工程列车运送材料，降低成本。

(6)通信工程尽量安排在铺架后进行，以免与铺架施工相互干扰，也便于利用工程列车运输材料，降低工程成本。

(7)信号工程一般在铺砟整道、道岔就位后进行。

二、海外铁路铺架施工新要求

随着我国铁路技术向海外拓展，研究适合于特殊社会环境、政治环境和自然环境的铁路铺架基地布置、梁体预制与架设、轨枕预制与轨排组装、轨道铺设等的方案、技术，成了摆在铁路铺架施工企业面前的一大任务。

1. 原材料与国内可能存在较大差异，新材料、新工艺、新技术、新设备的研发成为施工单位的一大要务。

以肯尼亚蒙内铁路梁体预制、轨枕预制等所需的石材为例，当地只有多孔火山岩可以采用，这就要求施工单位对采用多孔火山岩制造预应力混凝土梁、预应力混凝土轨枕所可能产生的安定性进行研究，对因采用多孔火山岩而造成的构件多孔而可能引起冻裂和耐久性问题进行研究，对混凝土的消泡技术进行研究，对多孔火山岩预制梁的制造技术和多孔火山岩轨枕预制技术进行研究。

2. 跨文化风险高可能带来很多的安全隐患和暴力事件。

在海外进行铁路铺架施工，尤其是在多民族(部族)的国家或地区进行施工，因铁路延展里程长，铺架可能要经过多个部落地区，各部落宗教信仰、风俗习惯、思维方式、语言文字、沟通方式等可能不同，以及文化的刚性造成中外文化之间的差异，并由此导致文化冲突和文化风险，致使铁路铺架项目受阻。如何有效地解决文化差异带来的矛盾，规避文化风险，实现跨文化融合，从而顺利完成铁路铺架项目，是海外铁路铺架工程领域的一个新兴课题。

3. 海外铁路铺架施工的建设管理面临新的要求。

铁路建设项目向海外发展对铺架施工提出了新的要求，我们必须更新建设观念，从设计标准、建设工期、建设管理制度、施工质量控制等方面彻底更新观念，需要建立匹配的设计标准，针对国外的实际情况确定合理的建设工期，落实严密的建设管理制度，实现严格的产品及施工质量控制。在建设管理方面，需要有合理的建设工期、高素质的建设管理队伍、客观务实的建设管理理念和严密的建设管理制度。在施工质量控制方面，需要有满足运营需求的质量控制标准、高素质的施工队伍和施工监理队伍、严格的质量控制程序和制度，有先进、科学的施工方法。而这正好与铁路项目所在国家当地员工的文化水平较低（甚至文盲）的情况相矛盾。

4. 解决铁路铺架线长点多与安保任务重的矛盾成为摆在施工企业面前的一道难题。

在高恐袭风险国家或地区进行铁路铺架施工，存在一大矛盾，那就是铁路线长点多，这使得安保力量分散，易遭到恐怖袭击，施工设备与材料遭偷盗的概率大大增加，总体上社会环境恶劣。

第三节　海外铁路铺架工程社会环境调查策略研究

一、海外铁路铺架工程可能面临的风险类型

在海外工程项目实施过程中，主要风险包括政治风险、经济风险、自然灾害风险、医疗卫生风险、恐怖活动风险、工程作业安全风险、社会治安风险及其他风险。

政治风险是由于铁路项目所在国（地）的政治变革或政治变动，导致工程项目生产经营活动中断或不连续、蒙受损失的风险。包括铁路所在国（地）的政局变化、战争、武装冲突、社会动乱、民族宗教冲突等。

经济风险是指铁路所在国（地）宏观经济形势变化给工程项目带来经济损失的风险。宏观经济形势的变化包括经济危机、金融市场动荡、主权债务危机、通货膨胀、利率汇率变动等。经济风险主要包括通货膨胀风险、主权风险、外汇风险、利率风险、流动性风险等。

自然灾害风险是由于自然异常变化而造成的人员伤亡、财产损失、社会失稳、资源破坏等现象或一系列事件造成的风险损失。它的形成必须具备两个条件：一是要有自然异变作为诱因，二是要有受到损害的人、财产、资源作为承受灾害的客体。世界范围内重大的突发性自然灾害包括：旱灾、洪涝、台风、风暴潮、冻害、雹灾、海啸、地震、火山喷发、滑坡、泥石流、森林火灾等。

医疗卫生风险是指使个人患病或受伤害的概率加大的任何属性、特征或风险。从风险因素分析，主要有物理因素、化学因素、地缘因素、生物因素和社会心理因素五种。物理因素主要有噪声、运动（例如，晕车晕船）、震动、压力（例如，潜水）、电离和非电离辐射、高温或低温作业等；地缘因素主要有气温、气候、温差、海拔、湿度、空气质量、日照、交通、通信设施、周边医疗服务设施（距离和可利用度）、场内医疗服务设施的标准、现场医务人员的能力等；化学因素主要有有毒化学物质、灰尘、喷雾、浓烟、感光剂（可造成皮肤和呼吸道的反应）等；生物因素主要有野生动物、性传播疾病、地方病、流行病、职业病、饮食、饮用水污染、卫生不达标等；社会心理因素主要有环境偏远导致的与世隔绝感、居住环境拥挤、缺乏私密环境、与外界与家人通信困难、各种歧视、遭受欺凌和骚扰、文化差异和当地的法律、风俗、语言等。

恐怖活动风险是指以制造社会恐慌、胁迫国家机关或国际组织为目的，采取暴力、破坏、恐吓或者其他手段，造成或者意图造成人员伤亡、重大财产损失、公共设施损坏、社会秩序混乱等严重社会危害的行为带来的风险。煽动、资助或者以其他方式协助实施上述活动的，也属于恐怖活动。恐怖活动组织是指为实施恐怖活动而组成的犯罪集团。恐怖活动人员是指组织、策划、实施恐怖活动的人和恐怖活动组织的成员。恐怖活动包括：人为制造社会动乱、冲突、政治不稳定、炸弹爆炸、炸弹威胁、人身攻击、绑架、勒索等。

工程作业安全风险是指在施工作业活动中发生坍塌、坠落、触电、物体打击、火灾、爆炸等意外，造成现场人员或居民伤亡及财产损失、环境污染意外等风险。

社会治安风险是指影响社会治安的各种矛盾、因素。社会治安是指社会在一定的法律、法规及制度的约束下而呈现的一种安定、有秩序的状态或状况。社会治安风险包括：纠纷、性骚扰、抢劫、人身攻击、勒索、绑架、汽车或其他劫持、海盗、盗窃、诈骗等。

其他风险包括海外发生的可能对海外工程和人员造成危害或形成潜在威胁的其他各类风险。

二、典型案例分析——中铁建麦加项目

（一）案例回顾

下面以中国铁建股份有限公司（简称中铁建）在麦加的建设项目为例，介绍中国企业在海外的项目施工过程中可能遇到的相关风险以及可选择的管理措施。

麦加处于沙特阿拉伯国境内，终年高温少雨，属于典型的热带沙漠气候。同时，麦加作为穆罕默德的出生地，是穆斯林信徒的朝圣之地，在宗教和社会文化上占据着十分重要的位置。2009 年，中铁建与沙特签订海外施工商业合同，修建由沙特麦加萨法到穆戈达莎的轻轨道路，中铁建负责设计、采购、施工、初始运营以及初期维护的全部工作，合同金额超过 120.7 亿人民币。该项目建成后总长度达到 18.06 km，双线通车后预计将提供每小时 7.2 万人的运输能力，将成为沙特阿拉伯境内一条重要的人力交通运输通道。在合同的具体执行过程中，由于实际情况发生了一定变化，沙特方面提出新的施工要求，增加了工程的施工难度，延长了工期，从而导致中铁建成本的进一步上涨。因此，在 2010 年具体施工过程中，工期和工程质量都远没有达到中铁建预计的水平，最终该项目延迟半年竣工并投入运营。在中国商务部专家的鉴定下，认为由于沙特方面提出超过订立合同范畴的需求，增加了施工的难度和成本，才最终导致中铁建在该海外施工项目中遭受了 40 亿元人民币的亏损。该海外项目的失败给公司的运营带来了一定的困难，中铁建的股价也在亏损信息公布的当天大幅下滑，投资者信心受到较大影响。中铁建麦加项目是中国企业实施海外项目失利的典型案例，其中的很多风险因素都值得所有“走出去”的中国企业认真研究。

（二）中铁建麦加项目的风险因素

1. 政治风险

沙特阿拉伯是一个宗教国家，再考虑到麦加的社会历史因素，可以预见中铁建的轻轨建设项目面临的最主要风险因素是政治风险。在中铁建项日谈判和具体实施过程中，沙特政府的多次干预成为引发政治风险的主要原因。在中铁建决定在沙特修建轻轨项目之初，中国政府就给予了高度重视和支持，由原铁道部领导出面组成专家调查小组，整合中国铁路部门的信息和资源，全面调查和评估项目建设情况，并对相关的困难提供必要而有力的援助。为了确保工

程的如期保质完成，中国政府有关部门和中铁建通力合作，尽了最大的努力。中铁建轻轨项目的商业合同是与沙特政府部门签订的，在具体的施工过程中，沙特政府对工程提出了很多新要求，这些要求在合同中都没有体现，为了确保两国的经济利益，维护友好的商业往来，中铁建先后派出多名领导干部亲赴沙特组织施工，加大劳动力投入，最高峰的时期曾经投入两万名劳动力参与施工建设。沙特政府的介入给施工建设项目带来了一定的政治风险，如果不能有效地应对，确保工程的顺利完成，不仅会造成该项目的亏损，还会给中铁建甚至是中国其他企业在中东地区开拓海外市场带来不小的负面效应。对中东地区来说，民主政治发展相对不完善，国内政局较为动荡，这些都会成为诱发政治风险的决定因素。

2. 经济风险

在中东地区，沙特阿拉伯的经济环境相对稳定和安全，但是中铁建在沙特实施建设项目还是会面对一定的经济风险。最主要的经济风险来自汇率，沙特法律规定，国际间的商业活动统一由美元或者本国货币结算。由于以美元为主导的货币体系在中东地区仍然稳固，因此中国在沙特的海外施工项目将受到美元币值波动带来的汇率风险。近年来，中国的汇率改革深入进行，人民币逐渐走上升值的道路，而美元呈现出贬值的趋势，无论是人民币还是美元，在2009～2010年的区间内都存在着较为频繁的波动现象，各自的币值并不稳定。因此，中铁建在沙特的轻轨建设项目面临着不小的汇率风险。

除此之外，在施工材料的选取上，中铁建也遇到了诸多难题。近年来，随着石油经济的快速发展，带动了沙特本国的经济发展，国内的建筑市场日渐兴旺，各类建筑材料呈现出供不应求的局面，价格上涨。但中东地区的建材市场仍然以欧美国家的产品最为畅销，中国的建材还不能够被沙特的政府采购部门所认可，因此本国的低成本建筑材料不能被采用，这在很大程度上增加了中铁建的建设成本。

3. 法律风险

在中铁建麦加轻轨项目的整体进程中，可能接触到的沙特法律较多。沙特阿拉伯的法律制度并不能很好地维护市场的公平竞争，其《外国投资法》、《劳动与劳工法》对本国的劳动者和企业都存在着具有较大倾向性的支持政策，特别是《政府招标与采购法》中的规定明显具有偏袒本国企业，排斥外国企业进入本国市场的政策倾向。这也就意味着，如果中铁建在施工的具体过程中遇到任何商业纠纷诉诸法律，将不会获得东道国法律的任何支持，甚至可能给企业带来更大的损失，对于施工的具体环节和劳动力待遇等具体问题，如果中铁建不能事先熟悉相关法律，规避可能触犯东道国法律的措施，很可能会引发法律风险。法律风险不仅会造成经济损失，也会给企业甚至国家的形象带来一定的破坏。在中东地区，法律环境都存在着这样的特点，也值得中国企业引起特别的关注。此外在劳动力相关问题上，特别是对待穆斯林员工的问题上，中东地区的国家法律一般都存在着特殊的规定，这些规定是中国企业在海外施工项目中必须遵守的。

4. 社会文化风险

沙特阿拉伯的国教是伊斯兰教，该国的绝大多数人口为穆斯林，宗教在很大程度上影响着人们的生活和信仰，也对该国的劳动力市场产生了一定影响，在劳动力工作时间，工作待遇上都存在着较为特殊的风俗习惯。此外，沙特阿拉伯等中东国家的工作时间相对较短，人们的生活节奏也相对较慢，对于习惯国内劳动力条件的中国企业来说，项目工程的完工经常会晚于预期。在中铁建实施轻轨建设项目的过程中，并没有很好地注意到穆斯林员工的问题，也没有充分考虑到沙特劳动力的工作习惯和模式，这也成为最终工程延期带来损失的原因。当然，在中铁建个这个项目中，社会文化风险并不是主要的风险因素。

5. 自然风险

沙特阿拉伯属于热带沙漠气候，全年高温，夏季时最高温度超过 60℃，气候条件对工程的施工来说极为不利。加上水资源严重匮乏，使得中铁建在施工过程中不得不为恶劣的自然条件付出额外的成本，以满足工程本身和劳动力对自然资源的必要需求，如工人在高温酷暑环境下工作的额外报酬等。中铁建在项目建设之初，已经对自然条件的影响有所准备，因此在施工过程中并没有因为自然条件产生过多的纠纷或者未预期的成本。

6. 合同风险

中铁建与沙特政府部门订立合同时，采用的是国际标准的工程承包商业合同（即 FIDIC 合同），这个合同是由沙特方面起草并主导的，虽然具有很强的操作性，具体条款在中铁建审核后也相对完整严谨，但在具体的实施过程中，主导权始终没有掌握在中铁建手中。沙特方面能够不断提出对工程新的要求在一定程度上也是由于中铁建没有掌握合同主导权的缘故，因此并不能通过正常的商业途径获得相应的追加款项或者赔偿金。此外，出于拓展市场的考虑，中铁建面对沙特方面的新要求并没有选择停工谈判，而是继续施工，这在无形中已经承担了相应的合同风险。合同风险是中国企业经常面临的风险，这反映了中国企业的合同意识相对淡薄，需要政府加以引导。

7. 管理风险

在该项海外施工项目中，中铁建负责从设计到施工到运营后维修的各个环节，但是在各个环节都要遵循当地的技术标准，由沙特政府进行审批，这是中铁建在合同谈判中的一个重要失误，直接导致了中铁建在拥有技术优势的情况下丧失了技术标准上的主动权，最终不得不听从沙特方面的要求，在施工的部分环节采用了欧美标准，无形中增加了成本，也增加了施工的难度。技术风险往往不是决定性的风险因素，但却在很多环节给整体的项目进程带来阻碍。

最后，在管理方面，由于沙特一味学习欧美国家在海外工程承包中的管理模式，也给中铁建带来了一定的困难。中铁建不得不放弃在国内长期适用的管理模式，给海外施工项目增加了适应成本。当然，在拓展海外市场的过程中，必须要跳出原有的管理体制，适应国际市场的管理需要，并与监理机构等中介组织充分沟通，这样的管理风险是中国企业必须经历和面对的过程。

三、社会环境调查策略

（一）当地国家法规和地方法规环境调研策略

法律法规环境，包括安全、环境保护、建筑、劳动保护、外贸、外国投资、税收、劳动就业、海关、外汇等有关的法律法规和与中国签订的国际条约等。由于历史背景、经济水平、文化传统、社会发展状况，世界上各国在社会制度、法律法规的制定方面也不太相同。最简单的例子，对于成年年龄的规定，有的规定是 18 岁，有的规定是 20 岁。

对于同一社会关系或事实的法律、法规规定内容的不同，也会导致文化冲突的产生。同时，西方企业一般是在法律环境比较严格和完善的条件下开展经营与管理，习惯以法律条文作为自己言行举止的依据；在非洲国家和中东地区，很多的法律法规则对本国企业进行保护，例如有的要求施工材料招标的对象必须是本国企业，有的规定本国劳务人员必须占到总数的规定比例。

与之相矛盾的是，我国的工程项目管理人员往往以经常变动的条文、指令、文件作为企业成员的办事章程和决策依据。由于双方行为标准和依据不同，使得我国企业在向海外扩展业务的同时，遇到了前所未有的难题。这就要求施工企业对项目所在地的国家法规和地方法规做全面、细致的调查研究，可以从以下几个方面着手：

(1)通过聘请的项目律师和当地律师了解项目所在国的法律制度(以环境保护为例，相关的环境保护文件、许可证及项目所在国法律规定的其他文件)及其变化情况。有时，作为项目人员很难对当地法律法规做深入了解，只能依赖当地律师去搜集相关的法律法规要求。了解当地法律一定要知道当地国家法律所属的法律体系、司法制度、法律惯例。众所周知，世界上的法律制度主要分为普通法系和民法体系(或称为大陆法系)。目前及可遇见的未来，中国铁路施工企业在海外的项目大都位于非洲、南美洲、中亚、中东、东南亚地区和俄罗斯。可以说，搞清楚目标所在地国家或地区属于什么法律体系和项目所适用的法律规定是防范法律风险至关重要的第一步。

(2)从相关咨询公司获取信息，咨询公司可以对中国铁路施工企业提供这方面的信息服务。

(3)中国的驻外大使馆、领事馆和商务机构也可以成为相关信息的来源渠道(主要是恐袭、治安等方面的信息)。

(二)当地人文、宗教、习俗、习惯、社会治安等的调查策略

跨文化是跨越了不同国家与民族界线的文化，是不同民族、国家及群体之间的文化差异，是通过越过体系以经历文化归属性的人与人之间的互动关系。更广泛的是，中外人文、宗教、习俗、习惯等的差异，都可能给海外铁路建设工程带来不必要的麻烦。以跨文化为例，跨文化语言交际更容易引起语言沟通障碍，导致跨文化交际失败；跨文化非语言交际更容易引发交际冲突，导致不必要的麻烦。比如“脱帽”，墨西哥南部奴雷谷一带的人，忌讳客人一进屋就脱去帽子，他们认为这样意味着来寻衅和报仇的；而在中国，进屋“脱帽”是为了方便，没有任何的感情色彩掺杂其中。不同国家的“脱帽”差异行为便成了非语言交际引发交际冲突的根源，无意的“脱帽”行为就触犯了非语言交际中的禁忌习俗。

跨文化交际日益频繁是社会不断进步的结果，影响跨文化交际的文化因素包括一个民族的历史、传统、宗教、价值观念、社会组织、风俗习惯，社会所处的发展阶段和社会制度等。然而在具体的跨文化交际活动中，不同文化背景的人们之间或多或少会存在这样或那样的障碍。不同的文化背景，必然存在不同的语言或禁忌习俗。因为有些禁忌在某一文化或民族的、不同地区、不同地方、乃至不同场合都可能会千差万别。在人们的日常生活中，尤其是跨文化交际中的一些正式场合，都需要认真对待这个问题。对不同文化背景中存在的语言或禁忌习俗缺乏了解，必然会在跨文化交际中显得不合礼仪，导致交际失败。

对于当地人文、宗教、习俗、习惯、社会治安等，可通过从相关咨询公司获取信息，也可中国的驻外大使馆、领事馆和商务机构了解相关信息，同时在向导的带领下通过与当地居民中的长老、老者等了解风俗习惯等。除了调查这些信息外，还应准确了解敏感国家的大使馆、清真寺或其他宗教设施等的位置(这一类设施属于潜在袭击目标或较为敏感的建筑，施工场地、驻地、营地等应尽量远离之)。另外，还应了解当地一般社区情况、风俗及当地居民对环境、噪声污染等问题的态度等。

第四节　当地雇员安全培训与技术培训策略

海外铁路铺架工程作业人员有获得安全生产教育和技能培训的权利，以及知晓作业场所和工作岗位存在的危险因素、防范措施及事故应急措施的权利。

海外铁路铺架工程项目对施工人员进行技术培训，培训的核心内容与国内没有区别，最主要是铺架项目所采用的技术标准规范的差异性培训。

1. 安全风险培训内容

海外铁路铺架工程项目对施工人员进行安全培训，首先要确定施工人员的培训需求并制定培训计划。通过培训，所有的员工、雇员和承包商人员应认知安全威胁并知晓和了解个人和项目的安全措施。其培训主要包括以下几方面内容：

(1)个人安全防范知识和技能；

(2)对突发事件的个人应对知识和技能；

(3)不同安全风险级别的划分标准和相关要求；

(4)武器、危险物质和保安设备常识；

(5)可能会造成安全威胁的人物性格特征和行为举止方式；

(6)避开安全风险的技术。

为有效提升员工个人实际安全技能，使其能够在高风险环境下有效防范安全事故，正确应对治安事件、武装袭击等突发事件，及时开展自救与互救，海外工程项目应对员工进行高风险环境安全技能培训，培训内容应包括但不限于：

(1)个人岗位安全操作技能和应急程序；

(2)如何避免成为恐怖分子或犯罪分子的攻击目标；

(3)社会安全信息收集分析、监视与反监视；

(4)如何利用自身特点应对攻击者；

(5)急救技能；

(6)GPS 全球定位系统的使用；

(7)边远地区作业和夜间行动注意事项；

(8)野外生存；

(9)实用性逃生。

为有效应对突发事件，海外工程项目应对员工进行突发事件应对培训，培训内容应包括但不限于：

(1)可能遇到突发事件的类型及特点；

(2)突发事件报告和响应程序；

(3)应急预案要求；

(4)不同类型突发事件的应对措施，包括枪击爆炸事件、绑架事件、紧急撤离等。

为提升差旅过程中的安全性，海外工程项目应对员工进行行程安全培训，培训内容应包括但不限于：

(1)出行过程中存在风险的认知；

(2)出行准备；

(3)乘坐飞机安全常识;

(4)住宿安全(宾馆和就餐地点的选择及其消防通道);

(5)路途安全(反常行人的认知、驾驶安全、乘车安全)。

2. 培训方法

海外当地雇员培训具有以下特点:

(1)文化不同。当地雇员的培训过程属于跨文化交流,由于当地雇员的特有文化,与国内的文化有区别,人员的交流方式、生活方式、工作态度等有较大差异,沟通上存在一定难度。

(2)交流障碍。在非英语国家当地大部分雇员不懂英语,更不懂汉语,使得交流存在障碍,甚至出现误解。

(3)知识水平有限。经过多年的战乱,相当一部分当地雇员的文化水平不高,使得其理解力、想象力有一定差距,培训过程中采用文字形式不适用。

鉴于以上实际情况,现场安全和技术培训的开展存在一定的难度,要取得较好的效果更是难上加难。因此,在培训方法上需要创新,要打破"满堂灌"和"作报告"的做法,采用参与式的培训方法,力求少讲、精讲,更多的通过精心设计的培训方法引导当地雇员参与其中,真正以学员为主体。可以采用以下几个培训方法:

(1)图片、flash 动画和 3D 动画情景再现。对施工安全知识和技能、施工技术技能等图解化、动画化,培训中采用大量现场施工作业图片和事故图片,并结合实际制作 flash 动画和 3D 动画,用来重现事故事件现场情况和现场违章情况,同时将图片分为违章图片和正确做法对比图片,非常直观,当地雇员看后即知道如何正确操作,哪些是违章行为,对于事故再现更是印象深刻。对于图解铁路铺架施工安全,可以将中国铁道出版社出版的"图解铁路施工安全"系列丛书中的相关分册翻译成英语或当地土语,变为适应性更强的立体化培训教材。另外,通过 flash 和 3D 动画重现施工工艺流程和施工技术要点。

(2)影视剧剪辑进行安全培训。影视剧主要指电影、电视剧、动画片和安全类公益广告等。影视剧剪辑现在被广泛应用于管理、营销类的培训中。绝大部分的安全事故都来自于人的不安全行为。例如,将电影《火海逃生》用于消防知识的培训,将《倒霉熊》系列动画片用于 JSA、后退五步法、风险管理、防御性驾驶等培训;部分关于安全驾驶方面的公益广告也可用于防御性驾驶培训,网络上还有部分关于吊装作业和叉车作业的事故视频,也可用于特种设备安全培训。

(3)模拟游戏身临其境。目前网络上有大量的各类模拟游戏,例如 crane simulator、Rig of Rods、forklift simulator 和 3D driving school。此 4 款模拟游戏均为免费游戏,可自行下载无限制使用,在海外雇员的吊装作业安全、叉车和防御性驾驶培训中发挥巨大的作用。应用模拟游戏开展实际操作方面的培训可以降低车辆燃油费用、极大程度降低使用真实设备存在的隐患。其中,crane simulator 和 Rig of Rods 用于吊装作业安全操作、吊装指挥信号的培训和考核,可以模拟各种现场常见的吊装操作。Forklift simulator 用于叉车的培训和考核。3D driving school 用于防御性驾驶的培训和考核,帮助当地驾驶员养成良好的驾驶习惯和驾驶态度,减少和避免交通事故的发生,保证人员和车辆安全。经过实践,应用这几款游戏进行培训,学员兴趣非常高,积极参与讨论,极大程度提高了培训效果。

需要说明的是,专门针对铁路铺架施工安全培训的模拟软件仍属于国内外研发空白,在信息技术、网络技术发达的今天,完全有必要研发一款立足铁路铺架施工企业安全教育培训演练功能定位，围绕轨枕预制、梁体预制、轨排组装、轨排运输与铺设（长轨铺设）、梁体运输与架设等关键环节的安全预防与控制，运用一系列典型模拟装置以及基于网络技术、信息技术、仿真技术的安全培训与仿真演练系统，对从业人员和专业应急救援队伍进行安全知识学习、安全技能训练、安全隐患辨识、事故征兆识别、事故逃生技能演练、事故应急救援技能演练等，充实其施工安全知识，强化、提高其操作技能和应急救援能力，避免施工事故，降低施工事故损失。只需要在集团公司服务器上安装该系统，即可在其任何一个网络终端实现形象化、互动性、趣味性的安全知识与技能的学习、演练、考试与评价，从而达到良好的培训效果。

第二章　海外铁路铺架施工组织设计

第一节　铺架方案研究

一、铺架方案的地位

铺架方案是施工组织设计中最重要的内容，必须从铺架施工的全局出发，慎重地分析比选确定。铺架方案是铺架施工根本性前提，施工与管理的各个方面无一不与施工方案有着紧密的联系，并受到施工方案的重大影响。施工方案一经制订，则整个铺架施工过程的人力需求与组织安排，物资、机械设备的数量规格，工程质量与施工安全、工程成本、施工效益等就基本上确定。因此，铺架方案是否恰当合理，将直接影响项目的经济效益和铺架施工的工期、质量。对于海外铁路铺架工程，若铺架方案不合理还会给国家带来更加严重的负面影响，进而影响到国家走出去发展战略。另一方面，我们也决不能一味追求所谓的先进方案而去搞不成熟、不可靠的创新，衡量施工方案优劣的标准是看它能否满足铺架任务的要求，能否满足合同规定的进度与工期要求，能否满足施工单位对经济效益的要求，能否保证施工安全与环境不受到破坏，能否与铁路属地图的当地政府友好沟通、与当地人民群众和谐相处。所以，我们一定要认识到，施工方案最终是为完成铺架任务服务的，它与施工组织设计中的其他方面是相互制约，相互影响的。制订施工方案时必须坚持实事求是，一切从实际出发的原则。

二、铺架施工方案的范围与基本内容

1. 铺架施工方案的范围

铺架施工涉及面广，头绪复杂，它既受站前工程施工的影响，又是站前工程施工的限制线；既影响站后工程的施工进度，又要利用站后工程提供的便利条件；既涉及到具体标段的铺架作业，又联系到全线的铺架与贯通运营。所以，制订施工方案时，必须综合考虑、全面安排，既包括设计阶段，也包括施工阶段。总之，涉及的范围是很广的，对于海外铁路铺架工程，概括起来有以下几个方面：

(1)沙石料场选择与生产方案；

(2)轨枕预制场设置方案与轨枕预制方案；

(3)梁体预制场设置方案与梁体预制方案；

(4)铺轨头数及分期、分段铺架的安排；

(5)铺架基地设置方案(须考虑安保设施、设备、防盗措施等)；

(6)砟场的选择与铺砟方案；

(7)铺轨方案(是标准轨轨排铺设还是一次性铺设无缝线路，以及相应的施工方案)；

(8)架梁方案；

(9)铺架联合作业方案；

(10)运输方案;

(11)关键工程的铺架方案;

(12)辅助生产生活方案;

(13)针对恐怖袭击的安保方案。

2. 铺架施工的基本内容

每种方案各有其侧重点,但其基本作用有两点,一要解决完成本项工程的技术问题;二要解决完成本项工程的组织与管理问题。前者是选择施工方案的基础,必须依据工程的特点、性质、目标要求及本单位施工现场的具体条件,选择恰当的办法,使用恰当的机械设备,来解决技术问题,完成施工任务;后者是对前者的补充和完善,其任务是安排施工顺序,提出保证质量安全、降低成本的有力措施,并把施工方案的具体执行与进度计划结合起来,从而保证施工协调、均衡地进行。

三、铺架方案的制订与比选

(一)铺架的方向与头数的确定

铺架的方向和头数是编制施工组织设计时的一项重大决策,对铺架施工的工期,成本都有重大影响。必须根据线路的实际情况综合考虑。如与既有线接轨点的位置(如果新建铁路与既有铁路接轨)、铺架基地的设置、铺架单位机械设备的数量和水平、施工能力,站前工程的施工情况等。一般应从以下几个方面进行综合比较。

1. 与既有线接轨点的数量与位置

拟建铁路与既有线的接轨点的数量与位置是影响铺架方向与头数的客观因素之一。当与既有线只有一个接轨点且在拟建铁路的始点或终点时,一般情况下,只能在接轨点设置铺架基地,这时铺架工作只能单向单段进行。若接轨点在拟建铁路中部、则可以从接轨点相背进行铺架施工,若线路起讫点均与既有线接轨或一端与既有线接轨一端靠近通航河流或港口,铺轨工作也可双向进行,采取两头铺轨。接轨点比较多时,条件允许也可以采用多头铺架方案。

要特别强调的是,与上述国内的铁路铺架施工相比,我国的海外铁路项目经常有特殊情况,比如在肯尼亚的蒙内铁路(新建蒙巴萨至内罗毕铁路位于肯尼亚境内,呈东南至西北走向,经过海岸省、东部省、内罗毕特区,是连接港口城市蒙巴萨和首都内罗毕的标轨铁路,主线全长471.65 km。)就遇到了特殊情况。DK245 铺架基地位于蒙内铁路正线和既有米轨铁路之间,初步想法是将钢材、钢轨等进口物资从蒙巴萨港口通过米轨铁路直接运送到基地内,再在基地内用标轨铁路便线倒运,减少汽车运输费用,后期由于和肯尼亚铁路局没有达成一致,铁路运输成本过高,钢材、钢轨等物资仍然以公路运输方式运输。基地设置一条临时便道与 A109 公路相连,通过汽车从蒙巴萨港口运来的物资从便道运到基地内。因此,海外铁路铺架项目的施工企业应做好这一类风险的分析、评价和控制工作。

2. 铺架基地的数量、位置与规模

轨排、轨料的供应地点和位置、规模,即铺架基地的情况也是制约铺架段数及方向的因素之一。若只有一个铺架基地,且只设在线路起点或终点时,铺架施工只能单向单段进行;若有多个铺架基地或铺架基地设在拟建铁路中段时,便可考虑多头多向铺架。

以肯尼亚蒙内铁路为例,原计划只在铁路中点附近设置一个铺架基地,即 DK245 铺架基地,该基地设置在蒙内铁路项目永久征地范围内,部分生产生活设施根据肯尼亚铁路局要求永久保留，做到永久工程和临时工程相结合，减少浪费。如果按照一个铺架基地考虑，则可以采用两头双向铺架。后来考虑到工期问题，一个铺架基地无法按期完成铺架任务，于是在DK352再增加一个铺架基地，采用双头铺架。在进行调研过程中，发现了一个难题，那就是蒙内铁路的所有钢轨道岔均从国内购买，自天津港海运至蒙巴萨港。原拟到港后采用当地米轨铁路运输，但当地米轨铁路运输公司无此运输经验，无配套平板车辆，需组织国内车辆厂家进行改装，同时既有铁路最小曲线半径为175 m，线路状况差，行车速度只有30 km/h，运能极小，运输费用高。如果采用公路运输，自蒙巴萨港口经由市区公路条件差，公路曲线半径小。为了考查钢轨运输的可行性，采用了一辆可装载25 m钢轨的平板车进行了验证行驶，验证实验表明，25 m钢轨采用公路平板车是可行的。

25 m钢轨运输问题解决以后，每个铺架基地的轨排运输与铺设、梁体运输与架设均以铺架基地为起点，向蒙巴萨(港口方向)进行，使得铺架工程的难度大大降低，进度大大提前，效益也得到提高。

3. 铺架单位的设备情况和施工能力等因素

因为铺架施工专业性很强，大都是专用设备，不能适用于其他工程，一旦铺架完工而又没有新的任务时，必然造成停工，从而造成机械闲置，给铺架单位和国家带来经济损失。所以在其他条件允许的情况下，从施工单位效益考虑，宜采用单向铺架，便于合理调配工、料、机等生产要素，使铺架施工有条不紊地进行。若采用双头或多头铺架，则需购置双套或多套机械设备，组织双倍或多倍的铺架队伍，铺架基地的压力也随之增大。从施工组织与管理的角度看，则要组织全线平行作业，工作繁杂，人财物消耗大，施工协调困难，易出现施工不均衡甚至混乱的现象，对铺架施工的质量、成本、安全等都会带来不利影响。所以，从施工单位的利益来看，宜采取单向、最多双向的铺架作业，尽量少采用多头铺架，只有在工期特别吃紧或其他特殊情况下，方可采用，但要处理好眼前与长远、局部和全局的关系。

4. 从施工期限及线路状况、控制工程的施工条件等多方面进行考虑

铺架工程的工期是选择施工方案的关键因素之一。它的安排既要使站前工程都能在铺轨前完成，又须使站后所有工程都能在交付使用前全部完工。单段单向铺轨所需作业时间长，占用铁路建设总工期比重较大，需尽量创造条件，争取早日铺轨。在安排铺架工期时又必须考虑以下两点：首先铺轨线必须在总工期之内；其次全段铺通后，要预留一段时间做站后配套施工和进行验交工作。所以，在考虑是否采用单向铺架时，必须考虑“线下工程”的施工时间，重点考虑关键控制工程能否满足铺架工期的要求。一般应考虑以下几点：

(1)对关键控制工程能否先行准备，提前开工，或集中人力、物力、财力、机械设备重点突破，使之确保铺架作业。

(2)采取措施仍不能满足要求时，可先铺架到关键工程附近，利用工程列车运送物资，为加快施工创造条件，待完工后，继续进行铺架作业。

(3)经过技术经济比选，能否采取便线绕行的办法，待工程完工后，再投入正线铺架施工。

(4)采取组织与管理措施，选择铺架方向时，以关键工程(如大桥群、隧道群等)附近为铺架作业的起点相背进行铺架作业。其他地段铺架完成后，再回头进行关键工程铺架作业。

(5)为加快铺架进度，对于特大桥、桥群等关键工程可采取现场预制桥梁、龙门架集中架设的办法，保证在铺架到达桥头之前架梁完成，从而保证铺架连续作业。

(6)条件允许时，可将一些小跨度梁人工架设，也可采取拱桥等措施解决架梁问题，必要时

也可采取预铺、预架的办法。

总之，在工期满足要求时，或在线路状况较好，无太多桥、隧等控制工程，或对关键控制工程采取措施比较经济时，尽量采用单头单向铺架方案。

采取上述措施，仍不能满足工期要求时，或采取措施不经济时，应考虑两向或多头同时铺轨的方案，这样可以大大缩短铺架工期，增加站前站后工程的可用工期，从而保证铁路建设总工期，满足国家或合同的要求。

在确定了铺架的方向与头数之后，便可开始制订铺架作业方案。一般分单线铺架、双线铺架和既有线新增二线铺架三种情况。

(二)单线铺架方案的制订

单线铺架方案主要应考虑正站线的铺设顺序，道岔的铺设、长大区间及桥群处的铺架等。现分述如下：

1. 正站线铺轨顺序及道岔铺设

正线铺轨的延伸是人们关注的焦点，但站线不及时跟上，就会拖正线的后腿。表现为：

(1)桥梁、轨排列车、铺架机械的交会时间增长，减少了有效工作时间。有关资料表明，前方站(铺架最前端所开设的车站)距铺架地点的距离每延长 1 km，按三班倒考虑，一天就相当于机车多运行 6 km，减少有效工作时间 45 min 至 1.5 h。

(2)铺架人员上下班在途时间增长，铺架人员均住前方站，上下班按乘轨道车考虑，时速为 15 km/h，一天 6 次，每延长 1 km 就减少有效工作时间 24 min。

(3)成本加大，由于距离延长，上下班接送人，送工具、材料，拖发电机，送饭等轨道车、汽车的运距增长，台班费增加。因此，理想情况下，应在正线通过车站后，即着手站线的铺设，但实际上要根据具体情况确定。在有两台铺轨机的情况下，正线一过车站，站线就与正线分别用铺轨机铺设。铺好一股道就可在此交会车，铺设两股道以上时，人员即可搬往此站，作为新的前方站。若只有一台铺轨机，在出站后正线也是铺轨的情况下就立即撤回铺站线，对总工期有影响，若出站后一直没有桥梁，又一直铺正线，对总工期也不利。

有的车站设置有与铺架方向相反的牵出线，货物线等，简称反向线，铺轨机需调头后才能铺设，故在不急需要的情况下，可几个车站集中时间铺设，或人工铺设。

正线道岔铺设分预铺和换铺两种方法。预铺指在正线铺轨到达之前先将道岔在岔位处钉好；换铺指正线铺轨通过岔位时，先用与道岔相同长度的轨排代替，铺轨列车通过后，再将道岔料用机车送至现场换铺。换铺一组道岔需 4～5 h，而每一列轨排桥梁列车可满足 7～8 h 的铺架，因而不会影响正线铺架，时间因素不用比较，采用哪一种办法铺岔应根据实际情况进行经济比较后确定。

非正线道岔铺设，因不用临时轨排过渡，所以根据以上的分析，均应在正线通过后，用火车运料至现场后铺设。

2. 长大区间和桥群处的铺架

某些长大区间(指 15 km 以上的区间)的设置，使铺架地点距前方站距离加大，相应的铺架速度放慢，影响工期，其影响程度在前面已经进行了分析。对于大、中、小桥相连的桥群处，铺架占用时间长。虽距离不太远，但影响也很突出。对此，应采取措施确保工期。对措施本身的要求是：既省时又经济，工期、效率一并考虑。常用的措施是：在区间设岔线，使其成为交会站，进而缩短列车机械交会时间。现分长大区间和桥群两种情况进行讨论：

(1)长大区间设临时交会站

交会站的地点应选在区间工程量或铺架时间的中间地段,出岔处应为直线,且为了减少工作量,宜设在路堑地段。临时线路长度应能满足存一列桥梁或轨排车另加一个铺轨机的要求,有效长度需 280 m,线间距 4.5 m。临时交会站不占用正线铺架时间,只需利用行车间隙将道岔铺好,临时线路的轨料用工程列车运至现场后人工铺设即可。交会站形成后,可在一个区间内节省数天时间。

(2)桥群前设交会站

桥群的特点是桥多、线路短、工作量大。对于距车站距离较长者,设一临时交会站,将更为有利。

若桥群既远离前方站,又无条件设交会站,当使用简支式架桥机架梁时,又遇两桥间距短于 200 m 的情况时,可直接用架桥机铺设这段轨,以免交换机械而耽误时间。

第二节　铺架进度计划

"时间就是金钱",铺架进度计划是合理地控制、利用时间,节约时间的有效工具之一,是进行工程项目施工组织与管理的一件重要工作。在海外进行铁路铺架施工,除了经济效益之外,还应防止因进度迟缓而给国家形象所造成严重影响。

一、编制依据

编制铺架施工进度计划主要依据下列资料:

(1)铺架工程项目及有关各单位工程的施工图纸,地质、地形图,水文、气象等有关资料及线下工程的施工完成情况。

(2)铺架工期要求以及开、竣工时间要求。

(3)铺架前的准备工作情况、施工条件、劳动力、铺架机械设备及其他技术、物质资料的生产和供应条件等。

(4)选定的施工方案。如:基地设置方案、长钢轨生产方案、轨排生产方案、轨排和桥梁的运输方案、长钢轨运输方案、铺轨、铺岔、架梁方案等。

(5)机械台班定额。

(6)劳动定额及当地劳动法规。

(7)劳动密集型岗位(人工铺轨、人工卸砟、梁体钢筋、绑扎等)的工效增长规律。

(8)预算文件、施工合同。

(9)其他有关要求及资料。

二、编制方法的选择

编制进度计划的常用方法有活动日期表法、线条图法、关键线路法、带资源的关键线路图法。每一种方法都有自己的特点,到底采用哪一种方法编制进度计划,要综合考虑各种因素。而且在施工的不同阶段,针对不同的用途也应采取不同的计划方法。因为进度计划是有效控制时间的一种工具,是实现最后目标的手段,并不是目的,计划的编制要从整个项目出发,有利于项目的实现,便于应用。

制订铺架施工的总体控制计划采用关键线路法最合适，因为铺架工程施工是一个互相衔接、互相联系的大系统，需上千人参加，前面的工作没干完就不能进行后面的工作。所以铺架施工必须组织得紧密、协调、高效，也就必须采用先进的进度计划方法。而具体的细部工作，如轨枕预制作业、梁体预制作业、轨排组装作业、铺轨作业、铺岔作业、架梁作业等则可以采用线条图法或日期表法。

（一）采用关键线路法编制铺架施工总进度计划

铺架总进度计划在铺架施工中起主导作用。其主要任务是安排各工序的施工顺序和施工时间。总进度计划的编制步骤如下：

1. 做好相关调查工作

应对铺架项目所在国的国家法规和地方法规进行咨询并深入了解把握，深入了解当地人文、宗教、习俗、习惯，深入分析当地雇员的工作方法和工作效率特点，深入了解当地社会治安情况，为后续的进度计划提供基本的数据支撑。

2. 确定各工程的施工顺序和工期

确定各项工程的施工顺序是编制总进度计划的主要工作之一，它对于整个铺架工程能否按期、优质地完成，能否充分利用人力、物力，减少不必要的消耗，降低工程成本都有着极其重要的作用。整个铺架施工是以铺轨和架梁为“龙头”，运输作业为纽带，基地作业为保证的大系统。因此，在安排各项工程的施工顺序和工期时，应以铺轨架梁作业为基础，采取倒推的方法，合理地安排各有关工程的开、竣工时刻及衔接关系。具体安排时，应注意以下几点：第一要重视经济效益。安排施工顺序时，应使近期安排和长远计划之间密切地结合与良好地衔接，力争缩短建设期限；有条件时宜与有关单位协商提前建设可供铺架使用的永久性工程，不仅可以节省临时建筑投资，而且为文明施工创造条件，也有利于降低工程成本。第二要考虑线下工程进展情况。第三必须重视物资供需平衡。必须考虑沙石料加工、轨枕预制、梁体预制以及轨料、成品梁等物资供需之间的平衡以及合理地利用这些资料，促进均衡施工。第四必须注意季节特点（例如肯尼亚的旱季和雨季），进度安排留有余地。铺架施工多为露天作业和高空作业，受气候条件的影响较大。因此，如何克服季节性变化对施工的影响，充分掌握不同季节的施工特点，对于能否合理地安排施工顺序有重大意义。有条件时，轨排基地的建设应尽量避开冬雨期；而铺架作业一旦开始就是连续作业，在安排风、雨期铺架作业时应充分考虑不利因素，应留有余地。

施工顺序衔接关系确定以后，根据铺架项目所在国对工期的要求，结合所在国家当地工人的工效增长规律、文化习俗、宗教信仰、工作习惯、法律法规等和本单位的施工水平及机械配备情况，就可以初步确定工期。

3. 编制初步进度计划

根据上述安排，将各项工程合理地搭接起来，编制出初步的进度网络计划。这个计划很可能不符合实际情况和工期要求，还需要对它进一步加工，使之符合当时的实际。

4. 计算网络计划时间确定关键线路

对初始方案进行时间参数的计算，目的在于确定计划工期并为工期调整和资源调整作准备。因此，要计算出各工序的最早、最迟开始时间及各种时差，并标明关键工序和关键线路。

5. 工期的审查和调整

时间参数计算完后首先要审核计划总工期，看它是否符合铺架项目所在国家的要求。若计划工期不超过规定的工期,那么该计划在工期这一点上就是可行的。若超过了工期,就要调整计划工期,将其压缩到规定的工期范围之内。如修改铺架方案,选用新型、高效铺架机械,组织平行作业等等。

6. 资源的审查和调整

工期满足要求以后,还需要进一步核算资源的需要量。审查资源的需要量与供应的可能性,看二者能否协调,如果供应能够满足施工高峰对资源的需求,则这个计划就被认为是可行的。如果在一段时间内供应不能满足资源消耗高峰的需要,那就要对这段时间内施工的工程加以调整,使它们错开时间,减少集中的资源消耗,把它们降到可能供应的水平以下。另一方面,应加强物资,机械的协调平衡,使之与需求相适应。

7. 编制可行的网络计划并计算技术经济指标

经过工期和资源的初步调整后,进度计划已能适应现有的施工条件与要求,因而计划已是切实可行的,就可以绘成较正规的网络图。在此基础上计算该计划的技术经济指标,如与定额工期的比较、架梁指标、铺轨指标、综合日历进度指标、节约率、机械台班利用率等。通过这些指标,可以与过去的或先进的计划进行比较,还可以逐步积累经验,对提高管理水平和企业素质都是有益的。

8. 进度计划的优化

可行的进度计划并不是最优的计划,还应逐步加以改进和优化,使之更加合理、完善,以便取得更好的经济效果。一般是在主管技术人员提出可行的方案,制定出可行的进度计划后,召集有关部门开会,介绍方案的意图和情况,对各方面存在的问题、要求,围绕着已有的方案进行讨论和协商,提出改进意见,从而使进度计划更趋合理,并具备实施的基础。

由于铺架施工涉及面广,约束条件多,所以在制定总进度网络计划时,要特别注意留有余地。第一要充分考虑架桥机、铺轨机的技术性能及完好状况。第二在计算和确定工程时间时要适当留有余地,即要考虑机械和工人的实际工作效率和可能发生的不利情况,不可抠得过紧,以免打乱整个计划。第三要充分考虑不良气侯的影响。第四要充分考虑铺轨、架梁的转换时间与准备时间。第五不可使网络图中存在的关键线路过多,以便在施工中发生问题时,可以利用工序的时差进行调整以保证计划的实现。在一个网络计划中,关键工序愈多则灵活机动的余地愈小,按期完工的概率也愈小。所以,控制计划中关键工序的数量是一个十分重要的问题。

总进度计划编制完成以后,并不是一劳永逸的。能用到工程项目结束而不修改,是不现实的,必须通过计算机随时进行调整,新情况输入计算机,就会计算出新的日程,只有包含全部最新情况的进度计划才是有用的。

铺架施工的初步进度计划安排完成后,还得经过检查、调整和修正,最后才能确定施工总进度计划。首先计算、检查工期,检查总工期和各分项工程工期,是否满足所在国家要求及是否与线下工程相适应。其次是检查劳动力和物资需要量的进度变动曲线。这些动态曲线如果有较大的高峰出现时,则可适当移动次要工程项目的时间或调整某些项目的工期等逐步加以改进最后使施工趋于平衡。

根据总进度计划就可以进一步编制各种物资和劳力的需要与供应计划。

(二)编制铺架作业网络图

总体进度计划网络图属一级进度计划,是控制性的。而细部作业程序网络图则是具有操作性的，其目的是确定某个施工过程包含哪些工序及各工序间的相互关系，从而保证协调作业，缩短作业时间，使整个作业有条不紊地进行。按照已知的顺序把各项工作内容连接起来布置在一张图纸上，并标明各工序的名称及作业时间，就形成一张反映实际作业程序的网络图。

(三)用线条图法编制铺架作业形象进度计划

铺架形象进度计划，是指在规定的总工期范围内，用线条图表示的显示总的铺架作业进度及各个重要桥梁的架设、隧道的铺轨等的顺序和铺架进度的形象、直观、粗略的计划图。其具体内容包括：

(1)线路平、纵断面示意图，包括车站、重点桥梁、隧道的位置、里程；

(2)施工区段划分，区间距离；

(3)铺轨长度、道岔组数、架梁孔数；

(4)工程进度形象图以线路里程为横坐标，以铺架施工进行的年、季、月为纵坐标；

(5)劳动力动态示意图；

(6)日期、附注。

铺架形象进度计划，也具有控制性的。使用过程中必须把网络计划、铺架形象进度计划结合起来使用。实际使用时，可将铺架完的区段用彩笔描出，控制进度形象直观，很适合现场实际，颇受欢迎。

(四)铺架计划进度安排表

为了确切地表达铺架作业进度计划，一般采用日期表法进行安排。具体做法是：从铺架起点开始，分别详细列出桥梁和铺轨的实际位置、起讫点、工程数量以及开始施工和竣工的时期。进度计划安排表是具体执行的，主要是满足全体施工人员的要求，使具体的铺架队、工班确切掌握具体的铺架日期及进度，做到心中有数，从各方面做好准备，确保铺架作业按计划顺利进行。

第三节　铺架工期的确定

一、影响铺架施工的主要因素

海外铁路铺架工作由于线路长、涉及面广，因而对其工期的影响因素很多，这里将铺架单位自身的影响作为内因，铺架单位以外的影响作为外因。

(一)外　　因

外因主要包括：

1. 铺架前下部工程施工情况

(1)路基填筑密实度、宽度、横坡是否达标；

(2)排水沟、天沟、吊沟、护坡、挡土墙是否完工；

(3)底砟数量是否上足；

(4)面砟是否存在三角坑、反超高；

(5)桥台后、涵洞两侧的填土密实度是否符合设计要求；

(6)桥、隧、涵的附属工程是否已完工；

(7)桥墩台支承垫石、锚栓孔是否孔径够、孔深足；

(8)线路、桥梁复测及放线是否准确。

2. 铺轨后的上砟整道

(1)上砟起拨道是否及时；

(2)整道、桥面、隧道及线路收尾工程施工与行车干扰情况；

(3)路基、护坡等塌方引起的断道情况；

(4)大机养的配合程度情况；

(5)现场焊接(如果是一次性铺设无缝线路)的方法先进否、水平高否；

(6)应力放散和线路锁定时的气温接近锁定温度的时间长短情况(如果是一次性铺设无缝线路)。

3. 线上料及桥梁的订货、运输

(1)线上料及梁体供应是否充足；

(2)铁路货运(如果需要利用既有铁路进行运输作业)总态势是否紧张；

(3)路料运输是否有保证；

(4)路用车(如果需要利用既有铁路进行运输作业)的申请与使用是否满足需要。

4. 建设单位的重视程度

(1)对铺架的组织协调是否有力；

(2)工程用资金是否有保障。

5. 所在国家和当地政府及人民群众对铁路建设的支持力度

(1)所在国家和当地政府对盗窃铁路器材的打击是否严厉；

(2)对雇员尤其是当地雇员的生活困难是否能协助解决；

(3)是否有当地人阻拦挡道情况。

6. 气象水文条件

(1)降雨量及降雨天数是否较少；

(2)地下及地表水是否较多；

(3)六级以上大风天数量是否不多；

(4)气温 30℃以上，−15℃以下天数是否少于一个月。

7. 线路设计标准

(1)限制坡度是否小于 6‰；

(2)最小曲线半径是否小于规定值(一般为 450 m)；

(3)车站布置中是否有长于 15 km 的区间；

(4)有否需要隧道口进行架梁的情况；

(5)高 20 m 以上桥墩的情况是否不多。

8. 合同中的工期奖励条款

提前工期奖励额度是否高于赶工成本。

9. 增建二线铺架

(1)既有线行车密度是否不高；

(2)当地铁路运输部门的配合程度是否很配合；

10. 合同价款

造价降低比例是否不大。

11. 安全风险防控情况

(1)针对恐怖袭击活动的相关设备设施是否齐全完好；

(2)针对社会治安的防控措施是否全面、是否贯彻到位(铺轨项目营地数量众多、距离分散，各类设备、财务、物资较多且贵重，极度容易受到窥视，全线可能面临着偷盗、武装抢劫、绑架勒索及诈骗等现实威胁)；

(3)是否有针对部族冲突的应急预案(在非洲国家，一般民族众多，为争夺水源、土地和牧场等资源而爆发的部族冲突时常发生，可能对施工人员造成潜在威胁)。

(二)内　因

内因主要包括：

1. 铺架基地的选址及布局

(1)与新线起点站的距离是否靠近；

(2)存线上料规模是否在 50 km 以上；

(3)存梁数(T 梁/大吨位箱梁)是否在 80/30 孔以上；

(4)储存轨排是否在 15 km 以上；

(5)长钢轨(对于一次性铺设无缝线路)的存储量是否 40 km 以上

(6)股道数量是否在 8 股道以上；

(7)股道长是否在 600 m 以上；

(8)咽喉区通过能力是否满足需要；

(9)机务段(如果可以利用既有线运输)是否靠近基地；

(10)材料厂设置是否紧靠基地；

(11)桥梁线上料是否采用龙门吊装卸；

(12)水电供应是否有保障。

2. 基地生产方式及能力

(1)长钢轨的生产能力(针对一次性铺设无缝线路且所在国家允许自行焊接 500 m 长轨)是否在 2 km/d 以上；

(2)轨排作业线生产能力是否在 1.5 km/d 以上；

(3)轨排作业线生产方式是否采用反锚。

3. 牵引机车状况

(1)是否有备用机车；

(2)牵引机车的状况是否好。

4. 铺架机械状况、施工方式

(1)机械状况是否好；

(2)T 梁横向张拉及湿接缝连接施工的配合有力；

(3)长轨(对于一次性铺设无缝线路)是否采用机械铺设；

(4)工具轨的回收是否及时。

5. 组织机构、队伍、主要管理人员的素质及经验

(1)指挥部机构设置是否精干；

(2)指挥系统是否健全；

(3)施工队伍是否有经验、素质高；

(4)主要管理人员是否有铺架经验；

(5)主要管理人员的领导能力和用人能力是否强。

6. 施工组织方案优劣情况。

无论是外因还是内因，它们有时单独起作用，有时多个因素共同作用。

二、进度指标的合理确定

确定进度指标时，应综合考虑各种因素，但有些因素是不确定的。如建设单位的重视程度，地方政府和人民群众对铁路建设的重视和支持，在做指导性施工组织设计甚至实施性施工组织设计时，都难以预见。所以在确定施工计划的进度指标和工期时，只能考虑确定的因素。

(一)单项进度指标的确定

进度指标可分轨排铺设(分普通枕和宽枕段)、站线铺轨、长轨铺设、T梁架梁(12～40 m)、大吨位箱梁架设、架梁准备及收尾工作、大机养、应力放散及线路锁定等八大项指标。

进度指标的高低除管理因素外，主要取决于以下几个确定因素：铺架机械类型、线路设计标准、单线和双线施工作业方式。

根据铺架机械性能和施工实践绘制的网络计划图及以往铺轨架梁实际达到的进度水平，对单项进度指标应注意以下问题：

(1)对于每工班工作时间，中方员工可考虑为10 h，扣除交接班、吃饭、保养机械的时间，有效工作时间为8 h。铺架项目所在国当地雇员的每班工作时间应综合考虑铺架项目所在国的国家法规和地方法规，当地雇员的工作方法和工作效率特点，当地人文、宗教、习俗、习惯等分析确定。

(2)站线铺轨按与正站线平行作业考虑，因此，不论每个站的站线多少，均只计正线进出站锯轨、钉道、换铺道岔、宿营车搬家等的时间。

(3)工班组织若采用单班制，则各项进度指标均减少一半。

(二)综合进度指标的确定

所谓综合进度指标是指统计期内有效工作天数与日历天数之比。有效作业天数等于日历天数扣除非生产性作业天数。可以在铁路铺架项目所在国及所在地区法律法规允许范围内，充分考虑当地治安状况、文化习俗、宗教信仰、工作习惯等，通过加强铺架施工组织与管理严格控制非生产性作业天数，从而增加有效工作天数。可见有效工作天数与铺架施工与管理的总体水平密切相关，而日历天数是一个常数。所以说指标L可定量地反映出有效工作天数的多少及其占日历天数的比例，也就是说它能定量、综合地反映出铺架施工与管理的总体水平，故称其为综合进度指标。在编制施工组织设计、制定进度计划时选定的综合进度指标称为理论综合进度指标，记作$L_{理论}$；铺架施工中对某一时期的施工情况进行统计分析时计算出的综合进度指标称为实际综合进度指标，记作$L_{实际}$。在不同的作业组织方式下，综合进度指标是不同的。

三、铺架施工合理工期的确定

对于给定的一段线路，在编制施工组织设计，制定铺架进度计划时，应首先统计该条线路的实际工程数量，再根据铁路铺架项目所在国对该线总工期的要求及线路标准等具体情况选用合适的指标，用工程数量除以选定的各单项指标，即可得出该段线路所需的有效施工天数 A。

$$A=\sum_{i=1}^{n}\frac{W_i}{N_i}$$

式中 n——表示工程类别数量；

W_i——各类工程（如轨枕预制、梁体预制、轨排铺设、架梁、换铺长轨、上砟整道等）的工程量；

N_i——各类工程对应的进度指标。

根据该线路所在国家（或地区）、作业组织方式、企业组织管理水平等主客观情况选定综合进度指标 $L_{理论}$；则合理工期（即日历时间）为 $B=A/L_{理论}$。

按上述步骤确定的铺架施工工期相对是比较合理的。该方法对影响铺架施工的诸因素考虑的比较全面而系统，若没有重大变化，如所在国家的政策调整、重大自然灾害等，其工期是切实可行的。

在编制实施性施工组织设计，确定铺架进度计划时，如果按上述计算得出的工期 B 值与所在国家或有关部门要求的工期不符合，必须采取一定方式进行调整。由 $B=A/L$ 理论可知，要想缩短工期 B，有两种方法：

1. 减少 A 值

（1）开设新的铺架口，减少该铺架段的工程量。

（2）在该段工程总量不变的条件下，将其中的部分区段，采用人工方式铺轨，从而减少机械铺架的工程量；采用这种方式时，应综合考虑铺架项目所在国的当地雇员的工效增长规律以及采取高效的劳动激励措施。

（3）在工程量不变的条件下，选用新型铺架机械设备提高单项进度指标 N 值，从而减少 A 值。

2. 提高 $L_{理论值}$

将综合进度指标 L 取上限，这样在 A 值不变的条件下，达到减小 B 值的目的。$L_{理论}$ 值越高，则铺架施工与管理的余地越小，必须采取一些特殊的施工组织与管理方案，最大限度减少非生产性时间消耗，提高有效工作时间。

四、对实际铺架进度的统计分析

综合进度指标对铺架施工的统计分析工作和对铺架施工管理水平的评价提供了科学依据。过去对铺架施工的统计，仅限于铺轨和架梁数量两项指标，忽略了机械设备上下场时间、线路条件、管理水平、所在国别等的不同。而综合进度指标 L 值则考虑了这些因素，其可比性强。

铺架施工进行一定时期后，假设统计期天数为 B。用统计期内完成的工程量 $\sum W$ 除以相应的单项进度指标 N，则可得出理论点需要的有效工作天数 A。而 $L_{实际}=A/B$，则代表了该统计期铺架施工实际达到的综合进度指标。$L_{实际}/L_{理论}$ 则为该单位铺架施工与管理达到的定额水平。若想比较本统计期与上一个统计期的铺架施工情况，则只比较两个时期的值即可，高者即为完成任务好的时期。若想对两个单位的铺架施工与管理水平进行比较；则 $L_{实际}$ 值的高低，体现的是两个单位间组织与管理水平的差距。

第三章　海外铁路铺架基地技术与管理

普通标准轨线路的铺架施工，大都采用不同类型的铺轨机铺设成品轨排(或半成品道岔)、架桥机架设成品梁，这就需要设置铺架基地拼装轨排。在一次性铺设无缝线路的铁路铺架基地，往往还需要焊接或存放500 m长轨。在采用短轨排换铺无缝线路的铺架基地，也需要拼装轨排。在海外铁路铺架基地，则可能还需要合并建设轨枕预制场、制梁场。另外，铺架基地也是铺架施工所用材料的存储中心和工程指挥中心。因此，设置一个规模适当的铺架基地作为施工的大本营，是铁路铺架施工中一项十分重要的工作。

第一节　铺架地基规划研究

一、铺架基地的任务

1. 接收并储存轨料

当海外铁路铺架项目所在国的新建铁路与某既有铁路相连接时，铺架基地要与既有铁路相连，以便通过既有铁路来运输轨枕、钢轨、道岔、扣配件等，当新建铁路与既有铁路轨距不统一时，也尽量采用既有铁路来运输轨料以节省运输费用。铺架基地还应能对轨枕、钢轨、道岔、扣配件等进行分类存放。基地规模一般应具备厂制钢轨60 km，扣件100 km、轨枕15万～20万根的存储能力。

2. 生产轨排、焊接长钢轨

在标准轨铁路或采用换铺法铺设无缝线路的铺架基地要设置轨排拼装车间，将钢轨、轨枕、配件等组装成为成品轨排。基地同时应设置相应的轨排存放区和轨排装车场。

在一次性铺设无缝线路的项目上，如果铁路铺架项目所在国允许铺架基地自行焊接500 m长轨，宜设置长钢轨焊接车间，以节省投资。若直接利用铺架项目所在国焊轨厂的长轨，则不设焊轨车间，但需要设置长轨存放场地和长轨装车场。

3. 组装道岔、存放桥梁

当道岔采用机械铺设时，基地应设置道岔存放区，负责组装半成品道岔。为提高铺架进度，确保铺架工期，基地应存放一定数量的成品梁。若基地附近设置桥梁厂时，可与桥梁厂共用一个存梁场。

4. 工程列车的加油、修理、整备及编组

铺架基地内要设有油库、机车检查坑等设施，能对工程列车、铺架机械进行加油、检测等作业，还要有各种起吊装卸设备，能进行轨料的卸车与装车。满足铺架机械的组装与解体以及机车、车辆的整备和编组要求。

5. 工程指挥调度

现代铺架施工大量采用机械化作业，站间距长，区间多动力作业。根据这些特点，基地内要设有指挥调度中心，以进行基地内及区间施工作业、行车组织的统一指挥调度。

6. 存放道砟

当基地平面条件许可时，要设置大型的道砟存放与装车场地；当基地条件不允许时，道砟存放与装车场地不设在基地内，可根据实际情况，设在前方车站附近或区间某一利于存放与装车的位置。存放场的存储能力，以满足连续作业的要求为标准。

7. 具有生产生活设施

基地是整个铺架施工的指挥中心，又是一个大型的存料场、发料场、综合补给基地、养护维修中心，人员、施工机具多，所以要有与之相适应的生产生活设施。

8. 轨枕预制

在海外铁路铺架项目中，有时所在国无法提供预制的轨枕，这时便需要铺架施工企业自行生产，为了便于轨枕的存储、轨排的组装以及安保工作的开展，轨枕预制场宜设置在铺架基地内，铺架基地与轨枕预制场共用轨枕存放场。

9. 梁体预制

在海外铁路铺架项目中，有时所在国无法提供预制梁，这时也需要铺架施工企业自行生产。为了便于铺架工作的顺利衔接，梁体预制场宜设置在铺架基地内，铺架基地与制梁场共用梁体存放场，以节省用地，也为安保工作提供便利。

要特别强调的是，轨枕预制场与梁体预制场不宜建在一起，而应隔开一定距离，主要在于：

(1)轨枕预制场均需提前进行预制生产，有一定的储存量，占地面积大，与梁场一起建设将规模更大，征地面积增大。

(2)生产工艺不同，可利用设备不多，只有部分混凝土设备可利用，合并设置意义不大。

(3)同期生产，相互干扰，混凝土配合比、强度等级不同，原材料要求不同，拌和站及材料堆放场需分开，极易造成材料误用，且共用搅拌设备易造成质量缺陷。

(4)设备能力需加大，设备能力加大造成后期浪费；在寒冷地区，梁体若采用后张法则导致冬期无法进行压浆作业，但轨枕因采用先张法而可实现冬期施工。若轨枕预制场和梁体预制场合并设置，对于蒸汽锅炉，因同时生产轨枕和梁体，所要求的功率大，后期只生产轨枕又造成浪费。

(5)因意外原因造成停产，则轨枕预制和梁体预制同时会停产。

(6)即使建设在一起，也应独立设置，各自管理。

二、铺架基地设置的一般原则

基地的位置应根据其所承担的施工范围、铺架工程量大小、对既有线运营的影响、当地的气象环境、水文地质、工程地质、公路及铁路运输和建材、地材、工业品市场、基地工程量大小等因素进行统筹考虑而确定。在选址和设计过程中，应遵循以下几个原则：

1. 利于安保的原则

海外铁路铺架基地，应将安保因素放在首位。在海外铁路项目上设置铺架基地，首先须遵循“利于安保”的原则。铺架基地主要采取物防和人防相结合的原则，构建可靠、使用的安全防范系统。物防主要是从铺架基地的安全选址、建筑物的安保设计、设置屏障(壕沟、铁丝网和围墙等)。

铺架基地选择在开阔地(不应选择在低洼处)，且应远离主干道的开阔空间区域，周界围栏

100 m内尽量不出现建筑和居住社区，尽量避免对当地居民的干扰。同时，应为外来访问者预留充足停车位，且外访者停车区域设置在营地以外，在入口岗哨的视线范围之内。铺架基地内还应为警戒塔、岗哨留有足够的空间。

2. 经济性原则

(1)应尽可能利用新建或扩建站场的新增股道，以减少土石方，节约用地，少占农田，节约投资。

(2)基地的供应半径应从经济条件考虑，同时要考虑每条线的具体情况、工期缓急，以及机车车辆供应情况等条件优选安排。为了减少车辆占用、保证运输安全、加快铺架速度，一般认为以200～300 km为宜。

(3)基地的设计规模要根据工程规模、进度要求和使用年限分期分批安排，通盘考虑，按经济、技术比选后决定。既要满足铺轨架梁要求并留有余地，又不能过多增加占地和资金。

(4)基地分为轨料存放区、轨排拼装区、焊轨生产线、长轨存放区和居住区等几大部分。各区的位置应在提高生产效益的前提下，统一协调地灵活运用。

3. 便于交通运输的原则

(1)基地位置一般应选在铺轨起点或已铺地段终点附近，与运营线路干扰小、列车进出方便、引入线路短的平坦开阔地段，最好能靠近区段站，这对编组作业、机车整备、使用等都有利。

(2)为避免工程列车在通过既有站进入新线时与运营列车相互干扰，基地设置时应尽量与新铺线路在既有站的一侧。

(3)基地应与附近的公路相通。

4. 确保安全环保的原则

(1)出入基地的联络线的限制坡度及最小曲线半径最好与正线标准相同，基地内的线路股道应设在平坡或不大于2.5‰的坡道上，道岔不小于9号。

(2)基地设施应充分利用既有的各项设备和当地水源、电源、以及运输道路等，减少临时工程，少占农田，注意环境保护。

(3)基地应便于排泄雨水，不受洪水浸淹，不得设在低洼浸水地带。要尽可能提高地基承载力，防止地基下沉造成直接经济损失。

(4)基地居住区要有良好的卫生条件，靠近生产区，缩短上下班时间，并尽量利用南向、东南向以争取有利日照。

三、基地供应半径

基地的能力一般用经济供应半径来衡量。一个基地向前方供应轨排，最经济的供应距离称为经济供应半径。在实际工作中，必须考虑每条线路的具体情况。如工期的缓急、长途运输轨排的装载方式、铺轨机的类型、倒装站的情况、机车车辆的供应情况、通信方式、项目管理的能力、迁建基地所需的时间等等。根据实践经验和现行状况，为了减少车辆占用、保证运输安全、加快铺架进度，供应半径一般认为以200～300 km为宜。

四、铺架基地选址与基地布置方案比选实例

根据以往经验，从经济条件考虑铺架基地的供应半径，同时为了减少车辆占用、保证运输安全、加快铺架速度，供应半径以200～300 km为宜。新建蒙内铁路起始里程DK0＋000，终

止里程 DK471+650，比较经济的选址范围是 DK171+650～DK300+000，最佳的位置就是线路的中点，即 DK235+825 附近。通过对现场进行调查，DK245 附近(蒙内铁路右侧)，视线开阔且地势平坦，完全符合“利于安保”的原则。

由于 DK245 位于蒙内铁路中点附近，非常利于进行成本控制，且附近有公路通过，完全符合“便于交通运输”的原则。另外，DK241 左则约 7.5 km 有石场，取得石材开采许可手续后，可为铺架基地的制梁和制枕及道砟生产提供石材。

DK245 铺架基地的布置有两种方案：

(1)方案一：将基地主要生产区如轨枕场、梁场、拌合站等设置在小里程侧蒙巴萨方向，里程为 DK244+700，此处由于地势比大里程侧高，为挖方区，可以减少填方数量，基地建设进度较慢。

(2)方案二：将基地主要生产区如轨枕场、梁场、拌合站等设置放在大里程侧内罗毕方向，里程为 DK245+800，此处地势较低，为填方区，填方数量较少，可加快基地建设进度。

经过以上对比分析，通过征地进展难易程度，土石方工程数量和能否满足铺架工程工期要求，是否易于管理等方面综合比较，最终决定将铺架基地主要生产区设置在大里程内罗毕方向。分布在 DK243+800～DK246+478 范围内，占地 70 万 m^2。

由于 DK245 铺架基地位于蒙内铁路的中点附近，利于安保、利于成本控制、便于交通运输，肯尼亚铁路局将该基地作为永久基地，足以说明该基地选址与基地布置方案的合理性。

图 3—1 所示为肯尼亚蒙内铁路 DK245 铺架基地航拍全景。从图可以看出，铺架基地原地貌平坦开阔，附近无民居，是铺架基地的理想之地。

图 3—1 肯尼亚蒙内铁路 DK245 铺架基地航拍全景

第二节 铺架基地功能布局与临时设施布置

一、功能布局

在海外铁路铺架基地，主要由轨枕预制场(如果不购买成品轨枕，需自己预制)、梁体预制场(如果不购买成品梁，需自己预制)、轨排生产区、轨料存放区、成品梁存储区、长钢轨焊接中心(如果是一次性铺设无缝线路)、列车到发编组线以及机务整备线等部分组成。这些场地应统一规划,合理安排,使各项工作顺利进行。场地的平面布置,应根据现场地形,因地制宜,力求紧凑。以机车取送材料方便,调车作业顺利,轨料存放区与轨排生产区方向一致,生产线方向与架梁方向相一致等为原则。并据计划铺轨进度,每天需要的生产能力就本单位实际情况,确定轨排拼装作业线方式。另外,为了满足基地作业需要,还应设置动力、照明、机械维修等设备,修建必要的生产和生活房屋。图 3—2 所示为肯尼亚蒙内铁路 DK245 铺架基地轨枕存放场、轨排存放场、存梁场航拍实景。

图 3—2　轨枕存放场、轨排存放场、存梁场航拍实景

场地的平面布置,应根据现场地形,因地制宜,力求紧凑。以机车取送材料方便,调车作业顺利,轨料存储场与轨排生产区方向一致,标准轨存放、长钢轨焊接及存放方向一致,轨枕预制储存场与轨料存储场合并设置、制梁场的梁体储备场和成品梁储存区合并设置等为原则。并据计划铺轨进度,每天需要的产量,结合本单位实际情况,确定轨排生产作业线方式及轨料、轨排(或长钢轨)的存放能力。

1. 轨料存放场地布置

轨料存放场地的规模与布置,应据铺轨进度、基地距轨料来源地的距离,组装作业线的类型,轨料运输情况统筹确定。基地存放轨料的数量,一般应保证铺轨计划日进度的十倍左右或至少满足一个区间的轨料。

场内轨料的堆放,应周密考虑,合理安排,尽量减少倒装、搬运。要缩短运距,以节省劳力、节省资金。还应便于将各种轨料向组装车间运送,简化作业手续。为了便于轨料的装卸、搬运,场内应同时设置龙门吊行走线及进料车的股道。

2. 轨排拼装车间的布置

轨排拼装车间是常规铺架基地的核心,常规基地所有股道的布置都必须以满足轨排拼装的要求为准,在长钢轨焊接与轨排拼装并存的基地,股道的设置应二者兼顾设置。轨排拼装车间的布置应按照进料、轨排拼装及轨排装车的次序考虑,一般应设有进料线、组装作业线和装车线。进料线和装车线分设于组装作业线的两侧。进料线连接轨料场,以便于向组装车间迅速供料。装车线连接轨排储备场和车站站线,以便于运出轨排和回运空车,组装作业线的两侧,放置组装用的机具设备,以便进行组装作业。

3. 轨排存放场的设置

轨排存放区是为了保证轨排能连续不断地供应前方铺设而设置的。轨排储备场地要求平坦坚实，以免底层轨排受压损坏变形或轨排倾倒。场地大小视铺轨计划与组装能力而定，一般应储存 10 km 左右的轨排。

4. 存梁场的设置

有条件时最好将成品梁直接由桥梁厂运至前方架设，争取不在基地或现场卸存梁，这样既减少费用又避免在装卸过程中损伤梁。但在桥梁厂距基地很远的情况下，在进行长大桥或桥群处架梁时，要么成品梁供应不能满足要求，要么积压很多车辆和股道。为满足不间断地铺轨架梁的需要，一般都需要在基地或专门设置的存梁场贮存一部分梁作为调节，同时在场内进行必要的架前作业，诸如配对、检测尺寸、补修和预上道砟等作业以保证架梁工作的顺利进行。

设置存梁场时应注意以下几点：

(1)存梁场应尽量设在轨排拼装场附近，最好同铺架基地一并设计，统筹安排水电设施、调车作业、机车使用及整备作业。

(2)其规模应根据铺架工期、装卸梁方法、桥梁预制厂的生产能力、供梁期限及运输条件等因素确定。一般情况，存梁数量为施工段落架梁计划孔数的 10%～30%。

(3)布置装卸线路时，应考虑取送车、对货位和停放车辆等作业的便利，并应避免装卸梁时与邻近线路的行车干扰。

(4)存梁场不应设在低洼积水的地方，场内应有可靠的排水系统和防涝设施。

(5)为防止存梁台位受载后沉落，建造时必须认真夯实基底。如采用枕木垛，其底层应密铺。

(6)存梁台位宜根据曲、直线梁的跨度、型号结合架梁次序适当安排。

(7)存梁场辅助设施如地垄、卷扬机房、配件放置场、砟场、电力线路等，应统一布置，避免临时增设，互相妨碍。

(8)移梁滑道位置根据梁跨度允许悬出长度、运梁转向架位置等决定。滑道方向、间距和顶面高程应符合要求。

存梁场还应进行部分架前作业，如：修补表面损伤，整修螺栓头部，添配纵横向防水盖板或电焊联结板、L 型挡砟块(T 梁)，部分支座的提前安装等工作，为此，场内应当配有加工制作等项目的工具和材料。为满足上砟需要，场内一般应存贮一定数量的道砟，并配有皮带运输机或装载机等，以便在架设前预上到梁顶上，或采用吊车配合人工预上梁上道砟。

5. 机务整备线设置

机务整备线路，包括调车行走股道、机车加油作业、机车检修、停放车辆的股道等，条件许可时尽量利用既有车站股道。机务整备线路的设置应以调车时行车距离短，通过道岔少，作业方便，对轨排拼装、长钢轨焊接及运输、轨料、成品梁的装卸运输影响少为原则。

6. 基地股道的布置

基地股道的布置要综合上述各方面的要求统筹规划，全面安排，以保证紧凑高效。在地形允许的情况下，各股道尽量采用横列式布置以减少干扰，存料场地的股道，一端应与车站站线相结合，另一端应与轨排拼装车间相连，便于进料。各股道的数目和长度可据作业方式和作业量的大小来确定。采取机械铺设道岔方案时，还应在靠近轨排拼装车间处设置成品道岔拼装线，以便充分利用机械设备。各作业股道布置完毕后，还应据各股道的任务布置龙门吊走行线，龙门吊走行线应设在平坡直线上，其长度、数目据实际情况确定。

规模较大的基地，包括存梁场在内，一般需铺设 4～5 km 股道，铺道岔 10～12 组，占地 100 亩左右。

二、基地临时设施的布置

1. 基地临时性建筑

海外铁路铺架基地临时性建筑主要是办公生活区、生产性临时房屋及必要的附属设施（包含安保设施）等。临时设施的位置和数量，应本着利于安保、方便生产管理、方便施工人员生活的原则来办理。基地所需的生产性临时房屋根据各单位生产线布置的具体情况，差异较大。

项目经理部办公用房的位置，最好靠近基地人口，以便于联络和接待；而施工用的办公室应尽可能靠近施工、管理对象。

生活区应统一规划、集中布置，配置必要的安保力量（详见“三、高恐袭风险区域安保力量配置”）。生活区垃圾集中堆放，定期用垃圾车运往指定处理点处理；生活污水排人污水收集容器处理并拉到指定地点排放。

临时设施的数量一般据使用人数和使用定额来确定，有条件时尽量租用既有房屋。这样既节约投资，又方便使用。生活房屋应采用便于安拆、利于环保的活动房，水泥库房等采用砖瓦房。

2. 基地用水规划

基地用水，通常包括生产用水、生活用水和消防用水三部分。基地用水量应结合有关指标计算确定。

基地用水量确定后，就可以选择水源和置配水管网。选择水源时尽可能利用现有的城市给水或其他工业给水系统，如果现有供水能力不能满足要求，就应修建临时给水系统。工地供水设施包括水泵站、水塔或储水池、输水管和线路等。布置施工场地时，应尽量使得用水工作地点互相靠近，并接近水源，以减少管道长度和水的损失。

供水管路的设计应尽量使长度最短。在温暖的地方，管道可敷设在地面。穿过场地交通运输道路时，管道要埋入地下 30 cm 深。在冰冻地区，管道应埋在冰冻深度以下。用明沟等方式输水时，一般在使用地点修建蓄水池，将水注入储水池备用；用钢管或铸铁管输水时，管道抵达用水地点后要安装龙头，并可连接橡皮软管，以便灵活移动出水口位置，满足不同位置的用水需要。

需要特别强调的是，在非洲等缺水国家，务必节省用水，且需要注意饮水卫生，做好饮用水的净化工作。

3. 基地用电规划

世界各国的电力供应中，电压、频率和插头有时与国内不同，具体参见表 3—1。因此，在用电设备配置时，需要特别注意国内的用电仪器设备是否符合铁路铺架项目所在国的电力电压、频率、插头等，以免因配备错误而耽误工期，造成浪费。

表 3—1　世界各国电压

国家或地区	家用电压	工业用电压	频　率	插　头
阿富汗	单相 2 线 220 V	3 相 4 线 380 V	50 Hz	B,C
孟加拉国	单相 2 线 230 V	3 相 4 线 400 V	50 Hz	C

续上表

国家或地区	家用电压	工业用电压	频　率	插　头
缅甸	单相2线230 V	3相4线400 V	50 Hz	C
中华人民共和国	单相2线220 V	3相4线380 V	50 Hz	A,B,BF,C,S
香港	单相2线220 V 单相2线220 V	3相4线380 V 3相4线346 V	50 Hz	B
柬埔寨	单相2线120 V 单相2线220 V	3相4线208 V 3相4线380 V	50 Hz	C
台湾	单相2线110 V 单相2线220 V	3相4线380 V	60 Hz	A,S
印度	单相2线230 V 单相2线240 V	3相4线400 V 3相4线415 V	50 Hz	B,C
印度尼西亚	单相2线220 V	3相4线380 V	50 Hz	B,C
日本	单相2线100 V 单相3线200 V	3相3线200 V	东日本50 Hz 西日本60 Hz	A
韩国	单相2线220 V 单相2线110 V	3相4线380 V 3相3线200 V	60 Hz	A,C
朝鲜	单相2线220 V 单相2线100 V 单相2线200 V	3相4线380 V	60 Hz	C
老挝	单相2线220 V	3相4线380 V	50 Hz	C
澳门	单相2线220 V	3相4线380 V	50 Hz	B,C
蒙古国	单相2线220 V	3相4线380 V	50 Hz	
尼泊尔	单相2线220 V	3相4线400 V	50 Hz	C
巴基斯坦	单相2线230 V	3相4线400 V	50 Hz	B,C
菲律宾	单相2线220 V 单相2线230 V 单相2线240 V	3相4线480 V	60 Hz	A,S
新加坡	单相2线230 V	3相4线400 V	50 Hz	B,BF
斯里兰卡	单相2线230 V	3相4线400 V	50 Hz	B
泰国	单相2线220 V	3相4线380 V	50 Hz	A,C,BF
越南	单相2线220 V	3相4线380 V	50 Hz	A,C
马来西亚	单相2线240 V	3相4线415 V	50 Hz	A,C,BF
阿尔及利亚	单相2线220 V 单相2线127 V	3相4线380 V 3相3线200 V	50 Hz	A,C,BF
埃塞俄比亚	单相2线220 V	3相4线380 V	50 Hz	
埃及	单相2线220 V	3相4线380 V	50 Hz	B,BF
加纳	单相2线250 V	3相4线440 V	50 Hz	C
肯尼亚	单相2线240 V	3相4线415 V	50 Hz	B,C
利比亚	单相2线127 V 单相2线230 V	3相4线220 V 3相4线400 V	50 Hz	B,C

续上表

国家或地区	家用电压	工业用电压	频　率	插　头
利比里亚	单相2线120 V 单相2线240 V	3相4线208 V 3相3线416 V	50 Hz	A,B
马达加斯加	单相2线220 V 单相2线100 V	3相4线380 V	50 Hz	
莫桑比克	单相2线220 V	3相4线380 V	50 Hz	C
摩洛哥	单相2线115 V 单相2线220 V	3相4线200 V 3相4线380 V	50 Hz	C
尼日利亚	单相2线230 V	3相4线400 V	50 Hz	C,BF
冈比亚	单相2线230 V	3相4线400 V	50 Hz	C,BF
卢旺达	单相2线220 V	3相4线380 V	50 Hz	C
塞内加尔	单相2线127 V	3相4线220 V	50 Hz	B,C
索马里	单相2线220 V 单相2线110 V 单相2线230 V	3相4线440 V	50 Hz	B,C,BF
南非	单相2线220 V 单相2线230 V 单相2线240 V 单相2线250 V	3相4线380 V 3相4线400 V 3相4线415 V 3相4线430 V	50 Hz	B,C,BF
苏丹	单相2线240 V	3相4线415 V	50 Hz	B,C
坦桑尼亚	单相2线230 V	3相4线400 V	50 Hz	B,BF
突尼斯	单相2线220 V 单相2线127 V	3相4线380 V 3相4线220 V	50 Hz	B,C,BF,S
乌干达	单相2线240 V	3相4线415 V	50 Hz	C,BF
札伊尔	单相2线220 V	3相4线380 V	50 Hz	C
赞比亚	单相2线230 V	3相4线400 V	50 Hz	B,BF
津巴布韦	单相2线220 V	3相4线380 V	50 Hz	BF
巴林	单相2线220 V 单相2线110 V 单相2线230 V	3相4线380 V 3相4线400 V	50 Hz	A,BF
伊朗	单相2线230 V	3相4线400 V	50 Hz	C
伊拉克	单相2线220 V	3相4线380 V	50 Hz	C
约旦	单相2线220 V	3相4线380 V	50 Hz	B
科威特	单相2线110 V	3相4线190 V	50 Hz	C
黎巴嫩	单相2线110 V	3相4线190 V	50 Hz	C
沙特阿拉伯	单相2线220 V 单相2线127 V	3相4线380 V	60 Hz	A,B,C,BF
叙利亚	单相2线220 V	3相4线380 V	50 Hz	B,C
土耳其	单相2线220 V	3相4线380 V	50 Hz	C
也门	单相2线230 V	3相4线400 V	50 Hz	B,C

续上表

国家或地区	家用电压	工业用电压	频　率	插　头
阿曼	单相2线230 V	3相4线400 V	50 Hz	B,BF
以色列	单相2线230 V	3相4线400 V	50 Hz	C
塞浦路斯	单相2线240 V	3相4线415 V	50 Hz	BF
卡塔尔	单相2线240 V	3相4线415 V	50 Hz	BF
阿拉伯	单相2线220 V 单相2线240 V	3相4线380 V 3相4线415 V	50 Hz	B,BF
澳大利亚	单相2线240 V	3相4线415 V	50 Hz	S
关岛	单相2线120 V	3相4线208 V	60 Hz	A
夏威夷	单相2线120 V 单相2线277 V 单相3线120/240 V	3相4线208 V 3相4线480 V	60 Hz	A
新西兰	单相2线230 V 单相2线240 V	3相4线400 V 3相4线415 V	50 Hz	S
奥地利	单相2线230 V	3相4线400 V	50 Hz	B,C
比利时	单相2线230 V	3相4线400 V	50 Hz	B,C
保加利亚	单相2线220 V	3相4线380 V	50 Hz	C
捷克	单相2线220 V	3相4线380 V	50 Hz	C
丹麦	单相2线230 V	3相4线400 V	50 Hz	C
芬兰	单相2线230 V	3相4线400 V	50 Hz	C
法国	单相2线230 V	3相4线400 V	50 Hz	C
德国	单相2线230 V	3相4线400 V	50 Hz	C
英国	单相2线240 V	3相4线415 V	50 Hz	B,C
希腊	单相2线230 V	3相4线400 V	50 Hz	C
荷兰	单相2线230 V	3相4线400 V	50 Hz	C
匈牙利	单相2线220 V	3相4线380 V	50 Hz	C
冰岛	单相2线230 V	3相4线400 V	50 Hz	C
爱尔兰	单相2线230 V	3相4线400 V	50 Hz	C
意大利	单相2线220 V	3相4线380 V	50 Hz	C
卢森堡	单相2线230 V	3相4线400 V	50 Hz	C
摩纳哥	单相2线127 V 单相2线220 V	3相4线380 V	50 Hz	C
挪威	单相2线230 V	3相4线380 V	50 Hz	C
波兰	单相2线220 V	3相4线380 V	50 Hz	B,C
葡萄牙	单相2线230 V	3相3线400 V	50 Hz	B,C
罗马尼亚	单相2线220 V	3相4线380 V	50 Hz	C
西班牙	单相2线127 V 单相2线220 V	3相4线380 V	50 Hz	A,C
瑞典	单相2线230 V	3相4线400 V	50 Hz	C

续上表

国家或地区	家用电压	工业用电压	频　率	插　头
瑞士	单相 2 线 230 V	3 相 4 线 400 V	50 Hz	C
俄罗斯	单相 2 线 127 V 单相 2 线 220 V	3 相 4 线 380 V	50 Hz	A,B,C
南斯拉夫	单相 2 线 220 V	3 相 4 线 380 V	50 Hz	C
美国	单相 2 线 120 V 单相 2 线 265 V 单相 2 线 277 V 单相 3 线 115/230 V 单相 3 线 120/240 V 单相 3 线 240/480 V	3 相 4 线 208 V 3 相 4 线 460 V 3 相 4 线 480 V	60 Hz	A
阿拉斯加(美国)	单相 2 线 120 V 单相 3 线 120/240 V 单相 3 线 240/480 V	3 相 4 线 208 V	60 Hz	
加拿大	单相 2 线 120 V 单相 2 经 240 V	3 相 4 线 208 V	60 Hz	A
阿根廷	单相 2 线 220 V	3 相 4 线 380 V	50 Hz	C,BF,S
玻利维亚	单相 2 线 220 V	3 相 4 线 380 V	50 Hz	A,C
巴西	单相 2 线 127 V	3 相 4 线 220 V	60 Hz	A,C
智利	单相 2 线 220 V	3 相 4 线 380 V	50 Hz	B,C
哥伦比亚	单相 2 线 150 V	3 相 4 线 260 V	50 Hz	A
厄瓜多尔	单相 2 线 115 V 单相 2 线 120 V	3 相 4 线 208 V 3 相 4 线 220 V	60 Hz	A,B
巴拉圭	单相 2 线 220 V	3 相 4 线 380 V	50 Hz	A,C
秘鲁	单相 2 线 220 V	3 相 3 线 220 V	60 Hz	A,C
委内瑞拉	单相 2 线 120 V	3 相 4 线 208 V	60 Hz	A
巴拿马	单相 2 线 120 V 单相 2 线 277 V	3 相 4 线 208 V 3 相 4 线 480 V	60 Hz	A,BF
古巴	单相 2 线 110 V 单相 2 线 220 V	3 相 3 线 440 V	60 Hz	A
危地马拉	单相 2 线 127 V 单相 2 线 110 V 单相 2 线 120 V	3 相 3 线 240 V	60 Hz	A
墨西哥	单相 2 线 127 V 单相 2 线 277 V 单相 2 线 120 V 单相 2 线 220 V 单相 2 线 230 V	3 相 4 线 220 V 3 相 4 线 480 V	60 Hz	A
尼加拉瓜	单相 3 线 120/240 V	3 相 3 线 240 V	60 Hz	A
乌拉圭	单相 2 线 220 V	3 相 3 线 220 V	50 Hz	B,C

在计算基地用电量时，应注意以下几点：

(1)在整个基地作业中所规定使用的起重机、卷扬机、焊轨机、锯轨机、除锈机、矫直机、电焊机和其他机具及照明用电的额定电压、频率和功率。

(2)根据施工进度计划，算出基地内同时用电的机械设备的最高数量。

(3)考虑各种用电设备在工作中同时使用的情况。

临时供电总用电量按下式计算：

$$P=A\left(\frac{\sum P_{\mathrm{d}}}{\eta\times\cos\varphi}\times k_1\times k_2\times k_3\times\sum P_{\mathrm{z}}\right)$$

式中 P——供电设备总需要容量(kW)；

P_{d}——动力设备用电额定功率(kW)；

P_{z}——室内与室外照明用电量(kW)；

η——电动机及其他用户的效率，对建筑机械取 0.83～0.88；

$\cos\varphi$——动力用电功率因素，无移相电容装置时取 0.75，有移相电容装置时可达 0.90；

k_1——动力设备同时用电系数，100%同时用电时取 1.0，75%用电时取 0.75，50%用电时取 0.5；

k_2——动力用户负荷系数，一般可取 0.75～1.0；

k_3——照明同时用电系数，一般可取 0.70～0.80；

A——电量调整系数，一般可取 1.05～1.10。

临时供电总用量为简化计算，亦可只计算施工机械用电，并按比例调整。

基地用电应尽可能利用当地的电力供应，从当地电站、变电站或高压电网取得电能。当地没有电源，或电力供应不能满足施工需要的情况下，则要在基地设置临时发电站。最好选用两个来源不同的电站供电，或配备小型临时发电装置，以免工作中偶然停电造成损失。同时，还要注意供电线路、电线截面、变电站的功率和数目等的配置，使它们可以互相调剂、不致因为线路发生局部故障而引起停电。

用电安全是供电组织计划中必须考虑的问题。基地用电应符合有关用电安全规程的要求。临时变电站应设在基地入口处，避免高压线穿过基地；自备发电站应设在现场中心，或主要用电区，考虑便于转移。供电线路不宜与其他管线同路或距离太近。

三、高恐袭风险区域安保力量配置

在高恐袭风险地区，首先应筛选出恐袭敏感区域，然后对敏感区域采取物防措施和人防措施。

(一)敏感区域分析

以肯尼亚 DK245 铺架基地为例，经分析，DK245 铺架基地的高恐袭风险敏感区域有：铺架基地大门(恐怖分子可能驾驶载有爆炸性物质的车辆冲入大门，或通过大门道路进入项目生活区进行恐怖袭击)、项目部生活区(由于袭击国内人员可能造成十分恶劣的影响，这也使得国内施工人员是恐怖袭击的重点对象，因此项目部生活区是敏感区)、炸药库(恐怖分子可能偷盗、抢劫甚至引爆炸药)、临时营地(作为国内施工人员比较集中的地方，易遭到恐怖袭击)、碎石场(由于很难设置栅栏等营地周界，使得恐怖袭击的难度降低)。这些敏感区域须加强物防和人防，物防主要是设置壕沟、铁丝网、电网、安检设施、监控设备、照明设备等，人防主要是除了布置一定数量的保安外，还布置一定数量的武装警察。

（二）物防措施

物防措施实际上就是安保设施，主要包括周界、进入路线、出入口、通行控制、安检、照明、水电设施防护、访客管理、电子安防系统、消防、通信、医疗急救等。在营地周围（围墙转角）建立岗亭，出入口设立检查站；铺架基地大门 24 h 由地方保安和武装警察把守，在围墙上安装铁丝网、摄像头。

项目部办公生活区恐怖袭击的敏感区域之一，采用电网、壕沟两道防护。壕沟在电网的外侧，深度不小于 1 m，宽度不小于 1 m，挖出的土石不应堆放在壕沟外侧。壕沟与铁丝网之间尽量缩短距离。入口处设立门卫岗亭。门卫岗亭配备消防器材和通信工具，并应安装监控摄像头和报警按钮。设置起落杆，起落杆在平常应保持落下状态，用于隔离待检查车辆，防止车辆强行冲撞。待车辆检查完毕后抬起，供车辆通过。在升降栏杆外设置带刺路障，以防止恐袭车辆或汽车炸弹进入铺架基地。夜间各铺架基地出入口处配备防冲撞设施（拒马桩），主要用于防止铺架基地夜间遭车辆强行冲撞。

铺架基地内在距离主入口外 100 m、50 m、25 m 处道路路面设置连续的车辆减速带，以迫使入侵车辆在进入前被迫减速或转弯。在主入口外的适当位置摆放车障，使进入路线呈两个90℃的急弯，以迫使车辆降低车速。

铺架基地周界和瞭望塔的内外两侧安装监控设施，确保临时营地内的监控范围“横向到边，纵向到底，不留死角”。沿周界和内部道路每隔 30 m 设置一盏节能灯。主入口处道路两侧各设置两盏节能灯，确保待检查人员和车辆四周没有阴影。围墙内侧 5 m 处应设泛光灯，每只泛光灯之间的最大间距为 75 m，灯光方向朝外。调整灯光的高度和照射角度，确保照明范围覆盖周界以外至少 10 m、周界以内 5 m。每座瞭望塔上设置一盏配有备用电源的探照灯，照亮距离须达到 100 m 以上。建筑物墙体的外立面应有灯光照明，照明高度最低为地面以上 2 m。周界灯光、内部道路灯光、办公区及作业区灯光均应实现一键开关。图 3—3 所示为肯尼亚蒙内铁路 DK245 铺架基地项目部办公生活区航拍图。

图 3—3　肯尼亚蒙内铁路 DK245 铺架基地项目部办公生活区航拍图

临时营地也属于恐怖袭击的敏感区域。临时营地的周界入口、门卫室、瞭望塔、安检点等部位安装紧急报警器。警报器安装在不易被人发现和破坏的位置，数量应足够多，以确保所有区域的所有人员都能清晰听到警报。视频监控系统：应在周界、进入路线、安检点、周界入口、营地场院内、宿舍区等部位安装。其中，周界营地场院、应安装红外旋转摄像头，其余为固定摄像头。摄像头应安装在不易发现和破坏的地方，距地面应有一定高度，各个摄像头采集的画面应能重叠覆盖。摄像头的清晰度至少为480线或更高。各类电子安防系统均应定期进行检查，其中摄像头和传感器应每天进行检测，其余系统应每周检测一次，确保工作正常。上述系统如发生故障，必须在12小时内修复。在铺架基地的空地上设置供发生火灾时紧急疏散的人员集合点。结合应急通道的设置，在铺架基地内各个区域设置火灾逃生通道。临时营地应配备能一次性撤出所有中方人员的车辆。临时营地应为公共安全管理部门和警察配备至少一辆巡逻车辆。

周界留有一个隐蔽逃生门，供项目部办公生活区内的人员和车辆在突发紧急事件时撤离。应急出口的材质、外形、颜色等与其旁边的周界相同，确保从周界外看不出应急出口与周界的区别。应急出口在平时应处于关闭状态，紧急时刻能快速打开。考虑营地的防火问题，需在周界围墙内侧配备灭火器。

（三）人防措施

安保力量配置见图3—4，保安室之间通视良好，确保紧急情况下的协调配合。武装警察和保安配置情况见表3—2。另外，设置保安室11处，昼夜安排保安人员值班。

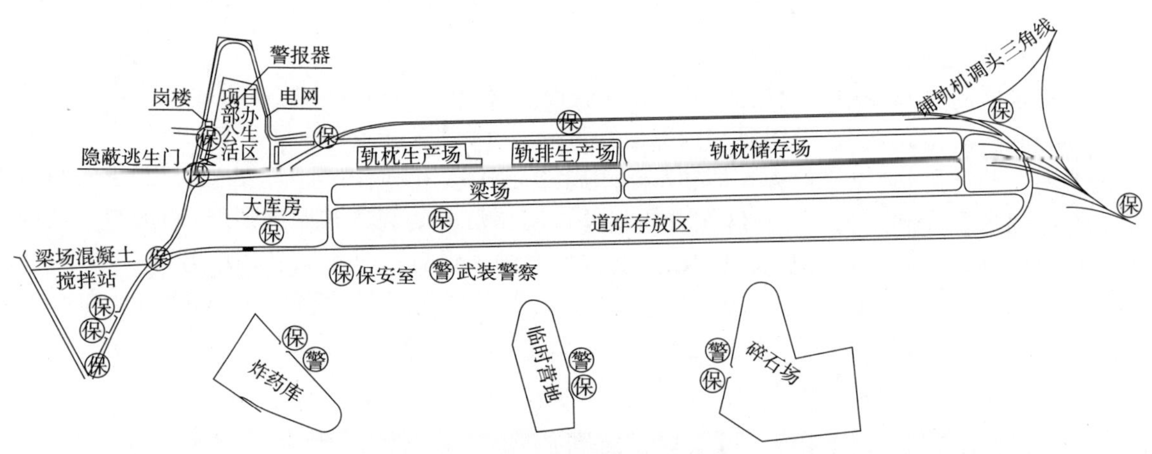

图3—4 铺架基地安保布置示意图

表3—2 铺架基地武装警察和保安配置情况

地点	白天		夜间	
	武装警察	保安	武装警察	保安
岗楼	3	2	4	2
保安室(12个)		12		12
炸药库	5人	11人	6人	13人
临时营地	4人	2人	6人	4人
碎石场	4人	6人	4人	7人

营地主入口处应设置证件查验点，对进出营地的所有人员和车辆进行证件查验和通行控制。人员通行证件须显示持证人的照片、本人签名，使用不同的颜色和标记（例如数字、字母、色块、图案等）区别不同类型的人员和使用区域。人员证件和车辆证件均应便于识别，通行证件的使用、控制及回收应方便易行。证件查验可采取由门卫人工目视查验的方式完成。

人员安检应同时检查随身携带的行李物品，车辆安检应检查车厢、后备箱和底盘。在人员和车辆进出流量不大的情况下，安检工作可由门卫完成。如果进出营地的人员和车辆流量较大，则应安排警察协助。人员安检通道应配备手持式金属探测仪。车辆安检通道应配备汽车底盘反光镜。

随着我国铁路企业频繁在海外市场竞得越来越多的海外铁路项目，如何降低这些铁路项目的风险，成为相关建设单位必须面对的一道难题。由于国外铁路项目情况复杂，铺架基地设置更应及早谋划，综合考虑防恐、跨文化管理、征地拆迁、经济效益、进度、安全等方面的因素，使得铺架地基均能满足各方面要求，在确保安全的前提下实现项目高质量、经济、进度等目标。

第三节　轨 枕 预 制

本节以肯尼亚蒙内铁路六标段生产新Ⅱ型轨枕为例，介绍轨枕预制生产线工艺。

一、轨枕预制厂建设

轨枕场规模根据轨枕的生产工艺、生产能力及其他实际因素确定，合理进行轨枕场占地面积、员工人数的配置，以保证生产任务的顺利完成。

轨枕场的生产能力、生产规模以及场址确定后，便可进行轨枕场总体平面规划，根据场址的具体地形情况，合理安排布置各区域位置，然后进行场内道路及各功能区联络线的布置，尽量做到工序衔接顺畅、物流合理、生产规模满足工程工期，从长远考虑，还应适度预留余量。各功能区位置确定后，进行水、电、气及供热等系统参数确定及管线设置的走向布置，同时确定各系统的走线方式。

以肯尼亚蒙内铁路 DK245 铺架基地为例，该基地轨枕生产车间规划 200 m×30 m（图 3—5），生产线上下来的成品在车间内装到汽车上，汽车运出车间由龙门吊倒运存放或直接倒运到标轨铁路平板车，运至轨排生产线。轨枕储存区设置 28.5 m 跨度龙门吊，跨下一侧为标轨铁路，中间为汽车运枕通道，通道两侧为轨枕储存区，可储存 23.1 万根轨枕。

图 3—5　轨枕生产车间

二、轨枕预制工艺

肯尼亚蒙内铁路完全采用中国的生产工艺、中国的标准，即采用我国现行的轨枕流水机组—传送法工艺，该工艺采用组合式钢模型在流水线上按照规定的工艺流程，依次通过各个生产台位，包括预应力钢丝(筋)编组，张拉，安装配件、箍筋、螺旋筋，灌注混凝土，振动成型，振动压花及卸配件、蒸汽养护，放张预应力，切断预应力钢丝(筋)，脱模并锯切枕间钢丝，成品堆放等，从而完成混凝土轨枕制品的全部生产作业。混凝土轨枕制品的生产周期相当于模型的周转期。该生产工艺具有以下特点：

(1)采用2×5联(主要是Ⅰ、Ⅱ型枕)或2×4联(主要是Ⅲ型枕)的组合钢模型，一次可成型10或8根轨枕，不仅可以减少预应力钢丝或钢筋的工艺损耗，还能大幅度提高轨枕生产效率。

(2)为与2×5联或2×4联的组合钢模型相适应，采用1×5联组合式振动台，相当于每一对并列轨枕布置一个单元台面。台面之间安装升降辊道，以便实现轨枕模型在流水线上传送。

(3)混凝土轨枕的成型采用二次振动工艺。第一次振动为普通振动，即使模型内的混凝土在振动台上振动密实、泛浆，同时人工将同一模型内的8～10根轨枕的混凝土料量调整一致(平灰)；第二次振动采用加压振动，加压振动的压力不小于5 kPa，由于采用了加压振动，从而可采用干硬性或低流动性混凝土拌合物，不但节约水泥，提高了混凝土密实性，还满足了振动成型时模型内分隔轨枕的挡浆板空隙处不致漏浆的工艺要求，并可将轨枕底部压出花纹。

(4)轨枕流水线由于主要采用辊道传送，形成闭环工艺流程，实现了轨枕生产工艺的连续性和节奏性，减少了车间的非生产性运输。

(5)现行的轨枕生产线除生产混凝土轨枕外，只要改变模型，还可生产混凝土宽枕、岔枕及其他窄长形的预应力混凝土制品，如横腹杆式接触网支柱等。

三、预应力混凝土轨枕流水机组—传送法工艺流程

目前的预应力混凝土轨枕流水机组—传送法工艺流程见图3—6。

该工艺流程主要包括以下工序：

(1)预应力钢筋(高强螺旋肋钢丝)穿入挡板和挂板，采用镦头机镦头，然后分板、入模型；

(2)采用自动张拉机对预应力钢筋进行张拉；

(3)人工安装箍筋、螺旋筋及橡胶隔板；

(4)采用浇灌机灌注混凝土；

(5)在第一振动台上进行普通振动成型(一次振动)；

(6)采用第二振动台和悬臂吊加压盖板进行加压振动成型(二次振动)；

(7)人工卸橡胶隔板，对模型周边的多余混凝土进行清理(清边)；

(8)在蒸汽养护池进行蒸汽养护，采用温度自动控制仪对养护池温度进行自动控制；

(9)采用放张机缓慢放张预应力，切断模型两端钢丝；

(10)采用翻转脱模机将轨枕成品从模型内脱出；

(11)轨枕在成品辊道上移动时，逐根检查外观质量，同时采用无齿摩擦锯切断轨枕间钢丝；

(12)取下端挡板，采用码垛机将轨枕装车并运入露天成品库堆放，同时按照要求随机抽取轨枕进行尺寸检验和静载抗裂强度检验；

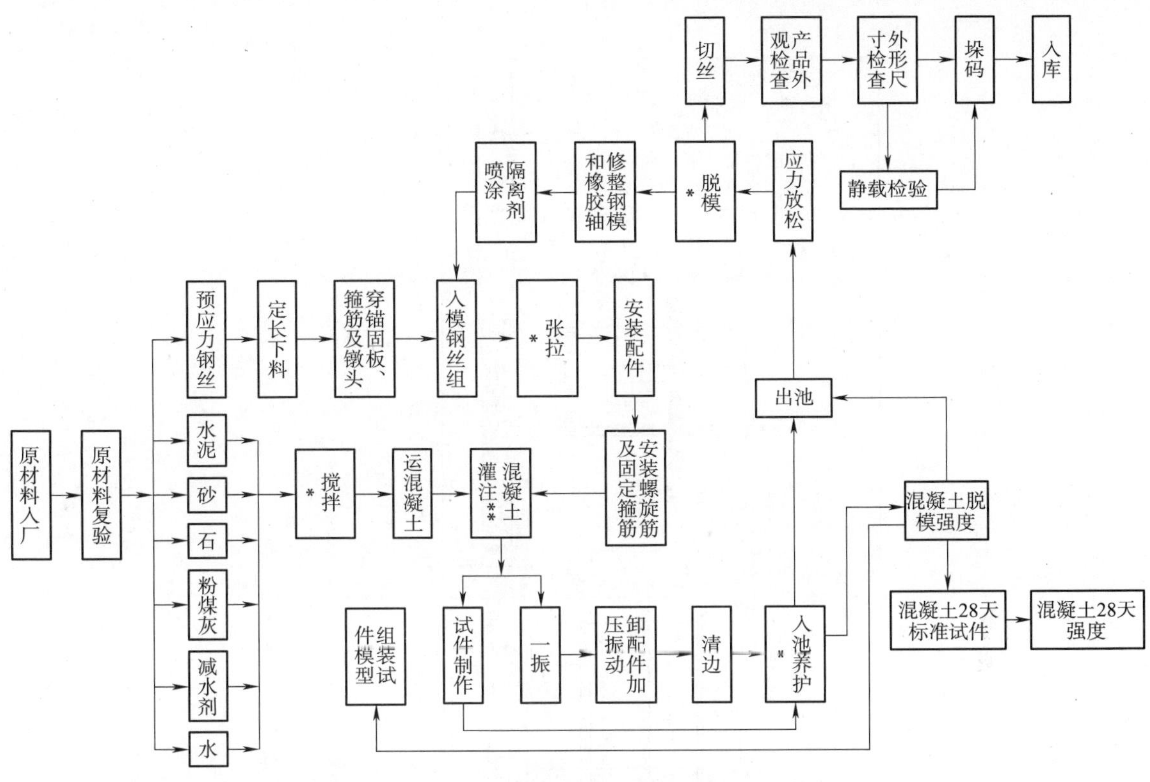

注：图中4个带*的工序为关键工序，1个带**的工序为关键工序和特殊过程。

图 3—6　预应力混凝土轨枕流水机组—传送法工艺

(13)清模、喷涂脱模剂，进入下一个生产过程。

四、预应力混凝土轨枕流水机组—传送法的典型工艺布置

混凝土轨枕车间的工艺布置，原则上是按车间跨度划分和布置流水线的。为了避免吊车作业的彼此干扰，通常采用一个跨间布置一条流水线。图 3—7 为预应力轨枕厂房平面工艺布置的典型实例。

在该生产线中，生产作业台位既有纵向布置，也有横向布置。作为预应力钢筋的 ϕ7 mm 高强螺旋肋钢丝，通过调直定长切断机切断后，穿挂板及穿端挡板，冷镦头，在分板机上将挡板分散到轨枕间隔的合适位置并放入模型，在张拉横移台位上完成钢丝组张拉，并进行第一次横移，然后装橡胶隔板，安装箍筋、螺旋筋，通过模型横移小车作第二次横移，到浇灌台位，采用浇灌车浇灌混凝土；然后通过纵向辊道和升降辊道传送到振动台，进行普通振动和加压振动，卸橡胶隔板并清边后，用桥式吊车将模型吊入蒸汽养护池进行蒸汽养护，待轨枕混凝土达到规定的放张强度 45 MPa 后，将模型从养护池吊出，在脱模横移台位上放张预应力，切断模型两端钢丝，再用翻转式脱模机上将轨枕从模型中脱出，轨枕通过成品输送辊道时用成品摩擦锯(无齿钢片锯)切断轨枕间钢丝，用码垛机将轨枕吊放到成品车上，取下端挡板后运入露天成品库堆放。空模型翻回脱模辊道并继续在纵向辊道上流动，进行模型清理、喷涂脱模剂等工序后进入下一次循环，整条流水线是一个闭环系统。模型横移、升降及轨枕张拉等工序所需液压油，由车间内设置的数台小型油泵站提供。整条作业线流水顺畅，作业方便，车间宽敞、明亮。

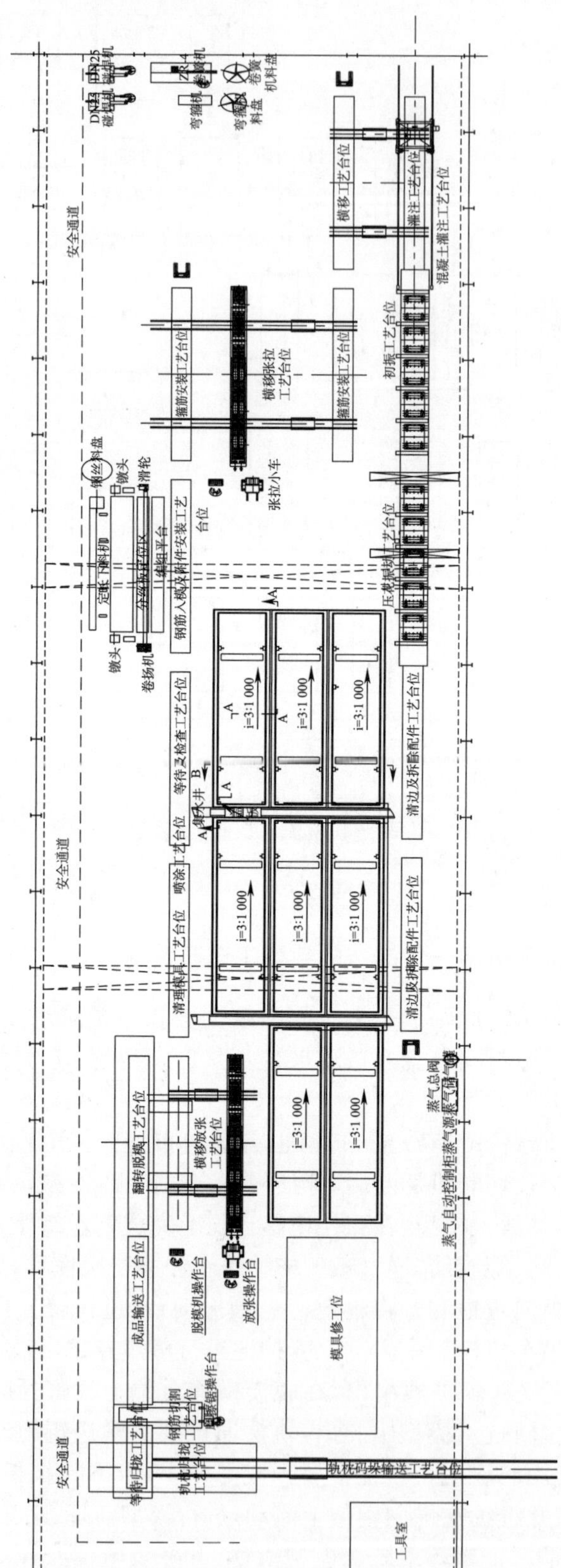

图 3—7 预应力轨枕厂房平面工艺布置的典型实例

五、原材料的采备与混凝土制备

(一)原材料采备

轨枕预制的原材料有水泥、粗骨料、细骨料、水、外加剂、粉煤灰、刚才、脱模剂等。下面以肯尼亚蒙内铁路新Ⅱ型轨枕预制为例,介绍在海外进行轨枕预制的原材料使用情况。在此要特别强调的是:在非洲国家,一般可采用施工方所在国的标准,但是的欧美、中东等地区,则要特别注意所在国法律的规定,一般都有特定的标准。

1. 水泥

水泥采用肯尼亚当地的 BAMBURI CEMENT LTD 水泥公司生产的强度等级为 CEMI 52.5 的水泥,其技术要求应符合相关规范要求。水泥检验分型式检验及常规检验两种,型式检验是在新选定供方或使用同厂家、同品种、同规格的水泥达 3 个月时进行,常规检验是在每批进场时进行。

首批进场水泥必须进行全项目检验,全检项目为:强度、凝结时间、安定性、烧失量、氧化镁、三氧化硫、碱含量、比表面积、熟料 C3A 含量、(游离)氧化钙含量、氯离子含量中心实验室进行检验。水泥供应商还必须提供每批水泥的助磨剂名称及掺量、石膏名称及掺量、混合材料名称及掺量。水泥全项及日常检验项目、检验频次和质量要求及性能指标须符合相关规范要求。

2. 粗骨料

粗骨料采用 MTITO 碎石场生产的粒径为 5～20 mm 的连续级配碎石,采用二级级配骨料。严格实施进场检验,进场检验应分级检测,5～10 mm、10～20 mm 检测含泥量、泥块含量。

特别强调的是,在肯尼亚,只有多孔火山岩这种母岩,为此专门委托相关科研单位进行了试验研究,确认多孔火山岩可作为粗骨料。

粗骨料的存放场地要做地面硬化,并做好排水系统;粗骨料存放时保持地面洁净,不得掺入其他杂质;不同规格、不同用途的粗骨料应分别存放,禁止混用;粗骨料进场后应做状态标识。

3. 细骨料

细骨料选用 DaraJani 砂场生产的级配合理、材质坚硬、表面清洁的吸水率低、空隙率小的天然中粗砂,严格实施进场全项检验。细骨料的存放场地要做地面硬化,并有良好的排水系统;细骨料存放时保持地面洁净,不得掺入其他杂质。

4. 拌合和养护用水

枕场用水采用钻井抽取地下水作为生活用水、混凝土拌制和养护用水,水质符合相关标准要求。任何新水源需做型式检验。同一水源的涨水季节或使用同一水源达一年时需对 pH 值、不溶物、可溶物、氯化物、硫酸盐、碱含量进行全面检验。

5. 聚羧酸外加剂

聚羧酸系高性能的外加剂应与所用水泥具有良好的适应性,能明显提高混凝土耐久性能,对钢筋无腐蚀作用。轨枕场采用我国江苏特密斯混凝土外加剂有限公司生产的聚羧酸系高性能减水剂(标准型),各项技术指标均须符合 JG/T 223—2007《聚羧酸系高性能减水剂》及 TB/T 3275—2011 的要求,进场外加剂进行含固量、相溶性试验。

6. 粉煤灰

制枕选用采用印度 Jaycee Resources Private Limited 生产的Ⅰ级粉煤灰，其各项指标经检测均符合 GB/T 1596—2005《用于水泥和混凝土中的粉煤灰》、2190—2013《混凝土枕》、TB/T 3080—2014《有砟轨道混凝土岔枕》及 TB/T 3275—2011《铁路混凝土》的有关规定。

7. 钢材

(1)预应力钢丝

轨枕场采用我国天津银龙预应力材料股份有限公司生产的预应力钢丝，新Ⅱ型预应力混凝土枕的预应力钢丝采用 10 根 ϕ6. 25 mm 低松弛螺旋肋钢丝。

(2)箍筋

箍筋采用 ϕ6. 5 mm 圆钢，生产厂家为我国河北省迁安市九江线材有限责任公司。

(3)螺旋筋和立筋

CZ2209Z 型岔枕塑料套管周围螺旋筋用 ϕ3 mm 低碳冷拔钢丝，生产厂家为我国天津银龙预应力材料股份有限公司。

(4)箍筋、螺旋筋的加工与绑扎

新Ⅱ型枕预应力混凝土枕纵向分布 9 根箍筋。箍筋采用 ϕ6. 5 光圆盘条钢筋，箍筋弯制采用人工配合全自动弯箍机制作，箍筋弯钩部份由人工按图纸进行弯制，箍筋弯钩直线段长度不少于 14 mm，箍筋长度偏差为 ±3 mm，箍筋间距偏差为 ±10 mm。绑扎时将扎丝头按到轨枕内部。检验频率为每批 3 组，每组 3 根。箍筋加工完成后，经验收合格，方可投入使用，在预应力钢丝骨架入模前，提前将箍筋穿入骨架。

每根新Ⅱ型预应力混凝土枕中包括 4 个螺旋筋，每根岔枕中包含数个螺旋筋，螺旋筋采用卷簧机绕制而成，螺旋筋加工分为螺旋筋的绕制和三根纵筋的点焊两个过程。螺旋筋上下口直径允许偏差为 ±3 mm，螺旋筋单层高度和总高度的误差为 ±3 mm。检验频率为每批 3 组，每组 3 个。螺旋筋加工完成后，经验收合格方可投入使用。

新Ⅱ型轨枕用箍筋和螺旋筋的图式分别见图 3—8 和图 3—9。

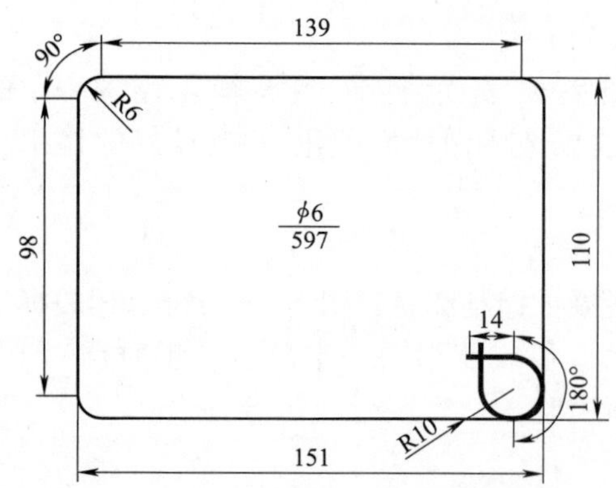

图 3—8 新Ⅱ型箍筋示意图(单位：mm)

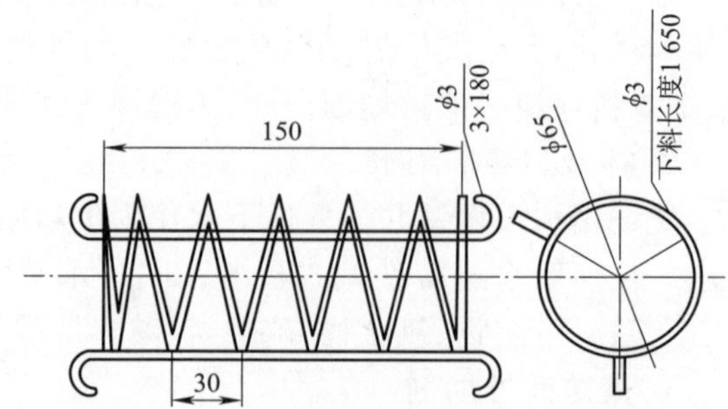

图 3—9 新Ⅱ型螺旋筋示意图(单位：mm)

图 3—10 所示为箍筋加工实景。

图 3—10　箍筋加工实景

图 3—11 所示为肯尼亚当地雇员进行螺旋筋焊接加工实景。

图 3—11　螺旋筋焊接加工实景

8. 脱模剂

使用色拉油作为轨枕的脱模剂。

(二)混凝土制备

混凝土强度等级为 C60。

1. 配合比设计基本情况(以肯尼亚蒙内铁路 DR245 铺架基地为例)

选用混凝土的配合比应按以下基本要求办理：

(1)每立方混凝土胶凝材料用量 489 kg。

(2)当骨料具有潜在碱活性时,混凝土中的总碱含量不超过 $3kg/m^3$。

(3)混凝土中三氧化硫含量不大于胶凝材料的 4.0%。

(4)预应力混凝土中氯离子总含量(包括水泥、矿粉、粗骨料、细骨料、水、外加剂所含氯离子含量之和)不大于胶凝材料总量的 0.06%。

(5)混凝土采用干硬性混凝土,增实因数为 1.10～1.30。

(6)混凝土设计配比为:水泥∶粉煤灰∶砂∶小碎石∶大碎石∶水∶减水剂＝412∶77∶

656∶244∶974∶137∶5.87。

2. 混凝土拌合

混凝土拌和采用强制式搅拌机，开盘前，测定砂、石含水量，根据砂石含水率换算成施工配合比并下发配合比通知单。拌和站检查各运转设备是否完好，操作人员是否到位，材料是否充足，保证开盘后能正常运转。总搅拌时间不少于 120s，搅拌时间以自全部材料装入搅拌机开始搅拌至搅拌结束开始卸料所用时计，投料顺序为粗细骨料、水泥和矿物掺合料，搅拌均匀后，加入水和液体外加剂。混凝土采用搅拌站集中拌制，严格按照施工配合比（以试验室通知单为准）进行配料、称量，配料误差控制在允许范围内，并有试验人员值班。在配制混凝土拌合物时，水、水泥、外加剂的称量准确到±1%，粗、细骨料的称量±2%（均以质量计）。混凝土拌合物配料采用自动计量装置。

3. 混凝土灌注

开盘前必须充分润湿料斗，班后进行冲洗。开盘时前三盘混凝土由试验室应试测稠度、观测和易性。混凝土灌注为特殊过程工序，混凝土的浇筑要求如下：

（1）混凝土在灌注过程中测定：增实因数、入模温度、模具温度、环境温度、钢筋温度。

（2）混凝土灌注前，应检查模具内配件是否齐全，箍筋、配件安装是否正确，模体是否洁净，无积液。

（3）混凝土灌注采用一次性往返布料，布料机到位后，开始下料，控制布料机行走速度与混凝土下料量相匹配，防止行走过快或过慢导致混凝土过量堆累或严重缺料，尽量做到单向行程布料均匀适度，布料高度高出模具面 15～20 cm，在布料机返回过程中对布料不足的部位进行补料，下料过程中，避免将混凝土布到模型以外，不得使用地面上洒落的混凝土，多余混凝土放入收料斗中，停放时间超过 30 min 后不得使用（一般按照 3 模控制）。

4. 混凝土成型及清边

混凝土的振动采用振动台振动，新Ⅱ型枕其初振时间为不小于 120 s，加压振动时间为不小于 60 s，保证压花深度在 5～13 mm 范围内。清边时应清除轨枕两边的飞边及轨枕节间多余的混凝土，不许将混凝土残渣残留在压花部位。新Ⅱ型枕应将橡胶棒顶部的混凝土清除，露出橡胶棒顶面，防止预留孔堵塞。清边完成后将橡胶隔板取出。

六、钢模具及工艺配件

以肯尼亚蒙内铁路六标段为例，其新Ⅱ型枕模具采用我国中铁丰桥桥梁有限公司生产 2×5 联定型钢模具，共计 120 套，模具的进场验收技术标准符合《混凝土枕》（TB/T 2190—2013）关于新Ⅱ型预应力混凝土枕外形尺寸偏差的 1/2 要求。新Ⅱ型混凝土枕模具外形尺寸检验标准及偏差须符合表 3—3 要求。

表 3—3 新Ⅱ型混凝土枕模具外形尺寸检验标准及偏差

序号	检查项目	允许偏差（mm）	标准值（mm）
1	承轨槽外侧底角间距离	±1.0	1818
2	上拱度	2～7	/
3	扭曲值	≤8	/
4	旁弯值	≤4	/

续上表

序号	检查项目	允许偏差(mm)	标准值(mm)
5	同一承轨槽底角间距离	±0.75	305
6	承轨槽底角至预留孔中心距离	±1.0	45.5
7	承轨槽底脚夹角	+0.5° 0°	120°
8	橡胶孔直径	±1.5	45
9	分丝板上孔距轨枕顶面距离(端部)	±1.5	98
10	轨底坡	<0.5	1 mm/300 mm
11	轨枕长度	±5	2 500
12	各断面高度	+2,−1	承轨槽中心截面:205 轨枕中部:175
13	承轨部位宽度	±1	168
14	标识遗漏	无	/

进场前对橡胶棒、橡胶隔板进行外观验收，使用过程中进行日常检验，张拉杆进场前逐个做探伤报告，分丝板逐个验收，并做记录。新钢模投入生产线使用前，建立使用台账，并记录维修保养情况。新钢模使用前应经质检人员逐套按钢模设计图纸和技术条件进行检查验收，合格后方能投入轨枕生产线使用。钢模在使用过程中，按要求进行日常检验及月检。保证钢模具在使用过程中表面清洁，无影响轨枕外观质量的情况。钢模具使用过程中加强日常维修和检查，质检人员根据产品外形尺寸检查，对不符合标准的产品应及时追溯该产品的模具，及时检测及维修。发现不符合使用条件的钢模应剔出生产线修理，无法修复的予以报废。

新Ⅱ型枕工艺配件有张拉杆、张拉螺母、活动张拉块、橡胶隔板、分丝隔板、橡胶棒、压花板、张拉连接套。每天生产完成之后应派专人清除附着在压花板上的残余混凝土等杂物。对于轨枕易损工艺配件(如橡胶棒等)，发现不合格时及时更换。所用工艺配件应标准化，进场验收合格后方可使用。

七、预应力混凝土轨枕流水机组—传送法工艺操作和技术要求

在前述之流水机组—传送法生产预应力混凝土轨枕的工艺流程中，主要的工艺操作和技术要求如下。

(一)钢丝编组与入模

中国混凝土轨枕现在主要采用直径 7 mm 或 6.25 mm 的高强螺旋肋钢丝。因为每根轨枕的数根预应力钢丝是编成一组，以便一次进行张拉。预应力钢丝类型不同，其编组方式也不同。但有些要求是一致的，即在预应力钢丝编组中要注意保持所有钢丝(筋)长度一致，同一轨枕的一组钢丝长度误差不应大于 0.015%；同时钢丝(筋)夹具应有可靠的锚固强度，使钢丝(筋)在张拉过程中不致滑移，以保证钢丝(筋)的张拉力均匀一致。

采用 ϕ7 mm 和 ϕ6.25 mm 螺旋肋钢丝作为混凝土轨枕的预应力钢丝时，钢丝作业主要包括钢丝开盘、定长切断钢筋、穿挡板及挂板、镦头、分板和钢丝组入模等工序。钢丝作业设备主要有钢筋盘架、定长切断机、镦头机、分板机。

预应力钢丝作业工序包括：

(1)钢丝开盘。将直径约 2 m 的成捆钢丝束放置在钢丝盘或放线架内;

(2)钢丝定长切断(图 3—12)。螺旋肋钢丝直径小、硬度低,因此可采用通用的钢筋定长切断机;钢丝采用定长切割机下料,钢丝的长度检查在专用检验台上进行,每批随机抽取 3 组(每组为 10 根)进行检验,新Ⅱ型枕下料长度 13 045 mm,绝对误差为±1 mm,相对误差不得超过 2 mm。下料完成后,后端钢丝先镦头。

图 3—12 钢丝下料作业

(3)钢丝编组。穿挡板及挂板、镦头,将定长切断的一组钢丝穿入 4 块挂板(张拉端和固定端各 2 块)和 10 块挡板(挡在每根轨枕的端部),挂板用 45 号钢经热处理制成,挂板上钻有 ϕ7.8 mm(用于 ϕ7 钢丝)或 ϕ7 mm(用于 ϕ6.25 钢丝)的孔,孔距与轨枕截面中预应力钢丝间距一致。图 3—13 所示为肯尼亚当地雇员进行钢丝穿挡板作业。

图 3—13 钢丝穿挡板作业

前端待钢丝穿完所有挡板及挂板后再进行镦头。图 3—14 所示为肯尼亚当地雇员进行钢丝墩头作业。镦头时加压应缓慢均匀,切忌急骤加压,当达到工作压力时,应稍停片刻后卸去油压,以确保一次获得所需要的镦头尺寸和形状。新Ⅱ型枕镦头直径不小于 9.38 mm($\geqslant 1.5d$,d 为钢丝公称直径),高度为不小于 6.25 mm($\geqslant 1.0d$,d 为钢丝公称直径),镦头表面不得出现裂纹,以保证张拉时镦头不被拉滑。镦头外形尺寸检验频率为每批 2 组,每组 10 根。镦头强度不低于母材强度的 95%。一次镦头不合格的钢丝严禁重镦,并且镦头严禁偏镦。

钢丝穿板成束后,按顺序排列整齐。钢丝墩头直径不得小于 1.5 倍钢丝直径,墩头高度不得小于钢丝直径。

特别强调:将下料钢丝穿上锚固板、铁挡板及箍筋进行编组作业,确保钢丝不交叉、不错位及箍筋不错位。同一组钢丝的同一端两块挂丝板,不能新旧混用,且镦头沉陷凹坑须一致。

图 3—14　钢丝墩头作业

(4)钢丝组入模。将穿入端挡板及挂板并已镦头的钢丝组经分板后移入轨枕模型内(图 3—15)。模型的固定端装有挡板,用于挡住挂板,模型的张拉端则是将挂板放入与张拉杆连接的张拉盒内。千斤顶带着张拉杆及张拉盒移动时,钢丝即被张拉。装入橡胶隔板(图 3—16)。入模时挂板、挡板均要放在正确位置,不得出现有钢丝错位、斜搭和别轴现象,以保证预应力钢丝张拉时受力均匀。发现钢丝错位或交叉,应即时调整或更换,确认无误后,旋紧张拉杆螺母,绷紧钢丝组。发现有问题的钢丝组及张拉杆等工卡具应及时更换。

图 3—15　钢丝组入模

图 3—16　装入橡胶隔板

钢丝编组入模后，模具经辊道纵移、横移小车横移至下一工位(图 3—17)。

图 3—17　钢丝编组入模纵横移至下一工位

(二)预应力钢丝的张拉

1. 张拉的技术要求和程序

预应力钢丝编组入模后即可进行张拉(图 3—18)。钢丝的张拉在轨枕模型的张拉端进行，将轨枕模型张拉端的螺杆与张拉千斤顶的活塞杆通过连接套筒连接，即可进行张拉。钢筋的张拉程序为：0→90kN(采用专用量具测量上保护层，测量活塞位移，这两项指标如超过规定则张拉力回零，调整后重新张拉)→张拉至总张拉力值 N，持荷 1 min(测量活塞位移)→补拉至总张拉力值 N 并锁紧螺母→0(张拉系统回油)。总张拉力 N 应符合设计要求。以前当设计对张拉力上限没有规定时，应按不超过 N×(1+1.5%)或 N±5 kN 控制，现在规定是不得超张拉。张拉时，采用张拉力和伸长值双控制，要求工艺操作时实测的伸长值与理论计算值的偏差不大于 5%。

图 3—18　钢丝的张拉

2. 张拉设备

钢丝的张拉设备包括张拉千斤顶、压力表、拉力或压力传感器和高压油泵站，张拉设备要能实现自动控制、自动显示和自动记录(图 3—19)。

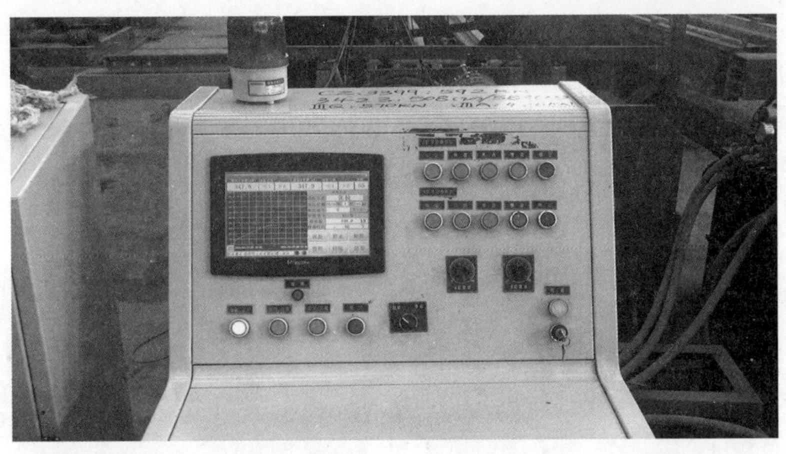

图 3—19　张拉数据的智能显示

张拉千斤顶的额定张拉力最好选择等于钢筋总张拉力的 1.5～2.0 倍，张拉千斤顶的行程最好选择不小于钢筋张拉时计算拉伸长度的 2.5 倍。轨枕生产中的张拉千斤顶可采用拉杆式或穿心式，主要技术参数是：最大拉力 800 kN；工作行程≥200 mm。

为使用方便，常将两台张拉千斤顶安装在一个小车上。小车能纵、横向移动，千斤顶的高度可借助小车上的竖向丝杆调节托板的高低控制，以适应不同轨枕模型张拉杆不同的高低位置。

3. 压力表及拉、压力传感器

压力表以前是安装在张拉千斤顶上，用来指示张拉千斤顶油缸中的油压，现在安装在油泵站上，表示出油压力，压力表的量程要与千斤顶的总张拉力有如下关系：

$$N=PA$$

式中　N——预应力钢丝的总张拉力(N)；

A——张拉千斤顶的活塞面积(mm^2)；

P——压力表读数(MPa)。

为了保证压力表的安全，实际选用压力表的最大读数应为 P 的 1.5～2.0 倍。压力表是装在油泵站上用来显示供油压力的，生产前需要将油压调节合适。拉力传感器是串接在张拉杆与拉杆式千斤顶活塞杆之间直接测定张拉力的大小，也有采用压力传感器套于穿心式千斤顶活塞杆的尾部，传感器测力精度应≤1%。

4. 油压

油站泵最大油压设计为 60 MPa。预应力混凝土轨枕的张拉机由一台小车上的两台千斤顶、一台能提供大流量低压油和小流量高压油的小型油泵站以及测力传感器和自动显示记录仪表等组成。之前曾采用集中油泵站来供给张拉千斤顶，同时供应其他用途油缸的液压油。

5. 调整箍筋位置并绑扎

待张拉完成，将箍筋调整至规定位置(图 3—20)，然后用细铁丝绑扎箍筋(图 3—21)

(三)混凝土的搅拌、浇灌和成型

(1)大型轨枕厂一般采用一阶式搅拌楼，中、小型轨枕厂一般为二阶式搅拌站，所有轨枕厂均采用强制式搅拌机、电子秤称量、自动配料。材料计量误差允许范围为：水泥±1%，粗、细骨料±2%，水、外加剂溶液±1%。搅拌时间应符合所有搅拌机的规定，保证搅拌均匀。因为每一模型(10 根Ⅱ型枕或 8 根Ⅲ型枕)的混凝土量是一定的，约为 1.1～1.2 m^3，因此选择搅拌机的容量宜比 1 盘/模稍多，即选取搅拌机容量 1.5～2.0 m^3 为宜。强制式搅拌机有卧轴和立轴之分，轨枕采用偏干硬的低流动性混凝土，因此采用带行星转动的立轴搅拌机比较合适，单卧轴或双卧轴搅拌机也有使用。

图 3—20　调整箍筋位置

图 3—21　绑扎箍筋

(2)混凝土浇灌采用浇灌车(图 3—22、图 3—23)，它可以沿纵向辊道两侧的轨道走行，操作工站在浇灌车上手动或电动控制气缸来开关斗门，边走行边往模型里浇灌混凝土；也有采用不移动的浇灌斗，使轨枕模型在辊道上移动来实现混凝土向模型内浇灌。浇灌车料斗容量不宜小于 1.6 m^3，行车速度 15～30 m/min。

图 3—22　浇灌车从搅拌站取混凝土拌和物

图 3—23　浇灌车进行混凝土布料

(3)随着目前轨枕生产要求采用挡板，漏浆情况有所改善，预留孔又采用了橡胶成孔器，消除了塌孔问题；为提高轨枕表面质量，已逐步改用偏干硬的低流动性混凝土。

检测轨枕混凝土拌合物的工作度一般用跳桌增实仪，测得的增实因素宜为 JH＝220～240 mm。

(4)混凝土轨枕成型作业应在能确保混凝土密实和轨枕底部花纹符合图纸要求的成型设施上进行。根据 50 年制造混凝土轨枕的经验，流水机组—传送法工艺采用振动台结合压花盖板能满足这一要求。由于轨枕模型长达 10 多米，采用具有 5 个台面的 5 单元、长尺寸的振动台。

振动成型分两个阶段：

①第一阶段是模型在振动台上振动 2～2.5 min，称普通振动或一振(图 3—24)，主要作用是将混凝土振动密实并泛浆，同时进行平灰，使同一模型的 10 根轨枕内的混凝土量达到一致；

图 3—24　一振与平灰

②第二阶段是模型继续在振动台上振动，同时将压花盖板放在模型顶上即压住轨枕底面混凝土，持续时间 1.0～1.5 min，直至轨枕底部压出花纹并达到规定的深度，轨枕底部花纹的作用是增加轨枕与道床的磨阻力，防止轨枕在铁道线路上爬行。在振动台上振动也称为二振(图 3—25)。

图 3—25　二振与压花

(5)清边作业(图 3—26)。钢模停稳后方可进行清边作业。取出橡胶隔板,使用铲子清理模型内多余混凝土,对Ⅱ型轨枕边缘清出倒角,使用清边锤清理钢模边缘 、张拉挂盒、固定端槽内 、中部鱼脊背上及钢模主梁槽钢上已固化的混凝土,扫除多余浮砟 。清理节间槽内掉落的混凝土 ,清理主筋上附着的混凝土。清边完成后所有橡胶轴均应露出。清理过程中,应注意防止砸伤混凝土。

图 3—26　清边作业

(四)混凝土轨枕的养护

在流水机组—传送法工艺生产混凝土轨枕过程中,为了加速混凝土轨枕的模型周转,提高设备利用率,增加产量,需要采用湿热养护措施,以加速混凝土的硬化,缩短达到放张脱模强度的时间。我国轨枕生产采用的湿热养护措施是常压蒸汽养护,即利用蒸汽的湿热作用在钢筋混凝土结构建成的常压养护池内加热混凝土,使轨枕混凝土按照规定的养护制度,在较短时间内如 9～12 h,达到轨枕放张脱模要求的 45 MPa 强度。图 3—27 所示为轨枕吊入养护池。

1. 混凝土蒸汽养护的机理

混凝土在蒸汽养护条件下可以加速水泥的水化作用,因此可使混凝土在较短时间达到较高的强度,从而加速模型周转。但是,蒸汽养护也有其不利的一面,因为混凝土拌合物中包含

图 3—27　轨枕吊入养护池

粗细骨料、由液态向固态转化中的水泥浆→水泥石，以及夹带进的气泡，在升温过程中，各自的热膨胀系数大不相同，固体材料(骨料、水泥石等)膨胀作用小，水则膨胀较大(约为固体材料的10 倍以上)，湿空气(混凝土中的气泡)的膨胀作用更大(约为固体材料的 100 倍)。当混凝土已开始凝结硬化但尚未具有足够的结构强度时，这种气水的热胀作用将增加混凝土中的空隙量，从而会撑裂水泥石结构，引起内部微裂缝，导致混凝土的内部损伤。另外，在高温蒸养中，水泥水化急剧加快，胶体新生物析出加快，并在水泥粒子周围积聚了一层胶体新生物薄膜；随着高温蒸养的进行，这层胶膜逐渐增厚，阻碍膜内水泥粒子的继续水化，从而影响混凝土后期强度的发展，温度越高，升温越快，蒸养时间越长，后期强度的损失越大。此外，当水泥浆变成水泥石后，如果温度高于 70 ℃，则还会生成延迟钙矾石形成膨胀而导致水泥石微结构再破坏，也会造成混凝土后期强度的降低。因此，混凝土轨枕技术标准中对蒸汽养护工艺制度有比较严格的规定。图 3—28 所示为蒸汽养护设备。

图 3—28　蒸汽养护设备

2. 混凝土轨枕的蒸汽养护制度

预应力混凝土轨枕技术标准中对蒸汽养护有以下规定：

①静停时间不应小于 2 h，升温速度不应大于 15 ℃/h，蒸汽养护(池内)温度不应高于 60 ℃，并应有一定的停汽降温时间，降温速度不应大于 15 ℃/h，出池时轨枕表面与池外环境

温差不应大于 15 ℃。为了使降温均匀，要采取冷水喷淋和抽风机排热气等措施。在一些气候干燥地区，轨枕脱模后再进行 3～7 d 的保湿养护。上述规定是为了轨枕表面不致出现裂缝，并保证轨枕混凝土后期强度有很好的增长，以提高混凝土轨枕的耐久性。

近期制定的新标准《混凝土枕》(TB/T 2190—2013)，对养护规定作出了一些变化。新标准对轨枕混凝土的养护是这样规定的，即：轨枕采用自然养护时，在振动成型后立即进行，应直接用保湿材料覆盖混凝土。枕芯混凝土温度与轨枕表面混凝土温度之差不大于 15 ℃。开始养护的环境温度应为 5 ℃～35 ℃。

轨枕采用蒸汽养护时，应采用自动控制温度的养护设备。在 5 ℃～35 ℃的环境中静停时间不少于 3 h；混凝土升温速度不大于 15 ℃/h；降温时，降温速度不大于 15 ℃/h；养护结束时，轨枕表面与外部环境温差不大于 15 ℃。养护过程温度监测应能覆盖同批(同线、同池)轨枕。

当生产厂有证据验证养护周期全过程中枕芯混凝土温度和养护环境温度的关系时，可用养护环境温度进行控制，但在连续生产过程中每月要做一次能够代表该批次轨枕的芯部温度的测量。

轨枕脱模后，应继续湿润养护 3d 以上，环境温度低于 5 ℃时，应采取保温养护。

②蒸汽养护时间的确定应满足：混凝土试件放张脱模时的强度≥45 MPa，蒸养后再标准养护到 28 d 的强度≥60 MPa。混凝土轨枕是依靠预应力钢筋和混凝土自身锚固形成的先张法构件，混凝土放张强度不能太低，一是为了提高混凝土与钢筋的握裹力，二是避免轨枕产生纵向裂缝。

③轨枕蒸汽养护温度控制采用计算机控制系统(图 3—29)，能监测养护全过程，控制精度高并及时显示、记录温度变化曲线。自动温控系统技术要求是：升温阶段≤±20 ℃；恒温阶段≤±10 ℃。

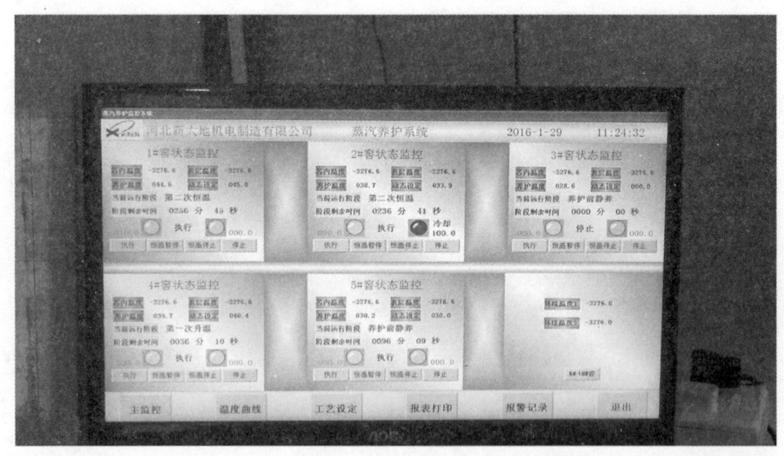

图 3—29 蒸汽养护计算机控制系统界面

(五)脱模与堆放

混凝土轨枕经蒸汽养护，混凝土强度达到“标准”规定的放张脱模强度，即Ⅱ型枕、Ⅲ型枕及宽枕、桥枕、岔枕等的放张脱模强度达到 45 MPa，方可将轨枕从养护池吊出(图 3—30)，并进行轨枕的脱模。

图 3—30　轨枕从养护池吊出

脱模工序包括：放张预应力；切断模型两端预应力钢筋；翻转脱模；切断轨枕间连着的预应力钢筋；轨枕装车堆码成垛。同时将钢模型清理干净，并在模型内喷涂脱模剂，准备再次使用。

1. 放张预应力并切断位于模型两端头的钢筋

早先放张预应力钢筋是采用电弧直接烧切处于应力状态下的预应力钢筋，称带应力切割法。现"标准"规定，不允许在带应力情况下直接切割钢筋，应采用放张千斤顶(或液压扳手)自动缓慢地放张张拉力(图 3—31)，然后再将模型两端的预应力钢筋切断。试验证明，骤然放张与缓慢放张相比，不利之处是锚固长度将增加 20%，而且容易引起混凝土轨枕挡肩裂缝和端部纵向裂缝。岔枕更要缓慢放张，其放张速度要求是：长线台座≤8 kN/s；流水机组≤80 kN/s。因此，要求采用自动放张设备，首先将预应力钢筋整体缓慢放张，再将模型两端钢筋切断，同时取出挂板，再通过脱模横移装置将模型移到脱模机上进行脱模。

图 3—31　放张预应力

2. 轨枕翻转脱模(图 3—32)

钢模的翻转脱模是由专用的脱模机完成。由于放张使混凝土轨枕与模型间产生位移，大大降低了轨枕与模型的粘结力，当模型在脱模机上翻转接近 180°时，由钢丝连接着的两排各 5 根轨枕就能顺利地从模型内脱出，而掉到成品输送辊道上；脱模机的另一作用是使轨枕由制造过程中的倒放改变为正放。

图 3—32 轨枕翻转脱模

3. 轨枕间预应力钢筋的切断(图 3—33)

轨枕间预应力钢筋或钢丝的切断是采用无锯齿的摩擦锯。磨擦锯的工作原理是利用高速旋转的锯片,对钢筋或钢丝进行局部磨擦加热,使达到熔化状态而被切断。这种工艺的要点是锯片要有足够的圆周线速度才能做到把钢丝锯断。一般圆周线速度不应小于 4 000 m/min。目前轨枕工厂使用的摩擦锯,锯片直径一般为 700～750 mm,电动机转速为 2 900 r/min,功率为 40～55 kW,进锯方式为机械牵引。锯片采用 B235 钢材制成,是易损件,其使用寿命一般为 2 000 次,加强轨枕间水泥残浆的清理,避免锯片锯切混凝土,是减少锯片磨损、延长使用寿命的关键。

图 3—33 轨枕间预应力钢筋的切断

4. 轨枕的堆放与继续养护

当轨枕成品从车间端头进入露天成品库时,采用码垛机先将轨枕放到成品车上码成垛,运入成品库堆放。码垛机有两种形式:一种是在起重小车的基础上增加可摆动并能伸缩的刚性导向架;另一种是刚性导向架固定于起重小车上。两种码垛机均能堆码 8 层,每层 4 根轨枕。当轨枕成品需要布置从车间一侧横向运出至露天成品库时,采用轨枕横移装置加吊车,即在成品输送辊道上将轨枕之间的钢丝锯断后，通过卷扬机将轨枕移动到成品辊道外两根横向钢轨上，再由桥吊吊到成品车上码垛入库。也可使用叉车进行轨枕的码垛(图 3—34)。轨枕在成品库中堆码要求不超过 10 层，各层轨枕间用 40 mm×40 mm 的方垫木垫于轨枕挡肩外 40 mm 处，并使上下轨枕之间垫木在一条直线上，保证轨枕受力均匀。

图 3—34　采用叉车进行轨枕码垛

轨枕码垛后，在露天成品库遮阳并通过自动喷淋系统继续进行洒水养护。自动喷淋系统无法喷洒覆盖之处，应进行人工补充喷洒(图 3—35)。

图 3—35　自动喷淋系统与人工补充喷洒

5. 清理钢模、喷涂脱模剂

钢模使用前，应清理混凝土残渣(图 3—36 和图 3—37)和喷涂脱模剂，以使轨枕有较好的外观质量。

喷涂用的脱模剂，使用工业皂较多，按 1∶5 加水，加热溶解，然后装入可增压的罐内，由管道引出至喷头处；当模型在辊道移动时，稀释液自喷头呈雾状喷出，使钢模内表面各涂敷一层皂液，因此时钢模从养护池取出不久，尚有一定温度，故工业皂液的水份很快蒸发，肥皂即吸附在模型内表面上。皂液的引出管是双层套管结构，内管内流的是皂液，外套与内管间的夹层内通的是蒸汽，这样可以防止皂液降温后肥皂凝固堵塞管路、节门和喷头。

图 3—36 打磨附着于模具上的混凝土残渣

图 3—37 吹渣机和棉纱清理混凝土碎屑

八、质量控制与成品验收

下面介绍肯尼亚蒙内铁路新Ⅱ型轨枕(采用中国铁路技术标准)在轨枕预制过程中的质量控制措施。

(一)新Ⅱ型轨枕预制关键工序

1. 张拉工序

(1)新Ⅱ型轨枕 ϕ6.25 预应力钢丝下料长度为 13 045±10 mm,每组长度相对误差不大于 2.0 mm,班组应每天抽查三次每次抽查 1 模轨枕的数量进行组长度相对误差检查并做好记录。

(2)箍筋放置应做到位置准确,不歪斜,螺旋筋放置要做到不偏斜。

(3)班前检查自动张拉系统、千斤顶、横移等各部件是否完好,试机正常后方可进入工作。

(4)班前检查轨枕保护层量具是否符合技术要求,发现不符合技术要求的及时与工艺检查员更换。

(5)模型到达台位后,先检查张拉盒、锚固板放正,主筋与橡胶轴不能有交叉,紧满内外套丝扣,使之与千斤顶联接好。

(6)张拉工艺采用自动张拉设备,张拉时应先安装好安全防护网,张拉台位后面严禁站人,确认符合要求后执行完全张拉后,用专用量具测量轨枕上保护层尺寸,钢丝张拉顺序:0→σ_k→持荷 1 min→补拉至σ_k(紧螺母)→0(记录),新Ⅱ型轨枕张拉力为 348±5 kN,张拉速度不大于 80 kN/s。

(7)定期检定传感器,发现千斤顶、油阀有漏油等异常情况时,应停止使用,及时更换。

(8)张拉记录交专职质检员检查并保存。

2. 混凝土搅拌

(1)操作人员在开始工作前,应先查看设备运转情况记录,检查搅拌设备是否正常,搅拌机操作系统开机预热后执行期间核查制度,每半个月用 1 kg、2 kg、5 kg、10 kg 和 25 kg 砝码,对水秤、减水剂秤、石子秤、砂子秤、水泥秤进行校正,校正合格后方可正常生产。

(2)投料搅拌前检查水泥温度,水泥温度控制在不大于 70 ℃。

(3)投料顺序:先投入骨料、水泥和水,搅拌均匀,最后掺入液体外加剂,继续搅拌均匀。

(4)严格按照当日施工配料通知单(拌和机操作人员未接到由试验室下发的当日施工配料通知单时,不得进行混凝土搅拌施工)所规定的用量配料,下料称量偏差应符合粗细骨料不超过±2%,拌和用水、外加剂、水泥、粉煤灰均不超过1%。

(5)每日上、下午开始搅拌时,随机抽取混凝土,用跳桌增实仪测试混凝土稠度,在前三盘将混凝土稠度调整到正常状态,要求增实因数符合1.10~1.30之间,并做好记录。

(6)严格控制混凝土的净搅拌时间,净搅拌时间不得少于150 s。净搅拌时间定义:最后一种原材料投入搅拌机内开始计时,到打开搅拌机出料口开始卸料为止。

(7)拌合机操作人员应对每盘混凝土的搅拌记录进行储存。

(8)搅拌操作人员应熟练掌握生产进度和控制技术,搅拌工作质量:混凝土供应及时又不大量贮存,每隔30 min应清理一次贮料斗,防止混凝土结块。

(9)应经常保持水泥秤下部清洁,定期清理水泥秤与搅拌机的布接口,以免影响称量精度。

(10)施工结束后应及时清理干净搅拌机及贮料斗内粘结的混凝土,并用水冲洗干净,以备下班使用,并填写设备运转记录。

(11)搅拌不合格的混凝土禁止使用,存放时间超过30 min的混凝土禁止使用。

3. 混凝土养护

(1)试件制作及养护

①抗压强度试件规格采用150 mm×150 mm×150 mm试件模型,保证试模内表面光洁并涂以少量机油。观察试模内,要求表面光滑平整,无砂眼,裂纹及划痕,测量其单个试块对角线长度为(212±2.0)mm。

②把准备好的空试件模型搬运到台位上,取料时每组试件取同一盘内的混凝土,取样后要立即制作,振动时间不小于4 min,注意防止混凝土发生离析;成型后的试件上表面与模型四周边缘平齐,用记号笔填写制作日期、养护池号。

③试件制作完成后,及时和同池模型进行养护,放置时要码放整齐。

④试件制作数量:每池应制作三组强度试件,其中两组为脱模强度试件,一组为28d强度试件。

⑤养护完成后应对试模立即拆模并进行试压,拆模时禁止用锤子直接敲打试模内表面;试验室试压人员做好试压记录,脱模强度大于或等于45.0 MPa时通知脱模;如试压值不够45.0 MPa,以1.2 MPa/h延续养护,但最低养护时间不应低于半小时,大于半小时不足1 h按1 h计。

⑥f28d试件采用标准养护,养护温度20 ℃±2 ℃,相对湿度≥95%。28d强度依据TB 10425—94《铁路混凝土强度检验评定标准》标准进行评定。

(2)轨枕养护

①注意新灌注混凝土的保温保湿,在养护池盖周围用水密封;

②严格执行以下养护工艺制度:升温前静停不小于3 h;混凝土升温速率不大于15 ℃/h;枕芯养生温度不超过60 ℃,应有一定的停汽降温时间,降温速率不大于15 ℃/h;养生结束时轨枕表面与坑外环境温差不大于15 ℃,养护过程温度检测应能覆盖同池轨枕,且有保湿措施。总养护时间应不少于保证脱模强度值≥45 MPa。

③养护人员应严守工作岗位,严守工艺养护制度,严守操作规程。

④经常观察仪器与电脑显示，发生常见故障应根据设备操作规程自行排除，自己不能解决的应立即报告工程部，严禁私自拆卸和调整养护参数。

⑤自动养护时间完成后，养护人员取出试件，试件脱模后应立即试压，脱模强度值≥45 MPa。

⑥养护人员负责检查自动养护系统中各种设备及装置，发现降温系统中降温不能喷水、风门打不开、关不上时等故障，及时向班长或相关维修班组联系维修。

4. 脱模工序

(1)班前认真检查自动放张系统、千斤顶、横移等各部件是否完好，试机正常后方可进入工作。

(2)放张采用自动放张机，控制应力须小于张拉应力，缓慢旋松张拉杆螺母，缓慢卸荷，直至放松应力。

(3)使用轨枕专用自动放张设备进行整体放张，缓慢放张，并应不大于 80 kN/s(以产品无应力为准)，新Ⅱ型轨枕的放张力为 300 kN。

(4)待脱模机大臂反转后方可移动轨枕切割钢筋。

(5)用无齿锯割丝完成后轨枕钢筋外露长度不大于 15 mm;

(二)新Ⅱ型枕预制特殊过程(混凝土灌注)

(1)班前应查看设备运转记录，检查振动台各部件是否良好，一振台位时间继电器是否为不少于 120 s，二振压花台位时间继电器是否为不少于 60 s，试机正常后方可进入工作。

(2)平混凝土人员作业时应执行“先平后振，及时平混凝土”工艺，新Ⅱ型枕一次振动时间不小于 120 s。

(3)混凝土的下料量：新Ⅱ型枕为 1.21 m^3 每模下料量。平混凝土人员要经常与下混凝土人员保持联系，控制混凝土量适中，便于平混凝土；振完后的混凝土与模型壳体平为准。

(4)严格控制使用存放混凝土，禁止将放置时间过长(但不超过 30 min)的混凝土集中放置在一套模型内，余混凝土超过 30 min 不应使用，应将其清理出施工现场。

(5)在振动过程中，发现挡板有歪斜、跳起或跳出时要及时处理，确保产品外形尺寸。

(6)填写特殊过程监控记录表(混凝土)，产品的名称型号、模型号、养护池号、振动时间等，做到真实准确，字迹清楚内容完整。

(7)新Ⅱ型枕二次压花振动时间不小于 60 s，采用加压振动工艺。

(8)工作中及时清理干净振动台上的余混凝土，余混凝土不应再使用。

(9)清边时模型两侧及鱼嵴背表面的余混凝土要清理干净。应清除多余混凝土，不得使其留在混凝土表面，清边后混凝土表面必须露出橡胶轴，轨枕底部倒角要整齐。

(10)使用压花装置的新Ⅱ型，必须在清边时倒出 15°×45°的倒角，以防轨枕侧面下部脱模时崩皮。

(三)成品验收

轨枕预制完成，应进行尺寸、外观和静载抗裂强度检验。

出厂检验项目有外观质量、各部尺寸、缺丝、表面裂纹、混凝土抗压强度、混凝土弹性模量以及轨枕静载抗裂强度。

九、轨枕存放和出厂要求

轨枕顶面应按设计图规定的部位，新Ⅱ型枕型号印压出下列标记：产品型号、生产厂名、生产年份等标志，每年年底需更换年份标识。轨枕存放按合格品区、不合格品区、返修品区存放。不合格的轨枕单独存放。不合格的轨枕在两端用黑色油漆标出两道横线(〓)，线宽不小于20 mm。枕场应对每批新Ⅱ型枕附有《合格证明书》，证明书中应包括下列内容：(1)生产厂名称；(2)轨枕型号；(3)轨枕数量；(4)批号；(5)检验结果；(6)制造日期；(7)印章。

新Ⅱ型枕应按型号、日期和批次分别存放，不合格的轨枕应单独存放，并做好标识。建立成品库管理制度，由轨枕分场负责管理。新Ⅱ型枕存放、装车和运输应按下列要求执行：

(1)轨枕存放和运输应按水平层次，轨底朝下正向放置。堆码应整齐有序，每垛高度新Ⅱ型枕为不超过14层。堆码牢固稳定，上下对齐，防止倒塌。

(2)轨枕堆码时，每层轨枕间垫以厚度不小于50 mm的垫木，垫木位置放置在枕肩距边5 cm位置，垫木上下对齐。

(3)起吊时应使用专门吊架，禁用麻绳起吊。

(4)装卸和运输时应做到文明生产，严禁碰、撞、摔、掷。

(5)轨枕装车，每垛间应相互靠牢，防止行车碰损轨枕挡肩。

(6)轨枕装车应按轨枕批号、数量装运，不得错装、混装。

(7)建立成品登记台账，登记内容应含日期、产量、发出量、发往地、库存量等。

第四节　轨排组装

一、轨排组装的有关要求

(一)基本要求

轨排宜在铺架基地用联结零件将钢轨、轨枕进行集中组装，然后运送到工地上去铺设，通常长度为25 m(年轨温差不超过100 ℃的地区的标准轨线路均优先铺设25 m标准轨)或12.5 m(年轨温差超过100 ℃的地区的标准轨线路只能铺设12.5 m标准轨)。轨排组装作业一般在轨排生产储存区进行。以肯尼亚蒙内铁路DK245铺架基地为例，轨排生产线靠近大里程侧，与轨枕生产线相邻，生产能力每天2 km。生产线设置一股标轨铁路，用于倒运钢轨及轨枕，并作为轨排装车线。场区设置17 m跨线龙门吊，用于生产及储存轨排。轨排存储区可储存轨排42 km。

轨排组装中若有差错或质量不合格，运至前方工地后就不能很好地铺设，造成返工浪费，影响铺轨进度。因此，轨排生产应按轨排铺设计划表进行。计划表主要内容应包括：轨排编号及铺设里程，钢轨类型、长度和曲线内股缩短轨缩短量，相对钢轨接头相错量，轨枕种类、类型、数量和间距布置，轨枕扣件号码或每块垫板道钉数，曲线半径、转向和轨距加宽值，以及其他特殊要求的说明。轨排生产计划表应及时根据实际铺设里程进行调整。

组装轨排时，轨端应在铺轨前进方向一端方正。直线两轨端应取齐，曲线接头相错量按计算确定，允许偏差为±10 mm。

曲线尾剩余的接头相错量，应利用钢轨长度偏差在曲线内调整消除(困难时可延伸至直线上)。必要时可在曲线尾插入一根相应缩短量的缩短轨。

螺旋道钉应涂刷有效期不少于2年的油脂。

轨排组装时，轨距应符合以下规定：

(1)曲线轨距应按表3—4加宽。

表3—4 轨距加宽值

曲线半径(m)	加宽值(mm)	轨距(mm)
$R\geqslant350$	0	1 435
$350>R\geqslant300$	5	1 440
$R<300$	15	1 450

(2)轨距允许偏差:±2 mm。轨距变化率:正线不得大于1‰,站线不得大于2‰。

(3)曲线轨距加宽应在缓和曲线全长范围内递减;如未设缓和曲线,应在两端直线上以1‰的递减率递减。困难条件下,站线可酌情提高递减率,但不得大于2‰。

(4)复曲线两不同曲线的轨距加宽,应在正矢递减范围内递减连接。

轨排组装完毕,质量应经核查,并做检验标识。轨排经检查合格后,应按轨排铺设计划表用色彩醒目的油漆编号存放或直接按铺设顺序编组装车,运往工地。

轨排装车不得超载超限,上下层对正,一端对齐,并捆绑加固。同组轨排两平车间车钩应安装缓冲停止器。

(二)螺旋道钉硫磺锚固的有关要求

在采用Ⅱ型枕的标准轨线路施工中,硫磺锚固是组装混凝土轨排关键环节,锚固质量的好坏将直接影响轨排拼装的质量。所以在进行锚固作业时必须对所用的各种材料的质量、配合比、熬浆工艺及运送、浇注浆液等随时检查控制。

1. 锚固材料规格

(1)硫磺(起粘结作用),应采用一级工业用粉状或块状硫磺,含硫量在95%以上,不得混有木屑、石块、泥土等杂物。

(2)水泥或石粉(起细颗粒填充作用),可选用普通硅酸盐水泥,标号不限。经试验,亦可采用普通石粉代替,不影响抗拔力,但石粉亦不得混有杂物,使用前应烘干。

(3)砂子(起粗颗粒填充作用),可采用拌混凝土用的干砂,其粒径不应大于2 mm(过筛处理),含泥量不得超过5%。

(4)石蜡(增加和易性的作用),用水泥作填料时,采用一般工业用石蜡。

2. 配合比

配合比为重量配合比,各种材料的配合比大致在以下范围内选用:

硫磺∶砂子∶水泥∶石蜡=1∶(1~1.5)∶(0.3~0.6)∶(0.01~0.03)

在决定配合比之前,应当用实际采用的材料做成试件进行试验,以求得最佳配合比。试件的抗压强度不得低于40 MPa,抗拉强度不得低于4 MPa,道钉锚固后的抗拔力不得低于60 kN。组装每千米轨排,应做两次试验,合格后方可交付铺轨。

3. 硫磺砂浆熬制工艺及质量要求

(1)根据生产规模和熬浆锅大小,按规定的配合比,称好各种材料备用。

(2)在工地上用人力锚固螺旋道钉时,一般用两个铁锅轮流熬制,每锅容量以不超过50 kg为宜。工地熬制大都采用混热法,即将砂子放进锅内,加热炒拌至100 ℃~120 ℃时将石粉或水泥倒入，继续炒拌至 130 ℃，然后加人硫磺、石蜡，继续加热搅拌，使硫磺砂浆拌合均匀，温度达 150 ℃～160 ℃，即可使用。

(3)在轨排组装线上进行锚固时，因需用量大，使用混热法小铁锅熬制不能满足需要，应采用分热法拌制，即用搅拌式或转炉式(图 3—38)等自动搅拌的熬浆锅，将砂、石粉或水泥先分别在烘干盘上烘干并加热，另在熬浆锅内熔解硫磺，使其温度上升到 110 ℃～120 ℃，再将烘干的右粉和水泥加进锅内搅拌，待搅拌均匀后，再将烘干的热砂子放到锅内继续搅拌均匀，最后放入石腊。

图 3—38　转炉式熬浆锅

(4)加热的火力应能控制，不宜过猛，浆液温度不得超过 180 ℃。

(5)熬浆地点应设在生产线一端的下风处，与锚固作业距离不宜太远，熬浆人员应配带相应的防护品，防止中毒或烫伤。

(6)熬制好的熔浆，可注入保温车运到锚固作业处使用。保温车应通过适当加温，使熔浆长期保持在 140 ℃左右，同时要经常搅拌，以防止离析。

4. 锚固作业

无论正锚或反锚都应注意以下各点：

(1)螺旋钉孔内的杂物、灰浆块等应清除干净。正锚时应向孔内注入砂子(用橡胶、木塞等物将螺栓孔从下面堵住)。

(2)螺旋道钉应擦拭干净，不得粘附泥土等杂物。

(3)无论正锚或反锚，都应有定位可靠的模板，以保证道钉位置正确。浆液深度应多出道钉尾部 20 mm 以上，正面浆液凝固后，其表面与承轨槽平面的距离大于 10 mm 时，应补灌浆液，以保证锚固强度。

(4)螺旋道钉圆(方)台的底面，距混凝土枕承轨槽面的值按扣件类型确定。若为铺设重轨和使用弹条扣件的线路，其值应不大于 2 mm，以确保圆(方)台不与轨距扣板底面相碰。

(5)螺旋道钉中心线与预留孔中心线的偏差≤2 mm，道钉歪斜角度≤2°。螺帽拧紧后螺杆丝扣应高出螺帽顶，拧紧螺帽力矩约为 120 N·m。

(6)锚固后，必须将残留在承轨槽表面的残渣清除干净，以保证垫板和铁座能平整安装。

5. 涂防锈绝缘涂料

为防止螺旋道钉锈蚀和提高绝缘性能，锚固后，应在螺杆上涂以机油（或废机油），在螺旋道钉圆（方）台下及四周承轨槽表面涂防锈绝缘涂料。涂料在不同最低气温下的配方见表 3—5。

表 3—5 防锈绝缘涂料配方

地区气温	石油沥青	滑石粉	油
最低气温低于－2 ℃	100(四号)	25～30	10～15(机油)
最低气温高于－20 ℃	100(五号)	25～30	5～10(熟桐油)

熔融绝缘防锈涂料时的温度不能超过 200 ℃，操作人员应备有眼镜、手套、口罩、工作服等防护用品。

涂抹涂料时应力求均匀，同时清除承轨槽面上的杂物，使绝缘垫片下面保持干净和平整。

二、轨排组装作业方式

本部分以混凝土枕轨排组装为例进行介绍，其余类型轨排作业可以参考执行。

轨排组装的作业方式可分为活动工作台和固定工作台两种，活动工作台作业方式组装轨排又分为单线往复式和双线循环式两种。作业方式不同，使用的机具设备和作业线的布置也不同。因此，在轨排组装前，应根据具体情况确定作业方式。

当只需要少量轨排时，可由人工在铺架基地直接组装即可。

（一）活动工作台作业方式

（1）单线往复式

单线往复式生产线（图 3—39）是我国目前新线及运营线使用最多的一种轨排组装生产线。其特点是作业线上采用了起落架，在起落架上完成各工序的作业内容。其作业过程为：将人员和所需机具按工序的先后固定在相应的工作台位上，用若干个可以移动的工作台组成流水作业线，依靠工作台往复移动传递轨排，按组装顺序流水作业，直到轨排组装完毕。

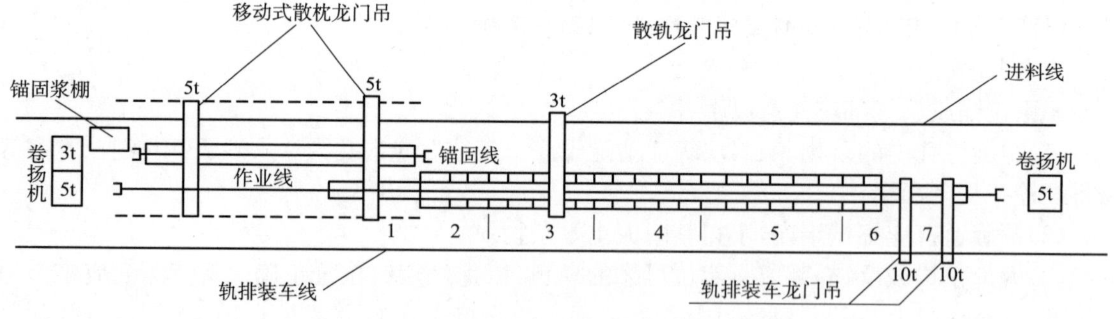

图 3—39 单线往复式轨排组装作业生产线（实例）

1—吊散轨枕区；2—硫磺锚固区；3—匀散轨枕区；4—吊散钢轨区；5—上配件、紧固区；6—质量检查区；7—轨排装车区

在组装中，工作台的往复移动，是由设在工作台两侧的起落架配合进行的。每完成一个工序，工作台就前移一个台位，并由起落架将轨排顶起，工作台退回至原位，然后下降起落架，轨排即留在下一工序的工作台上。这样，每完成一个工序，工作台车就前后往复一次，起落架也

相应升降一次，保证了轨排组装的连续性。

活动工作台由铁平车和钢轨连接而成。变换工序是由设在作业线一端的 3 t 卷扬机牵引活动工作台进行的；起落架的升降由设在作业线另一端的 5 t 卷扬机控制。工作台应高出未升起时的起落架顶面 5 cm，以利工作台的移动。

单线往复式作业方式的作业线，布置在进料线和装车线之间，包括吊散钢轨、轨枕硫磺锚固、匀散轨枕、吊散轨枕、上配件并紧固、质量检查及轨排装车等 7 个工序。由于轨枕硫磺锚固工作量大，作业时间较长，往往成为控制工序。为了平衡各工序间的作业时间，提高组装效率，在硫磺锚固工作台位一侧，另设长约 80 m 的硫磺锚固作业线相配合，并在锚固作业线的端部附近，备有粉碎硫磺的碾子、炒砂子及熬制硫磺锚固浆液的锅灶等，以及为不受气候影响而保证锚固作业顺利进行的工棚。

单线往复式作业方式既节省拼装作业场地，也节省拼装所需设备和劳动力，有利于实现轨排组装全面机械化。

(2)双线循环式

双线循环式组装轨排的过程是：轨排组装分设在两条作业线上完成。在第一作业线上完成其规定的几个工序后，经横移坑横移到第二作业线上，继续作业，直到轨排组装完毕，进行装车。空的工作台经另一横移坑再横移到第一作业线上，继续循环作业，每一循环完成一个轨排的组装。横移坑内有横移线路以及横移台车，横移时可用人力移动或卷扬机牵引。双线循环式作业方式，可将各工序组成循环流水作业线，从而改善工作条件，提高工作效率。但该作业方式要求场地比较宽阔，因而受一定的限制。

双线循环式生产线与单线往复式相比，虽然在原理上基本相同，但其土建工程量多，铺轨长，轨料装卸和存放差，组装线、占地面积较大，而且在我国轨排生产中也已基本被淘汰。

(二)固定工作台作业方式

固定工作台作业方式，是将组装作业线划分为若干个作业台位，作业时，各工序的人员和所需机具沿各个工作台位完成自己工序的作业后依次前移，而所组装的轨排则固定在工作台上不动，并在这一台位上完成全部工序。当沿作业线组装完第一层轨排后，又在第一层轨排上面继续依次组装第二层轨排，到第三层轨排后，人员再转移到作业线Ⅱ的台位上，继续组装。轨排组装作业线的布置如图 3—39 所示。

由于固定工作台作业方式所组装的轨排是固定不动的，仅仅是人员和机具沿工作台移动，所以作业线的布置比较简单，只需在组装作业线上划分一下固定工作台的台位，每一台位长约 26 m，而台位的多少和作业线的长短，可根据铺轨任务量的大小和铺设日进度的需要来决定。

图 3—40 中，设置两条组装作业线，在组装线中间，铺设一股小轨道，以便运送锚固浆。在小轨道的一端，还应设置硫磺锚固浆配置工棚。此外，还应设横跨作业线及材料或轨排装卸线的移动式龙门吊，用以散枕及送轨，兼作材料卸车及轨排的装车。龙门吊的配备数量随作业量大小及起重能力而定。

(三)轨排生产方式的比选

1. 两种生产方式的优缺点比较三种生产式的优缺点比较见表 3—6。

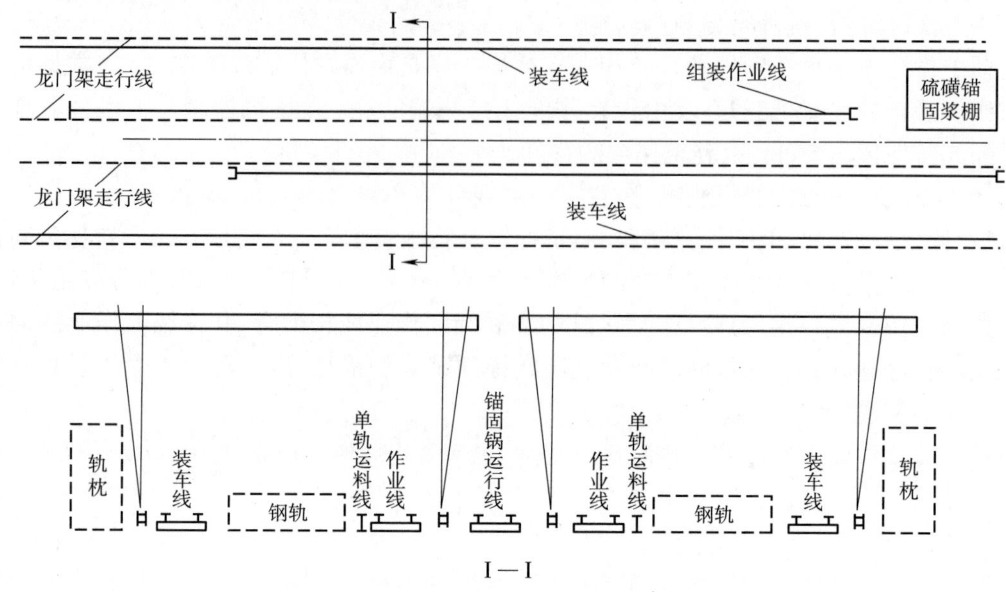

图 3—40 固定工作台轨排组装作业生产线

表 3—6 两种轨排生产方式比较表

项 目	活动工作台之单线往复式	固定台位式
建设难易	机具设备较为复杂，基建投资较多，建设时间较长	生产设备最简单，投资小，建设快，且可一边投产使用一边扩建，灵活性大，尤其宜于小规模铺轨使用
机械化程度及工作效益	(1)可以使用较大、较重的机具且可定人定位地进行劳动，只要组织管理跟上，生产效率高。 (2)既可在升降台位上，也可在输送台车上安装便利工作的小型机具，提高机械化程度。 (3)最适宜于集中管理，有秩序地组织生产。 (4)如果组织管理不善，或机械经常发生故障由于这种生产方式环环相扣，整个生产就会陷于停顿，使总的生产效率降低。 (5)龙门起重机的利用率不很高	(1)不同作业的工作，需要携带工具到每个台位上进行，劳动强度较大，且许多较大较重的机具使用受到很大限制，生产效率低。 (2)由于每个生产台位自成一个系统，因此即使某个台位有问题或某台机具出了故障，其他台位和机具仍可继续生产。总的生产效率降低不大。 (3)对高度地集中管理略有不便。 (4)龙门起重机既用于组装轨排又可在夜间或其他非组装时间内用于装卸材料和轨排装车，利用率极高
场地及台位的利用	(1)有效地利用了空间，组装线占地面积小占用股道短。 (2)生产台位的利用率高	组装线占地面积最小，但生产台位的利用率低
轨料装卸和存放	(1)组装轨排所需的轨料必须由其他堆放地点装车送到生产台位处，多了一道装车手续且组装好的轨排必须立即装车拉走，占用机车车辆。 (2)轨料可堆码到基地内的任何可用起重机装卸的地方，因此特别适用于山区	(1)轨料一般卸在生产台位两侧，组鳌轨排时可以方便地直接从料堆中吊用，少一次装车时间，少用一些机车车辆。 (2)需要较长较宽的平整地段，适宜在平坦地区采用
硫磺锚固质量	全部采用反锚，锚固质量高、硫磺浆浪费小	一般采用正锚，质量较差。硫磺浆浪费大，也可采用反锚，但由于使用机械翻枕困难，功率很低

通过上表可以看出：双线循环式生产线与单线往复式相比，虽然在原理上基本相同，但其土建工程量多，铺轨长，轨料装卸和存放差，组装线、占地面积较大，而且在我国轨排生产中也

已基本被淘汰，故在方案比选时一般不与考虑。而单线往复式和固定台位式则各有优缺点，还需进一步的比较。

2. 技术比较

主要从技术难易程度、质量要求及对人员技术素质要求两方面比较。

(1)技术难易程度及对人员技术素质的要求

单线往复式作业线制造技术较复杂，加工精度高，安装调试有一定难度，但一般具备铺架资质的施工单位均能自行制造和安装。固定台位式不需加工作业线。

单线往复式作业线对生产技术要求高，尤其是锚固、匀枕、走行起落控制等，但经过一段时间的培训和实践是可以掌握的。固定台位式生产较简单。

总体看：两种作业方式的技术要求均不太难。

(2)质量要求

轨排生产的关键在于硫磺锚固工序，单线往复式作业线采用固定式反锚锚固架，在灌浆深度，道钉的垂直度、高度方面均可保证；而固定台位式生产轨排为正锚，在上述这几个方面达不到反锚的精度，稍不注意就会出现误差超标现象。至于其他工序的质量标准只要严格按《验标》、《规范》和设计文件执行，就可满足质量要求。

从技术比较可得出这样的结论：采用单线往复式反锚作业线为宜。

3. 工期比较

在现代铁路建设中工期要求都很紧，正线进度按日历天数计划要求达到 0.7 km 左右，加上站线每年铺轨约达 300 km 左右，这就要求轨排生产能保证供应，且在长大距离铺轨时亦能满足要求。对单线往复式反锚作业线和固定台位式正锚作业线来分析，前者每班(12 h)的产量为 1 km，若 24 h 生产，可达 2 km，可充分满足铁路建设对进度的要求。而后者每天(24 h)平均生产 0.6 km，一年按 300 天生产，只能生产 180 km 左右，故不能满足新线建设对进度的要求。可见，从工期角度来看应采用单线往复式反锚作业线。

从上述综合比较可知，正常情况下以采用单线往复式反锚作业线生产轨排为宜。下面重点介绍一下单线往复式反锚作业线的轨排拼装方法。

三、轨排组装生产线与作业过程

单线往复式组装混凝土枕轨排技术发展到今天，自动化程度已经很高，下面以肯尼亚蒙内铁路六标所采用的我国铁五院设计的 GP183-8 全液压单线往复式轨排生产线为例，介绍轨排组装的作业过程。其余类型轨排作业可以参考执行。

(一)概　　述

GP183-8 型轨排作业生产线采用单线往复式作业形式，反锚法道钉锚固，是一种能够完成轨排组装的整套流水施工作业线。作业生产线主要由自动翻枕龙门、锚固模板、二次翻枕器、升降系统、走行系统、电气液压系统、操作控制系统等部分组成。经过混凝土轨枕的吊进、翻转、锚固、二次差速翻匀枕、上配件、上钢轨、紧固螺栓、吊装上车等工序，完成混凝土轨节成品组装的流水线作业。该生产线具有机械化程度高、工序安排适当而集中、轨节组装速度快、可以有效保证轨节生产质量和安全、基地占地面积少，作业人数少及劳动强度低等特点。

轨排生产线共设置 8 个生产台位，依次进行门吊上枕、一次翻枕、硫磺锚固、二次翻枕、上配件、上钢轨、螺栓紧固及轨排吊装(出轨排)作业。

（二）轨排施工设备组成

GP183-8 型轨排生产线主要由以下部分组成，升降系统、转位台车系统、自动翻枕龙门、锚固模板、十字翻枕器、电气液压及操作系统组成。

1. 升降系统

升降系统主要作用是：升起支架将完成本台位工作的轨枕或轨排脱离支架，使得使台车可以空载返回；放下支架则轨枕放置于台车之上，以便使台车承拖轨枕运行。

全液压升降系统（图 3—41）主要由多套液压油缸作为顶升机构，升降架采用型钢制作。该系统以分散式单柱液压油缸（图 3—42）为动力，全线设置 4 个液压泵站，每 2 个生产台位设置一套顶升液压系统，顶升系统集中控制。

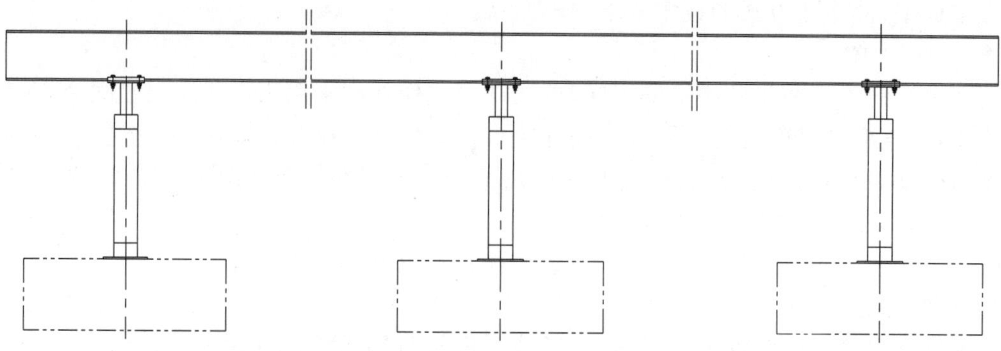

图 3—41 液压升降系统示意

图 3—42 单柱液压缸升降系统

2. 转位台车系统

转位台车主要由电动卷扬机、转位台车组成，图 3—43 所示为转位台车系统示意，实物参见图 3—42。其主要作用是运送轨枕和轨排到下道工序。整条生产线由于前、后部分台位长度的区别，由 2 套转位台车组成，2 套转位台车走行距离根据台位长短而不同。为配合二次翻枕器完成二次翻枕作业，2 套独立的转位台车配置不同的走行速度。转位台车内轨梁表面设置缓冲垫，保证经十字翻枕器二次翻枕的轨枕不受磕碰。

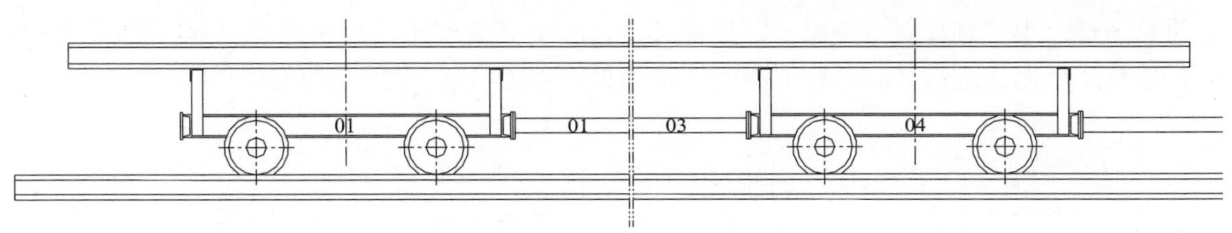

图 3—43 转位台车系统示意

3. 自动翻枕龙门

自动翻枕龙门主要由电动机、龙门架、翻转机构、操作室等组成(图 3—44)。龙门架结构型式有桁架式、箱梁式。翻枕龙门采用电动式,操作简单,性能稳定,只需控制操作室内的操作杆便可完成夹枕、翻转、布枕等动作。其主要作用是散枕、对由卸枕龙门吊转运过来的轨枕进行第一次翻枕和对模,每次能散 4 根轨枕。

图 3—44 自动翻枕龙门

4. 固定台位锚固模板

锚固模板主要由轨枕固定模板和转位台车组成(图 3—45)。固定模板根据轨枕截面设计,主要作用是将来自一次翻枕台位的轨枕进行定位,为轨枕的锚固做准备,转位台车的作用主要是承拖轨枕运行至二次翻枕器前,以备进行二次翻枕。

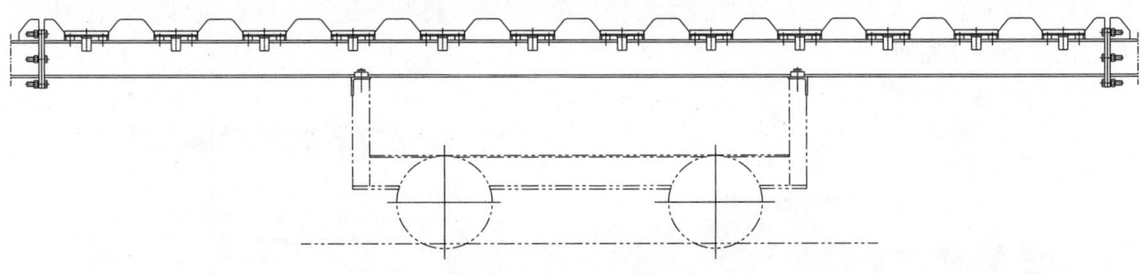

图 3—45 锚固台位模板单元

5. 十字翻枕器

十字翻枕器主要是完成轨枕的二次翻转(原理见图 3—46),同时利用 2 套转位台车的速差进行匀枕。十字翻枕器主要由十字翻枕叉、齿轮、链条等组成。以链条驱动，作用是将锚固好的轨枕进行二次翻转、匀散，使混凝土轨枕的顶面朝上，以便上钢轨和各种扣件。

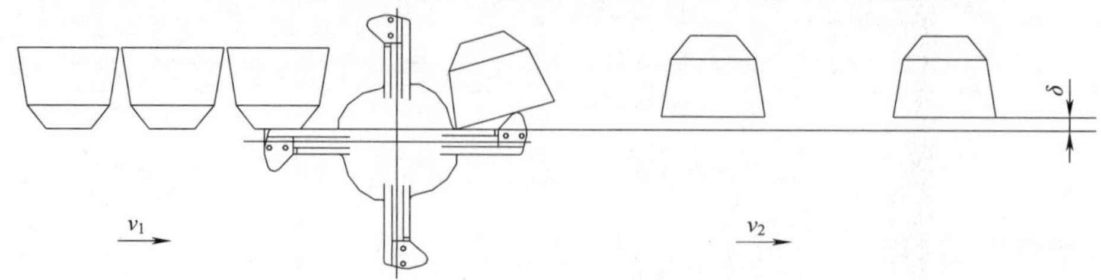

图 3—46　二次翻枕原理示意

（三）轨排生产线设备技术参数

(1)轨排生产线主要技术参数；

(2)作业线形式：单线往复式；

(3)作业线长度：183 m；

(4)台位数：8；

(5)装机功率：约 110 kW；

(6)组装效率：8 min/排；

(7)锚固方法：反锚法；

(8)作业程序：锚后匀枕；

(9)一次翻枕方式：自动翻枕龙门；

(10)二次翻枕方式：十字翻枕器；

(11)匀枕方式：差速匀枕；

(12)参工人数：50 人；

(13)每工班(8 h)产量：1.5 km。

（四）轨排生产线主要作业流程（按台位顺序）

1. 吊车上枕(图 3—47)

作业台位：第 1 台位。

作业内容：提前使用运枕轨道车或运枕平车等将轨枕由轨枕生产厂运至轨排组装场地相应位置堆垛码放。人工配合卸枕龙门吊将轨枕单层吊起，将其转运至上枕台位，以备自动翻枕龙门吊进行一次翻枕。

作业效率：≥6 根/min。

图 3—47　吊车上枕

2. 一次翻枕并纵移(图 3—48)

作业台位:第 2 台位。

作业内容:由自动翻枕龙门的工作装置将由第 1 台位转来的轨枕按每次夹住 4 根枕,起升后翻转 180°,使枕底朝上后置于工作台位上,完成 1 个翻枕循环。自动翻枕龙门运行至下一工位,夹住 4 根轨枕进行下一次翻枕动作,直至全部轨枕翻转完成。完成一个阶段的翻枕作业,启动转位台车,将轨枕转移到硫磺锚固台位。

配合机具:翻枕龙门、转位台车。

作业人数:1 人(翻枕龙门司机)。

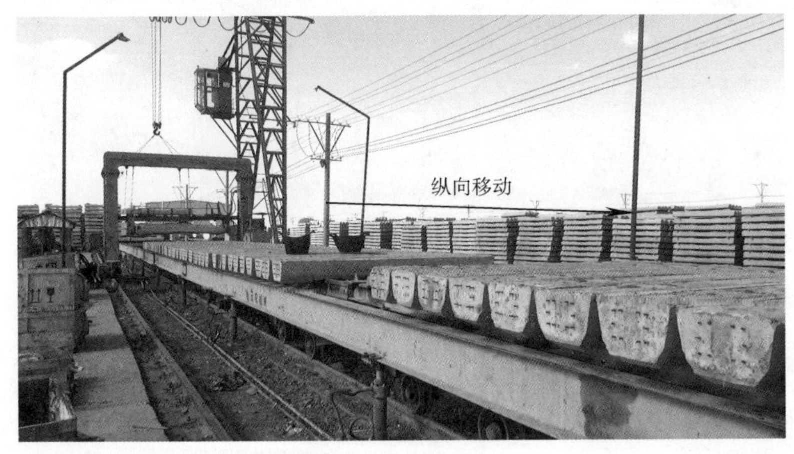

图 3—48　轨枕纵移

3. 硫磺锚固

作业台位:第 3 台位。

作业内容:轨枕一次翻转完成后,启动升降系统,将升降架下降,使一次翻转完成的轨枕应置于锚固模板台车上,转位台车承拖轨枕由第 2 台位(一次翻枕台位)输送至第 3 台位(锚固台位)。人工检查并使所有轨枕承轨槽螺栓锚固孔和固定台位承轨槽螺栓孔对齐摆平(图 3—49)。将轨枕道钉依次插入已经确认定位的轨枕预留螺栓孔内,随后在螺栓孔内浇注熬制好的硫磺砂浆(图 3—50),使得螺栓锚固于轨枕的螺栓孔内。

配合机具:硫磺锅炉;硫磺浇注桶。

作业人数:6 人(不含硫磺熬制人员)。

图 3—49　人工检查调整孔位对齐

图 3—50　浇注硫磺砂浆

4. 二次翻枕(图 3—51)

作业台位:第 4 台位。

作业内容:启动升降系统,将升降架升起,锚固完成的轨枕脱离锚固模板,台车回送,落下升降架,使锚固完成的轨枕放置于Ⅰ号转位台车之上,Ⅰ号转位台车承托锚固好的轨枕向前输送。利用 2 套台车的高差,使得轨枕经十字翻枕器翻转 180°后落在Ⅱ号转位台车的内轨上,由于 2 套台车的速差,轨枕落在Ⅱ号转位台车上时即按一定轨枕间距均布。人工检查轨枕间距,对不符合组装要求的轨枕进行微调。

作业人数:4 人(检查轨枕间距)。

作业效率:≥6 根/min。

图 3—51　二次翻枕

5. 散配件(图 3—52)

作业台位:第 5 台位。

作业内容:将二次翻枕、匀枕并人工检查调整后的轨枕转序至第 5 台位,在承轨槽两侧散扣件,消除承轨槽面上的杂物,在锚固孔顶面,螺旋道钉圆台及其四周涂上绝缘防锈材料,螺杆涂机油，放绝缘缓冲垫板，利用匀枕小车匀枕(图 3—53)。为上钢轨做好准备。

作业人数:8 人(清理 2 人;涂油 2 人;散扣件 4 人)。

图 3—52 散配件

图 3—53 匀枕

6. 上钢轨(图 3—54)

作业台位:第 6 台位。

图 3—54 上钢轨

作业内容:将完成上扣件的轨枕转运至第 6 台位。上钢轨前先丈量钢轨,将长度正、负误差值写在钢轨头上,按轨排表要求进行配轨。利用上轨龙门吊及吊具上钢轨。吊起钢轨到作业线上方缓缓下落,人工配合使之落入承轨槽内,利用直角尺调齐轨枕头,调正轨枕位置,将轨枕扣板、挡板座及扣件配备就位,并带上螺帽。

配合机具:上轨龙门;直角道尺;轨距尺。

作业人数:9 人(上钢轨 2 人;上轨龙门司机 1 人;预装扣件及调整 6 人)。

7. 紧固螺栓(图 3—55)

作业台位:第 7 台位。

作业内容:将完成上钢轨及扣件预安装的轨排转运至第 7 台位,检查钢轨垫板、轨距扣板、挡板、扣件是够调到正确的位置,根据轨排表控制左右钢轨接头相错量,检查枕间距是否正确,对超限者进行调整。利用电动扳手从轨节一端将螺栓按要求扭矩逐个紧固。图 3—56 为检查轨距和轨枕立螺栓扭矩现场。

配合机具:直角道尺;轨距尺;电动扳手。

作业人数:6 人(测量调整 4 人;螺栓紧固 2 人)。

图 3—55 紧固螺栓

图 3—56 检查轨距和轨枕立螺栓扭矩现场

8. 轨排吊装入库(图 3—57)

作业台位:第 8 台位。

作业内容:将完成定尺定量的轨排转运至第 8 台位,用轨排龙门吊将组装成品的轨排吊起装上轨排列车或放置在轨排存放场地。

配合机具:轨排吊装门吊;轨排吊具。

作业人数:4 人(普工 2 人;门吊司机 2 人)。

图 3—57　轨排吊装入库

(五)生产线人员配置

生产线人员配置见表 3—7。

表 3—7　生产线人员配置

序号	工作台位	工序名称	人数	操作内容	机具配置
1	第 1 台位	吊车上枕	2	装卸轨枕	上枕龙门;轨枕吊具
			1	操作上枕龙门	
2	第 2 台位	一次翻枕	1	操作翻枕龙门	翻枕龙门
3	第 3 台位	硫磺锚固	2	轨枕位置检查、调整	硫磺锅炉;硫磺浇注桶
			2	清孔,放道钉	
			2	灌注硫磺砂浆	
			2	硫磺熬制	
4	第 4 台位	二次翻枕	4	检查调整枕距	
5	第 5 台位	上配件	2	清理	
			2	涂油	
			4	散扣件	
6	第 6 台位	上钢轨	1	操作上轨龙门	上轨龙门;钢轨吊具;直角道尺;轨距尺
			2	上钢轨	
			6	预装扣件及调整	

续上表

序号	工作台位	工序名称	人数	操作内容	机具配置
7	第7台位	紧固螺栓	4	测量调整	直角道尺;轨距尺;电动扳手
			2	紧固螺栓	
8	第8台位	轨排吊装	2	操作轨排吊装龙门	轨排吊装门吊;轨排吊具
			4	装卸轨排	
9	其他岗位	生产线控制	1	生产线控制	
		轨枕倒运	2	向轨枕存放场倒运轨枕	
		钢轨倒运	2	向钢轨存放场倒运钢轨	
合计	50人				

第五节 T梁预制

在长桥或高架桥桥梁架设中,采用“工厂集中预制,架桥机架设”的施工工艺是最经济的方法,在国内如此,在海外铁路工程中也是如此。采用在工厂集中预制混凝土梁、使用架桥机进行逐跨吊装架设、利用运梁车完成梁体从预制场到架设地的运输的成套施工方法,具有施工组织周期性较强、大大减少了现场的工作量、可大量节省施工费用、压缩施工工期、降低各种事故发生的概率等优点,是十分有效的施工组织形式。

一、原材料选用与指标

原材料进厂时,均应附有供货方提供的出厂合格证明书或试验报告单,进厂后须按相关规定取样复验,经复验合格并出具复验报告单后,方可办理入库手续。无出厂合格证明书或试验报告单和进厂复检报告单,不得入库,不合格的原材料不得投入使用。下面以肯尼亚蒙内铁路DK245铺架基地T梁预制为例介绍其原材料选用及指标。

采用CEMⅠ 52.5级低碱普通硅酸盐水泥,除压浆水泥采用袋装外,其余均采用散装水泥。水泥试验室常规检验项目为:抗折、抗压强度、比表面积、安定性、凝结时间、标准稠度用水量;水泥供应商还必须提供每批水泥的助磨剂名称及掺量、石膏名称及掺量、混合材料名称及掺量。共检测170批次、28天抗压强度55.3 MPa;28天抗折强度7.6 MPa;比表面积362 kg/m^3;初凝时间均170 min、终凝时间210 min;标准稠度用水量28%;碱含量0.3%;其技术标准符合《预制后张法预应力混凝土铁路桥简支T梁技术条件》(TB/T 3043—2005)、《通用硅酸盐水泥》GB 175—2007、《铁路混凝土》TB/T 3275—2011的规定。

采用India生产的Ⅰ级F类粉煤灰。粉煤灰的常规检测项目为:细度、需水量比、烧失量;共检测85批次、细度9.5、需水量比92%、烧失量2.5%;碱含量1.02%;其各项指标均须符合TB/T 3275—2011《铁路混凝土》,GB/T 1596—2005《用于水泥和混凝土中的粉煤灰》的有关规定。

混凝土细骨料选用Darajani生产的中砂(河砂),细度模数、云母含量、含泥量、泥块含量、轻物质含量、有机物含量、共检测150批次、细度模数2.7、含泥量1.4、泥块含量0.2、碱活性0.05、其各项指标均须符合《建筑用砂》(14684—2011)、TB/T 3043—2005、TB/T 3275—2011

的要求。

粗骨料的最大公称粒径不超过钢筋的混凝土保护层厚度的 2/3(在严重腐蚀环境条件下不超过钢筋的混凝土保护层厚度的 1/2),且不得超过钢筋最小间距的 3/4。制梁混凝土粗骨料最大粒径为 20 mm,选用 MTITO Gravel Field 生产的的碎石,级配符合 5～20 mm 连续级配要求。粗骨料的碱活性检验,先采用岩相法检验无潜在碱活性时,再采用砂浆棒法(快速法)进行检验,当膨胀率＜0.1%时,直接使用;当膨胀率在 0.1%≤膨胀率＜0.2%之间时,混凝土中总碱含量不得大于 3 kg/m^3,且须进行抑制性试验,合格后方可以使用;膨胀率≥0.2%以上时禁止使用。粗骨料常规检测项目:颗粒级配、压碎值指标、含泥量、泥块含量、针片状颗粒含量、紧密空隙率、共检测 229 批次、含泥量 0.2%、泥块含量 0、针片状颗粒含量 3.3%、紧密空隙率 39%、母材岩石抗压强度 124 MPa、碱活性 0.06、符合《建筑用卵石、碎石》(14685—2011)、TB 3275—2011、TB/T 3043—2005 的要求。

拌制混凝土用水均为井水(地下水)水全检项目:pH 值、不溶物含量、可溶物含量、氯化物含量、硫酸盐含量、碱含量、凝结时间差、抗压强度比。pH 值 8.4、氯化物含量 23 mg/L、硫酸盐含量 54 mg/L、碱含量 22.7、符合《混凝土用水标准》(JGJ 63—2006)要求。

混凝土用外加剂选用 HPWR-S 标准型聚羧酸系高性能减水剂,选定厂家的产品已经铁道部鉴定或评审合格,并经铁道部质量监督检验中心检验合格方可使用。外加剂常规检测项目:减水率、常压泌水率比、压力泌水率比、含气量、抗压强度比、共检测 16 批次、减水率 30.6%、常压泌水率 0、压力泌水率 15%、含气量 2.9%、1 天抗压强度比 175%、3 天抗压强度比 166%、7 天抗压强度比 154%、28 天抗压强度比 144%、碱含量 0.8%、氯离子 0.1%、其性能指标符合《铁路混凝土》(TB 3275—2011)、JG/T 223—2007《聚羧酸系高性能减水剂》的要求。

以肯尼亚蒙内铁路 DK245 铺架基地为例,施工企业委托我国原铁道部产品质量监督检验中心铁道建筑检验站对碎石和砂进行了试验研究,试验结果表明所提供的碎石样品和砂样品符合使用要求。图 3—58 所示为碎石样品检验报告(扫描件),图 3—59 所示为砂样品检验报告(扫描件)。

二、预制场规划与设计

(一)概　　述

在国内,预制场的规划应根据工程总体工期安排、架梁数量、铺架计划以及施工装备状况、工程经验等因素,结合当地气候条件、地形地质条件、生产规模、制梁周期和生产速度,综合比较生产、运输、防洪、环保等经济技术条件,确定技术先进,经济合理的方案。在海外,梁体预制场还应考虑是否利于安保、当地法律法规对环保的要求(最主要就是施工噪声对周边居民的影响、污水处理)、文化习俗与宗教信仰(例如有的居民禁止在其居住地附近采石)等。

对于箱梁,我国已经有了具有系统性的文献和标准规范,但是对于 T 梁,其预制场在征地、环保、水保、复垦、安全、质量和投资等方面,一样存在不少问题。在 T 梁预制场规划设计方面,传统上的规划设计未将其作为系统工程,在规划设计上没有统一可执行的标准,未对预制场规模、生产能力、占地面积等关键参数和指标进行量化。在我国的海外铁路建设项目中,普速铁路也占有相当的比例,尤其是是在非洲,普速铁路大量采用 T 梁。非洲国家一般都采用技术引进国的技术标准,为提高我国铁路企业在海外铁路建设项目中的竞争力,下面对我国铁路 T 梁预制场规划设计技术做简要介绍。

CMA
2012000201N

编号2/3

铁道部产品质量监督检验中心
铁道建筑检验站

检 验 报 告

（2014）TJ 字第 W4462 号

产品名称：铁路混凝土用碎石
委托单位：中国路桥工程有限责任公司 MTITO 梁枕场
检验类别：委托检验
检验单位：铁道部产品质量监督检验中心
　　　　　铁道建筑检验站

报告签发日期：2015 年 01 月 15 日

（2014）TJ 字第 W4462 号
共 3 页第 1 页

铁道部产品质量监督检验中心铁道建筑检验站 检验报告首页

<table>
<tr><td rowspan="2">产品名称</td><td rowspan="2">铁路混凝土用碎石</td><td>型号规格</td><td>5～20mm</td></tr>
<tr><td>商标/标识</td><td>无</td></tr>
<tr><td>委托单位</td><td colspan="3">中国路桥工程有限责任公司 MTITO 梁枕场</td></tr>
<tr><td>制造单位</td><td colspan="3">MTITO 碎石场</td></tr>
<tr><td>检验类别</td><td>委托送样检验</td><td>样品来源</td><td>委托单位送样</td></tr>
<tr><td>抽样日期</td><td>/</td><td>样品数量</td><td>120kg</td></tr>
<tr><td>生产日期/批</td><td>/</td><td>样品编号</td><td>14W4462</td></tr>
<tr><td>样品到达日期</td><td>2014.11.21</td><td>样品状态说明</td><td>未发现明显的外观缺陷</td></tr>
<tr><td>抽样方案/判定依据</td><td colspan="3">TB/T3275－2011　铁路混凝土</td></tr>
<tr><td>检验依据</td><td colspan="3">TB/T3275－2011　铁路混凝土
GB/T14685-2011　建筑用卵石、碎石
TB/T2922.1-1998　铁路混凝土用骨料碱活性试验方法　岩相法
TB/T2922.5-2002　铁路混凝土用骨料碱活性试验方法　快速砂浆棒法</td></tr>
<tr><td>检验项目</td><td colspan="3">颗粒级配、岩石抗压强度、含泥量、泥块含量、压碎指标、针片状颗粒含量、氯离子含量、硫化物及硫酸盐含量、紧密空隙率、坚固性、吸水率、碱活性</td></tr>
<tr><td>检验主要仪器设备</td><td colspan="3">试验筛、烘箱、天平、养护箱、比长仪、偏光显微镜、压力试验机等</td></tr>
<tr><td>检验地点</td><td>铁道建筑检验站</td><td>检验日期</td><td>2014.11.27～2015.01.09</td></tr>
<tr><td>检验结论/检验结果</td><td colspan="3">对样品进行检验，所检样品含泥量、泥块含量、压碎指标、针片状颗粒含量、氯离子含量、硫化物及硫酸盐含量、紧密空隙率、坚固性、吸水率符合 TB/T3275－2011 的要求。样品中未发现碱－碳酸盐反应活性矿物，砂浆棒 14d 膨胀率为 0.04%。
其他结果见后页。
仅对来样检测结果负责
铁道部产品质量监督检验中心 委托检验专用章 铁道建筑检验站（骑缝章）</td></tr>
<tr><td>备　注</td><td colspan="3">岩相试验分包国家建筑材料工业地质工程勘查研究院测试中心完成</td></tr>
</table>

编制：　　审核：　　批准：

（2014）TJ 字第 W4462 号
共 3 页第 2 页

铁道部产品质量监督检验中心铁道建筑检验站 铁路混凝土用碎石产品质量检验报告

<table>
<tr><td>序号</td><td colspan="2">检验项目</td><td colspan="3">技术要求</td><td>单位</td><td colspan="2">检验结果</td><td>备注</td></tr>
<tr><td>1</td><td colspan="2">含泥量</td><td colspan="3"><C30：≤1.0
C30～C45：≤1.0
≥C50：≤0.5</td><td>%</td><td colspan="2">0.4</td><td>/</td></tr>
<tr><td>2</td><td colspan="2">泥块含量</td><td colspan="3">≤0.2</td><td>%</td><td colspan="2">0.1</td><td>/</td></tr>
<tr><td>3</td><td colspan="2">压碎指标</td><td colspan="3">≤10</td><td>%</td><td colspan="2">3</td><td>/</td></tr>
<tr><td>4</td><td colspan="2">针片状颗粒含量</td><td colspan="3"><C30：≤10
C30～C45：≤8
≥C50：≤5</td><td>%</td><td colspan="2">2</td><td>/</td></tr>
<tr><td>5</td><td colspan="2">氯离子含量</td><td colspan="3">≤0.02</td><td>%</td><td colspan="2">0.001</td><td>/</td></tr>
<tr><td>6</td><td colspan="2">硫化物及硫酸盐含量</td><td colspan="3">≤0.5</td><td>%</td><td colspan="2">0.04</td><td>/</td></tr>
<tr><td>7</td><td colspan="2">紧密空隙率</td><td colspan="3">≤40</td><td>%</td><td colspan="2">38</td><td>/</td></tr>
<tr><td>8</td><td colspan="2">坚固性</td><td colspan="3">≤8（混凝土结构）
≤5（预应力混凝土结构）</td><td>%</td><td colspan="2">1</td><td>/</td></tr>
<tr><td>9</td><td colspan="2">吸水率</td><td colspan="3"><2（冻融环境下<1）</td><td>%</td><td colspan="2">0.5</td><td>/</td></tr>
<tr><td>10</td><td colspan="2">岩石抗压强度</td><td colspan="3">母岩与混凝土强度等级之比≥1.5</td><td>MPa</td><td colspan="2">142.4</td><td>/</td></tr>
<tr><td rowspan="9">11</td><td colspan="2" rowspan="9">颗粒级配</td><td rowspan="2">公称粒径（mm）</td><td colspan="2">累计筛余（%）</td><td rowspan="9">%</td><td rowspan="2">实测累计筛余</td><td rowspan="9">5～20mm连续级配</td><td rowspan="9">/</td></tr>
<tr><td>5～20mm</td><td>5～25mm</td></tr>
<tr><td>31.5</td><td>/</td><td>0</td><td>/</td></tr>
<tr><td>25.0</td><td>0</td><td>0～5</td><td>0</td></tr>
<tr><td>20.0</td><td>0～10</td><td>-</td><td>1</td></tr>
<tr><td>16.0</td><td>-</td><td>30～70</td><td>15</td></tr>
<tr><td>10.0</td><td>40～80</td><td>-</td><td>54</td></tr>
<tr><td>5.0</td><td>90～100</td><td>90～100</td><td>94</td></tr>
<tr><td>2.50</td><td>95～100</td><td>95～100</td><td>100</td></tr>
<tr><td rowspan="2">12</td><td rowspan="2">碱活性</td><td>岩相法</td><td colspan="3">/</td><td>/</td><td colspan="2">矿物成分为辉石和橄榄石 60～65%，斜长石 30～35%，铁质约 5%.</td><td rowspan="2">/</td></tr>
<tr><td>快速砂浆棒膨胀率</td><td colspan="3">14d 膨胀率<0.10</td><td>%</td><td colspan="2">0.04</td></tr>
</table>

以下空白

（2014）TJ 字第 W4462 号
共 3 页第 3 页

注　意　事　项

1. 检验报告无"检验专用章"或"委托检验专用章"无效。
2. 检验报告无编制、审核、批准人员签字无效。
3. 检验报告涂改无效。
4. 未经书面许可不得复制报告（完整复制除外），复制的检验报告未重新加盖"检验专用章"或"委托检验专用章"无效。
5. 委托检验分为：委托型式、委托抽样、委托送样三种；一般情况，"委托型式检验"是指按产品标准要求的型式检验项目进行的全项目检验，其他委托检验均是指按产品标准要求进行的部分项目检验。

6"送样"检验时，样品的真实性由送样单位负责，检验报告加盖"仅对来样负责"字样章。

7. 检验报告需加盖骑缝章。
8. 对检验报告若有异议，须在收到通知十五日内提出，逾期不予受理。
9. 对于委托检验返回样品，委托方(制造单位)接到通知后十五日内不取回者，按弃样处理。

委托单位：中国路桥工程有限责任公司 MTITO 梁枕场
单位地址/邮政编码：肯尼亚 MTITO-ANDEI
联系人/电话及传真：任云/18791178501

受理单位：铁道部产品质量监督检验中心铁道建筑检验站
单位地址：北京西直门外大柳树路 2 号
联系电话：路电 74692、49305　　市电：51874692、51849305
传真电话：路电 74397　　市电：51874397
邮政编码：100081
email 地址：cxd@rails.com.cn

图 3—58　碎石样品检验报告(扫描件)

2012000201N

编号：3/3

铁道部产品质量监督检验中心
铁道建筑检验站

检 验 报 告

（2014）TJ 字第 W4463 号

产品名称：铁路混凝土用砂
委托单位：中国路桥工程有限责任公司 MTITO 梁枕场
检验类别：委托检验
检验单位：铁道部产品质量监督检验中心
　　　　　铁道建筑检验站

报告签发日期：2015 年 01 月 15 日

（2014）TJ 字第 W4463 号
共 3 页第 1 页

铁道部产品质量监督检验中心铁道建筑检验站
检验报告首页

<table>
<tr><td rowspan="2">产品名称</td><td rowspan="2">铁路混凝土用砂</td><td>型号规格</td><td>中粗砂</td></tr>
<tr><td>商标/标识</td><td>无</td></tr>
<tr><td>委托单位</td><td colspan="3">中国路桥工程有限责任公司 MTITO 梁枕场</td></tr>
<tr><td>制造单位</td><td colspan="3">DANAJANI 砂场</td></tr>
<tr><td>检验类别</td><td>委托送样检验</td><td>样品来源</td><td>委托单位送样</td></tr>
<tr><td>抽样日期</td><td>/</td><td>样品数量</td><td>100kg</td></tr>
<tr><td>生产日期/批</td><td>/</td><td>样品编号</td><td>14W4463</td></tr>
<tr><td>样品到达日期</td><td>2014.11.21</td><td>样品状态说明</td><td>未发现明显的外观缺陷</td></tr>
<tr><td>抽样方案
/判定依据</td><td colspan="3">TB/T3275－2011　铁路混凝土</td></tr>
<tr><td>检验依据</td><td colspan="3">TB/T3275－2011　铁路混凝土
GB/T14684-2011　建筑用砂
TB/T2922.1-1998　铁路混凝土用骨料碱活性试验方法　岩相法
TB/T2922.5-2002　铁路混凝土用骨料碱活性试验方法　快速砂浆棒法</td></tr>
<tr><td>检验项目</td><td colspan="3">含泥量、泥块含量、云母含量、轻物质含量、氯离子含量、硫化物及硫酸盐含量、有机物含量、坚固性、吸水率、筛分、碱活性</td></tr>
<tr><td>检验主要
仪器设备</td><td colspan="3">试验筛、烘箱、天平、养护箱、比长仪、偏光显微镜、压力试验机等</td></tr>
<tr><td>检验地点</td><td>铁道建筑检验站</td><td>检验日期</td><td>2014.11.27～2015.01.09</td></tr>
<tr><td>检验结论/
检验结果</td><td colspan="3">对样品进行检验，所检样品含泥量、泥块含量、云母含量、轻物质含量、氯离子含量、硫化物及硫酸盐含量、有机物含量、坚固性、吸水率符合 TB/T3275－2011 的要求。样品中未发现碱－碳酸盐反应活性矿物，砂浆棒 14d 膨胀率为 0.04%。
其它结果见后页。
仅对来样检测结果负责</td></tr>
<tr><td>备　注</td><td colspan="3">岩相试验分包国家建筑材料工业地质工程勘查研究院测试中心完成</td></tr>
</table>

编制：　　审核：　　批准：

（2014）TJ 字第 W4463 号
共 3 页第 2 页

铁道部产品质量监督检验中心铁道建筑检验站
铁路混凝土用砂产品质量检验报告

<table>
<tr><td>序号</td><td colspan="2">检验项目</td><td colspan="4">技术要求</td><td>单位</td><td colspan="2">检验结果</td><td>备注</td></tr>
<tr><td>1</td><td colspan="2">含泥量</td><td colspan="4">＜C30：≤3.0；C30～C45：≤2.5；≥C50：≤2.0</td><td>%</td><td colspan="2">0.2</td><td>/</td></tr>
<tr><td>2</td><td colspan="2">泥块含量</td><td colspan="4">≤0.5</td><td>%</td><td colspan="2">0.1</td><td>/</td></tr>
<tr><td>3</td><td colspan="2">云母含量</td><td colspan="4">≤0.5</td><td>%</td><td colspan="2">0.2</td><td>/</td></tr>
<tr><td>4</td><td colspan="2">轻物质含量</td><td colspan="4">≤0.5</td><td>%</td><td colspan="2">0.1</td><td>/</td></tr>
<tr><td>5</td><td colspan="2">氯离子含量</td><td colspan="4">≤0.02</td><td>%</td><td colspan="2">0.0008</td><td>/</td></tr>
<tr><td>6</td><td colspan="2">硫化物及硫酸盐含量</td><td colspan="4">≤0.5</td><td>%</td><td colspan="2">0.02</td><td>/</td></tr>
<tr><td>7</td><td colspan="2">有机物含量</td><td colspan="4">浅于标准色比色法：颜色不深于标准色</td><td>/</td><td colspan="2">合格</td><td>/</td></tr>
<tr><td>8</td><td colspan="2">坚固性</td><td colspan="4">≤8</td><td>%</td><td colspan="2">1</td><td>/</td></tr>
<tr><td>9</td><td colspan="2">吸水率</td><td colspan="4">≤2（冻融环境下≤1）</td><td>%</td><td colspan="2">1</td><td>/</td></tr>
<tr><td rowspan="9">10</td><td rowspan="9" colspan="2">颗粒级配</td><td rowspan="2">公称粒径（mm）</td><td colspan="3">级配区累计筛余范围</td><td rowspan="9">%</td><td rowspan="2">实测累计筛余</td><td rowspan="9">Ⅱ区</td><td rowspan="10">/</td></tr>
<tr><td>Ⅰ区</td><td>Ⅱ区</td><td>Ⅲ区</td></tr>
<tr><td>10.0</td><td>0</td><td>0</td><td>0</td><td>/</td></tr>
<tr><td>5.00</td><td>10～0</td><td>10～0</td><td>10～0</td><td>7</td></tr>
<tr><td>2.50</td><td>35～5</td><td>25～0</td><td>15～0</td><td>22</td></tr>
<tr><td>1.25</td><td>65～35</td><td>50～10</td><td>25～0</td><td>42</td></tr>
<tr><td>0.630</td><td>85～71</td><td>70～41</td><td>40～16</td><td>61</td></tr>
<tr><td>0.315</td><td>95～80</td><td>92～70</td><td>85～55</td><td>88</td></tr>
<tr><td>0.160</td><td>100～90</td><td>100～90</td><td>100～90</td><td>100</td></tr>
<tr><td>11</td><td colspan="2">细度模数</td><td colspan="4">/</td><td>/</td><td colspan="2">3.0</td></tr>
<tr><td rowspan="2">12</td><td rowspan="2">碱活性</td><td>岩相法</td><td colspan="4">/</td><td>/</td><td colspan="2">隐-微晶石英＜1%，波状消光石英 5～6%。</td><td rowspan="2">/</td></tr>
<tr><td>快速砂浆棒膨胀率</td><td colspan="4">14d 膨胀率＜0.10</td><td>%</td><td colspan="2">0.04</td></tr>
</table>

注：1. 筛分试验除 5.00mm 和 0.630mm 筛档外，砂的实际颗粒级配与表中所列的累计筛余百分率相比允许稍有超出分界线，但其总量不应大于 5%。
2. 冻融破坏环境下，细骨料的含泥量应不大于 2.0%，吸水率应不大于 1%。

以下空白

（2014）TJ 字第 W4463 号
共 3 页第 3 页

注　意　事　项

1. 检验报告无“检验专用章”或“委托检验专用章”无效。
2. 检验报告无编制、审核、批准人员签字无效。
3. 检验报告涂改无效。
4. 未经书面许可不得复制报告（完整复制除外），复制的检验报告未重新加盖“检验专用章”或“委托检验专用章”无效。
5. 委托检验分为：委托型式、委托抽样、委托送样三种；一般情况，“委托型式”检验是指按产品标准要求的型式检验项目进行的全项目检验，其他委托检验均是指按产品标准要求进行的部分项目检验。

6“送样”检验时，样品的真实性由送样单位负责，检验报告加盖“仅对来样负责”字样章。

7. 检验报告需加盖骑缝章。
8. 对检验报告若有异议，须在收到通知十五日内提出，逾期不予受理。
9. 对于委托检验返回样品，委托方(制造单位)接到通知后十五日内不取回者，按弃样处理。

委托单位：中国路桥工程有限责任公司 MTITO 梁枕场
单位地址/邮政编码：肯尼亚 MTITO-ANDEI
联系人/电话及传真：任云/18791178501

受理单位：铁道部产品质量监督检验中心铁道建筑检验站
单位地址：北京西直门外大柳树路 2 号
联系电话：路电 74692、49305　　　市电：51874692、51849305
传真电话：路电 74397　　　市电：51874397
邮政编码：100081
email 地址：cxd@rails.com.cn

图 3—59　砂样品检验报告(扫描件)

(二)预制场整体规划阶段划分与原则

1. 预制场规划阶段划分

在进行 T 梁预制场规划前,应根据总体工期安排和铺架计划,拟定预制场的建设时间和 T 梁的生产时间,确定预制场生产任务、制梁周期和生产速度等。

预制场规划可分为整体规划和施工规划两阶段:整体规划包含预制场选址、T 梁数量与速度确定、关键参数确定(如制梁台座数量、存梁台长度等)、主要工装配置、平面布置等内容;施工规划主要指预制场辅助性工程规划,包含运输道路、电力、给水输水、雨污排水、热力、混凝土输送以及其他工程管线规划等。

2. 预制场整体规划原则

整体规划应遵循因地制宜、合理布局、节约用地的基本原则。

在整体规划方面,应结合预制场所在区域经济、技术和自然条件等进行,满足生产、运输、防洪、安全、卫生、环保、节能和生活需要,并根据生产单位实际、主要工装、工程经验等,充分吸收预制场建设先进技术、经验进行多方案经济技术比选,确定经济可行、技术合理的方案。

整体规划可按如下步骤进行:预制场生产 T 梁数量与速度确定→选址→大型工装配置→关键参数确定(制梁台座数量、存梁台位长度)→平面布置;当然,实际上这些步骤需互相交叉进行并根据实际及时进行调整。

(三)预制场组成

1. 混凝土拌和站

该区域主要给梁体预制提供混凝土,图 3—60 所示为肯尼亚蒙内铁路 DK245 铺架基地梁体混凝土拌和站。

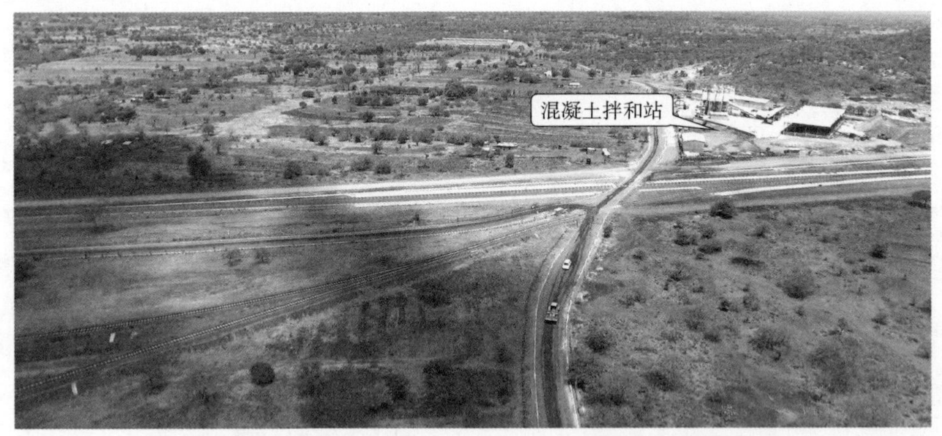

图 3—60 肯尼亚蒙内铁路 DK245 铺架基地梁体混凝土拌和站

2. 制梁区

该区域实现 T 梁预制、预张拉和初张拉等功能,包括制梁台座、门吊轨道基础等结构物,当采用循环流水生产线法制梁工艺时,制梁台座可再分为空载区和重载区制梁台座。

3. 存梁区

该区域实现 T 梁终张拉、压浆、封端、存储、检测、防水层和保护层制作等功能,包含存梁台位、静载试验台座、轮轨式搬梁机轨道基础(轮胎式搬梁机通道)、轮轨式搬梁机变向区(轮胎式搬梁机变向区)、移梁小车轨道基础(移梁滑道)等结构物或区域。

4. 提梁上桥(线)区(或装车出场区)

该区域实现 T 梁上桥(线)功能,提梁上桥区包含 2×80 t 提梁机轨道基础、提梁台位等结构物。当采用轮胎式运梁车(炮车)线下运梁时,该区域设置为装车出场区。

5. 办公区和生活区

该区域实现为工作人员提供生活和办公场所功能,包括办公区和生活区,两者宜分离设置。

(四)预制场生产 T 梁数量与速度确定

预制场生产 T 梁的数量确定主要结合场外铺架速度确定,其与 T 梁的运输设备与方式、架梁机械与方式、铺轨方式等因素有关。

1. T 梁的运输设备与方式

当采用线上轮轨运梁时,运梁速度应结合线路情况来确定:

(1)临近架桥点、未施作湿接缝和横向预应力段,桥上道砟厚度约 10 cm,限速 5 km/h。

(2)中间段,已施作湿接缝和横向预应力,具有一定厚度的道[illegible]St并经初步整道,限速 15 km/h。

(3)长钢轨段,道砟厚度达到设计值并整道两遍以上,限速 30 km/h;轮胎式运梁方式,运梁半径宜为 20 km,运梁速度为重载时限速 5 km/h,空载时限速 10 km/h。

2. 架设机械与方式

应结合具体架梁设备确定。如以某型架桥机为例,其工序、工时如下:组装架桥机(大解体 3d,小解体 1.5d,应注意其工时并不计入架梁工时)→1＃车对位、伸大臂和立零号柱(30 min)→立龙门架并倒装 T 梁(75 min)→2＃车运送梁与 1＃车对位(20 min)→T 梁拖拉、捆梁和吊梁(50 min)→走梁、落梁、横移、滑移和就位(40 min)→安装 T 梁支座和桥面工作机电焊横隔板(60 min)。一个循环用时 4～5h,因此在保证供梁情况下,按每天架梁 8～10 片考虑,从而在考虑整体工期情况下,间接确定了预制场生产 T 梁数量与速度。

(五)预制场选址原则

预制场选址时,应遵循以下原则:

(1)应根据运梁方式、运梁设备、路况和桥梁分布等因素确定基本供应范围。当采用轮轨式专用平车运梁时,供应半径可为 150～200 km;当采用轮胎式运梁车运梁时,单套运梁车单向供应半径宜＜20 km,双套运梁车单向供应半径宜＜40 km;预制场宜设置在桥群集中地段,选择在桥群中心附近。

(2)优先考虑原有桥梁厂或已建制梁场。采用边铺边架施工方法、机车牵引运梁专用运梁车运输时宜优先考虑原铁路桥梁厂;当沿线存在如客运专线制梁场,应优先考虑已建制梁场。

(3)预制场应少占耕地,征地拆迁及复垦量少,并宜根据永临结合原则,尽可能利用铁路站场和其他铁路永久用地区域,或将预制场设在当地规划区中的永久建设用地上;预制场宜与铺架基地合并设置。

(4)预制场位置应尽量与既有公路或施工便道相连,以利于大型设备和材料进场;当采用轮轨式机车牵引运梁专用平车运梁时,应考虑既有线路对叉线的平面布置影响。

(5)预制场选址应考虑防洪、排涝和防凌要求,以确保施工安全。

(6)预制场应避开居民点,防比噪声污染。

(7)预制场宜尽量靠近工业电力线路,确保能源供应。

(8)在海外高恐袭地区,预制场位置应利于安保,满足当地法律法规对环保的要求,不应与当地文化习俗与宗教信仰相悖。

(六)搬移梁方式和主要工装配置

T梁在制梁台座上完成初张拉后即搬移到存梁台位上。搬移梁方式可分为移梁滑道(小车)横移搬梁法和搬梁机(2×80 t提梁机)提吊搬移梁法。

1. 移梁滑道(移梁小车)横移法移梁

移梁滑道(移梁小车)重量轻,一次性投入设备费少;但当地基不良时,地基处理费用可能较高,采用移梁滑道(小车)应配置2×80 t提梁机进行装车。

2. 搬梁机(2×80 t提梁机)搬梁

采用轮胎式或者轮轨式搬梁机(2×80 t提梁机)搬梁效率高,搬梁通道(轨道)工程数量小;但设备费用较高。相对于2×80 t提梁机重载单向移动,搬梁机可实现重载转向更为方便灵活,效率更高。

(七)预制场关键参数确定

1. 制梁台座数量

T梁预制场制梁台座数量应满足制梁速度的要求,需考虑制梁装备、工艺、周期及效率等众多因素。在规划中可按以下公式确定数量:

$$N_1=\eta\cdot T_1$$

式中:N_1为台座数量(个);η为每日预制数量(片/d);T_1为预制每片梁占用单个台座时间(个·d/片),传统固定式台座可取为3.0~4.0,当采用纵向流水线生产工艺时可取2.5~3.0。

2. 存梁台位长度

应根据搬移梁设备选择存梁方式,当采用移梁滑道(移梁小车)时,选择单层存梁方式;当具备搬梁机(2×80 t提梁机)时,应选用双层存梁。存梁台位长度可按以下公式计算:

$$N_2=\eta\cdot T_2\cdot B\cdot K$$

式中:N_2为按制梁速度确定的存梁台位长度(m);η为每日预制数量(片/d);B为每片梁单层存放时占用台位长度(m);T_2为每片梁占用台位时间(d/片),可取45;K为存梁系数,可按单层存梁1、双层存梁0.7设计。

需要注意的是,存梁台位长度按上式计算后,应按下式复核:

$$N_3=\theta\cdot B\cdot K$$

式中:N_3为按运架梁计划确定的存梁台位长度(m);θ为累计存储的T梁数量(片),$\theta=Max$(制梁场分月累计预制的梁数,制梁场分月累计供应的梁数)。

在两个公式计算后,应取其中大值作为存梁台位长度。

(八)预制场平面布置

预制场平面布置,主要是制梁台座和存梁台位平面布置,其他设施和区域的平面布置结合制梁台座和存梁台位进行。

在平面布置中,主要根据制梁台座的三种布置方式(纵列式、横列式和混合式)进行分类。

1. 纵列式平面布置

预制场场地布置较为狭长,适用于较小生产能力的制梁场,设备占用少,可只用一套2×80 t提梁机。典型平面布置如图3—61所示。

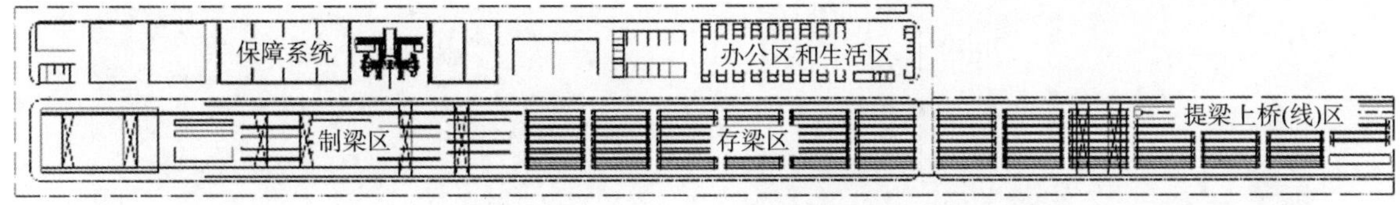

图 3—61　纵列式梁场典型平面布置

2. 横列式平面布置

预制场场地较为方正，可适用于中等生产能力的制梁场。当采用移梁滑道(移梁小车)移梁，提梁时需加配 2×80 t 提梁机装车，当然可采用搬梁机。典型平面布置如图 3—62 所示。

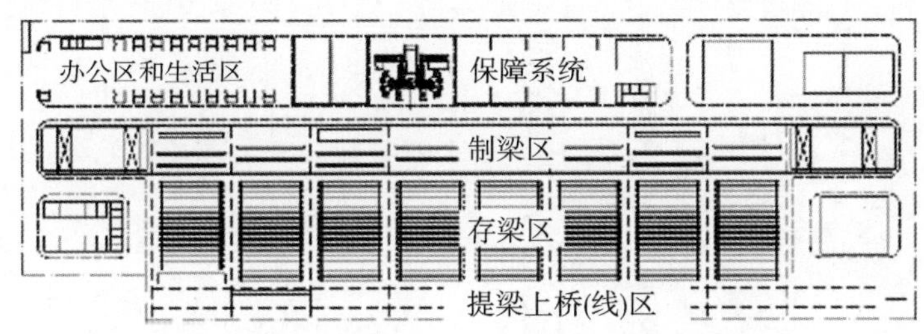

图 3—62　横列式梁场典型平面布置

3. 混合式平面布置

预制场兼具纵列式布置和横列式布置的特点，一般采用制梁区域为纵列式、存梁区为横列式形式，一般配置轮胎式或轮轨式搬梁机，适用于较大规模生产能力的预制场。典型平面布置如图 3—63 所示。

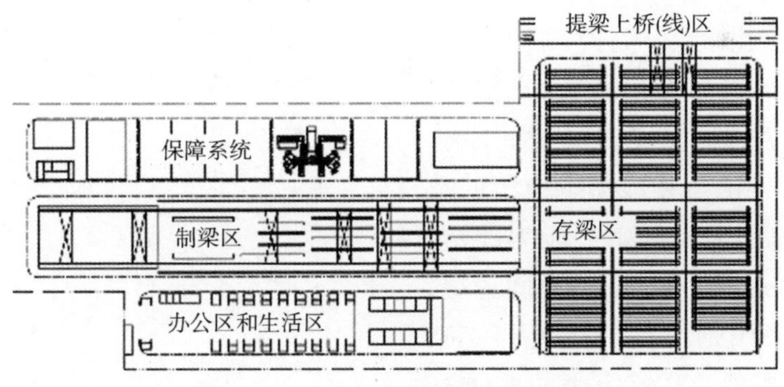

图 3—63　混合式梁场典型平面布置

三、钢筋加工

钢筋在加工弯制前首先进行调直(图 3—64)，并清除钢筋表面的油渍、漆污。钢筋在钢筋加工车间内弯制(图 3—65～图 3—67)完成后，在台座上绑扎梁体钢筋骨架。梁体钢筋采取整体绑扎，然后进行桥面板钢筋的绑扎。当梁体钢筋与预应力钢筋相碰时，可适当移动梁体钢筋或进行适当弯折。梁体钢筋最小净保护层除顶板顶层为 30 mm 外，其余均为 35 mm。绑扎铁丝尾段不得进入保护层内。

构造筋下料长度允许偏差为±10 mm，刀口平齐，两端不应有弯曲，螺纹钢筋采用闪光对焊。

图 3—64 钢筋调直

图 3—65 钢筋弯制(一)

图 3—66 钢筋弯制(二)

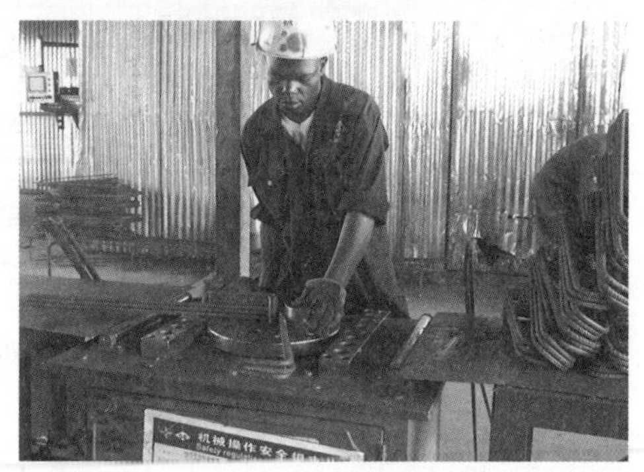

图 3—67 钢筋弯制(三)

四、模板构造

整套 T 梁模板由底模、侧模、端模三部分组成(图 3—68),先张梁和简易制梁时常以台座代替底模。侧模宜按横隔板间距分段制作,每段长度 4 m,拼装成型。模板的数量应根据制梁工艺和需要的生产能力确定。一般底模周转时间较长,侧模周转时间较短。

模板和支架采用钢结构。模板和支架应预留沉落量和拱度。模板使用前应进行拼装检验和荷载试验。预应力混凝土梁应预留压缩量,其数值根据梁施工图标注的预留压缩量和施工现场实测压缩量综合考虑确定。一般按梁长度的 1/1 000 考虑。模板的上下缘的长度也应有差别,上缘应比下缘短(其差值可参考表 3—8)。

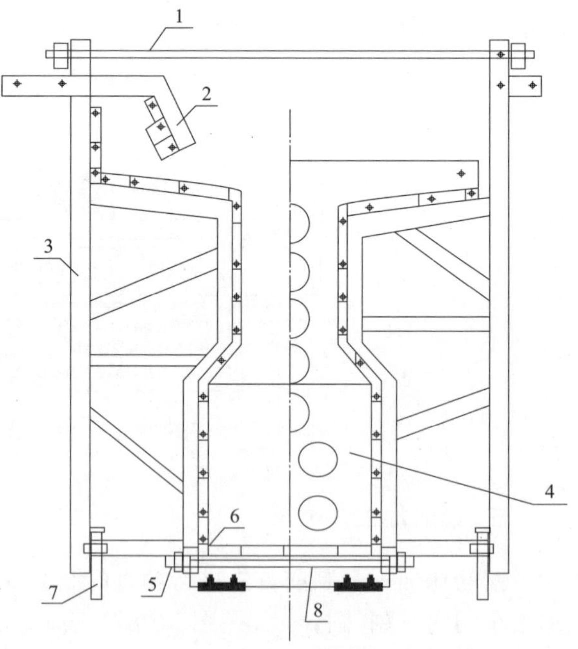

图 3—68 T 梁模板组成

1—上拉杆;2—挡砟墙模板;3—侧模;4—端模;5—下拉杆;6—燕尾槽耐油橡胶条;7—支撑丝杆;8—底模

表 3—8　预应力混凝土 T 梁模板上缘比下缘的缩短量(单位:mm)

梁设计长度	每端上缘比下缘的缩短量	上缘总长比下缘总长的缩短量
40 600	20	40
32 600	20	40
24 600	15	30
20 600	10	20
16 500	8	16

1. 底模

底模一般由端底模、活动底模和中间段底模三部分组成,其结构组成为面板、纵梁、横梁。见图 3—69。

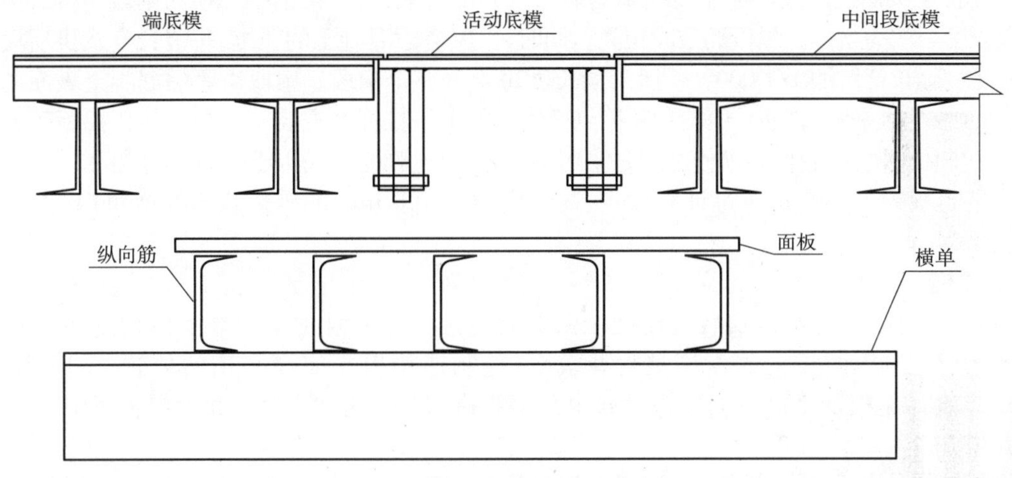

图 3—69　底模构造

底模面板采用厚度 10～12 mm 钢板。底板分段原则是方使运输和吊装作业,一般为 6～8 m 一段。底模面板直接焊接于纵梁型钢上,纵梁型钢一般采用 8＃槽钢或 10＃槽钢,在面板宽度方向间距为 200～300 mm,在底模面板靠外侧纵梁布置,距面板边预留 20 mm,以便安装底模和侧模间的防漏浆燕尾槽耐油橡胶条,其结构形式见图 3—70。

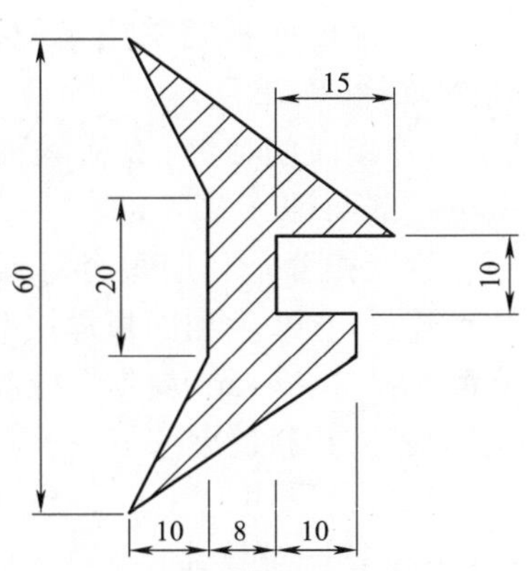

图 3—70　燕尾槽耐油橡胶条(单位:mm)

在纵筋下方连接横梁,横梁纵向间距布置是根据侧模模架的设计而定的,一般为 1 500 mm。横梁材料一般采用 12＃槽钢或 10＃槽钢。底模承受重量通过横梁直接作用于混凝土底座的预埋钢板上。底模的固定是通过预埋钢板上的螺杆和底模横梁之间的压板螺栓紧固连接,其螺栓采用 $\phi20\times50$。根据梁施工图要求值,在底模安装时就要预留反拱量,其实现是在底座的预埋钢板和底模横梁之间铺垫不同厚度钢板。底模和混凝土基础之间的连接见图 3—71。

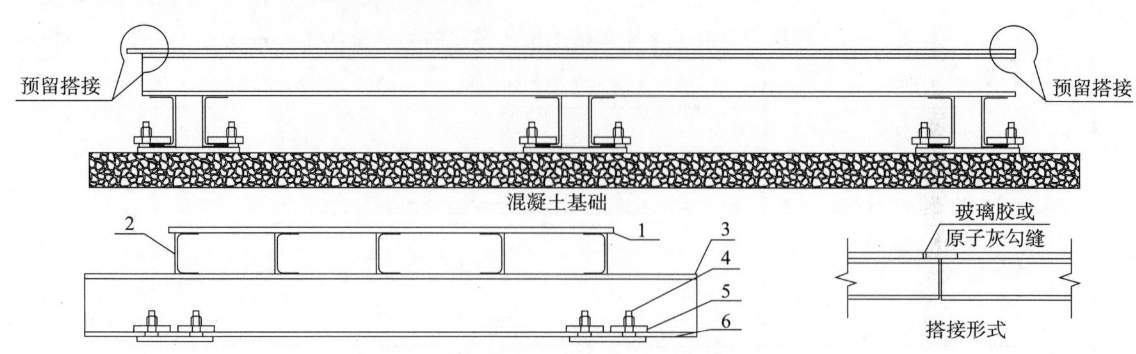

图 3—71　底模和混凝土基础之间的连接

1—面板；2—纵梁型钢；3—横单(横梁)；4—压板螺栓；5—压板；6—预埋钢板

2. 侧模

侧模位于梁体的两侧，侧模面板采用厚度 6～8 mm 钢板。T 梁钢模侧模为扇段结构。侧模单元扇段长度一般为梁体横隔板的节间距离。同时，也应考虑混凝土的压缩，每节长度及拼后模板总长度应比实际长度增加 1/1 000。一般沿梁长度每 4 m 一个扇段。扇段由紧贴混凝土表面的侧面板、支承面板的水平肋(背筋)、模架和紧固侧模模扇的上下拉杆及安装于侧板上的振捣板等构件组拼成一个整体。侧模、底模和端模之间是采用侧包底、端包侧的形式构成梁的预制空间。

水平肋型钢大小选择通过计算确定，通常用 70～100 mm 的等边或不等边角钢，也可用工字钢或槽钢。

3. 端模

端模位于梁体的两端，安装时连接在侧模上。它主要由紧贴于梁端垫板的端面板及端模骨架所组成。端模面板主要作用是封堵端头，控制锚垫板预应力孔道的位置，一般用 10～12 mm 厚度的钢板加工制成。端模骨架由角钢组拼成的 T 形骨架，端面板焊于正中。

4. 接缝

模板接缝主要包括面板接缝、扇段接缝和底模、侧模、端模之间的接缝三种。接缝应连接紧密、不漏浆、装拆简便、便于维修。

(1)底模面板间采用错位搭接接缝，其构造如图 3—72 所示。

(2)扇段间接缝，有横隔板处接缝和腹板处接缝两种。

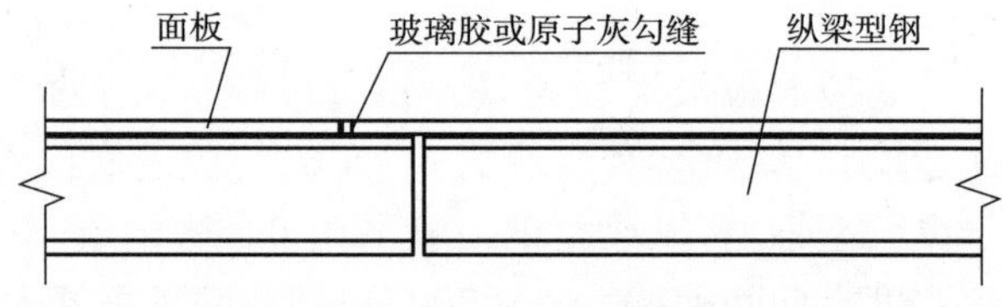

图 3—72　底模面板间的错位搭接接缝构造

扇段接缝是利用每个单元扇段的端头法兰连接，在法兰和面板焊接时预留 1 mm 飞边(法兰退后面板边口 1 mm 焊接)，在连接法兰之间黏结 3～5 mm 高弹性橡胶条。模板拼接时，通过法兰螺栓紧固挤压橡胶条，实现接缝紧密，有效防止接缝漏浆。

法兰是采用 12 mm 钢板或∠100×100×10 的等边角钢，宽 100 mm，沿长度方向每 250～300 mm 钻一螺栓孔。

(3)侧模通过模架下脚支撑螺杆支承在混凝土地面上，侧模与底模接缝用厚度 5 mm 的燕尾槽橡胶条垫层(如图 3—73 所示)。端模与侧模间接缝，通过端部扇段的连接法兰与侧模端部扇段的连接法兰，中间夹 3～5 mm 橡胶带，用螺栓连接。

(4)高频振捣板

高频振捣板是将高频振捣器固定侧模上的构件，要求能有效传递振幅、结构坚固、拆装方便。

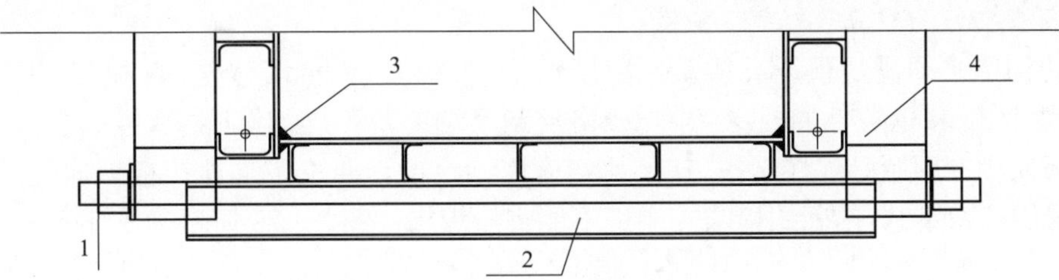

图 3—73　侧模与底模间的连接

1—下拉条；2—底模；3—燕尾槽耐油橡胶条；4—侧模

五、梁体预制主要流程

后张法预应力混凝土简支 T 梁预制施工流程见图 3—74。下面对 T 梁预制的主要环节做简要阐述。

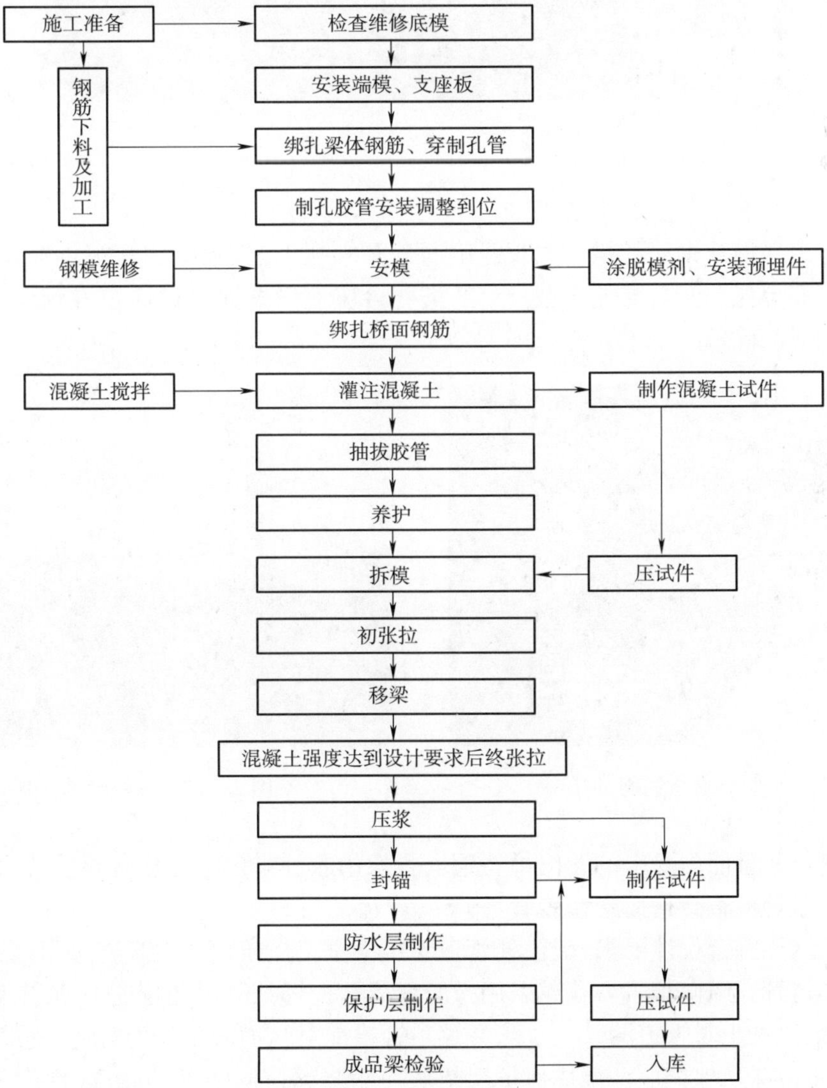

施工准备
钢筋下料及加工
检查维修底模
安装端模、支座板
绑扎梁体钢筋、穿制孔管
制孔胶管安装调整到位
钢模维修
安模
涂脱模剂、安装预埋件
绑扎桥面钢筋
混凝土搅拌
灌注混凝土
制作混凝土试件
抽拔胶管
养护
拆模
压试件
初张拉
移梁
混凝土强度达到设计要求后终张拉
压浆
封锚
制作试件
防水层制作
保护层制作
压试件
成品梁检验
入库

图 3—74　后张法预应力混凝土简支 T 梁预制施工流程

(一)底模安装与校正、支座板安装

台座的构造必须满足预设反拱及预留压缩量、模板安装、混凝土浇筑、振捣、拆模、张拉和张拉时强度、刚度和稳定性的要求,并要严格控制梁端地基不均匀沉降。

支座板使用专用胎具焊接制作,其尺寸精度应满足设计要求。与连接板焊连处的锚固筋直角的弯曲采用热弯工艺,锚固螺栓与支座板不能直接焊接。图 3—75 所示为支座板安装现场。

图 3—75　支座板安装现场

(二)钢筋绑扎和预留管道安装

采用梁体道砟槽板钢筋和梁体底腹板钢筋分开绑扎工艺,梁体底腹板钢筋及预应力孔道定位网均在钢筋绑扎台座上绑扎成型。钢筋绑扎台座上设置固定钢筋及各预埋的胎卡具,以确保其位置相对准确。

图 3—76　底板钢筋绑扎

图 3—77　腹板钢筋绑扎

用两台符合起重能力要求的龙门吊将钢筋骨架吊入制梁台座。然后调整、补充钢筋,装预埋件。最后由监理检查合格后穿橡胶管(图 3—78)。

管道定位网片符合设计要求,端模处管道不得下垂。横向预应力管道采用金属波纹管,在管内预先穿入衬管。纵向预应力孔道采用橡胶棒成孔。绑扎时保证管道平顺、定位准确、绑扎牢固,防止浇筑混凝土时管道漏浆、上浮、旁移。合模前对纵横向预应力管道、钢筋绑扎逐片检验,扎丝尾部不得深入保护层。梁体保护层垫块使用与梁体同强度、同耐久性的材料制作,保证设计厚度。

图 3—78　橡胶管的穿入

(三)侧模、端模安装

1. 基本要求

模板必须具有足够的强度、刚度和稳定性。保证梁体各部位形状、尺寸及预埋件的位置准确且接缝严密、接缝密贴,并可重复使用。根据设计要求和实际张拉力、混凝土弹性模量及上拱度数据,预设反拱及预留压缩量,反拱按照二次抛物线轨迹设置。侧模板上配备足够数量和激振力适宜的附着式振动器。使用前仔细打磨光滑(图 3—79),涂刷脱模剂(图 3—80),混凝土浇筑前模板温度宜在 5 ℃～35 ℃。

图 3—79　打磨清理侧模

模板支立流程见图 3—81。图 3—82 所示为侧模安装现场。立模时采用端包侧、侧包底的工艺,保证管道位置与重力合心。模板检查遵循尺寸准确、接缝密贴、连接牢固、结构稳定的原则,着重检查对角线、垂直度、中心偏位、全长、跨度。模板合格标准:尺寸准确、接缝严密、连接牢固、结构稳定。

图 3—80　涂刷脱模剂

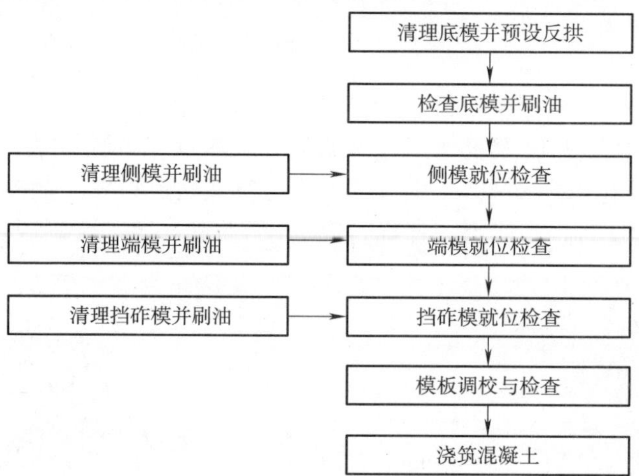

图 3—81　模板支立流程

图 3—82　侧模安装现场

2. 尺寸要求

底模板宽度控制在 0～10 mm，底模反拱度偏差控制在±1 mm，底模板对角线偏差控制在<15 mm，支座处底模相对高差控制在≤2 mm。底模平整度控制在 2 mm/m。

模板安装后总长度偏差控制在±15 mm，并将腹板厚度、桥面板宽度与厚度、底板厚度，以及各部位模板的中心线与设计位置偏差控制在相对应的允许偏差范围以内。支座板中心距离偏差控制在预埋件位置±3 mm。

模板接缝处缝隙控制在≤1 mm，相邻模板面板面错位控制在≤2 mm。

对变形的部位及时进行校正。

3. 外观要求

板面平整、光洁，无凹凸变形及残余粘浆，脱模剂涂刷均匀。

4. 连接要求

侧模与底模连接件安装齐全且牢靠，端模与侧模的连接螺栓齐全且牢靠。

5. 稳定性要求

侧模支撑体系、内模支撑丝杆安装齐全且支撑紧，侧模与底模要紧密连接在一起，防止侧模移动。

6. 维保要求

(1)钢模板表面如有粘结砂浆，必须铲除干净，并及时涂刷脱模剂，模板内侧各槽钢、角钢表面堆积的砂浆，每次浇筑后，都要清除干净。

(2)经常检查各部连接螺栓、如有松动及时拧紧。

(3)经常检查模板是否平直，及时矫正弯曲及变形。

(4)每次使用前须对模板焊缝进行检查，若发现焊缝开裂需及时补焊。

(5)模板连接螺栓至少每隔两个月集中清洗，并用机油浸泡一次。

(四)顶板及挡砟墙钢筋绑扎

T 梁的顶板及挡砟墙钢筋绑扎(图 3—83)完成后、应进行自检(顶板钢筋、预埋钢筋和保护层)，报监理工程师检查合格后，方可进入下一道工序。

图 3—83 顶板钢筋及挡砟墙钢筋绑扎

(五)梁体混凝土浇筑

梁体混凝土浇筑工艺流程见图 3—84。混凝土配合比按照高性能混凝土技术条件要求选定,配料时粗、细骨料的称量偏差不得大于±2%,其余材料称量偏差不得大于±1%。混凝土出机后对和易性、粘聚性、流动性、保水性进行检测,坍落度控制在允许范围内、含气量在 3%~4%,入模温度 10 ℃~30 ℃,浇筑过程进行抽检。拌合物滞留时限不超过 1 h,浇筑间断时限不超过 2 h。

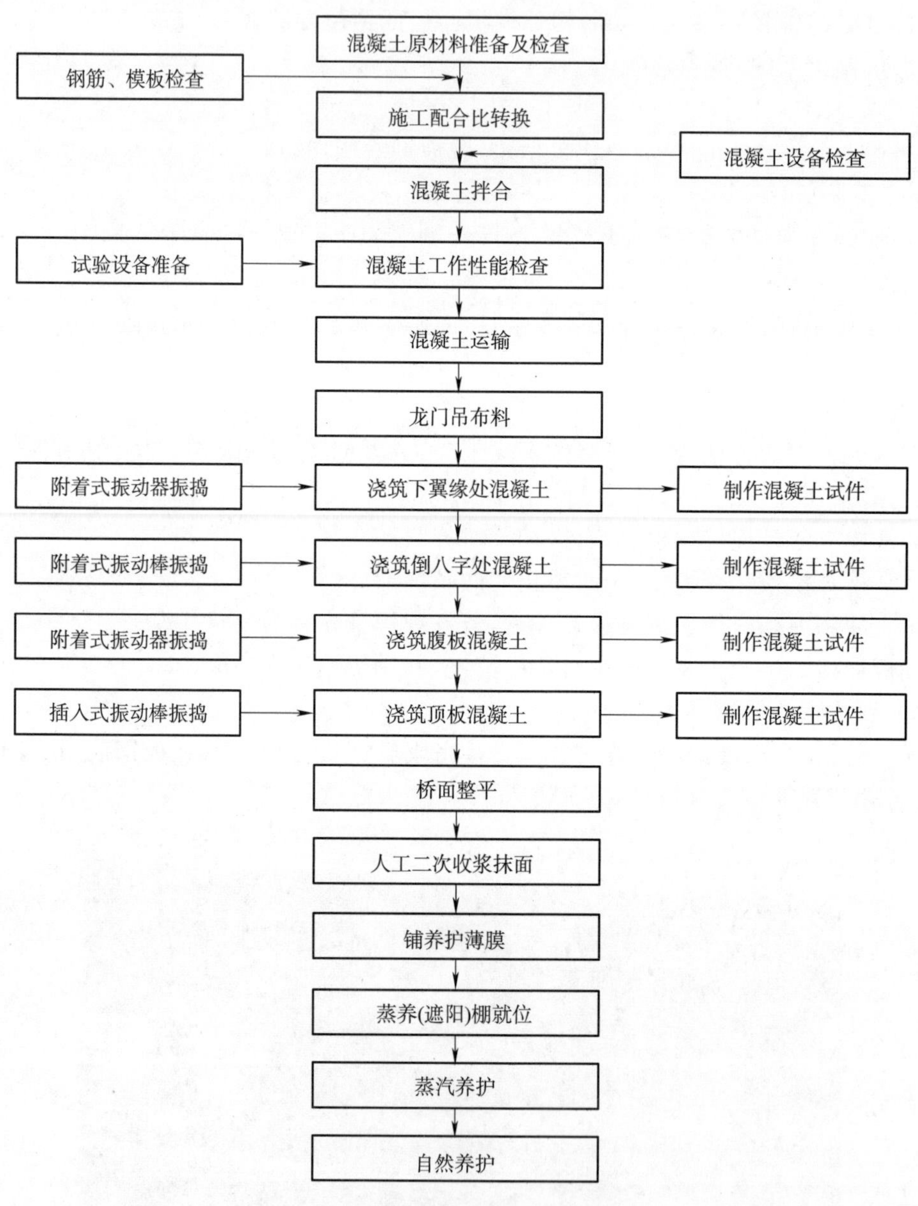

图 3—84 混凝土浇筑工艺流程图

图 3—85 所示为采用料斗进行混凝土浇筑的现场。浇筑时应遵循斜向分段、水平分层、连续浇筑、一次成形的原则,每层厚度不大于 30 cm,总浇筑时间不超过 3.5 h。混凝土捣固采用

附着式振动器为主、插入式振动器为辅的联合振捣工艺，并注意振捣棒不得碰触模板、预应力管道。桥面按设计收坡抹平，平整度不大于 3 mm/m。浇筑完成后在混凝土强度达到 6～8 MPa 时抽拔预埋胶管。

以肯尼亚蒙内铁路 DK245 铺架基地为例，其混凝土搅拌站采用双系统，采用 2 台 HZS90 型自动计量搅拌机，采用混凝土输送车运送，龙门吊吊送料斗送入模。

图 3—85　混凝土浇筑

（六）梁体混凝土养护

为缩短台座周转时间采用蒸汽养护，养护分为静停、升温、恒温、降温四个阶段。静停时间不少于 4 h，升温速度不大于 10 ℃/h，恒温时养护棚内各部位温度差不超过 5 ℃，梁体芯部温度不大于 60 ℃，降温速度不大于 10 ℃/h。当梁体混凝土芯部温度、表层、环境温度差不大于 15 ℃时撤除保温设施，进入自然养护。自然养护时梁体表面用保湿材料覆盖，使混凝土表面保持湿润，一般不少于 14 d。

（七）侧模、端模拆除

在梁体混凝土达到设计拆模强度且能保证棱角完整，联接板根部、挡砟墙根部及梁腋部不开裂时拆除模板。但从撤除保温设施到拆除模板间隔时间不少于 2 h，以防产生早期裂纹。环境温度变化较大时不得拆模。脱模遵循上顶下拉、同步平移的原则，减少硬伤、掉角现象的发生。

可用倒链、吊车或千斤顶、人工配合龙门吊拆除模板，然后清洗修整，涂刷脱模剂，整齐有序堆码。禁止敲打或抛掷模板。在吊运过程中，应避免发生碰撞。

拆模时梁体混凝土强度不得低于施工图标示强度的 50%，且混凝土表面温度与环境温度差应小于 15 ℃。

（八）预应力筋穿束、（预）初张拉与终张拉

钢绞线下料长度按计算或每孔实测确定，保持钢绞线顺直机械切割，编束时梳理顺直，不得绞缠。编束及搬运时防止损伤、污染钢绞线表面。

预应力筋穿束作业见图 3—86。

梁体预应力分初张拉、终张拉两个阶段施加，混凝土强度达到初张强度时，按照设计张拉孔数进行初张拉（图 3—87），初张后的梁即可移出台位（图 3—88）。坚持洒水养护（图 3—89），当梁体混凝土强度、弹模达到设计要求且龄期不少于 14 d 后进行终张拉（图 3—90），遵循三同

图 3—86 预应力筋穿束作业

心、两同步的原则，采用应力、应变双控，以张拉力为主、伸长值校核，在控制应力下持荷 2 min。张拉过程中伸长值误差不超过±6%，两端不同步率不大于 5%。终张拉 24 h 后无滑丝、断丝即可进行割丝(图 3—91)封堵，割丝预留长度 35±5 mm，同时保证保护层厚度不小于 35 mm。

图 3—87 梁体预应力初张拉

图 3—88 吊移 T 梁

图 3—89 洒水养护

图 3—90 终张拉

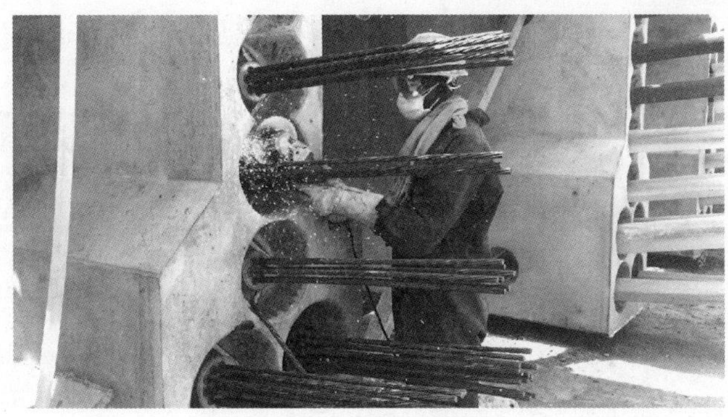

图 3—91　钢绞线切割

张拉质量控制要点如下：

(1)张拉前的“三控”：梁体混凝土强度、弹模、龄期必须满足设计和规范要求。张拉钢绞线之前，对梁体混凝土强度、弹模及外观质量做全面检查，跨中区无明显及潜在空洞。如有缺陷，须事先征得监理同意，修补完好且抗压强度达到设计要求强度，并将喇叭口及锚下管道扩大部分的残余灰浆铲除干净，否则不得进行钢绞线张拉。

(2)张拉工艺控制：a. 张拉顺序：严格按照施工图张拉顺序进行张拉。b.“三同心”：预留管道、锚具、千斤顶三者同心。c. 张拉过程中“三控”：油压表读数、伸长量复核、持荷时间。预施应力以油表读数为主，以预应力筋伸长值作校核。按预应力筋实际弹性模量计算的伸长值与实测伸长值相差不应大于±6%；实测伸长值以 20%张拉力作为测量的初始点。每端钢绞线回缩量控制在 6 mm 以内，如钢绞线伸长值偏差超过规定范围，查明原因后重新张拉。d. 两端同步张拉，同时达到同一荷载值，不同步率不超过 10%。指挥端稳住油速，与对面每 2 MPa利用对讲机呼应一次。

(3)压力表应与张拉千斤顶配套使用。严格按照钢绞线直径进行相应槽深限位板的发放。限位板与锚具必须是同一厂家产品。

(4)张拉期间要采取措施避免锚具、预应力筋受雨水、养护用水浇淋，防止锚具及预应力筋出现锈蚀。工具锚的夹片应注意保持清洁和良好的润滑状态。工作锚、夹片安装要均匀且松紧一致。

(5)对预应力施工人员进行岗前培训、考试，并进行技术交底；预应力张拉时，派固定质检员和技术员负责现场监控和填写张拉记录，以保证张拉质量。

(6)千斤顶不准超载，不准超出规定的行程。转移油泵时必须将油压表拆卸下来另行携带转送。

(7)张拉钢绞线时，必须两边同时给千斤顶主油缸徐徐分级供油张拉，两端伸长应基本保持一致，两端伸长量差值控制在 10%以内，严禁一端张拉。张拉加力时，不得敲击及碰撞张拉设备。油压表要妥善保护避免受振。

(8)终张拉 24 h 后全梁断丝、滑丝总数不得超过预应力钢丝总数的 0.5%，且一束内断丝不得超过一丝。因处理滑、断丝而引起钢绞线束重复张拉时，同一束钢绞线张拉次数不得超过 3 次。若钢绞线与锚具因滑丝而留有明显刻痕时，须更换钢绞线和夹片。

(9)每端夹片的回缩量≤6 mm，外露量控制在 2～3 mm，错牙量控制在≤2 mm。

(10)T 梁终张拉后必须实测梁体弹性上拱值，实测弹性上拱值不大于 1.05 倍设计计算值。

(11)终张拉 30 d 测量梁体上拱度值,实测 30 d 上拱度不大于 L/1 000(L 为梁长)。

(九)预应力孔道压浆

终张拉结束后 48 h 内进行孔道压浆工作,压浆过程及压浆后 48 h 内梁体温度不得低于 5 ℃。孔道压浆采用带有自动计量、二次搅拌、自动稳压的真空辅助压浆工艺,称量误差不大于 1%,每孔饱压 3 min。

主要工艺流程:检查、清理管道→锚板上安装隔气砂浆罩(图 3—92)→机械设备及相关部件安装→按配合比搅拌浆体→抽真空→压浆(图 3—93)→压浆完毕设备清理。

图 3—92 安装隔气砂浆罩

图 3—93 压浆作业

施工要点如下:

(1)张拉完成后正式压浆前,检查清理管道。将锚头部位锚具与支承垫板接触面的缝隙、锚环与夹片间的钢绞线之间的间隙用砂浆塞死并固定,安装两端锚垫板上压浆孔联接管和联接阀。

(2)搅拌:先在搅拌机中加入实际拌和水的 80%,进行高速搅拌,再均匀加入全部压浆剂,边加边搅拌,然后加入全部水泥,搅拌 2 min,最后加入剩下的 20%的水,继续搅拌 2 min(搅拌总时间不超过 4 min)。如果浆体表面气泡较多,则适当降低搅拌速度,搅拌完毕,略加放置,刮去表面的浮浆。

(3)将调好的水泥浆放入压浆罐,并检验搅拌罐内浆体流动度。压浆罐水泥浆进口处设 2.0 mm×2.0 mm 过滤网,以防杂物堵管。

(4)抽真空时管道真空度稳定在−0.06~−0.08 MPa 之间,停泵约 1 min 时间,若压力能保持不变,即认为孔道能达到并维持真空。

(5)准备压浆前,开启压浆泵,使浆体从压浆管中排出,以排除压浆管中的空气、水和稀浆。当排出的浆体流动度与搅拌罐中浆体的流动度一致时,开始压浆。

(6)浆体注满管道后,在 0.50~0.60 MPa 下持压 3 min;压浆最大压力不超过 0.60 MPa。

(7)压浆顺序:先下后上。首先由一端以 0.6 MPa 的恒压力向另一端压送水泥浆,管道出浆口应装有三通管，当确认出浆浓度与进浆浓度一致时，若无漏浆则关闭进浆阀门卸下输浆胶管。

(8)压浆用的胶管一般不超过 30 m，若超过 30 m 则压力增加 0.1 MPa。

(9)水泥浆搅拌结束至压入管道的时间间隔不超过 40 min。

(十)封　锚

封锚混凝土采用与梁体同强度、同耐久性细石微膨胀混凝土，封锚前将锚穴凿毛，并对锚具进行防水处理。封锚后对新老混凝土接茬部位用直接用于防水层的聚氨酯防水涂料进行防水处理。

封锚施工应注意如下事项：

(1)封堵前，锚坑周围要凿毛(图 3—94)，以增加混凝土的粘结力。

(2)封堵混凝土采用无收缩混凝土，抗压强度为 C55，其配合比由试验室确定。

(3)对锚圈与锚垫板间的接缝用聚氨酯防水涂料进行防水处理(图 3—95)。

图 3—94 锚栓孔凿毛

图 3—95 锚栓孔防水

(4)绑扎锚坑钢筋。

(5)浇筑封锚混凝土，并捣实抹平(图 3—96)。

图 3—96 封锚

(6)待封锚混凝土初凝后，用湿麻袋盖在上面进行养护，并每隔 2 h 进行一次洒水。3 d 后每 4 h 洒水一次，直到 7 d 为止。

（十一）梁顶防水层、保护层

防水层按照设计选择防水卷材和防水涂料，施工前检查混凝土基层，防水层铺设应密贴、无空鼓。保护层混凝土采用细石纤维混凝土，按照要求抹面收光，坡度正确，流水面不得高于泄水管。图 3—97 为梁顶涂刷防水涂料现场，图 3—98 为梁顶铺设防水卷材现场。

图 3—97　梁顶涂刷防水涂料

图 3—98　梁顶铺设防水卷材

保护层的施工工艺及施工方法：

（1）将拌和号的纤维混凝土用运输车运至预制梁旁，再用简易起重设备和料斗将混凝土运至梁面（图 3—99）。

（2）将混合均匀的纤维混凝土均匀铺在梁体的防水层上，用平板振捣器捣实（图 3—100），在拉动平板振动器时速度应尽量缓慢，使纤维混凝土的振捣时间达到 20 s 左右，并无可见空洞为止。

图 3—99　梁顶浇筑保护层

图 3—100　梁顶保护层混凝土振平作业

（3）混凝土接近初凝时方可收面，抹刀应光滑以免带出纤维，抹面时不得加水，抹面次数不宜过多。

（4）桥面保护层纵向每隔 4 m 设置宽约 10 mm，深约 20 mm 的横向断缝，当保护层混凝土强度达到设计强度 50%以上时，用聚氨酯防水涂料将断缝填实、填满，填充断缝时不得污染保护层梁体。

（5）混凝土面浇筑完成后，应采取必要的保水养护措施，避免失水太快，自然养护时，桥面应采用草袋或麻袋覆盖，并在其上覆盖塑料薄膜，桥面混凝土洒水次数应能保持表面充分潮湿，当环境相对湿度小于 60%时，自然养护应不少于 28 d，相对湿度在 60%以上时，自然养护应不少于 14 d。

六、T 梁静载试验

试验梁的加载分两个循环进行。以加载系数 K 表示加载等级，加载系数 K 是加载试验中梁体跨中承受的弯矩与设计弯矩之比。试验准备工作结束后梁体承受的荷载状态为初始状态，基数级下梁体跨中承受的弯矩指梁体质量与二期恒载质量对跨中弯矩之和。图 3—101 所示为静载试验现场，图 3—102 所示为采用百分表检测梁体挠度。

图 3—101　静载试验现场

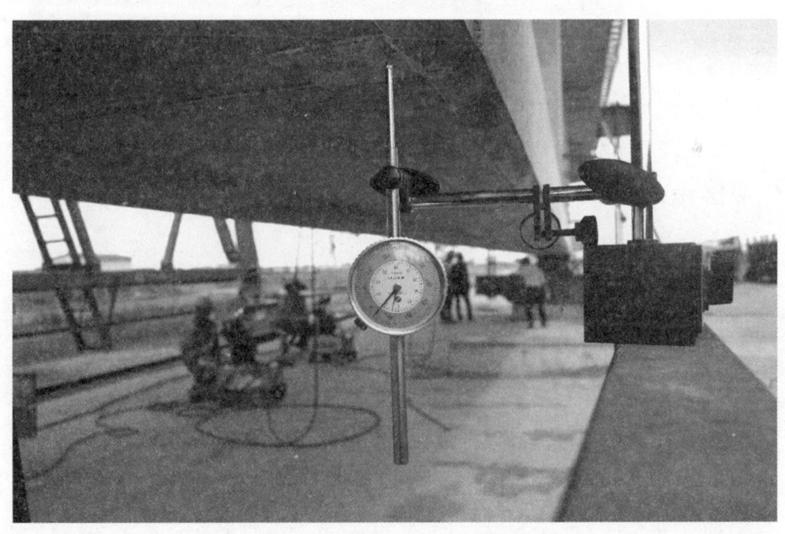

图 3—102　采用百分表检测梁体挠度

七、移梁和存放

1. 移梁可采用吊车吊运或拖拉（顶推）滑移。吊运或滑移所用的设备应通过载荷试验和试运转，经验收合格后方可使用。

2. 移梁前，梁体混凝土强度必须符合设计要求。设计未规定时，梁体混凝土强度不应小于设计强度 75%。此外尚应符合下列规定：(1)梁移出台座应在预应力筋初张拉完成后进行。

(2)压浆后移梁,水泥浆强度应符合设计要求;当设计无要求时,应大于设计强度的 75%。(3)封锚后移梁,封锚混凝土强度不得低于设计强度的 50%。

3. 吊、移梁时,梁端悬出长度应符合设计要求。吊(拉)索或千斤顶端部与梁体接触部位应设置垫木或护铁,保护梁体不受损伤。

4. 千斤顶顶落梁时,千斤顶的顶点应位于梁端重心线上,应两端交替进行,不得同起同落。设顶处基础应可靠牢固,受力后不沉陷。顶落梁过程中,千斤顶行程不得超过规定有效行程的 80%,梁两端应设保险垫木和保险支撑,应边顶边垫、边落边撤,以防止意外情况发生。

5. 吊机吊梁时,应严格按吊机操作规程进行,吊臂回转范围内不应有任何障碍物。如采用一台吊车吊梁时,应在吊点位置上部配备起吊扁担。如采用两台吊车吊梁时,两端应同步起落,两端高差不得大于 30 cm。

6. 滑移梁时,滑移梁底部与滑移轨道间应放置滑板,保护梁体不受损伤。梁两端应设斜撑式托架支护。滑移时,两端应同步。滑移轨道应与梁纵轴线垂直。滑移轨道宜采用重型钢轨,应设在坚固稳定的基础上,滑移轨道必须保持平顺无突变点,平整度偏差每延距离不得大于 2 mm,在滑移方向可设不超过 2‰的下坡,以利于滑移。

7. 存梁时,梁端悬出长度应符合设计要求。当长期存梁时,应采取措施,防止梁体产生过大上拱。

第六节　铺架基地施工安全技术与管理

一、修建铺架基地

(一)人工伐树

1. 砍伐树木作业前须由专人检查现场环境,观察风向,排除地面和空中的危险物。

2. 应确定作业区域,并设专人警戒和疏导交通,非工作人员不得在范围内逗留和接近范围。

3. 伐放树木应选择安全、无障碍物的倒向,不得倒向墙、桥梁栏杆、房屋等构筑物。

4. 伐树前,应将周围有碍砍伐作业的灌木和藤条砍除,并选好安全躲避的退路。

5. 伐树前,应由专人对伐具,特别是电锯设备、布置(如线路)进行检查。

6. 应检查工具和控制缆绳,符合安全要求后方可作业。

7. 由专人确定锯口时,要先栓牢拉绳,以控制树木的倒向,施工人员必须与伐放树木保持安全距离。

8. 由专人为使树木按预定方向倾倒,要在树木下部倒树方向砍一剁口,其深度为树干直径的 1/4,然后再从剁口上边缘的对面开锯,最后应留 2~3 cm 安全距离。

9. 在陡坡悬岩处砍伐树木时,应采取防止树木伐倒后顺坡溜滑和撞落石块伤人的安全措施。

10. 作业时必须按程序进行作业,服从带班人员指挥,分工明确,协调一致;配合其他专业工种人员作业时,必须服从该专业工种人员的指挥。

11. 作业时必须根据作业要求,佩戴防护用品,高处伐树枝时必须系好安全带;严格遵守劳动纪律,不得擅自动用各种机电设备。

12. 在山坡上严禁在同一地段的上下同时进行砍伐作业。

13. 必须将控制缆绳拴牢拉住后，方可锯、砍树干，树木倾倒区域内不得有人。

14. 应先砍树枝，后伐树干。

15. 锯口必须与倾倒方向相反。

16. 必须及时清理作业区域，待道路上的杂物清理完成后，方可解除警戒，开放交通。

17. 截锯木料时，三叉马和树干垫撑必须稳固。

18. 严禁在雨天、大风(6 级及以上风力)、大雾及以上天气进行伐树作业。

19. 清挖树根，特别是用拖拉机配缆绳拖拔大树根时，缆绳与树根要捆结牢固，缆绳必须具有足够强度，以防缆绳绷拉断或缆绳脱离树根而出现事故。

20. 清除的丛草、杂树、树根等严禁放火焚烧，以防引起火灾。

21. 如遇有供电线路或电话线时，要与有关部门联系，采取措施后方可施工。

22. 使用油锯伐放树木时，油锯必须指派专人使用。

(二)树木移栽

1. 严禁在风雨天移栽树木施工。

2. 挖、掘、吊装使用的工具，应在作业前由专人负责检测。

3. 作业人员施工中应佩戴齐全安全防护用品。

4. 树木调卸前，施工人员要认真检查各连接处是否牢固。

5. 树木调卸作业过程中，应由有经验的职工专人指挥。

6. 起重设备吊臂下不得留人。

7. 吊出树木时，坑内严禁留人。

8. 树木装车后，必须用绳索将树木与车体捆绑牢固后，方允许行车。

9. 树木运输中，押解员要站立在树木的两侧，并随身携带竹竿或木棒，排除有可能影响安全通行的障碍物，随时检查绳索和支撑物有无松动和脱落，发现问题应立即通知驾驶员停车，并采取加固措施。

10. 树木吊入坑内时，坑中不得留人。

11. 如需重新修整树坑时，必须待树木吊离树坑后，作业人员才允许进坑施工。

12. 树木移栽如需采用人工定位，作业人员应坐在坑边，用脚蹬动土坨。

(三)施工现场布置

1. 作业区、材料设备储存场所、办公生活区应合理划分区域，设置在远离山体的安全地带，避免受到山体滑坡和泥石流等自然灾害的影响。

2. 龙门吊等设施架放前，应对架设地点进行夯实等处理，避免设备出现倾斜或倒塌。

3. 在各建筑、设备和施工场所周围设置必要的排水沟。

4. 布置供电线路时，应远离易燃、易爆品，过道附近的电线要采取防护措施(如将电线放在槽钢或橡胶管中)，避免车辆和设备的磨损和碾压。

5. 在施工场地周围和场内道路两侧设置安全护栏和相应的安全警示标志。

6. 易燃、易爆材料必须存放在规定场所，严禁存放在库区；储存易燃易爆无的场所应依据消防要求配备消防器材，并定期检验、更换。

(四)场内道路维护

1. 场内道路应经常维护，保持畅通，载重车辆通过较多的道路，其弯道半径一般不小于

15 m，特殊情况不得小于 10 m，手推车道路的宽度不小于 1.5 m。

2. 急弯及陡坡地段应设置明显交通标志。

3. 与铁路交叉处应有专人看管，并设置信号装置和落杆，并由专人对信号装置定期进行检查。

4. 靠近河流和陡壁处的道路，应设置护栏和明显警告标志。

（五）临时道路修建与维护

1. 施工人行道的宽度不得小于 1 m，特别困难地段不得小于 0.6 m。

2. 陡坡地段运输便道应在陡坡上挖砌台阶。

3. 在"之"字形施工便道转弯处，应在技术人员的指导下，设置不小于是 1×1(m)的平台，并按需要设置栏杆和加铺防滑材料。

4. 临时道路的土石方弃砟应妥善处理，不得：

(1)侵占正式工程建筑物位置。

(2)挤压河道。

(3)污染水源。

(4)引起流石流泥，甚至引起泥石流。

(5)毁坏农田。

(6)危及行车安全。

5. 临时道路施工使用土石方机械时，在半路堑陡坡地段的虚渣作业区，应设置明显的禁止超越标志，并设防护人员，指挥机械作业。

6. 盘山道、"之"字道上同一段内严禁上下同时进行开挖土石方作业。

7. 所有施工机械在停机时，应恢复到启动前的安全位置上。推土机的刀片、铲运机的铲斗、挖掘机的挖斗，在工作完毕后应落到地面。非值班司机，不得启动机械。

8. 任何人员不得爬乘挖掘机、铲运机、翻斗车等施工机械。

9. 施工机械的指挥及操作人员不得酒后作业，严禁疲劳工作，必须精力集中，加强瞭望，保证安全。

10. 夜间施工应有照明设施。当照明发生故障时，正在作业的机械应停止作业。施工机械的大灯光改为小灯光，并低速靠边行驶。

11. 在陡坡上作业的人员必须系好安全绳，安全绳在使用前必须检查是否拴牢固。

12. 施工人员作业前，应有专人对作业环境的粉尘含量进行检测，严禁在粉尘含量超过 2 mg/m^3 的环境中工作。

13. 清理路堑边坡孤石或进行刷坡，必须自上而下进行；严禁重叠作业和坡脚站人。

14. 火烤熔化冻土，应有防火措施。

15. 在解冻地区施工必须防止冻土因受热融化发生坍方和冻块坠落伤人、砸坏设备。

16. 各种脚手架、机械塔架等均应设在稳固的地基上，严禁超荷载。

17. 脚手板上必须有防滑设施，不得使用腐朽、劈裂的木板，并不得出现探头板。

18. 接触灰土的作业人员，应佩戴口罩和手套等防护用品并在上风口作业。

19. 临时道路靠近既有铁路时，应在靠近铁路一侧设置防护设施，并设置道路出入口栏门。出入口栏门应有专人看守，车辆及大型施工机械进入应实行监护、许可制度，未经许可严禁进入；不施工时应封闭。

20. 临时道路靠近高路堑、深基坑时应设置防护设施及安全警示标志。行人、车辆频繁通过的临时道路交叉路口应悬挂安全警示标志。

21. 临时便道和正式公路交界处应设置安全标志。在施工便道间的交叉口、与铁路的交叉口及渡口处，应设立标志。

22. 在傍山险路处，应将设置的防护石墩刷白。

23. 在过水路面、漫水桥上、积雪严重地段应设置标杆。

24. 施工便道应避免在架空索道及起重设备工作范围内穿越，如因场地限制需穿越时，应有防护设备和安全措施。

25. 冬期(0 ℃以下)施工时，所有道路均应及时清除冰雪和采取防滑措施。

(六)临时用房和围挡施工

1. 临时用房搭设前，应有技术人员对结构件的质量进行检查，并将构件表面的灰尘、杂物等清理干净。当结构构件的变形、缺陷超出允许偏差时，应进行修正处理，经检验合格后方可进行安装。

2. 临时用房在规定使用年限内需重新使用时，应对其进行质量检测，合格后方可继续使用。

3. 临时用房及围挡的基础周边应设置一定数量的集水井和排水沟，并保证排水畅通。

4. 建设工地的办公、生活用房应与施工作业区严格分隔，不得利用围挡作为搭建施工现场临时用房的墙体使用。

5. 临时用房集中搭设区域应按照有关规定设置消防车道。

6. 坡形屋面上使用工具时，应防止其滑落。工具、材料不得随意放置。

7. 采用彩钢板围挡时，彩钢板之间的搭接要严密，合口要紧，彩钢板的厚度要和边框搭配合适。

(七)活动板房施工

1. 在平整地面上先把立杆柱和桁架(或屋架)用螺栓拼装起来，然后把拼装好的立杆柱、桁架(已成为一个整体)竖起来，并用搭头或撑杆把它固定牢。

2. 各立杆、板墙面的垂直度用线锤挂直，保证做到 1 m 高度的垂直度不大于 2 mm。

3. 在活动板房的每根主柱与桁架之间、主柱与屋架之间或转角处，用扁钢或角铁把节点固定起来。底层房子四周的立杆柱必须与预埋件连接牢固，底脚所有立杆必须用角铁串联固定。

4. 门窗安装必须符合规范，门窗玻璃安装，应用弹簧扣固定，防止玻璃滑出伤人。

5. 应随时关注天气情况，在大风(6 级及以上风力)来临前，采取可靠的防风措施，以防活动房被大风吹倒；大风过后，应对临时房屋进行检查加固。

6. 高处(2 m 以上)作业时，应正确使用安全带(高挂低用)，在屋顶上工作不得穿硬底易滑的鞋。

7. 房顶上应在技术人员指导下，安装避雷装置。

(八)临时用房的防火与防雷

1. 砖烟囱距离可燃的墙壁、顶棚及屋面不得小于 0.2 m；金属烟囱，不得小于 0.7 m。

2. 烟囱口距离屋面的高度不得小于 1 m，并应在烟囱口上装设防火烟囱帽。

3. 在困难情况下迫不得已采用竹编、苇编、木条等易燃材料作为临时房屋外墙和隔墙时，应抹草泥或石灰砂浆;不得用裸露的草帘作挡风墙和隔墙。

4. 防火间距内不得存放易燃、可燃物质。

5. 在困难情况下迫不得已采用油毡或草等易燃物作为屋面材料时,在屋脊上的避雷带应支起高 60 cm,斜脊及屋檐部分的避雷带应支起高 40 cm。

6. 在任何情况下,防雷装置的金属部分不得直接穿过易燃物。

7. 在临时用房周围安设必要的消防用具,并由专人定期对消防用具进行检查或更换。

(九)临时爆破器材库设置

1. 爆破器材库不得使用竹席、油毡等易燃材料作墙壁或屋面。

2. 应注意加强爆破器材库的通风和防潮。

3. 内墙壁应粉刷。雷管库铺混凝土地面时,上面应铺软垫。

4. 爆破器材库的周围,应在技术人员的指导下设置必要的排水沟等排水设施。

5. 爆破器材库周围 50 m 范围内杂草灌木必须铲除。

6. 爆破器材库周围 50 m 范围内严禁堆放柴草等易燃杂物。

7. 在爆破器材库周围设置消防设备,并有专人定期检查、更换。

(十)输水系统施工

1. 开挖沟槽时,应设置安全警示标志和护栏。

2. 开挖沟槽时,应根据深度和土质,在技术人员的指导下选择边坡陡度或支撑方法;弃土应在坡顶 0.8 m 以外。

3. 采用挖沟机开挖沟槽时,步行操纵式机器前进的速度不应大于 6 km/h,朝着司机操作位置行驶的速度不应大于 2.5 km/h。

4. 铺设管道前,应由专人检查对沟槽边坡是否有无松动及开裂现象,并采取相应措施。

5. 车辆运送管材,分散卸车时不得偏载,所余管材应绑扎牢固后再继续运送。车辆运送超长管材,应绑扎牢固并设标志;转弯时应引导通过。

6. 混凝土输水管节在装卸过程中,应谨慎,勿使管节受到碰撞而损坏。

7. 人工推运混凝土输水管,输水管转向时,作业人员不得站在输水管的前方或贴靠两侧。

8. 人工推运混凝土输水管,下坡道应用大绳控制速度,两管之间应保持 5 m 以上的安全距离。

9. 堆放混凝土输水管节的地面应平整。

10. 槽边放置混凝土输水管的场地应坚实平整,不得在有坍塌危险的槽边放置输水管;输水管与槽边应保持 2 m 以上的距离,码放高度不宜大于 2 m,同时应挡掩牢固。

11. 下管时,沟槽内不得有人,沟槽上部前后 8 m 及两侧弃土堆范围内,不得进行其他工作。

12. 当混凝土输水管填土厚度小于 0.5 m 时,任何机械及车辆不得通过。

(十一)排水设施施工

1. 沟槽开挖前,应经技术人员指导下,对地下管线等隐蔽工程采取保护、拆除等措施后,方可进行开挖。

2. 不得在沟槽附近(1 m 以内)堆放弃土、物料或停放大型机械。

3. 应在沟槽两侧 0.3 m 以外的范围外设置安全护栏,并在周围设置安全警示标志。

4. 雨期前应及时对排水沟等排水设施进行清理、疏导。

5. 不得在沟槽边坡上下同时作业(位置关系如下图)。

(十二)铺架基地轨道线路施工

抬运钢轨和轨枕的跳板应安放稳固,承载力符合要求。在钢轨底部安放垫板、胶垫时,不应将手伸入枕顶轨底间。连接钢轨接头,将钢轨推入已连在另一根钢轨上的两块接头夹板间时,严禁用手扶接头夹板或将手放在任何一根钢轨的端部。

(十三)生产设施的安装

混凝土搅拌站、轨枕预制生产线等的安装一般有设备供应商负责,但是也应符合相关之规定,在此不再论述。

二、轨枕预制

(一)轨枕模板作业

1. 施工区域应设警示标志,严禁非工作人员出入。

2. 施工中应对机械设备进行定期检查、养护、维修。

3. 翻模机操作人员必须先通过培训,并实际操作熟练后方可独立进行操作。其他无证人员不得私自开翻模机,防止安全事故的发生。

4. 在翻转模具时,严禁有人靠近翻模机翻转臂,翻转时设专人进行统一指挥。

5. 模具进行脱模时,严禁使用大锤重击或撬棍硬撬,以避免脱模时损坏模具或轨枕棱角。

6. 全部电气设施均由专业电工专人负责检修,操作时应严格遵守安全用电的专业安全规程,主要供电线路设施应有专项技术设计。

7. 使用电器设备必须实行专人负责制(专人使用、专人保管、专人检查),发生故障时,应立即联系电工检修,不能带病运转,严禁非电工人员检修电器。工作完毕必须将闸刀箱拉闸上锁,禁止使用简易闸刀箱。

8. 没有安全漏电保护装置和有效接地接零线的电气设备不得使用。

9. 现场全部电气设备应定期全面对绝缘电阻、开关、引线、插头、外壳接地等项进行检查。

10. 当遇到紧急情况时,要冷静的听指挥人员指挥,需要停时,应迅速的停止。

11. 施工完毕后,必须工完料清,不可破坏施工周边环境。

12. 废弃的油料、棉纱、手套等应与生活垃圾分开收集,按环保要求处理。

13. 模具用脱模剂、柴机油,必须统一妥善保管。使用时不得四处挥洒,使用后应及时将余料入库保管,不得随意丢弃。

(二)轨枕钢筋作业

1. 钢材、半成品等应按规格、品种分别堆放整齐,制作场地要平整,工作台要稳固,照明灯具必须加网罩。

2. 拉直钢筋时,卡头要卡牢,锚固要结实牢固,拉筋沿线 2 m 区域内禁止行人。

3. 多人合运钢筋,起、落、转、停动作要一致,人工上下传送不得在同一垂线上。钢筋堆放要分散、稳当,防止倾倒和塌落。

4. 进入施工现场应戴好安全帽。

5. 带电线路不得随地拖放,接头及易破损处应做好防护。

6. 对施工用电经常组织检查,检查包括:是否符合国家和地方有关部门的规定,线路运行情况,特别是在风雨季节更要随时检查漏电防护情况。

7. 施工现场的大型电器设备必须设置防雨棚，小型电器设备必须配备防雨罩，工作结束及时关闭电源，并必须设专人负责，现场专职安全人员现场监督，随时检查。发现问题，及时督促作业队整改。

8. 施工完毕后，必须工完料清，不可破坏施工周边环境。

9. 废弃的钢料、手套等应与生活垃圾分开收集，按环保要求处理。

（三）轨枕预应力张拉与放张作业

1. 施工区域应设警示标志，严禁非工作人员出入。

2. 施工中应对机械设备进行定期检查、养护、维修。

3. 为保证施工安全，现场应有专人统一指挥，并设一名专职安全员负责现场的安全工作，坚持班前进行安全教育制度。

4. 按环保部门要求集中处理机械产生的废料。

（四）轨枕混凝土作业

1. 混凝土施工前，安质部应做好车间内立体作业防坠落、防失稳等安全技术交底。

2. 在混凝土灌注过程中，防止操作不当造成人员伤亡。

3. 混凝土施工人员必须配戴安全帽、胶鞋、手套等劳动保护用品。

4. 严格按照设备安全操作规程进行各种混凝土设备的操作，严禁违章操作及酒后作业。

5. 水泥采用灌装水泥，少量的水泥袋等废弃物不随意丢弃，应统一收集并妥善处理。混凝土拌和站附近设有沉淀过滤池，洗车留下的脏水经沉淀以后集中转运至指定地点进行处理。

6. 各种机械废油、脱模剂、混凝土外加剂等化学产品严格控制，小心使用，防止流失进入附近水源和混凝土中。

7. 在混凝土施工完后做到工完料清，并及时对场地进行清理，保证施工场地整洁。

（五）轨枕养护作业

1. 锅炉房区域应设警示标志，严禁非工作人员出入。

2. 施工中应对机械设备进行定期检查、养护、维修。

3. 为保证施工安全，现场应有专人统一指挥，并设一名专职安全员负责现场的安全工作，坚持班前进行安全教育制度。

4. 养护过程中，锅炉房容易造成对环境的污染。为保护自然环境，在养护设备改良过程中，应减少废气排放，并加大在环境保护方面的投入，真正将各项环保措施落实到位。

5. 生产中的废弃物及时处理，运到当地环保部门指定的地点弃置。

6. 按环保部门要求集中处理试验及生活中产生的污水及废水。

（六）轨枕码垛与吊运作业

1. 施工区域应设警示标志，严禁非工作人员出入。

2. 施工中应对机械设备进行定期检查、养护、维修。

3. 为保证施工安全，现场应有专人统一指挥，并设一名专职安全员负责现场的安全工作，坚持班前进行安全教育制度。

4. 制订合理的作业程序和机械车辆走行路线，现场设专人指挥、调度，并设立明显标志，防止相互干扰碰撞，机械作业要留有安全距离，确保协调、安全施工。

（七）轨枕混凝土拌和站作业

1. 安全要求

(1)操作室内和空压机房内不得堆放无关的物质,尤其是易燃易爆物品,如:油品、木材、氧气乙炔瓶等。

(2)操作室内不得使用大功率的电取暖器、炉子、碘钨灯等取暖。

(3)每班工作结束离开拌和站前,必须关闭各用电设备的电源,最后关闭总电源。

(4)拌和站内的电线、电缆严格按规范要求安装使用。

(5)定期检查拌和站内的电线、电缆和各接触器,重点是:老化、绝缘破损、接线处是否松动等易导致电线非正常发热的因素。

(6)拌和站的电气接地为五线制,并保证接线良好。

(7)拌和站内禁止使用不合格的电气保护装置,电气设备的使用不准超过安全负载。

(8)配电柜要配锁,并保证随手锁门,以避免无关人员使用拌和站专用配电设置。

(9)拌和站必须配备足够的消防器材。

(10)若发生火灾,必须采取措施及时灭火,并报告安质部和作业工区相关领导。

2. 环保要求

(1)拌和站内环境保护措施

控制好站内的各种粉尘、废气对环境的污染和危害。原材料堆放场地及道路均采用硬化处理,对不能硬化处理的施工临时便道,在晴天干燥时经常洒水予以养护和保护,防止道路灰尘弥漫。混凝土搅拌设备采取密封措施,减少水泥等粉尘的污染。拌和站内不得随意丢垃圾,在生活区、料场、便道合适位置要安放垃圾桶。

(2)罐车、装载机等车辆环境要求

混凝土运输车辆的车况要达到良好状态,司机勤保养、勤检查、勤擦洗,保证外观整洁无漏油现象。禁止司机在施工作业区和仓库内修理和保养车辆,不得随地倾倒废物和易燃物。雨天必须保持车辆轮胎卫生以免污染道路及场地。

(3)拌和站冲洗运输车及冲洗搅拌设备的废水、废渣处理

在拌和站生活范围内,场地要进行硬化处理,场地平整干净、沟池相连、排水顺畅,并同时保护好水源。生活垃圾及固体废弃物集中处理并运至环保部门指定的地点堆放或处理。

施工期始终保持工地良好的排水状态。拌和站设沉淀池和蓄水池,将混凝土运输车冲洗后的废水及冲洗搅拌设备后的废水集中排放进沉淀池,及时将沉淀池掏渣,沉淀过滤后的水将重复使用。

(4)施工噪声控制措施

拌和站在施工前确定施工噪声及影响范围并根据国家噪声排放标准制定控制计划。在施工中尽量使用低噪声设备,对各种高噪声设备安装消声设备,避开夜间使用。对施工过程中产生振动的噪声进行隔振、隔噪处理或采取其他措施。对可控制的施工噪声建立消声屏障,对无法控制的施工噪声合理安排施工时间。定期发放个人卫生防护用品,现场检测人员负责检查噪声控制落实情况,发现问题及时纠正处理。

三、轨排组装

1. 吊散枕工段

(1)运枕车未停稳前不准挂钩起吊车上轨枕垛,轨枕垛吊起挂钩人员应立即离开站到安全地点。

(2)台车未停稳前,不得进行翻枕作业。

(3)撤除轨枕垛支垫方木时,严禁随意抛掷、丢弃方木,以防方木造成自动翻枕机脱轨。

2. 硫磺锚固工段

(1)硫磺库及水泥库要通风、防雨、防潮、防火。

(2)硫磺锚固作业必须符合国家或地方环保部门的有关规定,并制定相应的防护措施,操作人员应戴齐防毒口罩、眼镜、手套、脚套等防护用品,工后要洗手。

(3)硫磺锚固施工工艺及车间布置中的防火规定必须符合原铁道部现行《铁路工程设计防火规范》(TB 10063)和国家现行有关消防安全规定。硫磺等易燃和可燃材料的存放场所与作业场地,应保持足够防火间距并留出消防通道,配设消防器材。

(4)熬制硫磺砂浆的地点,应设在施工现场的下风方向并远离住所,并用耐火材料搭设雨棚。不应在室内、电线下方熬制。

(5)熬制硫磺砂浆应用文火加温,温度控制在 140 ℃～170 ℃左右,不得大于 180 ℃,要经常搅拌,以防燃烧,万一燃烧时,应立即用水泥、砂子进行覆盖。

(6)严禁在烈火空锅时投料及中途投放硫磺;溶液不得超过锅容量的 3/4,严禁有锡制品盛装热硫磺砂浆,装溶液量不得超过容器容量的 2/3。人员离开时,必须灭火。

(7)锚固浆保温车应有专人看火。

(8)在现场锚固混凝土枕时,应由专人操作,并应有防烫措施。

(9)吊运硫磺砂浆时,吊运范围内严禁站人。

(10)熬制绝缘防锈涂料,温度不得超过 200 ℃,以防燃烧,操作的地点应选在下风处,操作人员应站在风头上方,并必须戴口罩、眼镜、手套和穿工作服。

3. 散扣件工段

(1)配件卸车,打开车门时要站在车门一侧,使用长把手锤打门,卸车时车下禁止站人,并注意勿使铁丝挂住衣服。车门掀起要用铁丝捆牢,不准用石头塞门缝和用其他东西捆扎,卸完车后应及时清道。

(2)扣件要按类型堆码,其高度不准超过 0.9 m。

(3)在台车未停稳前,散布配件时应避免枕头铁丝挂住衣服和扣件坠落。

4. 吊散轨工段

(1)吊轨工段工作人员多,吊运钢轨走行时,不准穿越工作台,全体作业人员应离开,站在工段两端安全位置上。

(2)吊具要适中,不准在一端高一端低的情况下吊运。

(3)不准坐在工作台和轨枕上休息,更不准站在轨排上随台车前进。

(4)随时调整钢轨车上的钢轨,防止偏重。跳板、吊架、钢轨钳要经常检查,不准用龙门吊车拖拉钢轨车对位。

(5)工作台走行时,任何人不准从工作台上跨越通过。

5. 上紧扣件工段

(1)站在轨枕上用小撬棍拨入扣件时,脚跟要站牢,上扣件人员要两边分开,使用撬棍要注意防止碰伤邻近作业人员。

(2)台车未停稳前,禁止上工作台抢先作业,更不准站在轨枕面上随台车前进。

(3)注意信号,当听到发出移动台车信号时,工作人员应离开台车,站在安全限界以外。

(4)紧扣件工段的工作跳板要搭设牢固，跳板不得有断裂、下凹现象，跳板底距轨面距离不得少于 0.15 m。

(5)台车未停稳前不准用风扳机和铆钉枪进行作业。

(6)铆钉枪不准平放在跳板上，应头朝下放在存枪槽的固定位置上。打钉时，脚跟要站稳，对准道钉，然后开气门，打完钉关上气门再提枪。

(7)待生产线各工段全部作业完毕后再拉气笛，告诉全体工作人员离开，然后才出绿色信号，指挥移动台车。

(8)下班前应把风动工具放进避雨的跳板上，并把储气筒及风管里的水气全部放出，以防冬冻。

6. 检查工段

(1)台车未停稳前不准打浮钉，以防止锤滑伤人。

(2)电锯要勤检查，锯齐木枕应等台车停稳后进行。

7. 成品装车工段

(1)机车与滚筒平车未摘钩分离前不准作业。

(2)止轮器只打在一辆平板车上，但止轮器不应少于 3 对，并要打牢，滑栏螺栓要拧紧，拖船轨与车体之间应用铁丝加固。

(3)吊点应对中，如产生偏斜不平时，不准起吊，轨排起吊挂钩人员应站在跳板上，随轨排前进，指挥下落。

(4)挂钩人员不准站在轨排上随轨排前进，不准从吊起的轨排下穿越。

(5)轨排上下应摆正、对齐，如有歪斜不齐现象，禁止捆扎和调车对位。

8. 卷扬机安全操作注意事项

(1)工作开始前应先检查卷扬机、井子架、吊盘等各部件有无异常现象。

(2)操作前应进行试车，检查各项动作及制动设备是否灵敏可靠，检查各部位连接紧固件是否完好可靠。检查工作条件、各安全装置是否符合要求。经检查试运转合格后方准操作。

(3)卷扬机滚筒上的钢丝绳排列整齐。如果缠乱需滚绕重缠时，严禁一人用手、脚引导缠绳。钢丝绳在滚筒上至少保留 3 圈以上，钢丝绳磨损程度达到报废标准时必须及时更换，并严禁使用有接头的钢丝绳。

(4)卷扬机要严禁超载运行。

(5)操作时，司机要精神集中，不准与旁人闲谈打闹，要随时注意卷扬机各部件的运转情况是否正常。

(6)卷扬机运输中发生下列情况时，必须立即停车检修。

①发现电器设备漏电；

②起动器的触点发生火弧或烧毁；

③电动机在运行中温升过高或有异常的声音；

④电压突然下降；

⑤防护设备脱落；

⑥制动设备失灵或不够灵敏。

(7)卷扬机在高车架吊运、吊盘在停靠时，必须先将吊盘停靠安全闸门打开，托起吊盘不致坠落后，方准上人接送物料。

(8)卷扬机起吊吊盘时,吊盘内严禁坐人。

(9)司机要坚守岗位,严禁非操作人员乱动。

(10)工作完毕,必须将吊盘落下,将电源闸刀断开,将闸箱锁好后方可离开。

四、轨料与轨排装卸

1. 布置装卸线路时,应考虑取送和停放车辆及对位等作业的便利,并须避免装卸时与邻近线路的行车互相干扰。

2. 物、料存放场不应设在低洼积水处,同时场内须有可靠的简易排水系统和设施。

3. 装卸作业的起吊钢丝绳必须有足够的安全系数。其折减和报废应按相关标准规范的规定执行。

4. 轨枕卸车,要防止塌落伤人。车未停稳前,不得打开车门及做其他影响安全的准备工作。开车门时,车上人员应离开车门附近,车下人员不得站在车门下面。

5. 轨枕卸车时,车上车下禁止同时作业。车辆需移动时,应先与车上施工人员取得联系。车辆走动时,禁止装卸作业。

6. 装卸、搬运轨枕应按规定穿戴防护用品。装卸、搬运防腐木岔枕时,对接触沥青有过敏反应的人员,应避免身体裸露部分与木枕接触。

7. 装卸钢轨,宜采用两台龙门吊抬吊;如使用一台时,应配有专用吊轨铁扁担,以保持钢轨稳定。龙门吊吊起钢轨的走行范围内禁止有人。

8. 人工卸钢轨时要注意:

(1)要卸一根挪一根,以免互相撞击碰伤;

(2)卸轨时要使钢轨两端同时着地,以免摔弯钢轨或造成钢轨弹跳发生事故;

(3)卸车要两侧同时进行或不断拨移车上钢轨,保持车辆平衡,以免造成偏重翻车事故;

(4)钢轨拨移一般使用撬棍,撬棍伸人轨下深度要适当,过短容易滑脱;过长容易被拨动的钢轨弹打飞出伤人,甚至发生人随撬棍翻倒而摔伤的事件;

(5)卸钢轨时,车下附近不得有人工作或通过行人,以免发生事故。

9. 轨枕及钢轨卸车后按规定堆放,防止倒塌伤人。

10. 轨排装卸宜用两台龙门吊抬吊,吊装轨排两吊点间距和两端悬出长度应符合表3—9的要求。两端悬出长度须相等。

表3—9 轨排吊装吊点间距及两端悬出长度要求

轨排类型	两吊点间距离(m)	每端悬出长度(m)
25 m混凝土枕轨排	<16	<6
12.5 m混凝土枕轨排	<8	<4

11. 用普通平板车装轨排时,应在两端用钩法螺栓链条交叉拧固于车体上,也可用4股8号铁线交叉固定;轨排装在有滚轮及拖拉底轨的平板上时,除按上述办法捆扎外,两端还应用2股8号铁线将拖拉底轨与平车端部固定,并在同一滚轮车上用4对止轮器(或防爬器)锁定;装运油浸木枕轨排或与混凝土枕轨排混装时,除按上述捆扎外,应将轨排两端层与层间用双股铁线连结,再用铁线横向捆扎。

12. 装运道岔轨排时,因轨排不对称,重心不在轨排中心,要注意挂钩位置,保持平衡,防止轨排起吊时失稳伤人。

13. 轨排装车不得超载，其高度应确保行车和操作安全。

五、梁体预制与存放

(一)制、存梁台座

1. 制、存梁台座地基应有足够的承载力，必要时应进行地基处理。台座应有足够的强度、刚度和稳定性。

2. 先张梁张拉台座应能满足直线和折线配筋的工艺要求，张拉横梁受力后的最大挠度不得大于 2 mm。锚板受力中心应与预应力筋合力中心一致，抗倾覆安全系数不小于 1.5，抗滑移系数不小于 1.3。

3. 制、存梁台座四周应设有良好的排水系统，防止积水浸泡台座发生不均匀沉降或冻胀。

(二)钢筋加工

1. 钢筋断面、配料、弯料等工作应在地面工作，不准在高空操作。

2. 搬运钢筋要注意附近有障碍物、电线和其他临时电气设备，防止钢筋在回转时碰撞电线或发生触电事故。

3. 起吊钢筋骨架，下方禁止站人，必须待骨架降到距模板 1 m 以下才准靠近，就位支撑好方可摘钩。

4. 钢筋废料应及时清理，成品堆放要整齐，工作台要稳，钢筋工作棚照明灯必须加网罩。

5. 高空作业时，不得将钢筋集中堆放在模板上，也不要把工具、钢筋随意放在架子上，以免滑下伤人。

6. 在雷雨时必须停止露天操作，预防雷击钢筋伤人。

7. 龙门吊作业必须确定人员指挥，操作人员必须听从指挥，不得擅自进行起吊或走行操作。

8. 龙门吊走行时应检查制动的可靠及同步性，在起吊重物时检查电动葫芦的制动性，防止制动不良造成重物下溜现象的发生。

9. 钢筋切断时，开车后任何情况下不得触及运转部分，特别不要将手放在刀板剪切位置。

10. 钢筋弯曲时禁止在弯曲机上弯曲不直钢筋，以防发生事故。

11. 弯曲钢筋的旋转半径内和机身不设固定销子的一侧不准站人。

(三)焊　　接

1. 对焊

(1)作业场所附近的易燃物应清除干净，并备有消防设备，操作人员站立的地面应垫绝缘材料。

(2)断路器触点，电极应定期光磨，二次电路的全部螺栓应定期紧固。

(3)闪光区内应设挡板，冬季施工室温不低于 8 ℃。

(4)长钢筋焊接时，应设置托架。搬运时注意焊接处烫手，焊完后的半成品应堆码齐整。

(5)焊好后应切断电源，锁上电源、控制箱。

2. 电弧焊

(1)焊接前检查焊面罩应无漏光、破损。焊接人员和辅助人员均应穿戴好规定的防护用品。

(2)电焊机、焊钳、电源线以及各接头部位要连结可靠,绝缘良好,不允许接线处发生过热现象,电源接线端头不得外露,就应用绝缘布包好。

(3)焊接中,根据工作技术条件,选用合理的焊接工艺,不允许超负载使用,并应尽量采用无栽停电装置,不准采用大电流施焊,不准用电焊机进行金属切割作业。

(4)电焊机工作场地应保持干燥,通风良好。移动电焊机时,应切断电源,不得用拖拉电缆的方法移动焊机,如焊接中突然停电,应切断电源。

(5)禁止在起重运行工作下面做焊接作业。

(6)焊后清除焊渣时,要戴上眼镜,头部避开敲击焊渣飞溅方向。

(四)立、拆模

1. 龙门吊作业必须确定人员指挥,操作人员必须听从指挥,不得擅自进行起吊或走行操作。

2. 龙门吊走行时应检查制动的可靠及同步性,在起吊重物时检查电动葫芦的制动性,防止制动不良造成重物下溜。

3. 严禁使用龙门吊进行斜拉、斜吊侧模、端模。

4. 模板起吊时,严禁在其下方通行、停留。

(五)混凝土灌注

1. 注意用电安全,操作人员、龙门吊走行拉电缆人员必须戴绝缘手套,工地须有漏电保护器。

2. 混凝土运输设备和搅拌设备须严格按照机械操作规程操作。

3. 在模型上作业人员须穿防滑鞋,走动时应谨慎,闲散人员不得在施工现场,作业人员必须戴安全帽。

4. 起重门吊操作前应对走行轨及各运转部分进行安全检查,起重作业时须有专人指挥,指挥人员站在醒目位置,信号明确,操作人员须加强瞭望,夜间施工须灯光充足。

(六)混凝土养护

1. 严格按以下锅炉安全操作规程操作

(1)锅炉进水不得超过最高水位线和最低水位线。

(2)锅炉工作压力不得超过锅炉允许的最高工作压力。

(3)经常冲洗锅炉的水位表,每班应不得少于一次,要保持水位表的可靠性。

(4)交接班时必须检查压力表工作是否正常,严禁在压力表损坏的情况下继续供汽。

(5)每班至少排污一次,动作要快,一般为 10～20 s 为宜,排污完后即缓慢补水。

2. 按国家规定对锅炉用压力表进行校准,并建立备查。

(七)预应力与压浆

1. 张拉区域设置明显的安全标志,禁止非工作人员进入。

2. 电器设备符合用电规范,做到一机一闸一保护,线路完好无裸露。

3. 参加张拉人员穿戴好劳动防护用品,特别要戴好防护眼镜,以防高压油泵破裂喷油伤眼。

4. 操作人员站立位置安全,有回旋余地,高处作业设置平台防护栏。

5. 张拉时,梁的两端不准站人,操作人员站在侧面,两端设置防护栏高压油泵放在梁端部左右侧。

6. 千斤顶操作人员要注意保持千斤顶水平状态，待受力后方可松开，以防止受力时千斤顶偏侧滑丝。

7. 加压时，高压油泵操作人员注意与千斤顶操作人员保持联系，避免过快或不协调导致失误。张拉作业时，不得敲击及碰撞张拉设备，油压表要妥善保护，避免受震。高压油管要防弯折，防踏压，油管接头处加防护套，以防喷油伤人。不得载压检查油路。

8. 张拉时千斤顶后方不得站人，不得在有压力的情况下旋转张拉工具的螺丝或油管接头。张拉过程中，千斤顶两侧需设防护网，千斤顶后设置安全防护板，千斤顶后严禁站人，测量伸长值的人员，须待油泵停机时，站在千斤顶侧面工作。钢绞线断滑丝处理时，两端都装上千斤顶。

9. 张拉时如遇临时停电，要立即拉闸断电，以防突然来电发生危险。

10. 压浆人员应戴防护眼镜，以免灰浆喷出时射伤眼睛。

(八)起 移 梁

1. 顶落梁前梁体两侧均应支护，千斤顶安放位置应保证梁顶起后不会歪斜，顶梁部位应在规定的允许悬臂长度范围内，持力点置于梁端重心线上，基础应牢固可靠。梁体与千斤顶之间应垫以石棉板，顶梁过程中，不允许超过千斤顶有效行程的 80%。

2. 千斤顶顶落梁时，应边顶边垫、边落边撤保险支点，使梁的脱空距离保持在 20 mm 以内。两端交替进行，严禁两端同起同落。

3. 横移梁的滑道应设在距梁端允许悬臂长度范围内，滑道应与梁纵轴线垂直。设计移梁滑板应注意以下事项：

(1)滑板面积必须大于按混凝土容许压应力计算的承压面积，并须有充分的厚度以防受压变形后承压面积剧烈减小、滑板外缘与梁体外缘间的距离应符合有关规则的规定。

(2)滑移单梗梁体(低高度单梗梁除外)时，两侧应有随梁移动的保护支撑。

(3)滑板两侧或中央宜备有导向设备。

4. 滑梁时，梁体混凝土面与滑道之间必须安装移梁装置，严禁将梁直接在滑道上滑行。移动梁体时两端应同步，并派专人检查，支撑松动时，应停止牵引，及时加固。

5. 如采用一台吊车吊梁时，应保证吊点位置上部配备起吊扁担。如采用两台吊车吊梁时，两端应统一指挥，同时起吊落位。梁体上下翼缘应设护铁。

6. 梁片存放时应支垫牢固，不得偏斜，防止梁体倾覆。

7. 双层存放时，上下层梁的支垫位置应在同一垂直面上。

8. 存梁场在装卸梁的全过程中应注意以下事项：

(1)所有工作人员应有明确分工和统一指挥。

(2)梁体在装卸和存放的所有过程中，都有失稳的可能，必须随时注意防范，存放期较长的梁体，由于基底可能发生大量下沉，宜设支护。

(3)移梁速度应保持适当，不宜过快，以便控制。移梁时两端应保持同步前进，并随时调整超前落后现象。移梁托具旁必须有专人监视掌握，防止托具偏斜或脱出滑道。

(4)移梁时应掌握前进方向，始终对准平车上的装车位置，如有偏差，应随时调整到规定的误差范围内。梁体移上平车后，应使梁体重心与平车纵向中心线重合。

六、基地调车作业安全工作

基地内场地狭小，人员多，作业种类多，并且存梁，存放轨排、轨料等使得瞭望条件差，所以基地内调车作业除符合运输作业中的安全要求外，还需特别注意以下几点：

1. 基地与既有线接轨点要设扳道房，加强对进出车辆管理。司乘人员认真操作，严格按调度命令执行，严禁冒认信号，发生事故。

2. 调车前对道岔、线路要认真检查，发现股道有障碍物或堆有侵限货物时，必须立即停止作业。通过轨枕、轨排、成品梁存放区时，一定注意观察，尤其雾中、雨后、雪后等，时刻注意是否有存放物品发生倾斜、倒塌而侵人限界等，发现问题，及时处理。

3. 基地站线穿行人员多，上下班人员多，动车前一定要先鸣笛，同时加强瞭望，特别在轨料、轨排和成品梁存放区等视线不良地段。基地站道口处要设立安全提示牌，并加强管理。

4. 作业时，要坚持要道还道制度，加强瞭望，严格按信号行车，遇有信号指示不清时，要立即停车，严禁臆测行驶。

5. 调车人员必须坚守岗位，建立健全岗位责任制，严格劳动纪律。值班人员布置计划进路时，要及时、准确、清楚，对方要复诵核对。

6. 禁止扳道员使用徒手信号，信号显示要及时、准确。

7. 调车作业时，连接要轻，推进时必须试拉，车辆应全部接通风管，各股道停放车辆要尽量连挂在一起，安好止轮器，防止溜撞。

8. 基地站接车时必须在站外一度停车后，再接入规定线路。不论是接车或调车作业，必须在尽头留出 20 m 的安全距离；严禁闲杂人员进入车站停留线；必须从站内穿行时，注意来车，服从指挥，尽快通过。

9. 对基地站周围的群众，要加强宣传，加强安全教育。条件具备时，可在基地四周设置临时防护网，保安人员应加强巡视，防止偷盗等不良现象，确保基地安全作业生产。

第四章　海外铁路轨道铺设与沿线安保

轨道铺设是指将轨道安装到已完成并达到设计强度的路基、桥梁、隧道等建筑物上的工作。轨道铺设能否如期完成，直接影响铁路交付运营的期限，对加快工程进度、降低工程成本以及发展铁路所经过地区的经济发展都具有十分重要的意义。

按照铺轨方法可分为人工铺轨和机械铺轨两种。人工铺轨是先将轨料运到铺轨现场，再由人力进行铺设。它主要适用于铺架基地的轨道线路、铺轨工程量小的便线、专用线和既有线局部平面改建。机械铺轨是将基地组装好的轨排，用轨排列车运到铺轨前方，再用铺轨机械铺设于线路上，并予以逐节连接。由于机械铺轨工效高，质量好，降低了劳动强度，避免了材料的散失、浪费，所以，机械铺轨是目前铁路建设中采用的主要铺轨方法，其主要适用于铺轨工程量大的轨道铺设。随着铁路技术的发展，现在的铺轨作业也包括长钢轨的铺设，也就是将厂制的长钢轨一次铺设到已经整修好的线路上，再进行钢轨焊接，构成无缝线路。限于篇幅，本书仅介绍铺轨机铺设轨排施工技术。

第一节　铺轨准备工作

铺轨工程是一项时间紧、任务重、劳动强度大的多工种联合作业，在铺轨中，各个环节是互相衔接，互相影响的，只有抓住主要带动一般，才能组织好不间断的施工。除此以外，还必须事先做好以下各项铺轨前的准备工作，以使铺轨工程能顺利进行。

一、施工标准规范准备

轨道铺设施工，必须严格按照规定的现行铁路轨道施工规范的规定进行，并达到铁路轨道工程质量验收标准的要求。同时，应积极采用先进、安全、可靠的新技术、新工艺、新材料。

在海外进行铁路轨道铺设施工过程中采用标准规范时须注意，世界各国采用标准规范时有所不同。欧美国家有自己的完善的轨道施工规范，施工中必须采用自己的标准规范；中东、南美、北非、东南亚部分地区的国家没有制定引进了欧美标准规范，且已经得到了广泛应用，轨道铺设施工前应详加考察；南亚部分地区、非洲其他地区，既无推广使用的国家标准，也未系统性地引进国外的标准，大部分工程使用工程项目承包商提出的标准，我国铁路施工企业在轨道铺设前应与所在国有关部门反复确认是否采用中国标准。

施工人员应认真阅读并精准掌握工程所应遵循的施工规范的相关内容。

二、施工调查

铺轨前应做好施工调查，主要内容包括：

(1)精准了解铺架沿线部落、居民的文化习俗、宗教信仰、社会治安等；

(2)精准了解当地雇员的工作习惯、背景等；

(3)复核经批准的施工设计文件和收集与轨道施工有关的工程竣工资料及变更设计文件；

(4)了解与铺轨有关工程的施工进度，核查路基、桥梁等工程有关资料及工程外观，核实铺轨进度计划；

(5)调查道砟的运输条件，提出铺砟方案；

(6)核查各种电线路、临时建筑物等建筑限界；

(7)调查道口附近地形、地貌和车辆通行情况，并提出维持道路交通的临时措施；

(8)调查沿线水源、电源情况，落实用水、用电计划；按铺轨计划进度，落实各种轨料来源；

(9)收集沿线的气象资料及轨温变化规律等有关情况。

三、编制实施性施工组织设计

铺轨前应根据设计文件要求及有关基础工程竣工资料、全线指导性施工组织设计规定的铺轨总工期、有关重点工程的施工方案以及施工单位自身的铺轨能力，编制实施性施工组织设计，对施工过程的质量控制、进度计划提出明确的要求，并制定必要的作业指导书。

海外铁路铺架工程的实施性施工组织设计的主要内容包括：机构设置及劳动力组织；主要施工方法及施工安排；轨道部件用料计划及供料方式；铺架基地设置，沿线临时工程，通信及行车控制方案；生产及生活水、电供应方案；施工机械及检测设备调配计划；工程运输组织及机车车辆配置计划；安全、质量、工期保证及环境保护措施等；铺架施工沿线的安保方案(包括铺架工程概况、安全形势、恐袭形势、安防对象、安保对象、防范措施、临时营地安保设施建设及配备、安保工作的组织指挥、安保力量配备与部署、应急预案、通信联络、公共安全联动工作机制、安全保障、紧急撤离等)。

四、铺轨作业准备

限于篇幅，此处仅仅介绍机械铺轨作业准备的相关内容。

铺轨作业一旦开始，则表现为连续作业，且涉及面广，头绪多，工期紧，成为全线工作的焦点。为此，为保证铺轨作业的顺利进行，施工单位在正式铺轨前，必须按照施工组织设计的安排，向有关单位收集“线下工程”施工资料。

铺轨前的路基应由路基施工单位按设计标准及铁路路基施工规范要求整修好。铺好底砟或砟带，按规定测设好各特征桩并经铺轨作业单位检查认可。铺轨单位一般重点督促、检查并协助线下施工单位做好以下准备工作。

(一)铺轨施工文件的准备

铺轨前应具备批准的施工设计文件和有关基础工程竣工资料，编制指导性和实施性施工组织设计，指导施工。应具备的主要文件：

1. 曲线表：主要内容包括曲线交角、曲线半径、切线长度、缓和曲线及圆曲线长度、曲线左右向、曲线主要控制桩里程、两曲线间夹直线长度。

2. 坡度表：主要内容包括线路坡度及变坡点的起止点里程、坡段长度。

3. 长短链表：主要内容有长、短链的起止点里程长度，代数差长度。

4. 平交道表：主要内容有平交道口中心里程、宽度与线路交角、道口类型(大车公路)、路面结构。

5. 隧道表：主要内容有进、出口里程，长度，宽度，曲线加宽度，平面位置(曲线或直线)，道床结构及其主要控制桩里程，净空高度(轨面以上)。

6. 桥梁及明渠表：主要内容有桥位中心里程、孔数、跨度、本座桥直线或曲线孔位置、桥梁采用的图号、桥梁类别(钢梁桥或钢筋混凝土桥梁、拱桥等)及孔跨排列位置、特殊设计起止点里程(伸缩缝调节器等)、护轮轨长度、明渠中心里程及宽度。

7. 铺设不同类型长度钢轨及轨枕地段表：主要内容有特殊设计铺设不同类型钢轨地段起止里程和长度，铺设混凝土轨枕、电容轨枕、整体道床、木枕地段起止里程和长度。

8. 加强地段表，制动地段表，基线图，水准点表。

9. 复制车站平面施工图：主要内容有每组道岔的中心里程，绝缘接头、车挡、曲线起止点等里程，曲线四要素(切线长度、曲线长度、曲线半径、曲线偏角)，根据设计铺设标准分段计算铺轨长度和工程用料数量，最后汇总本股道铺轨长度和全站线路总数量。同时标明道岔编号、类型、左右向及辙叉号数。如铺轨铺砟统一施工，相应办理建筑物(曲线、桥梁、隧道)交点桩及护桩，沿线水平基点桩位置及标高等的交接工作。

10. 车站平面图标明股道名称，警冲标、信号机位置里程，电气化铁路站场绝缘位置图。

(二)铺轨前有关基础工程方面的准备

铺轨之前，路基施工单位应按设计标准和是规范要求整修好路基，并提交路基面整修检查证。铺轨单位在铺轨前应进行下列准备工作：

1. 检查线路中桩和临时线路标志埋设情况。在铺轨前一个月，由施工单位从铺轨起点测设线路中桩。直线地段每 50 m 一个，圆曲线地段 20 m 一个，缓和曲线地段每 10 m 一个，圆曲线、缓和曲线起止点，道岔交点等处应钉设永久中桩。正式线路标志未埋设前，应埋设简易的临时里程标、曲线标、坡度标，整体道床位置和绝缘接头位置等标志。

2. 检查路基整修情况。路基整修好后，往往有过高过低，低洼不平，宽度不够等现象，在铺轨前 15 d 逐段检查路基纵、横断面是否符合设计要求。主要检查、整修如路基断面、路基标高和路基表面。路基表面上的草皮，树根应彻底铲除，坑洼及波浪起伏的路面、路拱应进行检查、修整。对路基预留沉落量，尚未完全沉落的地段，应定出施工坡度，在铺轨前整修完毕。

3. 检查预铺道砟和顺坡情况，重点是桥台尾填土密实度和道砟厚度。

4. 检查铺轨机、架桥机通过时的限界，以建筑接近限界为标准进行实际丈量。

5. 横跨路基的高压线、通信线、广播线，堆放在路肩的建筑材料、施工机械以及隧道边墙上施工留下的钢钎锚杆等都有可能直接阻碍或影响铺轨作业进度和安全。因此，必须在铺轨前进行处理。

五、道砟的采备、装卸与运输

(一)基本工艺与方法

道砟生产是铁路铺架工程的一个重要环节，它涉及到确定道砟来源、砟场分布、以及片石的开采、道砟加工、装车、运输等问题，必须统筹考虑，合理安排，做到经济合理，质量符合要求。

1. 用砟量计算

上砟整道所需的道砟数量，可根据道床横断面计算，再加运输、卸砟、上砟时的损失和捣固后道床挤紧及沉落等原因，其增加率碎石道砟一般为 11.5%。

2. 砟场选择原则

施工过程中所需道砟，有条件时应尽量利用铁路沿线的一些可用资源，如隧道弃砟、路堑石方的弃砟就近改锤，并事先上到附近地段上。沿线有地方砟场的直接进行购买和分包给铺架项目所在国当地企业，若营业线通过能力允许、获得铺架项目所在国铁路部门许可，也可以从营业线砟场购砟。所有这些措施均需结合道砟的数量、质量、采集、加工、运输的成本、工期等条件统筹考虑。

铺砟工程所需砟量巨大，一般不可能全部从原有砟场采购，在符合铺架项目所在国当地法律法规、文化习俗、宗教信仰等的前提下，施工单位可自行开辟砟场，开采加工。另外，由于用砟地点是分布于全线的，因此，砟场的数量不宜过少。否则，产量既难满足要求，运距也会过长，使运砟费用过高。砟场数量及其位置，应据开辟费用和运输费用，进行经济比较后决定。设计文件中安排的永久砟场应考虑从优筹建，选择砟场时应充分考虑如下几方面。

(1)石质是否符合铺架项目所在国关于道砟验收标准的有关规定要求；采用中国标准的，石质是否符合我国原铁道部关于道砟验收标准的现行有关规定要求；

(2)砟场的开采面积、岩层平均厚度、覆盖层平均厚度；

(3)砟场能否铺设与车站或正线相连接的便线，便线的平、纵断面，工程量大小等；

(4)砟场开采、加工、装车可能采用的方法及条件；

(5)防洪及排水条件；

(6)砟场在线路中的位置；

(7)砟场的选址、开采方案等是否符合铺架项目所在国关于环境、矿山等当地法律法规的要求，是否与当地的文化习俗、宗教信仰等有所冲突；若有冲突，是否能妥善解决。

根据全面调查的情况，经反复比较，可确定一处或若干处砟场(以肯尼亚蒙内铁路六标段为例，该标段在 DK241 设置了 Mtito Andei 碎石场，总产量为 95 万方道砟，在 DK63 设置了 Taru 碎石场，总产量 26 万方道砟；其中 Taru 碎石场专门向小里程方向供应道砟)，在此基础上，可确定供砟范围及运输距离，并据以制定铺砟计划。

3. 道砟的采备

道砟采备工作流程如图 4—1 所示。

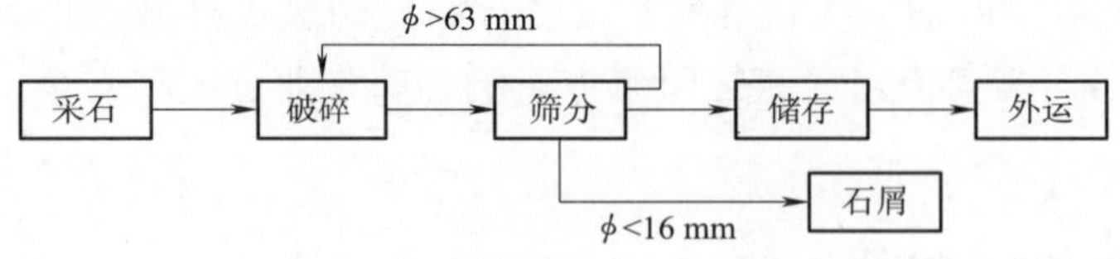

图 4—1 采石场道砟生产流程图

道砟采备可用机械钻眼，爆破法开采片石，然后用液压式破碎机将大块片石改小(图 4—2)，再用用机械化或半自动机械化方法(一般采用矿山破碎机)将片石破碎为碎石(图 4—3)，最后进行筛分(图 4—4)，即得到符合道砟性能指标要求的道砟，使用自卸车将碎石储存与道砟储备场(图 4—5)。

图 4—2　液压式破碎机将大块片石改小

图 4—3　将片石破碎为碎石

图 4—4　筛分

图 4—5　道砟的储备

4. 道砟装车与运输

道砟装车根据设备情况，可因地制宜地选用高站台、棚架溜槽、活门漏斗和机械装车等方法。若采用中国标准或允许采用中方机械装备，运砟宜采用风动卸砟车。若没有风动卸砟车，宜用敞车或改装的平车运砟。在砟场离线路较近的情况下，可用汽车运砟。

（二）道砟场实例

下面以肯尼亚蒙内铁路六标段 Mtito Andei 碎石场为例，介绍碎石场建设和道砟生产的相关方法。

1. 料源地和起爆方式的选择

（1）料源地的选择

肯尼亚蒙内铁路在进行施工之前一年由中国路桥联系相关单位对全线附近的石料厂进行了一次详细的调查，发现在 DK245 铺架基地附近有一处可设置料场（中心里程为 DK241），位于 DK241＋300 左侧 7.5 km，距 A109 公路约 6.5 km，为废弃石料场，有便道通往料场，料场地表植被稀少，地形平坦，临近西察沃公园，局部基岩裸露，为玄武岩，料场地权由 6 个地主拥有，料场位置见图 4—6。

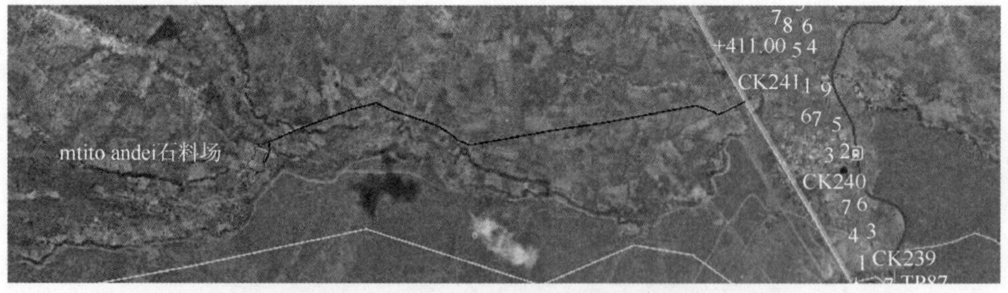

图 4—6　Mtito Andei 碎石场位置图

根据碎石场地形地貌，共布设 16 个钻孔以探明碎石场储量及质量分布情况。对所取芯样进行道砟的洛杉矶磨耗率、石粉液限、石粉塑限和碎石的岩石抗压强度、吸水率、压碎值等主要指标进行检测试验，判定材料质量，以确定材料使用范围。

经试验研究与全方位综合分析，得到如下结论：该碎石场地形平坦，根据钻探情况，地表以下 5 m 为玄武岩，5 m 以下为片麻岩，平均开采深度按 10 m 计，可开采面积 65 英亩，可开采玄武岩石料130万方，可开采片麻岩石料130万方。根据试验结果判定，该碎石场可作为道砟、混凝土骨料、AB组填料掺和料来源。

整个料场为当地居民私有财产，有个别的房屋建筑，灌木树丛较多，为了确保便道、车辆及行人的安全，在爆破其间，整个场地要用围网进行隔离。碎石场爆破区地表土层不厚，约为1 m，玄武岩料层厚度平均为5 m。当地属于热带草原气候，常年降雨量少，年蒸发量大于降雨量。

(2)起爆方式的选择

①工程规模

本工程爆破作业为连续高强度生产、工期紧、安全问题突出、环境保护要求高。要求施工组织严密、计划周全、爆破技术先进、人员设备充裕，确保工程任务按期完成。

在实际施工选取爆破方法时，主要要考虑的问题：一是如何提高炮眼的利用率，二是如何控制开挖轮廓和爆破振动对地层的扰动。以此为指导思想进行爆破方案的选择。

为制定出技术可行，经济合理，安全可靠的爆破方案，首先进行实地踏勘和收集现场资料。主要是要仔细了解爆破对象的数量、尺寸、结构材质、位置及地质情况等以及爆破工点周围的环境 在充分掌握现场实际资料的基础上，根据爆破任务和安全的要求，提出多种方案加以比较，最后制定出合理的、切实可行的控制爆破方案。

碎石厂石方爆破工程量约95万m^3，按照图纸、设计、规范要求和施工现场的实际情况，地面进行爆破时，主要采用预裂爆破的施工方法，爆破方式按标准结合松动方式进行。

②爆破施工方法选择

石方爆破工作自上而下分台阶逐层进行。爆高小于5 m时，用浅眼爆破法分层爆破，分层高度为一层；选用以下钻孔设备可满足施工现场的需要。

(a)ϕ140 mm潜孔钻机阿特拉斯潜孔钻机1台，实施大规模钻孔作业，钻孔工作效率为20 m/h。按每天工作1个台班计算，每天共计进尺为160 m/d。

(b)YT28手风钻4台，进行浅表钻孔作业，钻孔效率。

(c)破碎锤两台：由于开挖的孤石和爆破后的大块石禁止实施二次解炮作业，施工中可采用液压岩石破碎锤将大块石、孤石击碎为粒径小于50 cm的石块来满足石方挖、装、运的要求。

投入上述机械设备基本上可以满足施工要求。但根据现场的实际情况对各个工序的施工相应的增减机械设备。

爆破前，确定爆破的主要参数。在具体施工时，先进行小规模试爆，寻求工程的具体特点同参数之间的内在联系，优化各参数组合使之完全适合本项目的特点，使得用最小的炸药量得到最满意的毛石效果，进而提高碎石的生产效率。

2. 机械设备的选型

碎石道砟厂要求日均产道砟1200方，碎石200方，产量如此之大，所以在设备前期选择期间，专门组织专家会进行论证，招标，最终选择了两套碎石生产线来满足生产需求：一套为ZSW-590×130震动喂料机、PE-1000×2000鄂式破碎机、YT-1650Z圆锥式破碎机、3YK2572震动筛；另一套为ZSW-590×130震动喂料机、PE-1000×2000鄂式破碎机、YT-1650Z圆锥式破碎机、PF-1316反击式破碎机、3YK2572震动筛，其机组之间的碎石吨位处理能力相互匹配，能够达到最优生产状态。

3. 生产工艺改进

(1)设备改型

项目前期由于临建工作重，碎石需求量较大，故一直是一条生产线生产道砟，一条生产线生产碎石。但是当项目的临建趋于结束时，就没必要继续一条生产生产线碎石，一条生产线生产道砟。而且既能生产碎石又能生产道砟的生产线在更换起来的时候比较麻烦，最少需要5个工作日，原因是需要将三条皮带机重新更改方向并且进行基础建设，故更改生产线生产工艺显得尤为重要。

(2)改进生产工艺

①设备改组

将反击破从碎机一套生产线取下来放到震动筛之后，用于对道砟的废料进行加工，在进入到小震动筛中筛出合格的10-20的碎石。设备配置方案：ZSW-590×130震动喂料机、PE-1000×2000鄂式破碎机、YT-1650Z圆锥式破碎机、3YK2572震动筛、PF-1316反击式破碎机、2YK_1854震动筛。图4—7所示为更改后的生产线。

图4—7 更改后的生产线

②针片状颗粒含量控制

选用反击破碎机和圆锥破碎机生产碎石。反击破碎机利用冲击方法将岩石击碎，生产出的产品多呈立方体，针片状含量较少。圆锥破碎机虽属挤压破碎但生产出的针片状碎石亦较少，主要是由于圆锥破碎机采用层压破碎，颗粒的破碎不仅发生在颗粒与衬板间，而且发生在颗粒与颗粒之间，颗粒之间相互挤压使得扁平及长条状颗粒沿其薄的断面断裂，而且每个岩石颗粒在破碎腔中还可以得到多次破碎，因此产品粒度较好，针片状颗粒较少。这样就能同时生产碎石和道砟，并且利用道砟的废料来进行碎石的生产，减少的资源的浪费，在提高质量的同时加大了产量，直接降低了成本。

统计分析后发现，更改生产线之前的废料率为40%，更改生产线之后的废料率为28%，说明更改后生产线的废料远远要小于更改生产工艺之前的废料(废料为0～5和0～10的废料)，提高了道砟的产出，降低了加工成本。

③筛网的选择

碎石粒径主要由筛孔尺寸来保证，振动筛要筛出符合规格的粒径要受到振动筛的类型、安装角度、筛面面积和操作条件等限制。一般情况下振动筛筛孔尺寸可选用比标准筛筛孔大一级的尺寸。而碎石级配主要通过调整破碎机的排料口尺寸(间隙)和振动筛的筛分效率来保证。

经过仔细研究将第二条生产线（ZSW-590×130 震动喂料机、PE-1000×2000 鄂式破碎机、YT-1650Z 圆锥式破碎机、3YK2572 震动筛）的筛网后，将这条生产线二层筛网由原来的 20 mm 筛网更改为 10 mm 筛网，同时将调整圆锥破碎机的间隙为 45 mm，故这条生产线生产出来的料由原来的一种道砟、两种废料变为道砟、5～10 的碎石和 0～5 的废料，更改生产线之前后的废料率分别为 40％和 23％。

4. 工人属地化管理

碎石厂中方工人只有 8 名，作业工人均自当地招工使用。按当地劳动法，工效考核不能按计件形式。故增大了碎石厂的劳动难度，这就需要一个有效的管理团队来管理这些当地工人。对此，采取了以下措施：(1)建立从领导到工人，从班组到驾驶员之间的互相监督，互相管理的模式，具体设备落实到人，固定人员操作、保养。(2)实行奖罚制度，做到设备专人专管，日常维修保养及例行检查应属于操作人员本人，建立设备运转有效时间与个人收入挂钩制度。虽然肯尼亚当地法律不允许罚款，但是可以给工人开警告信，三封警告信就可以开除。

5. 环保问题

(1)安装除尘设备，降低生产过程中产生的粉尘

为更好的做好碎石场粉尘防治工作，最大限度的降低生产过程中产生的扬尘，加大资金投入，购置了两套碎石除尘设备，生产过程中通过加水、吸尘等方式降低粉尘外界暴露，减少扬尘。除尘器吸收的粉尘经加水后沉积排至集料池，每日对集料池固体粉尘进行清理。图 4—8、图 4—9 所示分别为除尘器主机和自动加水器。图 4—10 和图 4—11 所示分别为遮挡下料口和粉尘集料池。

图 4—8　除尘器主机

图 4—9　自动加水器

图 4—10　遮挡下料口

图 4—11　粉尘集料池

(2)安排专人洒水,减少场区内扬尘

每天作业前及生产过程中安排专人对碎石场生产和运输区域进行人工洒水(见图 4—12),使生产过程中产生的少量粉尘在地面沉积并及时凝固,减少场内行车及大风等天气造成二次扬尘。

图 4—12 场区内人工洒水除尘

(3)加强便道养护,做好日常洒水降尘

将 A109 国道至碎石场进出场道路进行修缮,拓宽并铺设火山岩、碎石等,确保道路安全稳固,安排专门的洒水车每日不定时对道路进行洒水降尘,避免粉尘过大对附近居民生活造成影响。

(4)配发防尘口罩等防护用品,确保人员职业健康安全

碎石场所有人员根据情况配发防尘口罩等劳保用品,降低粉尘对职业健康的危害程度。

六、预铺道砟

(一)预铺道砟的厚度

在铺轨施工前应预铺设一层道砟,预铺道砟的厚度应为铺轨后的上砟捣固预留一定的起道量,一般预留起道量不能小于 5 cm。但在实际的施工过程中从经济的角度考虑,通常情况下枕下预铺道砟用载重汽车运至铺设地点,运输的成本比火车运输的成本大,为降低施工费用,可以按照施工工艺最低限制厚度 15 cm 进行铺设。

(二)预铺道砟的摊铺方法

目前常用的预铺道砟方法是采用机械铺设道砟,机械铺设道砟时,采用振动方法夯实道砟,可以使道床获得较好的初期密实效果,并能有效的为道床整体的均匀密实建立良好的基础,根据铺砟所使用的机械不同,大体可分为如下几种:

1. 传统机械铺设方法

采用载重汽车将道砟运至施工现场,使用平地机或推土机将道砟按照铺设层要求的厚度和宽度予以摊平,最后用压路机将道砟压实。

2. 摊铺机铺设法

在世界许多国家都采用了摊铺机铺设道砟的方法,工程实践表明,使用摊铺机铺设道床的

枕下道砟层，道砟层表面具有较高的平整度，整个铺层的密实度均匀，可为提高道床稳定性奠定良好的基础，而且摊铺后的道砟层不需再用压路机碾压，可以避免碾压造成的石砟破碎。底砟摊铺施工基本工艺流程见图4—13。正线道砟摊铺压实后，应达到砟面外形：铺砟宽度、厚度等断面尺寸应符合设计规定；表面平整度：用3 m直尺检查，各方向误差不应大于20 mm，轨枕中部的道床不得凸出；道砟摊铺压实后，密度不宜小于1.6 g/cm³。

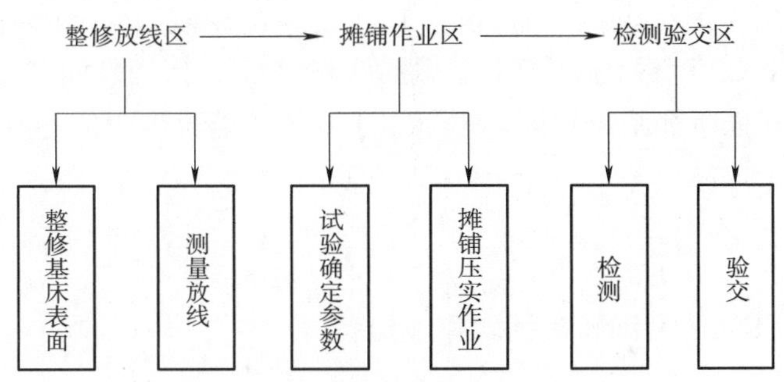

图4—13　底砟摊铺施工基本工艺流程图

七、轨道主要材料验收及存放

轨道材料应满足设计文件要求，并应符合铺架项目所在国现行有关标准的规定，采用中国标准的，应符合我国原铁道部现行有关标准之规定。各类轨道材料，供方应按要求提供所遵循的国家或行业质量标准(含检验方法)，同时应按照标准规定的批量，出具产品检验合格证。施工单位应对规格、型号、数量等进行核对，对几何尺寸进行核查。

各种主要轨道器材均应在使用前预加整配；不能整修合格者应剔除；搬运装卸时不得抛掷；材料堆码应基底平实，底层架空；地面应有良好的排水系统；各类材料的堆码应便于装卸、取放、清点，并做好标识。

钢轨整理后应分类垛码，并符合以下规定：

(1)不符合要求的再用轨，应作明显标记后剔除，严禁混入使用。

(2)钢轨长度应逐根丈量，长度偏差值应用白油漆写在轨端头部。同一长度〈允许偏差内〉的钢轨应同堆垛码。再用轨按不同级别、不同长度、不同磨耗程度分别垛码。

(3)支垫应与各层钢轨垂直放置，间距不大于5 m，上下层同位。垛码层数应使钢轨不伤损变形。

轨枕应分类分级垛码，并符合以下规定：

(1)垛码高度应根据场地承载力及装卸运输设备所需净空确定。

(2)垛码混凝土枕应上下同位，层间承轨槽处应垫以小方木或其他材料，其顶面应高出挡肩或螺旋道钉顶面20 mm。

(3)木枕垛码应便于装吊作业，垛顶应设排水坡。场内应有消防设施。

道岔及其配件应配套成组或按部件分类放置，其中尖轨应与基本轨捆扎在一起。岔枕应按组垛码整齐。

有砟轨道一次铺设无缝线路的施工段，应储备一定数量的道砟。

第二节 轨 排 铺 设

轨排一般采用铺轨机进行铺设,铺轨机一般是指能在自己所铺的轨道上进行作业的铺轨机械。在海外进行铁路铺架施工、选用铺轨机时,应特别注意应符合铺架项目所在国的法律法规之有关规定,当采用中国技术标准时,可从我国铁路现在使用的铺轨机 PGX-30 型铺轨机、DP-28 型铺轨机、DPK-32 型铺轨机、PG32 型铺轨机、PG32 型铺轨机等型号中选取。无论采用哪种型号铺轨机,其程序都基本相同。本节以 PG32 型铺轨机为例,介绍机械铺设普通轨排的施工技术。

一、铺设程序

图 4—14 所示为 PG32 型铺轨机铺轨作业流程。

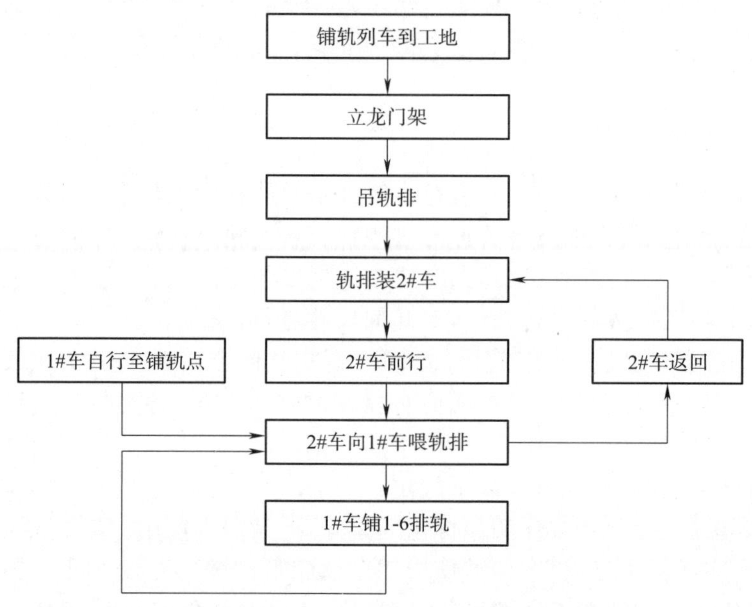

图 4—14 PG32 型铺轨机铺轨作业流程

(1)立龙门架

倒装龙门架应立在直线线路上,路基应基本水平,承压≥1.5 kg/cm²,两侧等高,与线路中线对中。路基上垫一层枕木,枕木数相同,防止偏沉,复线铺轨时,选线间距大于 4.3 m 的地段,否则应拨道。

倒装轨排时,两龙门架中心距 13.8 m,倒梁时按具体吊点要求确定中心距。

倒装梁时应卸下吊钩,用倒梁钢丝绳环套,穿销子吊梁。宽轨枕轨排只能单排倒装,还应更换吊绳和吊钩。

倒装龙门架距主机一般不超过 4 km。移位前先派人选择并平整场地。辅机运载龙门架行驶速度应慢,不大于 5 km/h,避免紧急制动。倒装龙门架的长距离运输,尤其是用机车牵引运输,应用平车装载。

(2)倒装轨排(基本过程见图 4—15)

将轨排装在普通平板车上运输到主机后 100～500 m 处立倒装龙门架,将轨排组由普通平板车倒装到装有滚轮的二号车上,由二号车载运轨排组自行到主机后部,将轨排供给主机。

(a) 机车推送轨排运输车至倒装龙门架下

(b) 龙门架吊起轨排，机车牵出运输车

(c) 二号车由铺轨机主机驶向龙门架

(d) 轨排垛落放于二号车上

(e) 二号车驶离龙门吊

(f) 二号车到达铺轨机主机后方

图 4—15　倒装轨排基本过程

(3)将轨排组拖拉进主机

首先撤除捆扎轨排的松紧螺栓及轨排制动器,并在轨排底层导向轨前端上好导轨铁靴,挂好钢丝绳。然后用铺轨机上的卷扬设备,将整组轨排拖拉至铺轨机腹内(图 4—16)。在小半径曲线地段拖拉时,在轨排列车边缘上加挂转向滑轮,以便将轨排组顺利拖进主机。或将铺轨机退至直线地段拖拉,铺轨机及二号车上的滑轮,由专人负责保养注油,以减少摩擦阻力。

(4)铺轨机对位

铺轨机自行到已铺轨排前端的第三根轨枕时制动,停下对位(图 4—17)。铺轨机速度应小于 5 km/h,在最后 5～6 m 时速度控制在 3 km/h 以内,车前安排专人放风,掌握刹车。

(5)吊运轨排

开动可从铺轨机后端走行至吊臂最前端的吊轨小车,使吊轨小车及铁扁担退至机腹内预定位置,落下吊钩,挂好轨排,然后吊高轨排至离下层轨排 0.2 m 高度,再开动小车前进。轨排

图 4—16　整组轨排拖拉至铺轨机腹内

图 4—17　铺轨机对位

由机腹吊送至机臂前端时，作业人员将轨排平稳送出(图 4—18)。当轨排后端超出已铺轨排前端 10 cm 左右时，即开始下落轨排。

图 4—18　吊轨小车吊起轨排前送轨排

(6)落铺轨排

吊轨小车前进到预定位置后停止，操纵轨排平稳下落，轨排降落到离地面 1 m 时，两侧人员同时扶住轨排降落(图 4—19)。曲线地段,由于铺轨时吊臂前端有偏移量,两侧人员同时注意,将轨排向曲线内侧推拉,对正中线。当轨排降落至离砟面约 30～40 cm 时,两侧人员稳住轨排,对正中线,这时使轨排前端暂停降落,后端继续下落,并与已铺轨排的前端对位上鱼尾板。对位同时,按预留轨缝值的要求,根据铺轨时的轨温情况,插入相应的轨缝片。后端对位上鱼尾板后即通过摆头设施使轨排前端对正线路中线,必要时辅以人工,用撬棍或拨道器左右拨正,以使轨排保持所需形状,然后快速下落全部轨排。

图 4—19　人员协助定位

(7)吊轨小车回位

该组轨排落位后,迅速摘除挂钩,收铁扁担,升到铺轨机内其他轨排之上,并将小车退回机腹预定位置,准备再次起吊。

(8)联接接头及吊铺第二排轨

铺轨机再次前进,驶入新铺轨排上,再次对位,继续铺设第二排轨,并重复以上工序。

(9)上紧夹板(图 4—20),粗拨线路,保证铺轨作业的进行

随着铺轨机的前进,组织一班人力上好夹板,粗拨线路,使曲线目视圆顺,直线顺直,以免后续车辆掉道,影响进度。如此重复,直至铺到桥头。退回铺轨机,上架桥机架梁。退回的铺轨机至车站,铺设站线。

图 4—20　上紧夹板

二、特殊条件下铺轨作业

(一)长大坡道铺轨

在长大上坡道上进行铺架施工,由于在上坡作业时,轨排、桥梁等均是重载方向由机械牵引作业,主要注意空车返回限速、制动及铺轨机、架桥机反向防溜问题(可采用在反向下坡方向加打止轮器予以解决)。

1. 立龙门架(立铺轨龙门架及架桥机龙门架)

(1)龙门架位置尽量选在直线上立,如特殊情况下在曲线上立龙门架时,铺架队须对立龙门架的位置前后 100 m 的线路进行拨道,尽量拨成直线,并对这段线路进行捣固。桥梁架完后须进行线路复原。

(2)立龙门架处的地基必须坚实,在坡道上立龙门架时用石砟找平,下坡方向的底砟应比后端高 8 cm,下坡前端龙门架基础应比后端多一层枕木,并至少垫放两层枕木。

(3)龙门架立好后左右高低一致,水平高差应小于 15 mm,龙门架中心与线路中心重合,误差小于 10 mm。

(4)龙门架立好后必须进行空载试车,检查龙门架净空是否符合要求。

2. 换装轨排

第一次起吊轨排时,当整组轨排起升 100 mm 后,停留 10 min 检查轨排是否有下滑现象和基础下沉情况,如无异常,方可起轨排。

在大坡道上吊轨排时,两台龙门架同时起,将轨排起离平车 10 cm 后,上坡方向龙门架停起,下坡方向龙门架单独起吊,待将轨排起成水平状态后,两台龙门架再同时起吊到换装高度。

3. 二号车倒运轨排

(1)运输轨排平车的司机在龙门换装轨排完后,以每小时 1 km 速度缓慢开出龙门架,同时二号车指挥必须用红绿旗指挥二号车,在开进龙门架对好位准备装轨排前,将二号车打上 4 个止轮器。

(2)装完轨排后,二号车以 5 km/h 的速度开向一号车方向,在离一号车 100 m 时须几度停车减速,在离一号车 50 m 时停车。在一号车指挥发出一号、二号车对接命令后,二号车以 1 km/h 的速度进行对接,在离一号车 10 m 时,二号车一度停车,指挥下车并把止轮器放在钢轨上随二号车往前拖着走,直到与铺轨机一号车对接。

4. 铺轨机一号车对位

铺轨机一号车在离最前面一排轨轨端 25 m 时速度必须减速以 1 km/h 的速度走行,同时一号车指挥必须在轨端打上固定止轮器,并在铺轨机前把止轮器打在钢轨上往前拖着走,直到对位;在对位后必须打上止轮器。

5. 拖拉轨排

在拖拉轨排前,先不能使用机械拉,看轨排是否有溜逸现象,如溜逸速度较大须进行反向拖拉;如轨排未出现自行溜逸现象,再使用钢丝绳以平稳速度向一号车拖拉轨排。

6. 铺轨时,在从一号车出轨排时,轨排在出一号车 22 m 时,须进行反向控制。

7. 质量控制及检测

按《铁路轨道工程质量检验评定标准》的有关要求，轨道铺设施工完成后，必须对其质量进行严格的检查，其评定标准、检测手段符合相关规定。

（二）桥面轨的铺设

1. 铺设方法的分类

桥面轨的铺设，属于铺架联合作业。当一孔梁架设完毕后，只有及时、快速地铺设桥面轨才能使架桥机继续前进架设其余各孔梁或铺设线路轨排。桥面轨的铺设通常有以下三种方式。第一，使用架桥机直接铺设桥面轨排，对于简支式架桥机可利用大臂上的吊轨小车起吊轨排，按程序依次作业。第二，用铺轨机铺设，当架桥机铺设轨排不方便或进度较慢，而且在桥头附近有岔线，或设有临时交会所，或桥头离车站较近时，可利用铺轨机铺设桥面轨排。具体程序是：(1)将铺轨机停放在靠近桥头的岔线内；(2)架桥机架完一孔梁后退回，退至岔线外(注意不要侵入铺轨机限界)；(3)铺轨机从岔线内开出行至桥上待铺轨排处，按正常铺设程序铺设桥面轨排；(4)铺完后铺轨机退至岔线内；(5)架桥机前行继续架梁作业；(6)如此循环直至铺架完毕。第三，采用人工或机械铺设临时桥面轨，待整座桥架设完毕后再换铺正式轨排。在具体施工时，究竟采用哪种方式铺设，可据具体情况确定。

由于轨端与桥台胸墙的距离往往不一致，加之梁和轨排长度不同，致使大多数情况下已铺轨排无法满足轮轨式架桥机走行和架梁所需，这就要拼装工具轨排作为架桥机的临时轨道。下面从安全、铺架效率的角度对肯尼亚蒙内铁路六标段所采用工具轨排的关键技术做简要介绍。

2. 工具轨排规格的确定

在大多数的轮轨式架桥机使用说明书中，有“接短轨的长度较架桥机对位位置留出不小于1.5 m的安全距离”之规定，即工具轨排前轨端必须超出架桥机第一轮位中心1.5 m，但在现行《铁路架桥机架梁规程》中未明确该要求。而现行《铁路轨道工程施工安全技术规程》(TB 10305—2009)第7.3.5条规定，铺轨机前轮不应超过已铺轨排前端的第三根轨枕[1]。轨枕间距若按0.6 m考虑，则第一轮位中心前端的轨长不短于0.6×2.5=1.5 m)。据此，可以认为架桥机与铺轨机第一轮位的规定一致。当轨枕间距减小为0.5 m时，第一轮位中心前端的轨长不短于0.5×2.5=1.25 m。

以TJ165架桥机架设32 mT梁并铺设25 m轨排为例，当主机架梁对位时，五轴转向架第一轮中心到胸墙(或已架梁端)的距离为2.47 m。在实际施工中，我单位的工具轨排的轨枕间距按0.5 m钉联，因此，为安全起见，轨端到胸墙(或已架梁端)的距离不应大于1.22 m。

根据上述分析，当所铺25 m轨排前端与胸墙(或已架梁前端)间的距离≥1.22 m时，应铺设工具轨排组，使工具轨排组前端与胸墙(或已架梁前端)间的距离L≤1.22 m，图4—21所示为轮位(轮中心)、工具轨排前端、梁(或胸墙)前端之间的位置示意。

表4—1列出了工具轨排加工规格，其中，钢轨轨型应与所铺线路一致，轨枕采用木枕，钢轨与木枕使用勾头道钉和铁垫板组装成工具轨排(除1.0 m短轨排按0.33 m间距均匀布置轨枕外，其余所有长度工具轨排按0.5 m间距均匀布置轨枕)，为保持轨距，所有工具轨排均装设轨距拉杆。

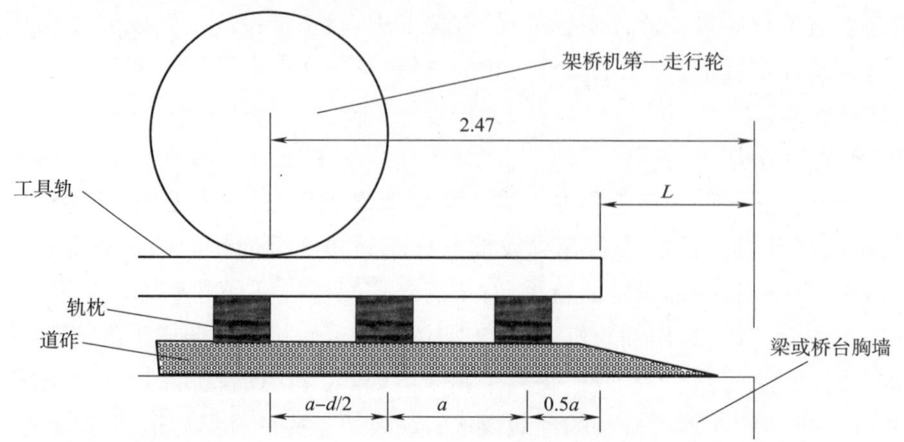

图 4—21　第一轮位中心、工具轨前端、梁(或胸墙)前端间的位置示意

图中,a—轨枕间距;d—轨枕宽度　(单位:m)

表 4—1　工具轨排规格与组数

序　　号	规　　格		组　　数
	工具轨排长度(m)	轨枕根数	
1	1.0	3	1
2	1.5	3	1
3	2.0	4	1
4	3.0	6	2
5	3.5	7	1
6	4.0	8	3
合　　计	—	—	9

通过对工具轨排做不同的组合,可拼装长度为 1.0～24.5 m 的工具轨排组合(表 4—2),从表 4—2 可以看出,无论采用哪一种组合,总能确保工具轨排前端与梁(或胸墙)前端之间距离小于 1.22 m,从而确保架桥机的作业安全。

表 4—2　工具排编组情况

序号	短轨排编组	工具组合长度(m)	适合的 25 m 轨排轨端与梁端(或胸墙)间距离(m)	工具轨排轨端与梁端(或胸墙)的距离 L(m)
1	无	无	0～1.0	<1.0
2	1.0 m	1.0	1.0～1.5	<0.5
3	1.5 m	1.5	1.5～2.0	<0.5
4	2.0 m	2.0	2.0～3.0	<1.0
5	3.0 m	3.0	3.0～3.5	<0.5
6	3.5 m	3.5	3.5～4.0	<0.5
7	4.0 m	4.0	4.0～4.5	<0.5
8	1.5 m+3.0 m	4.5	4.5～5.0	<0.5
9	2.0 m+3.0 m	5.0	5.0～5.5	<0.5

续上表

序号	短轨排编组	工具组合长度(m)	适合的25 m轨排轨端与梁端(或胸墙)间距离(m)	工具轨排轨端与梁端(或胸墙)的距离 L(m)
10	2.0 m+3.5 m	5.5	5.5～6.0	<0.5
11	2.0 m+4.0 m	6.0	6.0～6.5	<0.5
12	3.0 m+3.5 m	6.5	6.5～7.0	<0.5
13	3.0 m+4.0 m	7.0	7.0～7.5	<0.5
14	3.5 m+4.0 m	7.5	7.5～8.0	<0.5
15	4.0 m+4.0 m	8.0	8.0～8.5	<0.5
16	2.0 m+3.0 m+3.5 m	8.5	8.5～9.0	<0.5
17	2.0 m+3.0 m+4.0 m	9.0	9.0～9.5	<0.5
18	2.0 m+3.5 m+4.0 m	9.5	9.5～10.0	<0.5
19	2.0 m+4.0 m+4.0 m	10.0	10.0～10.5	<0.5
20	3.0 m+3.5 m+4.0 m	10.5	10.5～11.0	<0.5
21	3.0 m+4.0 m+4.0 m	11.0	11.0～11.5	<0.5
22	3.5 m+4.0 m+4.0 m	11.5	11.5～12.0	<0.5
23	4.0 m+4.0 m+4.0 m	12.0	12.0～12.5	<0.5
24	2.0 m+3.0 m+3.5 m+4.0 m	12.5	12.5～13.0	<0.5
25	2.0 m+3.0 m+4.0 m+4.0 m	13.0	13.0～13.5	<0.5
26	2.0 m+3.5 m+4.0 m+4.0 m	13.5	13.5～14.0	<0.5
27	3.0 m+3.0 m+4.0 m+4.0 m	14.0	14.0～14.5	<0.5
28	3.0 m+3.5 m+4.0 m+4.0 m	14.5	14.5～15.0	<0.5
29	3.0 m+4.0 m+4.0 m+4.0 m	15.0	15.0～15.5	<0.5
30	3.5 m+4.0 m+4.0 m+4.0 m	15.5	15.5～16.0	<0.5
31	1.5 m+3.0 m+3.5 m+4.0 m+4.0 m	16.0	16.0～16.5	<0.5
32	1.5 m+3.0 m +4.0 m+4.0 m+4.0 m	16.5	16.5～17.0	<0.5
33	2.0 m+3.0 m +4.0 m+4.0 m+4.0 m	17.0	17.0～17.5	<0.5
34	2.0 m+3.5 m+4.0 m+4.0 m+4.0 m	17.5	17.5～18.0	<0.5
35	3.0 m+3.0 m +4.0 m+4.0 m+4.0 m	18.0	18.0～18.5	<0.5
36	3.0 m+3.5 m+4.0 m+4.0 m+4.0 m	18.5	18.5～19.0	<0.5
37	1.5 m+2.0 m+3.5 m+4.0 m+4.0 m+4.0 m	19.0	19.0～19.5	<0.5
38	1.5 m+3.0 m+3.0 m+4.0 m+4.0 m+4.0 m	19.5	19.5～20.0	<0.5
39	2.0 m+3.0 m+3.0 m+4.0 m+4.0 m+4.0 m	20.0	20.0～20.5	<0.5
40	2.0 m+3.0 m+3.5 m+4.0 m+4.0 m+4.0 m	20.5	20.5～21.0	<0.5
41	1.5 m+2.0 m+3.0 m+3.0 m+3.5 m+4.0 m+4.0 m	21.0	21.0～21.5	<0.5
42	1.5 m+2.0 m+3.0 m+3.0 m+4.0 m+4.0 m+4.0 m	21.5	21.5～22.0	<0.5
43	1.5 m+2.0 m+3.0 m+3.5 m+4.0 m+4.0 m+4.0 m	22.0	22.0～23.0	<1.0
44	1.5 m+3.0 m+3.0 m+3.5 m+4.0 m+4.0 m+4.0 m	23.0	23.0～24.0	<1.0
45	1.0 m+1.5 m+3.0 m+3.0 m+3.5 m+4.0 m+4.0 m+4.0 m	24.0	24.0～24.5	<0.5
46	1.0 m+2.0 m+3.0 m+3.0 m+3.5 m+4.0 m+4.0 m+4.0 m	24.5	24.5～25.0(不含)	<1.0

3. 工具轨排承载架的研发

在有砟轨道长桥上使用轮轨式架桥机架梁和铺设轨排的施工工艺基本流程见图 4—22。

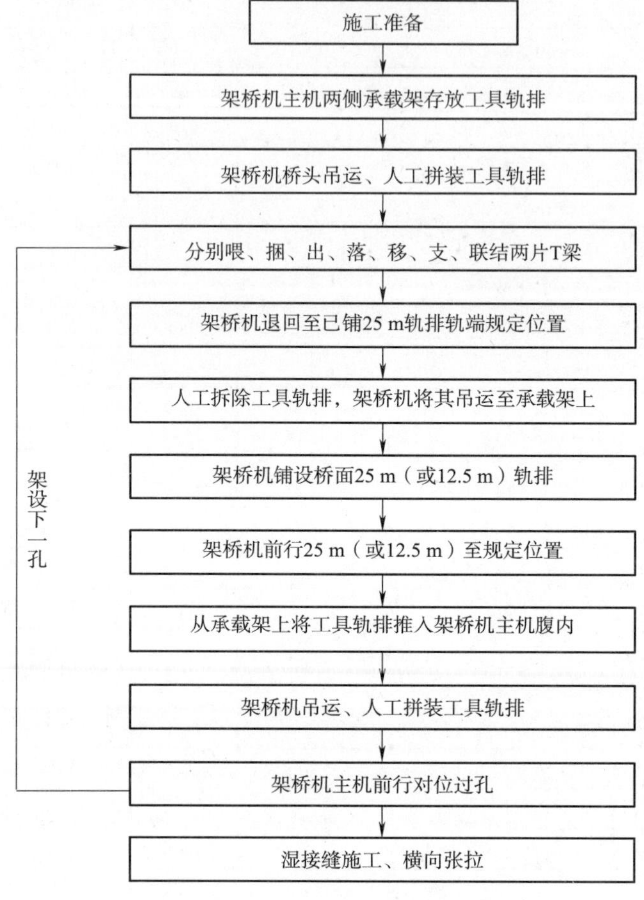

图 4—22 架梁铺轨施工工艺基本流程

从工艺流程图可以看出，若工具轨排不随架桥机主机装载，而将其存放在桥头，势必造成工效低下，进而影响施工进度和资源浪费。因此，有必要在架桥机主机上加装工具轨排承载架及横移小车。

为保证架桥机主机的左右承载平衡，考虑在两侧承载架加装工具轨排。承载架需要定制，结构见图 4—23。支撑梁一端与架桥机侧面呈一定角度连接，提升臂顶端铰接连接在支撑梁另一端，支撑轨道水平铺设在架桥机工作平台上并伸出架桥机工作平台侧面，支撑轨道一端固定连接在架桥机工作平台上，另一端垂直连接在提升臂底端，短轨车在支撑轨道上行走。图 4—24 所示为停放于支撑轨道上的短轨车实物图。

图 4—25 所示为工具轨排承载架俯视图。钢丝绳两端分别连接在架桥机和支撑轨道上，钢丝绳顶端连接在支撑梁上方，钢丝绳中间与提升臂顶端接触并沿提升臂外侧面的凹槽向下延伸至提升臂的底端，钢丝绳底端与支撑轨道连接。钢丝绳底端与支撑轨道通过插接在支撑轨道一端的卡环连接。卡环的规格不应小于 5 t。钢丝绳顶端通过手拉葫芦连接在支撑梁上方，手拉葫芦的规格不应小于 3 t。

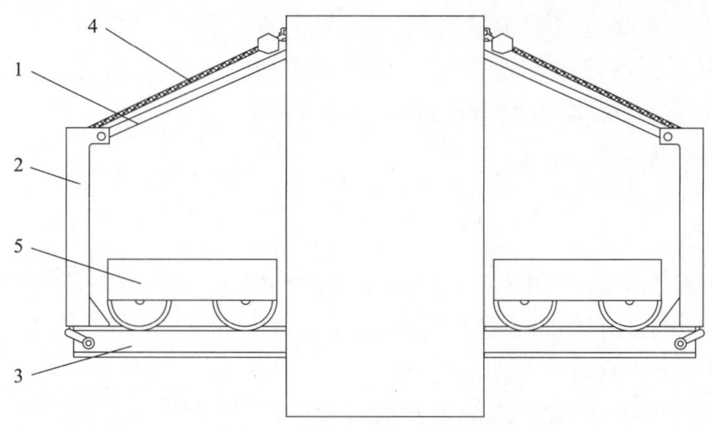

图 4—23　工具轨排承载架侧视图

1—支撑梁;2—提升臂;3—支撑轨道;4—钢丝绳;5—短轨车

图 4—24　停放于支撑轨道上的短轨车实物图

图 4—26 所示为工具轨排承载架的铰接机构和插接机构三维视图。支撑轨道与架桥机工作平台通过铰接机构和插接机构共同完成固定连接。

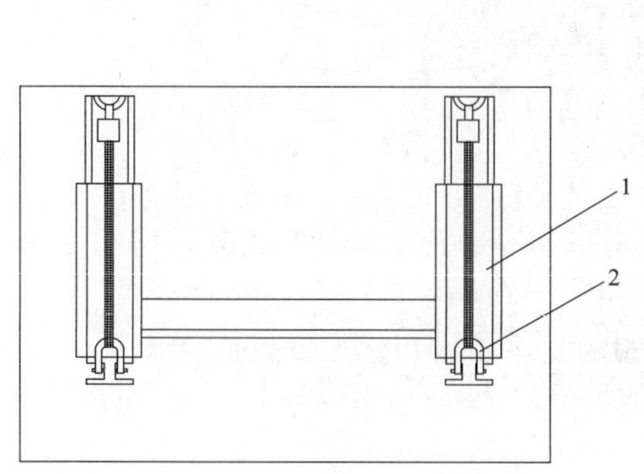

图 4—25　工具轨排承载架俯视图

1—凹槽;2—卡环

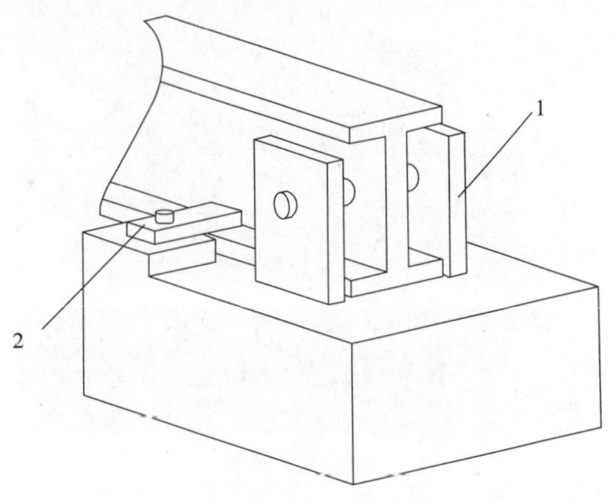

图 4—26　铰接机构和插接机构三维视图

1—铰接机构;2—插接机构

图 4—27 所示为支撑轨道与提升臂底端之间的直角铰接机构示意图。支撑轨道与提升臂底端通过直角铰接机构相互垂直连接。短轨承载架设有两个，并分别设置在架桥机两侧对称位置。

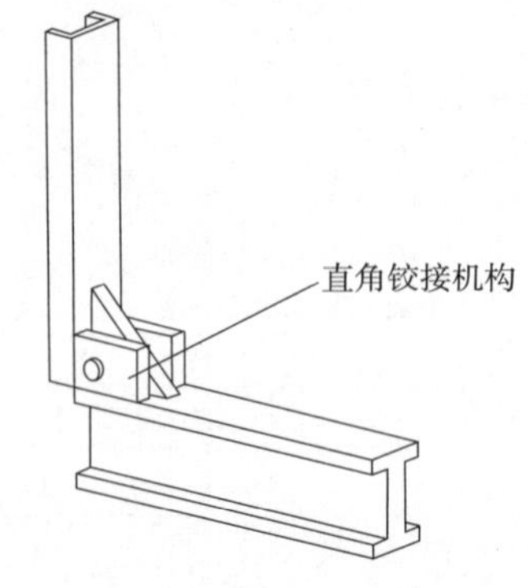

图 4—27 支撑轨道与提升臂底端之间的直角铰接机构示意图

支撑梁与架桥机的侧面呈 45°角度，支撑梁的长度为 2.5～3.5 m 采用规格为 100×100×7 的角钢，提升臂的长度为 2 m 采用规格为 100×48×5.3 的槽钢，支撑轨道的长度为 2～2.5 m 采用标准轨道，支撑轨道的轨距为 2 m，钢丝绳直径为 15 mm。

架梁作业时，短轨暂时存放于两侧承载架的短轨车上；变换临时短轨需要时，短轨车从两侧推入架桥机主机腹内，按照所需长度变换，从而实现架桥机主机对位过孔；而且可实现拆解已铺短轨和主机腹内拼接短轨的同时进行。每次架桥机自轮行走时，承载架均须推入主机腹内，以避免该承载架刮蹭外部建筑物或货物等。将承载架推入主机腹内只需拆出支撑轨道与架桥机工作平台连接的铰接机构的销钉，并拧松插接机构的压板，然后松开钢丝绳顶端的手拉葫芦，在各铰接连接的活动下，将支撑导轨推入主机腹内。

图 4—28～图 4—32 所示为短轨承载架结构及部件实物图。改造所需原材料：100 mm 角钢、24 m；20 mm 厚的钢板、200 mm×200 mm（长×宽）共 18 块；10 mm 厚钢板 200 mm×150 mm（长×宽）共 16 块；100 mm 槽钢 30 m；3T 手拉葫芦 4 个；5 吨 U 型卡环 8 只；$\phi30$ 的穿销 4 个；$\phi30$ 螺栓 8 个；行走轮 8 个。

图 4—33 所示为吊梁调车吊运工具轨排实景，图 4—34 所示为短轨排拼接实景，短轨排拼接完毕，轨端距离梁端不大于 0.5 m（图 4—35）。在短轨排接头处，应支垫短方木以减小工具轨挠度（图 4—36）。

(a) 左则承载架

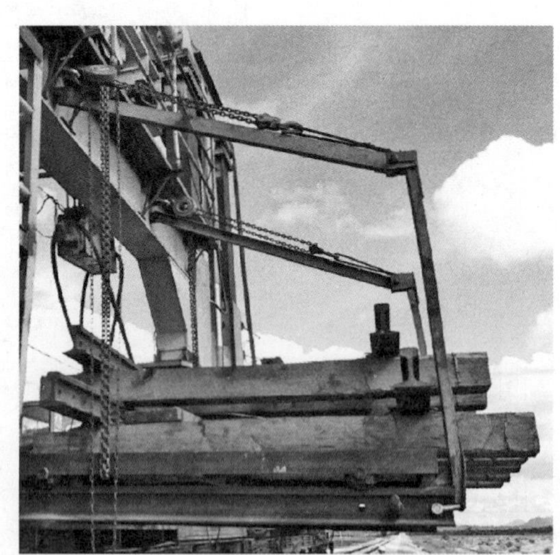

(b) 右侧承载架

图 4—28 承载架实物

图 4—29　临时短轨被推入主机腹内待拼接实物

图 4—30　悬挂钢丝绳实物

图 4—31　临时短轨支架固定端及穿销

图 4—32　短轨支架的可拆卸螺栓固定端及短轨小车滚轮

图 4—33　吊梁调车吊运工具轨排实景

图 4—34　短轨排拼接实景

图 4—35　梁端与短轨排轨端示意

图 4—36　工具轨排接头处支垫短方木

4. 效果分析

通过工具轨排的加工制造及灵活组合、工具轨排承载架及横移小车的设计制造，并投入使用，采用 TJ165 型轮轨式架桥机架设 T 梁和铺设桥面轨排的速度大大加快，施工安全性也得到较大程度上的提高。希望该技术改造能够对广大同仁有所启示，为铁路铺轨架梁工作提供更有利的技术支撑。

（三）站线的铺设

正线轨排的铺设能否连续不断地进行，有赖于轨排能否源源不断地运至铺设现场。但是，为保证轨排列车的长距离行驶，必须有足够的站线供列车会让之用。因此，在保持正线连续不断铺设的同时，必须抓紧安排道岔和站线的铺设。及时铺设站线，还有利于开设新站，以缩短前方站到现场间的距离，加速空重车的交换和周转，免除设置倒装站。

站线的铺设，一般是在正线通过以后，拆除岔位上的临时轨排，铺入道岔，然后就可以按铺设正线的作业方法进行铺设。若道岔采取人工预铺，则待正线到达后直接铺设站线。站线铺设有机械和人工铺设两种方案，采用机械铺设时一般可利用架梁间隙使用正式铺轨机铺设，若有备用铺轨机时则可与正线同时铺设。对于桥梁很少的长大距离线路地段若采用机械铺设站线有困难时，为尽快开通前方站也可采用人工方法铺设站线。

第三节 道岔铺设

一、道岔的类型和单开道岔基本构造

道岔是把一条轨道分支为两条或两条以上的轨道，使机车车辆由一条线路转往另一条线路的基本设备。常用的道岔五种标准型式：普通单开道岔（又分为左开和右开）、单式对称道岔、三开道岔、交叉渡线（由四组单开道岔和一个菱形交叉组成）和交分道岔（又分为复式交分和单式交分），各种类型道岔简图如图 4—37 所示。

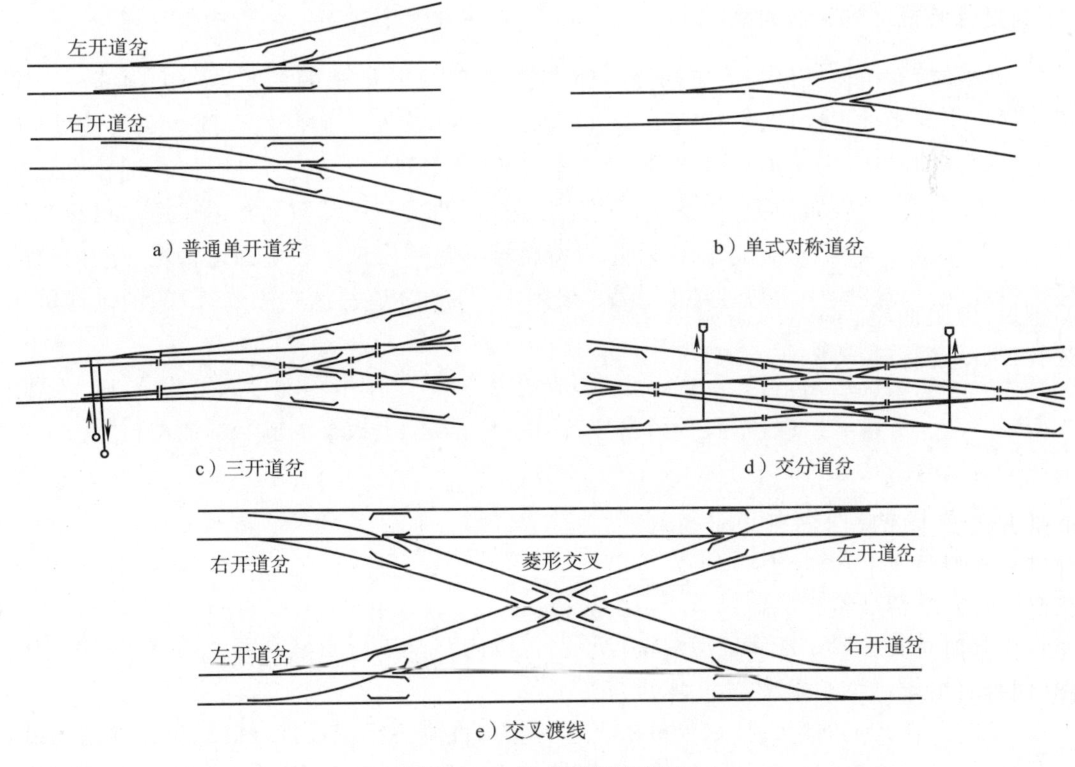

图 4—37 道岔的标准型式

最常用的道岔类型是普通单开道岔，其主线为直线，侧线由主线向左或向右岔出，也称左开和右开道岔，其数量占各类道岔总数的90%以上。

有砟单开道岔和枕式无砟单开道岔由转辙器、辙叉及护轨、连接部分和岔枕组成，如图4—38所示。板式无砟单开道岔则由转辙器、辙叉及护轨、连接部分和道岔板组成。

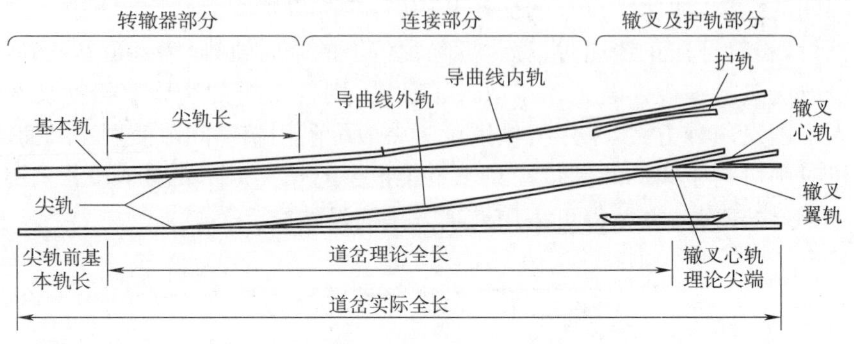

图4—38　道岔各部分的组成

世界各国的道岔号数有所不同，构造特点也有所区别。因此在海外进行道岔施工，须先熟悉图纸、了解道岔的构造特点、铺设注意事项等。木枕道岔铺设方法较为简单；单式对称道岔、三开道岔、交叉渡线和交分道岔的铺设较为复杂，但均可参考普通单开道岔的铺设方法；限于篇幅，下面介绍普通单开混凝土枕道岔铺设技术。

二、普通混凝土枕道岔的铺设

道岔的铺设有机械铺设和人工铺设两种方式，从道岔与铺轨的关系可分为预铺法和预留岔位两种方法。预铺道岔，即在铺轨未到达车站之前，用汽车将道岔料全部运到岔位处，人工铺设道岔。预留岔位，即将道岔位置、长度丈量准确，在基地组装好岔位轨排，在铺轨机到达岔位时将岔位轨排铺设在岔位处，使铺轨机先铺轨通过，然后利用铺轨列车运输道岔材料或组装好的道岔至岔位处，在不影响铺轨作业时，再将轨排拆除铺设道岔。下面以肯尼亚蒙内铁路六标段铺设60kg/m混凝土枕普通单开道岔（采用中国标准，道岔从中国购买）的铺设为例来说明其工艺。

铺设混凝土岔枕道岔，若无干扰，施工场地宽阔，则可采用吊车配合人工卸车，以及就地组装的施工方法。考虑经济效益，宜预留岔位，然后再用火车平板车运输全部道岔材料。

（一）施工作业准备

1. 内业资料和技术准备

内业资料准备主要有：(1)施工方法的确定；(2)核对车站设计图和道岔铺设图；(3)提出用料计划；(4)劳动力准备和机械设备用量准备等。

外业资料准备主要是铺砟前应对铺设道岔范围内路基进行土壤密实度测试及水准中线桩测量（每组道岔设三个中线桩，六个水准桩）。

技术准备：在开工前组织技术人员认真学习实施性施工组织设计，阅读、审核道岔图纸，澄清有关技术问题，熟悉规范和技术标准；制定施工安全保证措施；对施工人员进行技术交底，对参加施工人员进行上岗前技术培训，考核合格后持证上岗。

2. 材料准备和装卸车运输要求

(1)材料准备

认真核对每座车站的道岔型号、数量以及绝缘位置，配齐混凝土岔枕后采用汽车运往各车站，人工配合吊车卸料。每组道岔均应卸到设计位置，卸车时应注意保护措施，防止岔料损坏。道岔铺设前应铺设部分道砟或砟带。

(2)装卸车运输要求

道岔材料种类繁多，规格、型号复杂、道岔长、重量大，易产生裂纹和被碰伤。在道岔运输和装卸中应注意以下问题：

①岔枕配件多，装车时应清点配套，不允许混乱。在装车前必须依据施工设计图和定型图逐组配料，仔细检查。重点检查基本轨及辙后垫板的规格是否与道岔左右开相符。若所铺道岔与线路类型不同，还应检查引导轨、异型鱼尾板及垫板是否配套，发现问题及时处理。

②岔枕长，重量大，易产生裂纹和被碰伤，一组道岔的材料应将钢材和岔枕分别装在两个平板车上，最好一次运到工地。混凝土岔枕预留螺栓孔在未铺设之前应采取加塞密封或其他措施妥善防护，防止杂物堵塞或损坏。

③材料的装卸及运输过程主要防止丢失和变形损伤。应将尖轨与基本轨捆绑在一起，以增加其刚度，防止变形，卸车时严禁抛摔。对于尖轨与基本轨的装卸，可以采用道岔专用起重横梁。横梁总长 12 000 mm、总宽 354 mm，总高 450 mm，自重 1.756 t。图 4—39 所示横梁适用于中国标准专线 4249、专线 4257 和专线 2209A 三种型号的道岔转辙器组件和配轨组件起吊。设计最大起重重量为 6.5 t，转辙器组件或配轨组件一次只能起吊一组。横梁上部设有 4 个吊点，每个吊点上配 1 个卸扣。横梁下部有 10 个起吊吊点，每个吊点配另一规格卸扣各 1 个。图 4—40 所示为尖轨基本轨起吊作业现场。

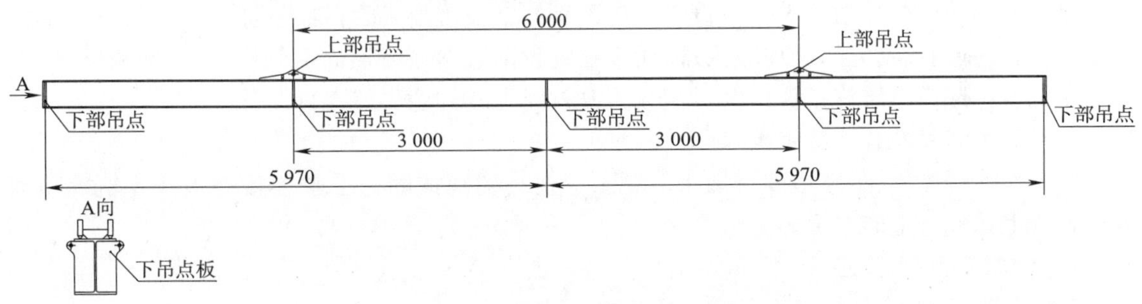

图 4—39　横梁尺寸示意(单位:cm)

④装岔枕的平板车底面要平，平板与岔枕以及岔枕之间应垫两根以上垫木，长岔枕适当多垫，垫木厚度应高出承轨槽。装车后要用铁丝捆牢，防止岔枕串动和相互摩擦碰伤。

⑤岔枕及钢轨一般应使用机械装卸。装卸时应慢装轻放，每次装卸岔枕应限制数量，防止压裂碰伤。吊枕钢丝绳要有相当长度，防止吊重打滑。

⑥道岔钢轨尽可能一次吊卸到位，如不能到位再用机械拖拉，不允许转硬弯，道岔尖轨应与基本轨捆牢。

(3)卸车后轨料分类整理

道岔材料运至现场后，要详细检查、整理编号、分类堆好。在施工现场，往往由于保管或搬运不慎，使道岔零件搞混或丢失，致使道岔不配套影响铺设进度和质量。

(二)技术要求

道岔应按现行标准图或设计图铺设，对于60 kg/m钢轨12号混凝土枕有缝道岔，应符合下列规定：

(1)钢轨接头处的岔枕间距应于区间轨道同类性钢轨接头处轨枕间距一致，并使轨缝位于间距的中心。单开道岔的岔枕应在直股外侧取齐。

(2)转折器必须扳动灵活，尖轨道尖端应与基本轨密贴。

(3)轨距允许偏差：有控制锁的尖轨尖端处应为±1 mm，其他各部位应为+3 mm、−2 mm。

(4)查照间隔(辙叉心作用边至护轨部外侧的距离)不得小于1 391 mm，护背距离(翼轨作用边至护轨头部外侧的距离)不得大于1 438 mm。

(5)交叉渡线铺设时，四组单开道岔与主要连接线应在一个平面上，次要连接线上的道岔与前后连接线轨面高差应做顺坡，并兼顾相邻道岔。

图4-40　尖轨基本轨起吊作业现场

(三)清理场地

在运输材料的同时，现场人员应准备好铺设道岔的各种工具，如撬棍、钢轨钳、锯轨机、道尺、方尺、间隔绳、钢尺、粉笔等。铺设工人应清理好铺设现场，做好铺设准备。一般说来，车站预上砟较容易，而道岔起道又比较困难，所以在铺设前宜尽量将道砟上到标高，大面积整平，以利道岔铺设和起道等维修工作。铺设混凝土岔枕时尤其注意做好上砟工作。

(四)施工程序及作业技术要求

施工作业程序为：平整道砟→散布混凝土岔枕→硫磺锚固→上轨连接夹板→画轨枕印细方轨枕→上扣件→上砟整道。

1. 平整道砟

(1)道砟必须符合所应遵循的现行标准规范之要求；

(2)铺砟前先铺一层厚度不小于20 cm的碎石道砟，其宽度岔前不少于3 m，依次递增至岔后不少于5.4 m；

(3)按水准桩及中线桩平整道砟并与相邻道岔或线路高差进行顺坡。

2. 散布岔枕

(1)用机械吊铺岔枕就位(短岔枕也可人工抬运就位)；

(2)用测绳自岔前至岔后拉直，并标出岔枕间隔距离逐根散布，小范围内的细方岔枕用撬棍调整。

3. 硫磺锚固

(1)使用的材料、配合比、操作工艺等详见本书中硫磺锚固工艺；

(2)锚固螺旋道钉应使用锚固架，其高低差及横向误差必须符合设计之规定。

4. 上钢轨并连接夹板

道岔钢轨一般直股直接卸车吊轨就位，弯股人工用撬棍拨移到混凝土枕承轨槽就位。连接夹板后要求轨缝均匀，岔前接头方正，道岔纵向误差不宜超过 5 mm。如果与其他道岔相连，将龙口轨连接好后，留有轨缝，为保证后铺道岔及龙口渡线位置，误差也可超过 5 mm。

5. 画轨枕印、细方岔枕

(1)道岔钢轨上所画的岔枕印应严格要求，测量准确，标志明显。

(2)应按标准图要求点画，并注意各岔枕的方向及与直股的角度关系。

6. 上扣件

(1)上扣件前应先垫好钢轨下塑料垫板及橡胶垫板，胶垫圆点朝下，沟槽朝上，特别注意斜坡胶垫不要放错位置。

(2)60 kg/m 钢轨 12 号单开道岔混凝土岔枕扣件种类较多，安装前要按标准图对号核实就位。

(3)组装时对一些不合适的扣件不可用锤击方式安装，以防止打坏配件和轨枕挡肩。

(4)按规定力矩拧紧扣件，螺栓扭矩为 100～120 N·m。

图 4—41 所示为道岔铺设现场。

图 4—41　道岔铺设现场

7. 上砟整道

(1)应按中线桩将道岔拨至设计位置，摆线龙口轨等与道岔连接顺直无死弯。

(2)逐步将道岔起道至设计标高，全面进行捣固，不允许只捣固直股或弯股，防止过车压断岔枕。

(3)线路开通前应进行前面检查，开通后应根据线路情况决定列车慢行速度。开通当天要进行两遍全面捣固，调整轨距，拧紧全部扣件，使道岔迅速稳定。

(4)要特别加强对接头及辙叉部位的捣固。

8. 劳动组织

劳动力可采用架子队组织模式，施工人员根据施工方案、机械、人员组合、工期要求进行合理配置，可设队长、副队长、技术员各一人，当地雇员20人。

9. 设备机具配置(表4—3)

表4—3 人工铺设道岔机具配置表

序　号	名　称	单　位	数　量
1	齿条式起道机	个	4
2	吊轨器	个	2
3	撬棍	把	10
4	大头镐	把	5
5	叉子	把	5
6	耙子	把	5
7	活动扳手	把	3
8	ϕ24 弯头扳手	把	5
9	大锤	把	2
10	方尺	把	1
11	道尺	把	1

第四节 上砟整道

上砟整道施工程序一般为：铺底砟(底砟铺设单位完成)→铺设轨排→风动卸砟车上砟→第一、二次人工整道→大机分次上砟整道→精细整道→质量检测→竣工验交。

一、上砟整道的重要性

道砟是有砟道床放在路基面上用以承受和分布列车载荷，不让路基面出现超载状态的松散颗粒层，是保持轨道几何形状的唯一外部约束。铺砟整道是将卸在线跨两侧的道砟上到轨道内，并将轨道分层次整修到设计规定的断面形状和要求的程度。铺砟整道是和铺轨作业密切配合进行的，线路铺通后，要立即通行铺轨列车、铺砟列车等工程列车。因此，线路铺轨后要抓紧进行铺砟整道工作，迅速稳定线路，提高线路质量，以提高列车运行速度，保证行车安全，加快铺轨、铺砟列车的周转，加速铺架施工。

铺砟整道工作是新线施工中一项较繁重的任务，每公里正线平均需铺砟2 500 m^3左右，涉及到道砟的采、装、运、卸，还要多次整道。因此，该项作业不仅道砟运输量大，而且备砟、铺砟、整道所需的劳动力、机械设备也多。铺砟整道作业是新线施工中最后一项重要工作，因而选用正确的施工方法，合理组织施工，对新建铁路早日完工，早日交付运营及降低工程成本等都有重要作用。

二、作业准备

1. 施工人员和机械机具准备

上砟整道作业技术要求高，安全风险高，应提前对所有机械操作人员进行培训，经考试合格并持证上岗，对所有上线作业人员进行安全和业务培训。同时根据工程量、工期等进行劳动力和机械设备配置，劳动力采用架子队组织模式。施工人员根据施工方案、机械、人员组合、工期要求进行合理配置。上砟整道施工人员配备见表 4—4，设备机具配置见表 4—5。

表 4—4　上砟整道施工人员配备（肯尼亚为例）

序号	人员类别	数量	备　注
1	队长	1	国内聘用
2	副队长（兼安全员）	1	国内聘用
3	测量员	3	国内聘用
4	线路工	9	采用肯尼亚当地雇员
5	小型起拨道机、小型捣固机、小挖机操作人员	32	采用肯尼亚当地雇员
6	大养机操作人员	6	采用肯尼亚当地雇员
7	配合劳工（人工清道、道心补砟、匀砟等）	248	采用肯尼亚当地雇员

表 4—5　上砟整道施工机具配置（肯尼亚为例）

序号	机具名称	型号	单位	数量	备注
1	动力稳定车	WD-320	台	1	国内制造
2	双向道床配砟整形车	SPZ-200	台	1	国内制造
3	连续式捣固车	DC-32IV	台	1	国内制造
4	内燃液压起拨道机		台	9	国内制造
5	内燃捣固机		台	18	国内制造
6	小型挖掘机		台	4	国内制造
7	道砟叉		把	200	当地生产
8	道尺		把	9	国内制造

2. 技术准备

技术资料准备：为确保上砟整道作业及时、准确、不间断进行，应提前对所作业地段所需技术资料：坡度表、平面控制点、水准基点表、桥隧表、曲线表、道口表、线间距表、线路纵断面图、站场平面图、断链表等资料进行准备并对上述资料进行复核。

现场测量：根据技术资料和设计标高，进行线路平面和高程测量；根据路基施工单位提供的控制桩、曲线五大桩、道岔岔心桩等，采用全站仪设置出直线上每 50 m 的点、圆曲线上每 10 m 的点及缓和曲线上每 10 m 的点，对新设置的点位打入木桩并加护桩，完成平面测量，并对测量结果详细记录，测出拨道量及相应的里程。根据线路坡度和线路设计标高，在路基两侧的路肩上钉设水平桩，用水准仪根据往返测量，测出各点的桩顶实测标高、轨顶实测标高，并详细记录测量结果。计算出起道量、桩顶至轨顶的高度。

技术资料整理：根据测量记录，整理出整道作业所需要的技术参数，下达给上砟整道队工作人员。

3. 施工调查

调查所有进入路基的施工通道，作出经济可行的道砟运输方案。大型存砟场设在铺架基地，如有必要可在沿线交通便利的地方设小型临时存砟场。

三、装卸道砟作业

铺砟时有自砟场铺设和向砟场铺设两种方式。自砟场铺设是从离砟场最近处开始，逐渐向远方运砟、铺砟。采用这种方式，列车可以在已经铺砟整道的轨道上行驶，压实了道床，提高了行车速度。尤其在雨期，可避免土质路基被压成陷槽，造成线路病害，因此土质路基在雨期铺砟时，宜采用该种方式进行。其缺点是运砟列车经过铺砟整道地段时，正在起道的地点须设顺坡，以便使列车安全通过，因此会有干扰，影响铺砟的进度。向砟场铺设是从离砟场最远处向砟场方向运砟铺设，其特点恰与自砟场运铺方式相反。一般在渗水土路基上铺砟时，多采用该种方式，以减少干扰，加速铺砟整道工作的进行。

当运砟列车运行到铺砟现场后，即行卸砟。卸砟时应据列车装砟数与线路所需道砟数，先确定卸车地段，然后将道砟均匀卸于线路两侧的路肩上和枕木盒内。单层道床厚度不大于 25 cm 者一次布卸完成；道床厚度大于 25cm 者，按设计要求，分层卸砟，每两层砟之间应经过 5～10 对列车压实。

目前，我国常用的卸砟方法有人工卸砟和风动卸砟车卸砟两种方式。

1. 人工卸砟

当采用敞车（或称高边车）运砟时，要用人工进行卸砟。当运砟列车到达卸车地段时，每辆车配备 4～8 人，将车门逐一打开，列车以不大于 5 km/h 的速度行驶，边行边卸。在开启车门时，要严防伤人或人随石砟溜下。卸砟时要按需要量均匀地卸于线路两侧的路肩上，卸砟过多会增加倒运工作，且可能侵入限界，既浪费劳动力又不安全。卸完后要检查道砟是否侵入限界，轨面与轨头内侧是否有积砟，如有应及时清理，确保行车安全。

2. 风动卸砟车卸砟

风动卸砟车是一种高效率自动卸砟车辆，应用机械操作，可使道砟均匀散布于路肩和轨枕盒内，占用区间的附加时间仅为 10～15 min，对运输干扰小，而且面砟均匀，劳动强度低，石砟也不致于侵入限界，为保证列车安全运行创造了良好条件。

在我国，风动卸砟车以 K13 型、K13N（K13A）型、K13NA 型、K13NT 型、K13NK 型、KZ70 型为主型产品。卸砟列车一般由 15～20 辆风动卸砟车组成。海外铁路铺架工程所采用机械视所在国法律法规之规定而选用。图 4—42 所示为肯尼亚蒙内铁路铺架工程所采用的 KZ70 型风动卸砟车。

图 4—42　KZ70 型风动卸砟车

道砟装车时，严禁将直径大于 10 cm 的石块装入车内，冬季严禁将泥土和冰雪装入，以免石料冻结，堵塞车门。卸砟时由机车尾向后依次卸砟，每辆车卸完后，该车卸车人员即向后面发出卸车信号，最后一辆车卸完后，即可令司机恢复正常速度行车。

四、整道作业

(一)作业方法

整道作业可分为一般整道和竣工验交前的全面整道。

所谓一般整道作业是指对新铺轨道随同每次布砟逐步整正的作业过程。其作业内容有：起道、方正轨枕、串入道砟、拨正轨道平面形状、填满枕盒道砟，然后进行捣固。但在铺设底砟时只串砟，不捣固，以免损伤路基。

起到规定高程的道床，经过动力稳定后，即可进行交工前的全面整道作业。其内容主要有：调匀轨缝、拨正轨道、全面捣固、填满枕盒、清除散落在路肩上的道砟、按道床设计断面修正道床边坡等。

整道作业在现行条件下有人工整道和机械整道两种作业方式。人工整道时一般携带撬棍、道镐、起道器、道砟叉、钯镐、轨缝调整器、道尺、拨道器及扳手等，按照整道计划，逐步进行整道作业。

整道机械可分为单项作业机械和联合作业机械。单项作业机械主要是少数人可以搬运、安装、拆卸的小型机具，使用于列车间隔时间少和比较狭窄的地段上的作业。这种机械主要配合上砟整道的一般要求进行。常用的有上砟机械、匀轨缝机械、起道机械、拨道机械、捣固机械、道砟夯实机械等。联合作业机械是将几种作业联合在一台机械上进行的大中型轨行机械。其特点是以车体为支点，以较大的自重作为起拨道、捣固稳定等作业的反力，并用较大功率的机械进行操作，从而可以高速地进行某些联合作业，常用的有配砟整形车、起拨道综合捣固机和动力稳定车。

(二)人工起拨道

采用人工起拨道时应注意如下事项：

(1)为保证工程列车的运输安全，对已铺轨的线路先应重点整道。作业重点为方正枕木，紧固和补齐线路的扣、配件，拨顺线路，串实承轨处的枕下道砟，消灭反超高和三角坑。

(2)在直线段左侧，曲线段的内侧每 50 m 设置一个水平起道桩，根据设计标高测出线路应起道的高度。

(3)用卸砟车对将起道的线路进行卸砟，卸砟应均匀饱满。卸砟后应马上检查线路，对堆放过高危及行车安全的道砟应及时清除，桥上应在湿接缝做好后方能卸砟。图 4—43 所示为人工进行道砟清理作业。

(4)卸砟后的线路利用小型内燃液压起拨道机起拨道，小型挖机或人工将轨枕盒内道砟填满，然后起道、方枕、串砟、小型内燃捣固机捣固道床，拨正轨道方向，回填清理道砟，稳定轨道。

(5)铺轨后第一次上砟厚度不宜大于 100 mm。经整道后的轨道，应保障铺轨列车能按 30 km/h 速度安全运行。

(6)第二次上砟应在第一次上砟整道并通过 5 对以上列车后进行。整道应以水平桩为准，轨面低于设计高程 8～10 cm。曲线超高值也应略低于设计值。经整道后的轨道，应保障铺轨列车能按 45 km/h 速度安全运行。

图 4—43　人工进行道砟清理作业

(三)大型机械联合整道

采用大型机械联合整道时,应注意以下事项:

(1)每次大机整道前,测量人员应对该段线路进行水平、中线测量,并及时将提供机养数据。测量组根据技术资料,采用全站仪与水准仪测出拨道量与起道量值,测量间距不得小于10 m,测量操作按随机《轨道操平手册》办理,测量的数据按规定在现场准确清晰地标注于现场并做好记录。线路测量应提前捣固作业 2～5 km,以保证起拨道及捣固作业不间断的进行。

(2)人工整道后的道床应使用大型养路机械铺砟整道。起道作业时准确输入由测量组标注在轨枕面上的起道量,并随时注意观察左右起道显示表及横向水平表的指针摆动状态,前后操作人员必须保证对起道操平数值的一致性。

拨道作业直线地段利用激光准直系统进行拨道,曲线地段利用 ALC 装置(捣固机配置的一种精密测量系统)自动作业时,按相关规定进行操作;手动控制作业时,输入曲线拨道量值、输入曲线超高值、输入曲线正矢值,并仔细核对设计资料;作业时前后操作人员应加强联系,保证对拨道作业控制调整的一制性。

每次捣固作业前枕木盒内应进砟饱满。捣固作业时,捣固位置选定后,根据道床情况,正确选择镐头的下插速度和捣固深度(轨枕底至捣固头尖端 85～100 mm)。

为保证作业安全和质量,拨道量一次不宜超过 50 mm,起道量一次不宜大于 80 mm,对于线路方向严重不良地段,应先拨一次荒道、桥涵两端各 5 m 范围内应双捣;桥面砟不足 150 mm时不能进行捣固作业。每日捣固作业结束前,在作业终点做好标记,并以此点开始按 2.5‰的顺坡递减顺坡。一般情况下不宜在圆曲线上顺坡,缓和曲线上严禁顺坡结束作业。

(3)根据线路道砟情况,提前用配砟整形车作业一个区间,配砟整形车的作业速度应控制在 2～5 km/h;匀砟、拢砟只允许在短距离(≤20 m)范围内进行;线路两测道砟基本均匀、无大堆、若道砟太多时,需人工配合清理;根据线路道砟情况,调整中心犁板侧犁板与导板的角度、深度、作业后达到线路边坡基本整齐。图 4—44 所示为采用国内制造的 SPZ-200 配砟整形车正在肯尼亚蒙内铁路上进行作业。

图 4—44　SPZ-200 配砟整形车作业

(4)每层起道、捣固作业后，应进行动力稳定作业。作业方向确定后，根据线路情况，调整好作业速度，调节预定下沉量和垂直预加荷载，进行稳定作业；在横向水平较差的情况下，分别针对两侧钢轨，调整其预定下沉量及垂直预加荷载，每日作业结束时亦应按规定做好顺坡。图 4—45 为国内制造的 DC-32IV 捣固车正在进行作业。

图 4—45　DC-32IV 捣固车作业

动力稳定作业速度应控制在 0.9～1.2 km/h，作业频率在 30～35 Hz 范围内稳定荷载为 19.8 kN；如在桥梁上进行动力稳定作业时应避开桥梁自振频率，且需在动力稳定车进入桥前 30 m、桥台耳墙前 10 m 范围内，将稳定作业参数调节至桥上稳定作业规定值，并在动力稳定作业车离开耳墙 10 m、桥台 30 m 范围外，方可将稳定作业参数调节至原稳定值。

在肯尼亚使用的大型施工机械，均采用我国铁路施工先进技术。以 DC-32IV 捣固车为例，该捣固车具有步进式双枕线路捣固功能，其捣固装置为 4 捣固单元结构，共计 32 个捣固镐，振动频率 35 Hz。采用 4 个捣固单元的捣固装置可以进行组合，可以双枕捣固，必要时还可以实现单枕捣固作业。整体式起拨道装置可以准确可靠完成强力起拨道动作。AGC 轨道几何参数计算机系统能够为捣固车起拨道作业提供理论几何参数。AGC-R 轨道参数记录与作业质量评估系统，可以精确测量捣固作业的线路精度，并对作业过程和作业质量进行评估。

（四）直线地段施工作业

根据每 300 m 为一个转点及变坡点，提供准确拨道量，捣固作业时激光对中，进行自动拨道作业。为保证作业安全和作业质量，起道量一次不宜超过 80 mm，拨道量一次不宜超过 50 mm。

（五）曲线地段施工作业

曲线作业以内股为基准轨，利用 ALC 自动设置超高。当内股起道量大于 20 mm 时应分两次进行起道。一般情况下不允许在圆曲线上顺坡，严禁在缓和曲线上顺坡作业。曲线拨道采用三点法进行作业。

五、整理道床

（1）对道砟不均匀地段进行匀砟，对经大机养过的线路道砟不饱满地段进行补卸砟。

（2）对道床的枕木盒、砟肩、堆高及坡度进行全面整理，以达到规范要求。

（3）道床达到稳定状态时，其状态参数应达到铺架项目所在国所遵循的《铁路轨道工程施工质量验收标准》的有关规定。

六、海外铁路上砟整道作业效率提升研究

（一）研究的目的

高技术与劳动密集是上砟整道作业的两大特点，风动卸砟车卸砟、挖掘机匀砟属于高技术作业，人工拨道捣固等属于劳动密集型。尤其是在不发达国家进行施工，由于大量聘用当地雇员，在高技术方面因熟练技工数量少、技能水平低，可能造成施工装备操作方法不当而出现各种安全、质量、工效等方面问题；而人工拨道捣固等可能存在工效较低等问题。为此，以肯尼亚蒙内铁路 DK226＋000～DK240＋000 试铺架段（正线 14 km、站线 4 km、道岔 9 组）的试验研究，发现并分析上砟整道作业效率影响因素，通过不断调整人员岗位、工序安排、作业环境、机械配置、材料配置，加强对国内施工人员、肯尼亚当地雇员的管理。反复试验、深入调查研究、分析效果后得出影响提高上砟整道作业的关键因素为“人的作为”、非关键因素为“机械、材料保障”，通过重点管理关键因素，正常管理非关键因素，总结出提高上砟整道作业效率的有效管理方法，为后一阶段蒙内铁路工程正式铺架作业打下坚实基础，也为蒙内铁路作为我国铁路技术标准走向全球的示范工程提供数据支撑。

（二）道砟卸车

道砟卸车工序是上砟整道的重要组成部分，直接关乎后续整道的速度和质量，提高道砟卸车的效率是至关重要的环节。在最初几列车卸砟后，经调查发现卸至轨道两侧、中心的道砟不均匀，给后续工序的起拨道造成很大不便，部分地段起道后无道砟及时垫入，捣固不密实，火车通过后下沉，造成返工。经过细致观察、深入分析后发现造成此现象的因素主要有：（1）风动卸砟车行驶速度不匀速；（2）卸砟人员操作卸砟阀门不熟练，看砟不及时不准确；（3）卸砟段线路坡度较大，给司机控制风动卸砟车行驶速度带来难度；（4）道砟被雨淋后卸车流速不均匀。

通过仔细研究分析后发现影响卸砟不均匀的关键因素在于司机和卸砟工的技能水平。非关键因素在于线路坡度、道砟干湿度。对司机、卸砟工进行强化技能培训并多次跟踪、督促，经观察发现后续卸砟能够保持轨道两侧、中心的道砟均匀。

（三）挖掘机匀砟

轨道卸砟后由挖掘机首先进行匀砟，将两侧多余道砟转运至中心。经过1周作业后发现进度缓慢，质量低下。仔细观察分析后发现未能完成进度指标的原因有：(1)挖掘机司机不明白作业标准；(2)挖掘机司机主观能动性不足；(3)对工程列车通过时间采用估计的错误方法，且不准确，经常下道后长时间等待工程列车通过。

经过逐条研究整改，反复试验、观察、记录，促使按时完成每天进度指标。具体方法为：(1)对挖掘机司机进行培训，使其熟悉作业标准；(2)制定每天作业进度指标；(3)指定专人配合挖掘机作业，随时与防护员联系，做好安全防护，确保匀砟作业安全和风动卸砟车的安全。经过1周作业后发现基本能够完成每天的进度指标，再次经过1周作业后发现完全能够达到进度指标要求。

以上调整是对“人的作为”的调整，得出影响挖掘机匀砟作业效率的关键因素为“人的因素”，非关键因素为机械配置、材料保障。

（四）轨道起拨道、捣固

人工小型起拨道工序是上砟整道作业的重中之重，直接影响工程进度、质量，如何提高轨道起拨道作业效率是上砟整道作业管理的重要组成部分。开工1周作业后发现效率低下，几乎每天都未能完成计划进度指标。仔细研究分析后发现未能完成施工任务的主要原因有：

(1)线路工组织管理不合理，每台机械未指定专职操作人员，与肯尼亚当地雇员交流不通畅，造成指挥不力。

(2)作业方法不合理，每组都按照先起道后拨道的方法进行，这样操作会导致起道超前，捣固不能及时跟进，工程列车通过后轨道下沉，造成返工。回头再次拨道时捣固机无工作面，造成机械闲置。

(3)机械性能不好，经常非正常性损坏、缺水、缺油。

(4)工程列车通过施工地点的时间不准确，无行车防护，造成施工人员长时间等待工程列车通过，耽误工作时间。

经过认真研后制定整改方法，反复试验、观察、记录，促使按时完成每天进度指标。具体为：

(1)调整线路工管理方法，队里统一指定每台机械操作手，记录档案。实行大组管理即一、二遍道各1个大组，每个大组配备1名专职技术员，负责与肯尼亚当地雇员的交流，日常技术资料编制。

(2)调整作业方法，每个组起道时同时拨道，使捣固机能够及时跟进作业。

(3)每个大组配备1套备用机械，弥补机械损坏后及时使用备用机械，缩短耽误时间。同时配备1名专职修理工，及时修理坏损机械。队里配备1辆专职送油、送水车，每组配备储备加油、加水桶。保证机械每天正常运转。

(4)防护员及时与运输队、调度室沟通，确认火车准确通过作业现场的时间，如无法确认时现场防护员看到工程列车后让其停车之后通知作业机械、人员下道避让，尽量缩短等待工程列车通过的时间。

经过以上整改，作业1周后，发现基本能够完成每天的进度指标，再次经过1周作业后发现完全能够完成每天进度指标。

分析后得出以上调整方法主要是“人的作为”的调整，得出影响起拨道、捣固作业效率的关键因素为“人的因素”,非关键因素为机械配置、材料保障。

通过重点管理、控制关键因素,正常管理非关键因素,得出运用此方法管理能够有效提高上砟整道作业中起拨道、捣固作业工作效率。

(五)机械保障

拥有一套良好的专业机械是上砟整道作业顺利实施的重要组成部分,如何保证拥有一套良好性能机械的管理方法是至关重要的,也是提高上砟整道作业效率的重要保障。

上砟整道作业的主要机械有挖掘机、小型液压起拨道机、捣固机、齿条式起道机等。作业2周后发现小型液压起拨道机、捣固机损坏较多。仔细观察后发现损坏部位大多为液压油管。这批机械全部为新机械,液压油管未到更换期,损坏的主要原因为操作手操作不当造成,操作杆搬动速度过猛或者归位后未及时松开操作杆,属于人的因素。

通过对操作手进行培训,制定机械损坏问责制度。具体为只要机械液压油管非更换期内损坏,立即对肯尼亚当地雇员操作手开警告信,情节严重者直接辞退,对国内施工人员提出批评。建立机械维修保养档案,更换零部件必须记录清楚,月底统一考核,对其更换零部件较多的起道组提出批评或者更换操作手。

蒙内铁路机械零部件基本都从国内运来,需要经过计划、国内购买、发货、运输海外、清关等环节,运输速度非常缓慢,价格昂贵,因此减少零部件更换就是节约成本。

以上整改落实执行后机械坏损率明显下降。由此得出人的因素为关键因素,机械数量配置为非关键因素。

通过重点管理、控制关键因素,正常管理非关键因素,得出运用此方法管理能够有效提高上砟整道作业中机械保障工作效率。

(六)工作时效

工作时效是一切工作的核心部分,保证了工作时效就是保证了作业效率,提高工作时效就是提高工作效率。

开工作业1月后发现每天因各种因素耽误工作时间较多,工作时效较低下。原因有:(1)每天工作期间至少通过4列工程列车,通过一列车需要停止工作约50 min,每天耽误工作时间3小时20分钟。(2)每天上下班交还工具需要60 min。(3)肯尼亚当地雇员长期以来养成的慢节奏习惯一时无法更改,干活动作慢,不适应国内施工人员快节奏工作习惯。

经过仔细研究分析,找出关键因素、非关键因素。关键因素为“人的作为”:(1)列车通过时间可以预先知道,工人上下道必须迅速;(2)交还工具可以避免;(3)肯方员工慢节奏工作可以逐渐更正。非关键因素为“机械因素”:火车通过时必须下道避让,耽误工作时间。

针对关键因素、非关键因素分别控制管理,制定整改方案,遵照执行,反复试验、观察、记录。具体措施为:(1)通过工程列车的时间由防护员提前和调度、运输队联系,尽量准确得知工程列车的通过时间,如实在无法预知准确通过时间,现场进行专人负责瞭望,来车时及时下道避车。(2)增加保安人数,各组下班时不再向库房归还工具,就地向保安交接,由保安看管。(3)时刻向肯尼亚当地雇员传输快节奏工作习惯的好处,促使其逐渐加快工作节奏。

整改措施落实后发现作时效显著提高。每次通过工程列车耽误工作时间大量缩短,控制在30分钟内。每天因各种因素耽误工作时间缩短至2小时内。

通过重点管理、控制关键因素,正常管理非关键因素,得出运用此方法管理能够有效提高上砟整道作业中的工作时效。

第五节　铺轨工程施工安全风险控制策略

新建蒙巴萨至内罗毕铁路(以下简称蒙内铁路)位于肯尼亚境内,是海外第一个全部采用中国铁路建设标准实施的项目,不仅对于中国铁路走出去具有良好的示范效应,而且也是我们软实力的体现。该项目能否安全、顺利地如约建成直接关乎中国的国家利益和国际形象,影响参建企业乃至整个中国海外工程承包行业未来的发展前景。

安全无小事,细节决定成败。铺轨工程延展里程长,工点分散,安保难度大,相比于国内,在海外进行铁路铺轨施工除了工程本身的安全风险以外,还面临着部族冲突、跨文化认知等不可控风险。系统研究海外铁路铺轨施工的安全风险类型和风险控制策略,有着十分重要的意义。蒙内铁路呈东南至西北走向,经过海岸省、东部省、内罗毕特区,是连接港口城市蒙巴萨和首都内罗毕的标轨铁路,主线全长 471.65 km。铁路起点蒙巴萨市位于肯尼亚东南沿海的蒙巴萨岛,蒙巴萨岛濒临印度洋西侧,是东非最大的港口之一;终点内罗毕是肯尼亚的政治、经济、文化中心,也是东部非洲重要的交通枢纽,线路途径 Voi、Mtito Andei、Sultan hamud 等重要经济据点及 Tsavo 国家公园。蒙内铁路全线采用中国标准设计,有砟轨道,标准轨线路,蒙内铁路正线铺轨全长 525.65 km,站线铺轨全长 143.511 km,港区支线铺轨全长 4.25 km,全线铺设道岔 338 组。

下面以肯尼亚境内的新建蒙巴萨至内罗毕铁路铺轨工程为例,从社会层面、技术层面和管理层面对海外工程铺轨施工风险及其控制策略进行研究。社会层面分为不可控风险(包括恐怖袭击、部族冲突、社会治安)和不可控风险(包括跨文化、盗抢、群体性事件),技术层面包括轨料装卸与搬运、轨排组装、轨排铺设、上砟整道、道岔铺设五个方面,管理层面包括安全教育、安全交底、安全隐患排查与消除三个方面。

一、社会层面风险控制策略

(一)不可控风险源及风险控制策略

1. 风险源分析

结合中国商务部发布的关于肯尼亚近几年的多次安全风险预警(信息来自 http://www.mofcom.gov.cn/article/ztxx/xmlh/),判定肯尼亚全国总体安全风险等级为黄色,属中等风险,但蒙内铁路项目途经的蒙巴萨和内罗毕等地区安全风险等级为橙色,属于高风险地区。比较突出的风险源有:

(1)恐怖袭击活动。

(2)社会治安。铺轨项目营地数量众多、距离分散,各类设备、财务、物资较多且贵重,极度容易受到窥视,项目全线面临着偷盗、武装抢劫、绑架勒索及诈骗等现实威胁,武装抢劫是蒙内铁路项目面临的主要治安事件威胁。

(3)部族冲突。肯尼亚国内部民族众多,为争夺水源、土地和牧场等资源而爆发的部族冲突时常发生,对我机构和人员造成潜在威胁。

2. 风险控制策略

对于上述风险,施工项目部无法降低其发生的概率,但是可以采取下列措施以降低其一旦发生时对项目所造成的损失:

(1)在项目启动时，掌握施工区域的反政府武装分布情况和社会治安状况；设立的营地应远离这些风险点。

(2)安排有外事工作经验、熟悉当地文化习俗的人员与当地政府、警察局、及当地部落首领建立良好联系，掌握营地位置的周边环境情况，对潜在危险源进行精准辨识、分析和归纳，综合分析比选最终确定营地设置位置。

(3)营地应设置必要的安保设施，主要包括周界(含围墙上的铁丝网)、出入口、安检设备、照明设施、水电设施防护、电子安防系统、消防设施、通信设施、医疗急救设施、摄像监控系统等。

(4)在营地周围(围墙转角)建立岗亭，在出入口设立检查站；营地大门 24 h 由武装警察和地方保安把守，严格贯彻通行控制策略，规划好房客进入路线、做好访客管理。

(5)建立针对存在问题的当地雇员和安保人员黑名单，定期和项目人事部进行沟通，每月向项目部各个队伍进行通报，避免再雇用此类人员，减少和避免各类突发事件发生。

(二)可控风险源及风险控制策略

1. 风险源分析

从社会层面来看，下列风险属于可控风险(既可降低发生的概率也可降低事件发生后的损失程度)：

(1)跨文化风险。本项目铺架施工作业，全线中方员工数量达到 100 多人，高峰期当地员工近 400 名，中肯员工在文化背景、工作方式、生活习惯、语言等方面存在较大差异。

(2)盗抢风险。当地雇工素质参差不齐、成分复杂，物资、设备、财务被盗被抢事件屡禁不绝；此外肯尼亚当地保安和行政警察在执勤中疏忽大意、擅离值守甚至与当地人员内外勾结，偷窃、盗抢营地物资等事件时有发生。

(3)群体性事件风险。蒙内铁路项目雇用了大量当地员工，因用工、报酬、待遇等问题造成的劳资纠纷不可避免。西方和肯国内某些势力也有可能以各种借口人为制造纠纷，煽动当地员工肇事。

2. 风险控制策略

对于上述三种风险，通过相关管理措施，可以降低其发生的概率。具体措施如下：

(1)通过实施跨文化管理策略，增强跨文化意识，促使中方员工学习当地文化；分析中、肯文化差异；进行文化整合，消除中、肯文化冲突；正确进行中方员工的选拔和跨文化培训，建立协同的施工团队。

(2)积极实施施工人员属地化策略，增强肯方人员责任感。

(3)通过多种形式加强中、肯双方组织沟通；加强对外协调，为项目创造良好的外部环境。

(4)通过与当地员工交流，深入了解当地员工思想动态，也能了解项目部周边的环境，包括营地所在地的社会安全环境。充分了解当地员工最根本的诉求，对防罢工、防突发性事件起到非常关键的作用。

二、技术层面风险控制策略

从技术层面来看，风险主要集中在轨料装卸与搬运、轨排组装、轨排铺设、上砟整道和道岔铺设几个环节，下面逐一展开论述。

（一）轨料装卸与搬运风险控制策略

1. 风险源分析

轨料主要包括钢轨、轨枕、扣件、接头夹板、道岔轨件和配件等。轨料装卸与搬运环节的风险主要体现在：(1)堆放的轨料偏心、倾斜、超高、侵限等；(2)轨料装卸时，违反“十不吊”、抛扔(轨料或机具)、撬棍作业方法不当、滑行法卸轨时滑轨安放不稳、下方站人等[1]；在六级及以上大风时吊装轨料；(3)轨料搬运时超限、超载、偏载、捆扎不牢；(4)运输材料时客货混装，车辆运行中上下人；(5)材料装、卸车时，钻车、扒车，在车下坐、卧和休息；(6)铺轨基地线路设置不合理、违章用电、消防措施不当或违章动火；(7)橡胶或塑料垫板等易燃物品与氧化剂、强酸溶剂等共储；(8)用手搬运或放在肩上扛运钢轨、混凝土枕；(9)分段卸砟时，车上道砟下卸左右侧不匀称造成偏载；(10)工程线路上违章超速推拉小平车和单轨车、单轨车和小平车上载人；(11)重型轨道车、轻型轨道车超速行驶。

2. 风险控制策略

轨料装卸车一般都在固定地点，不安全行为和不安全状态发生的位置比较集中，以加强现场盯控为主，以加强安全隐患排查为辅；轨料搬运由于范围较大，以加强安全教育和安全交底为主，安全检查为辅；对于轨道车司机，应加强安全技能培训，加强事故警示教育。

（二）轨排组装风险控制策略

1. 风险源分析

轨排组装环节主要包括轨枕锚固、轨排钉联两大步骤，其风险后果主要形式是烫伤、中毒、起重伤害、物体打击伤害，不安全行为和不安全状态主要体现在：(1)硫磺锚固高温烫伤；(2)锚固区堆放易燃易爆品；(3)硫磺砂浆熬制地点设置错误；(4)硫磺锚固作业期间防毒措施不当；(5)钉联机绝缘不良，忽略出现的异常，皮带和齿轮无防护罩；(6)钢丝绳存在超量断丝、死弯时仍继续使用；(7)跨越正由绞车拖拉流动工作台的钢丝绳；(8)挂钩起吊轨枕离地后未立即避开；(9)吊运硫磺砂浆时，吊运范围内站人；(10)吊运钢轨走行时，坐在工作台和轨枕上休息，或穿越工作台；(11)台车未停稳前，上工作台抢先作业或站在轨枕面上随台车前进；(12)轨排成品起吊装车时歪拉斜吊、在轨排下方穿越、轨节车超重、装载超高。

2. 风险控制策略

轨排组装作业场所集中，可能不安全的行为、不安全的状态一般都可提前预想；风险防控时，应做好安全教育和交底，根据事先制定的安全隐患排查表对作业现场进行隐患排查并及时整改。

（三）轨排铺设风险控制策略

1. 风险源分析

轨排铺设环节主要包括轨节运输、轨节换装、轨节铺设等，其风险后果的主要形式是车辆伤害、机械伤害、物体打击伤害、起重伤害、高处坠落伤害、触电伤害，风险主要体现在：(1)轨节车超重、轨节列车超速；(2)轨节换装地点不合理、换装时安全措施不当或站位错误；(3)轨节起吊挂钩不稳、轨节下方有人；(4)铺轨机过高压线下方安全距离不足；(5)铺轨机顶站人；(6)长大坡道防溜措施不当；(7)轨节伸出到作业人员上方；(8)机车推送轨排车与主机连挂时超速；(9)铺轨时，制动风压不足，起升、运行、走行缺乏统一指挥。

2. 风险控制策略

轨排铺设场所变化大，风险点多且分散，现场盯控难度大。在风险防控时，主要加强对倒装龙门吊司机、铺轨机司机、排轨运输列车司机等的安全教育，督促他们严格按照操作规程进行作业；起重作业时，加强现场盯控，杜绝一切违章作业。

(四)上砟整道风险控制策略

1. 风险源分析

上砟整道环节主要包括铺轨前铺砟、风动卸砟车装砟、风动卸砟车运砟、风动卸砟车卸砟、整道等，其风险后果的主要形式是车辆伤害、物体打击伤害、机械伤害。风险主要体现在：(1)道砟临时存放侵入限界；(2)道砟装车偏载或部分卸车后偏载；(3)运砟车或风动卸砟车超载、超速行驶；(4)跨越道路桥上铺砟时防护不足，道砟落到桥下；(5)四齿耙、拉耙子等工具放置时尖部朝上；(6)人工铺砟出现反超高；(7)风动卸砟车在错误位置卸砟；(8)风动卸砟车卸砟后开车前安全检查不到位；(9)违章操作捣固车、配砟整形车、动力稳定车、装载机、道砟摊铺机。

2. 风险控制策略

上砟整道环节风险比较分散，现场盯控难度大，风险防控时，应加强对轨道线路的隐患进行实时排查(侵限否、曲线反超高否)，坚决杜绝运砟车或风动卸砟车超速、超载等不安全行为，加强各种上砟整道机械车辆的安全规程培训教育。

(五)道岔铺设风险控制策略

1. 风险源分析

道岔铺设作业环节主要包括道岔组件装车、道岔组件运输、道岔组件卸车、道岔组装等步骤，其风险后果的主要形式是起重伤害、物体打击伤害、车辆伤害。风险主要体现在：(1)道岔及其组件吊装挂钩不牢、吊具磨损严重、下方站人，运输过程中捆绑不牢、超限、超载、超速等；(2)道岔组装平台不稳固；(3)轨排纵移小车走行轨道不稳定，纵移时纵移小车掉道，道岔倾覆；(4)道岔滑移时滑行轮走偏；(5)拆卸滑轨时，起道机倾倒导致道岔倒塌；(6)轨道吊或其他起重设备支腿支垫不坚实；(7)工电联调时人员肢体位置错误。

2. 风险控制策略

道岔铺设作业地点比较集中，涉及到起重作业和道岔纵移时，须加强对现场的盯控，坚决杜绝违章起重作业的行为；道岔组装前，反复确认平台是否稳固。

三、管理层面风险控制策略

由于中肯双方施工人员存在文化差异、语言差异、安全意识差异，加之肯尼亚施工人员往往安全知识缺乏、安全技能水平低，使得安全管理存在诸多难点，主要体现在安全教育、安全交底、隐患排查与消除共三个方面。

(一)安全教育风险

安全素质教育培训是一项需要长期持续开展的工作，通过制订周密的计划，有步骤、有秩序地开展安全教育工作，中方、肯尼亚当地施工人员分别进行安全教育。对于肯尼亚当地施工人员，综合考虑文化背景、工作方式、生活习惯、语言等方面的特点，依据生产和管理动态、生产薄弱环节、岗位安全特点进行有针对性的安全专门教育，使培训工作得以合理精细化布置，为培训工作持续有效实施提供保障。

(二)安全交底风险

在铁路轨道工程施工领域，很多的安全事故来自于作业人员的不安全行为。施工安全交底是架设在安全管理和安全作业这两大要点之间的桥梁。众所周知，安全交底有书面交底和口头交底之分。书面交底应包括主要风险点、安全注意事项、重点强调事项，内容全部翻译成当地语言版和英文版。安全交底应力求通俗易懂、图文并茂、可读性强，尽可能用典型事故案例警示作业人员。口头交底应逐条给施工人员尤其是肯方施工人员讲解清楚，必要时做安全操作演示。

（三）安全隐患排查与消除

在项目中，从构成安全生产事故隐患的三个方面，即人的不安全行为、物的不安全状态以及管理（或环境）上的缺陷入手，进行事故隐患排查分类分级与认定，做到不留死角。

施工安全隐患排查重点集中在：(1)恐袭安保设施齐全情况和有效情况；(2)中外员工之间的和谐情况；(3)起重吊装违章情况；(4)轨枕锚固作业中的防毒、防烫和防火措施情况；(5)施工车辆超速、超载、偏载、装载不牢固、防溜措施等情况；(6)违章用电情况；(7)特殊环境（例如铺轨时在高压线下方、在小半径曲线地段）的安全措施情况；(8)暑期高温作业时安全措施情况；(9)违章使用机具、设备、机械等情况；(10)铺轨现场安全盯控情况（安全员是否熟悉可能的风险，是否在场、是否及时制止铺轨人员的不安全的行为、是否及时处理铺轨施工机械的不安全状态）等。

第六节 铺架工程沿线安保范例

铺架工作，涉及项目指挥部、铺架基地、运输队、铺架队、上砟整道队、桥面附属队，及线下施工队伍等多个部门和单位，存在点多、线长、作业类别多而分散等特点。这给铺架施工安全的安保工作带来较大的困难。下面以肯尼亚蒙内铁路六标段为例，对铺架工程沿线安保策略进行阐述。

一、安全形势及面临的主要安全风险

根据美国马里兰大学发布的《全球恐怖威胁指数》，2014 年全球共有 17958（肯尼亚 173）人死于恐怖主义活动，2014 年全球 162 个国家恐怖主义威胁排名前十名的依次是：伊拉克、阿富汗、巴基斯坦、尼日利亚、叙利亚、印度、索马里、也门、菲律宾、泰国，肯尼亚排第十二名。

肯尼亚蒙内铁路项目意义重大，项目能否安全、顺利地如约建成直接关乎中国的国家利益和国际形象，影响参建企业乃至整个中国海外工程承包行业未来的发展前景，因而备受各方关注。

肯尼亚内罗毕、蒙巴萨地区频发索马里青年党、无业人员和外籍人员制造的暴力恐怖袭击、抢劫、伤人事件，对项目施工人员的人身安全构成极大的威胁，公共安全管控难度较大。

二、安保工作防范重点保护对象

铺架施工作业的安保工作应侧重于人、车、枪、炸、密、水、火、电、毒、气、财、油 12 个关键点，主要防范对象分为关键的人、关键的事物和关键的部位三方面。

1. 关键的人：指需要重点保护的人员，主要是铺架施工作业的中方员工。

2. 关键的事物：主要有车辆、机械、枪械、饮用水、炸药、油料、火源、电力、煤气、现金等容易对我方构成威胁的和容易被人破坏及利用的物。

3. 关键的部位：指需要重点关注和保护的场所和部位。包括：(1)对人员和财产安全关系

重大、必须予以重点防范的要害敏感场所，如发电机、施工机械、储油罐、水源、重要物资仓库等；(2)相对较薄弱、易遭受攻击或侵害、需要重点加强防范的部位，例如临时营地周界、施工现场出入口等；(3)从临时营地至施工现场的路线，应注意道路伏击及拦路抢劫等公共安全事件。

三、防范应对策略

综上，该项目安全防范和安全保卫工作的成败将直接影响中交集团乃至整个中资企业在非洲大陆的发展前景，影响中国在非洲的形象。目前营地面临的最大安全风险来自有组织预谋的恐怖袭击和武装劫持、绑架。所以，在安保力量配备上应以武装保卫力量为主，同时加强安全体系和防范设施的建设。主要策略如下：

1. 获得警方支持。最大限度获得肯尼亚政府及警方支持，做好应对恐怖袭击的军事准备。

2. 加强自身武装配备。加强武装保卫力量配备，防范以经济、政治诉求及制造影响为目的武装劫持和绑架。

3. 加强管控。加强人员、车辆的动态管控，减少不必要的外出，人员外出必须随行配备武装保卫力量。

4. 预警机制。建立建全情报预警机制，拓宽信息获取渠道，提高预警能力，防患于未然。

5. 树立形象。树立企业的良好形象，加强同当地部落、社区的友邻关系，消除潜在的误解，项目作业动工前要有计划地在项目所在地搞好宣传疏导。

6. 健全体系。建立健全安全管理规章制度和防恐应急预案，确保遇有突发情况时能够快速反应，妥善应对，正确处置。

7. 统一指挥。服从分指指挥长、项目部领导的统一领导，由国内德威国际集团下辖德威安保子公司派驻的安全官负责部署铺架沿线的安全保卫工作，定期与当地 AP 指定的联络官和保安公司联络官进行沟通联络，建立沟通联络机制，统一部署、协调、组织和实施现场各项安全保卫工作。

四、安保力量配置部署

(一)安保力量配备

施工现场和营地各类安保力量的配备取决于所营地的面积、人员数量、财产聚集程度及肯尼亚整体安全形势、各区域的安全形势、各施工现场和营地周边的环境等因素。

1. 肯尼亚警察

固定岗：组建武装守卫小组，负责周界武装守卫、观察瞭望、要害部位和重要物资的武装守卫。

巡逻岗：组建武装巡逻小组，负责移动警戒及周界巡逻。

2. 当地保安员配置

固定岗：组建保安守卫组，负责营地和施工现场的安保守卫、物资设备看守、出入口控制、安全检查和预警等工作。

巡逻岗：组建保安巡逻组，负责营地及施工现场部分区域的巡逻任务和处置偷盗、冲闯、群体性闹事事件，协助参与其他突发事件的处理。

（二）安保力量部署

1. 铺架队及作业区

铺架队作业期间在外设有临时营地：中方人员预计有 50 人，临时营地根据驻扎人数及当地治安情况派遣相应 AP 和保安。中方工人分俩班外出作业，需派驻安全官 1 名、AP 警察 16 名、内保及信息员 1 名，保安 16 名（主用于营区看护和大型机械设备看护）。临时营地门口及周围设置 1 个观察哨和 1 个流动哨（巡视驻地四周）。其中，临时营地内共配备 8 名 AP 和 8 名保安，现场驻守共配备 8 名 AP（图 4—46）和 8 保安，24 小时警戒。

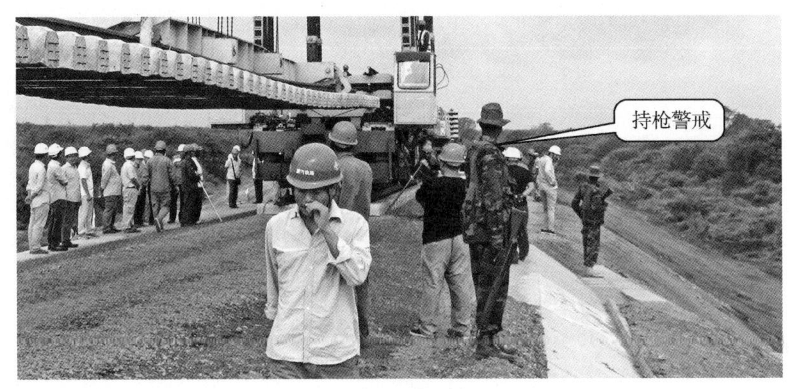

图 4—46　AP 荷枪实弹警戒

2. 运输队及作业区

每台机车配备指标为 4 名警察（白、晚班各 2 名）全程跟随护卫，重点保卫中方人员的人身安全及押运物资安全。预计 4 辆机车同时作业时，预计配备 AP 18 人。

3. 车站

对于每个有中方人员居住的、已开通的车站配备指标为 2 名 AP，负责对车站内的中方人员的人身安全和车站内的物资安全。随着工程的推进，最多时沿线 247 km 的管段内开设 10 个车站，所有开通的车站和巡逻组 AP 的配备人数达到 22 人。

4. 上砟整道队及作业区

上砟整道队单班开设，分为六个施工班组，每个工班组配备 4 名保安，4 名警察；大机养班组共有 3 台设备，每台设备配备 4 名 AP，夜间机械停到附近的车站。警察的主要任务就是在每个工班组之间进行安保巡逻，保安的主要任务是看守每个施工班组的小型材料或工器具。同时作业时，加之现场巡逻组，上砟整道队配备警察 44 人，配备保安 36 人。

5. 前方铺设道岔班组及作业区

人工铺道岔班组配备 2 名 AP，夜间作业点看守保安 2 名。

6. 巡逻组（机动组）

巡逻组由 1 名安全官带队，小组成员共计 10 名 AP，负责全线巡逻及各类突发事件处置事宜。巡逻组也是机动组，也负责测量队、附属工程队、轨道车护卫等外出工作或检查等的护卫任务。

7. 安保力量部署

安保力量部署配备见表 4—6。

表 4—6 铺架沿线警察配备及需求(实例)

计划进场日期	当月需求人数	截止当月总人数	执勤地点	具体联系人及电话	备注
2015.10.31	6	38	铺架队施工现场及前方铺设道岔	××× 0705184875	铺架现场配备4+4,当月需求计划4人,其余4人由项目部营地内的32名AP中抽调4人,前方铺设道岔AP2人
2015.11.26	28	66	上砟整道队现场、大机养道及车站、机车运输	××× 0705184875	上砟整道队现场预计开设4个施工组,每组4个AP,即16名AP,Mtito车站配备2名AP,大机养道配备4名AP,机车考虑3列,每列机车配备2名AP,即6名AP
2015.12.10	6AP+6KWS	78	上砟整道队现场、铺架队现场	××× 0705184875	上砟整道队现场预计增开2个施工组,每组4个AP,即8名警察,配备为6AP+2KWS,铺架队增加4名KWS
2015.12.21	20AP+4KWS	102	Kyulu车站铺架队营地运输队、桥梁附属队	××× 0705184875	上砟整道队现场预计增开3个施工组,每组4个AP,即12名警察,配备为8+4KWS,铺架队开始入住现场DK208+800附近,营地配备为8名AP及8名保安,运输队机车增开一列,配备为2名AP,桥梁附属队施工增加2名AP
2016.01.31	12AP	114	克尤卢大桥、察沃大桥	××× 0705184875	桥梁附属队现场施工增加4名AP,上砟整道队入驻克尤卢车站DK208+800附近,配备8名AP及8名保安
2016.03.01	4AP	118	Maololo车站	××× 0705184875	Maololo车站有中方人员值班及扳道岔,配备为4名AP
2016.04.18	16AP	134	Voi车站、运输队机车、桥梁附属队施工现场	××× 0705184875	铺架施工已经到到voi车站,运输队考虑增设晚班来保证运输,机车在增加一列,即增加到5列,前4列机车,每列机车增加2名AP,即8名,第五列机车增加白晚班AP各2名,即整个运输队机车需增加10名,桥梁附属队增加2名AP,VOI车站有中方人员值班及扳道岔,配备为4名AP,即当月共计配备16名AP
2016.05.17	4AP	138	Maungu车站	××× 0705184875	Maungu车站有中方人员值班及扳道岔,配备为4名AP
2016.06.13	4AP	142	Miaseny车站	××× 0705184875	Miaseny车站有中方人员值班及扳道岔,配备为4名AP
2016.08.10	6AP	148	Mugalani车站,附属队	×××	Mugalani车站4AP,桥梁附属队现场增加2名AP

注释:铺架工程施工从2015年11月1日开始试铺架,2016年12月31日完成。在铺架过程中,将始终贯彻"安全第一,预防为主"的工作方针,在现场施工的各个队伍,包括铺架队,运输队,上砟整道队,大机养,开通的车站,桥梁附属等队伍进行满足数额的安保力量配备,最终的目的是保障中方人员的人身安全,配备标准如上面安保力量部署所述。

从2016年8月10日后,安保力量不在增加,主要的原因是已经开通的车站会根据工程的进展和实际情况选择关闭或者暂时关闭，即车站内的中方值班员会撤离，安保力量也会跟随着撤离到前方站，从 Mugalani 站往前至蒙巴萨车站的 5 个车站内的安保力量可从已经开通需要关闭的车站进行抽调，与此同时营地内的梁场和枕场已经施工完成，现场不需要安保力量进行防护。所以，在 2016 年 8 月 10 在随着梁场、枕场、碎石场施工的完成，安保力量也要做重新的部署，预计将有在营地内 32 名警察中的 15 名抽调到前方站。遂至 2016 年 8 月 10 日，施工到 Mugalani 后，安防力量不增加，足以满足现场的防护要求。

桥梁附属队，随着工程的进展，桥梁的横向连接施工，桥面系的安装等施工作业点会增加，形成多个作业面共同施工，并且附属队属于单班作业，不需要开设晚班，结合现场的实际情况，项目部为附属队配备 10 名警察进行现场的防护。

前方铺设道岔组作业为单班开设，并且都在车站内，所以考虑配备 2 名警察，加之线下单位车站内施工的警察，可以形成联防体系，能够满足现场防护要求。

8. 安保力量部署配备计划汇总

结合铺架沿线警察配备及需求计划表，对铺架沿线的安保力量部署情况进行汇总，总结出高峰情况下的最多配备人数。另外，营地内的 32 名警察中的 10 名属于机动巡逻组，负责领导的检查、线路巡道，突发情况的处置等工作，警车全线预计配备两辆，营地一辆，跟随铺架队在施工现场一辆，确保有突发情况发生时，能够及时有效的进行处置。

安保力量部署配备计划汇总见表 4—7。

表 4—7　安保力量部署配备计划汇总

组　别	工　种	安全官	警察	保安
营地及碎石场（含巡逻组）	营地	1	24	43
	碎石场		8	10
铺架队	临时营地	1	8	8
	作业区		8	8
运输队	机车（含运梁、运轨排、运道砟）	/	18	/
车站	通信联络、搬道岔	/	22	/
上砟整道队	大机养、人工整道	/	44	36
前方铺道岔	人工铺设道岔	/	2	4
桥梁附属队	桥梁横向连接，湿接缝	/	10	10
大机养	大机养道	/	4	4
合计		2	148	123

9. 安保力量配备标准

安保力量部署要求是合理配置、数量充足，按照配置计划和需求对所需安保力量进行配备，结合营地及施工现场的地形、建筑结构、重点区域等特点，进行合理部署。中方人员无论人员数量多少，在安保力量配备上，应严格按照项目启动作业的防范标准和要求搭建安防体系。

铺架沿线安保力量组成及配备标准见表 4—8。

表 4—8 铺架沿线安保力量组成及配备标准

公共安全部		铺架沿线及临时驻扎点安保力量	
安全官	内保	保安	警察
2名	2名	123名	148名

备注:警察的总数为148名,根据现场的情况,可自由选择配备合适的警种,例如:AP(行政警察)、KP(执法警察)、KWS(野警)、KFS(森警)等。但不管选择何种警种,警察的总数量保持不变。

(三)安保力量的职责

1. 肯尼亚警察

担负项目基地、营地、移动作业现场的武装警戒、巡逻、护卫、看守等工作,防范、处置暴力事件和极端事件。

2. 德威派驻现场的安全官

(1)负责与现场警察的沟通联络;

(2)负责现场安保工作的组织实施;

(3)建立现场的沟通联络机制,定期收集所在地区的公共安全信息,分析、评估风险状况,提出防范建议;

(4)完善现场的安防设施建设,对公共安全工作进行检查、指导和监督,并提出整改意见;

(5)制定安保工作计划和方案,负责公共安全应急预案的修定和完善;

(6)定期上报公共安全工作报告、总结;

(7)组织公共安全应急预案演练,检查应急物资、装备的完好状况;

(8)协助处理境外公共安全事件;

(9)完成境外机构、项目交办的其他与公共安全有关的事项。

3. 内保

(1)接受现场安保部的直接领导;

(2)负责收集当地公共安全信息或情报;

(3)参与处理与当地政府或社区的关系,掌握了解部落(社区)的公共安全动态;

(4)担任境外机构、项目人员外出时的向导,协助处理突发性公共安全事件。

4. 当地保安

(1)接受现场安保部的直接领导;

(2)维护场所内部区域的正常秩序和出入管理;

(3)负责场所内部巡逻、监控、警报等工作;

(4)负责场所重点部位、重要物资看护等工作。

第五章　海外铁路 T 梁架设

国内外铁路建设的经验表明，采用"工厂集中预制，架桥机架设"施工工艺进行桥梁施工，对加快铁路建设有着重要的意义。采用预制方法施工可以把梁体制造的工作面压缩到制梁厂，制梁厂设备集中，对质量控制便于集中投入，成本较低。

以我国的铁路工程技术实力和大量的施工经验，无论是海外架设铁路箱梁，还是在海外架设 T 梁，都已经是非常成熟的技术，难度不大。在海外架设铁路梁体，主要技术难点在于：(1)铺架项目所在国的梁体预制所需原材料特性与国内往往有差异(本部分已经在梁体预制部分介绍)；(2)架桥机、运梁车等装备在铺架项目所在国的适应性问题；(3)架梁作业人员的属地化问题(主要涉及到语言沟通、技术交底、安全交底等跨文化风险)。

限于篇幅，本章以肯尼亚蒙内铁路六标段的铁路铺架项目为例，仅介绍海外架设铁路 T 梁的关键技术和管理方法。

第一节　架梁准备工作

一、架桥机的选择

在时速 200 km 以下铁路中的桥梁以中小跨度桥梁为数最多。目前我国跨度在 32 m 以内的常规铁路桥梁，几乎全部采用 T 型预应力钢筋混凝土梁，这种梁型所需架桥机的起重量一般在 160 t 以下。

1. T 梁架设用架桥机的种类

铁路用 T 梁架桥机可分为简支式与悬臂式两大类，简支式架桥机又细分为单梁式与双梁式，双梁式架桥机又可分为窄型与宽型两个系列。

(1)简支单梁式架桥机统称为"胜利"型架桥机，该机型分为墩顶人工移梁和臂上移梁两大类。其中，墩顶人工移梁为 20 世纪 70 年代产品，先进的为架桥机臂上移梁，其主要特征有：

①简支静止架梁，轴重轻，对桥头线路无特殊要求，架梁时稳定性好，安全可靠；②吊臂能升降、摆头，可以在曲线上，隧道口、隧道内架桥，不需桥头岔线；③能依靠自身装置装梁、自行运梁、直接喂梁，机械化程度高；④既能架梁又能铺轨，一机两用，简化了架梁工艺，工作效率较高；⑤架桥机可以自己走行，操作方便，降低了劳动强度；⑥臂上移梁类机型可以将梁片一次到位，不需在墩顶进行横移梁作业。

(2)简支双梁式架桥机是在胜利型架桥机基础上发展而来，除继承了单梁架桥机的优点外还具有下述特点：①可以将梁片一次架设就位，不需在墩顶进行横移梁作业；②可以在前后方向双向架梁，反向架梁时，架桥机不需要转向；③双臂的刚度与强度较大，为架设更大跨度的梁提供了条件；④梁片可直接从运梁平车上起吊，不需要换装，但是，每次只能喂一片梁，然后列车退回车站或架梁岔线甩掉已卸完梁的平板车，然后再次前进喂梁，这样要么延长作业时间，要么增加临时工程量，给架梁作业带来一定影响。

(3)悬臂式架桥机结构简单，容易制造，操作简便，使用时故障少。同时，适用范围广，可以双向架梁，还可以架设超长、超宽的桥梁。尽管其构造比较原始，其工作效率并不低。但悬臂架桥机需吊梁运行，吊点高、轴重大、施工不安全，曾发生多起翻车事故。而且，还需要修筑桥头岔线，进行喂梁作业，对线路质量要求高，增加了临时工作量，架设大跨度混凝土梁时，吊梁通过隧道困难。在山区桥隧相连处进行架梁作业，这类架桥机很不适应；从 20 世纪 60 年代后期开始逐步被其他类型的架桥机所取代。因此在本书的讨论中将不再介绍悬臂架桥机。

2. 架桥机的选择

在一般条件下，可根据桥梁自重和外轮廓尺寸就近选择可能提供的任何一类型架桥机。当客观条件有某种限制，或有特别要求时，可结合各型架桥机的性能，选择能满足需要的架桥机，也可选择经检算稍加改造或采取措施后能满足需要的架桥机。具体选择时应坚持下列原则：

(1)架整孔梁或在柔性墩上架梁宜选用宽式双梁架桥机。

(2)当架桥机需要在不允许吊梁通过的混凝土梁上通过，或不许拨道及只允许少量拨道的桥梁上架梁，宜选用双梁式架桥机。

(3)在多风、多雨地区或在高墩顶上移梁有危险时，宜选用双梁式架桥机。

(4)在僻远的支线、工业企业线架梁，当缺少适当的岔线和吊重设备时，宜选用双梁式架桥机。

(5)根据待架桥梁的梁型和重量，选择合适的架桥机型号。如客货共线铁路所用的 2101、2201 梁应选择 TJ165 或 140 改进型架桥机。

(6)新型铺轨机，如 DPK32、PG28、PG30、DP28 等，具有架设 16m 以下梁的能力。在附近没有架桥机，或调运架桥机很不经济时，也可选择用铺轨机架设 16m 以下的梁。

(7)在海外铁路铺架项目上选择架桥机，还须考虑铁路铺架项目所在国的法律法规规定，以及关于铁路项目的相关设计文件，以免造成不必要的损失。

二、施工调查

负责架梁作业的施工企业，应根据有关技术文件，组织人力做好施工调查。一般要调查桥头路堤填筑质量，了解桥头地形、地貌情况，复核线下工程施工企业的墩台施工质量及测量结果。如左右线距设计中心线尺寸、支承垫石标高、锚栓孔尺寸、支座十字线的设置等，并做好架梁作业辅助工程。如岔线工程，修建临时承托结构，升高隧顶或降低隧底，加宽墩台顶帽，墩台上设置千斤顶座、预埋螺栓、预埋钢构件，拆迁高压线、通信线，排除障碍物，外接电源工程等。

召开铺架协调会明确需线下单位配合的问题，主要有：

1. 架梁前线下单位应将经监理工程师签证的(墩台)混凝土(结构外观和尺寸偏差)检验批质量验收记录表、桥台后填土密实度试验报告和桥梁孔跨、支垫石标高等有关实测资料移交铺架施工企业一份，且墩台两侧支承垫石要平整，锚栓孔的位置正确、孔径足(不少于 120 mm，保证在架梁后能够灌浆)、深度够(不少于 500 mm)，墩台上跨度线、锚栓孔十字线、梁端线、支座十字线用黑墨线、红漆等清晰正确地标明。

2. 线下单位应在桥头两侧 50 m 范围内按所遵循之架桥机架梁规程要求上足道砟，并作好顺坡，且必须在桥台后 50 m 范围内的路基两侧各备 30～50 m^3 道砟。

3. 当桥台挡砟墙前与隧道洞门间的距离在12.5 m以内时，视具体情况线下工程施工企业应采取少铺道砟，以利于铺架施工企业架梁，具体情况铺架施工企业另行通知。

4. 架梁时若遇到桥头路基下沉，当其下沉量较大时应由线下施工企业负责加固处理。

5. 架梁前，线下单位应将桥台锥体施工完毕，且进桥便道保留完好，以方便桥梁架设及横向张拉施工。

6. 桥梁墩台吊篮必须在架梁前安装完毕，以确保架梁安全。

7. 预上桥面砟事宜，双方协调解决。

8. 架梁时，线下工程施工企业必须有现场负责人和技术人员跟班配合，遇有情况时便于协商解决。

三、桥头作业

（一）架梁岔线

所有为架梁设置的临时岔线，如喂梁岔线、存梁岔线、拼装或存放架桥机的岔线等统称为架梁岔线。单梁式架桥机架梁作业一般不设架梁岔线，但当铺轨架梁工程量很大或桥群地段铺轨架梁机械交替作业频繁时，宜在适当地点设置交会铺轨架梁列车的临时岔线。

1. 架梁岔线的布置应符合下列规定：

(1)出岔地点应靠近桥头，距桥台尾的距离应大于喂梁列车长度与拨道架梁时的拨移长度。受地形条件限制需要后移时，不宜超过300 m。

(2)岔线有效长度不应小于装一片成品梁的平车总长，另加机车或轨道车的长度。

(3)岔线与正线的线间距不得小于4.5 m；困难情况下可减至4.2 m，小于4.2 m时必须设专人防护。

(4)在曲线上出岔时，应设在曲线外侧，线间距应保持5 m以上。当设在曲线内侧时，曲线半径应在500 m以上，道岔前后应适当取值。

(5)岔线坡度宜在6‰及以下，最大不得大于10‰。特殊情况应以计算确定，并制定安全防护措施。

(6)架梁岔线宜选用向桥头出岔的顺开岔，但也可视地形条件选用逆桥头方向出岔的倒开岔。当梁孔数较多，桥头距车站较远时，宜选用两端与正线接通的贯通式岔线。

2. 架梁岔线的修建应符合下列规定：

(1)可利用桥头附近的平地或平缓坡地修建，有困难时，也可采用加宽正线路基的办法解决。

(2)需在路堑内修建岔线时，可临时利用侧沟、土台等空地，并适当拨移正线线路以满足线间距需要。

(3)岔线应有排水设施。

3. 岔线道岔不得小于9号，扳动道岔宜用转撤器。

4. 架梁岔线的轨道条件应符合下列规定：

(1)架梁岔线：钢轨不得小于38 kg/m，配件齐全；轨枕每1 km不得少于1440根；枕下至少应有10 cm厚的道砟。

(2)需要吊梁通过的岔线：钢轨不得小于43 kg/m，配件齐全；轨枕每1 km不得少于1 600根；枕下至少应有20 cm厚的道砟。

(3)岔线经过压道加固后,方可通行。

(4)道岔下部的道砟应充分捣固。

(5)其他岔线应达到我国Ⅲ级铁路标准。

(二)压　　道

压道的目的有二:一是作为一种有力的压实手段,将架桥机“大轴重”通过或停留地段的路基、道床等碾压密实,以免受载后发生偏沉或局部下沉,影响架桥机安全和增加启动时的阻力;二是作为检查轨道质量和轨下基础内有无隐患的手段,据此提出防止或改善的措施。

当铁路线路填筑质量较好时,在大多数情况下可不进行压道。在架梁前,铺架施工企业应与监理、线下施工企业一道加强路基质量特别是桥头路基质量的检测,如发现路基质量有问题或疑问,则进行压道,主要是桥头线路压道。

在架梁过程中或已压过道,但遇到大雨或路基长期经阴雨浸泡,或压道后很长时间未架梁及架梁的间隔时间很长,或线路经过大起道等情况,必须经过重新压道后方可继续架梁。

(三)拨　　道

为使架桥机到适当位置从而在架梁时将桥梁直接落到正位,或只移一片梁,或将移梁距离减少,需要将架桥机前后轮组所在线路拨成一定形状曲线的过程称为拨道。拨道包括计算拨道量和拨道作业。

拨道时可据需要采取前后轮组向线路中线一侧同时拨移的单面拨道法,或分别向线路中线两侧拨移的交叉拨道法。在已架梁上拨道时,轮组位置处的拨道量必须控制在设计允许的范围内。当设计允许的拨道量不能满足对位落梁的需要时,应进行检算,并适当选择拨道曲线形状,以调整前后轮组的拨道量。经检算不能满足需要的拨道量时,须采取其他的架梁措施,不得强行拨移。除经检算允许外,严禁将桥上已架的相邻各孔轨道拨成全部偏于一侧的直线进行架梁。计算拨道量时,可采用叠加法。架桥机前端点(架桥机的零号柱)的偏移量应按下列情况计算:

(1)直线上见图5—1。

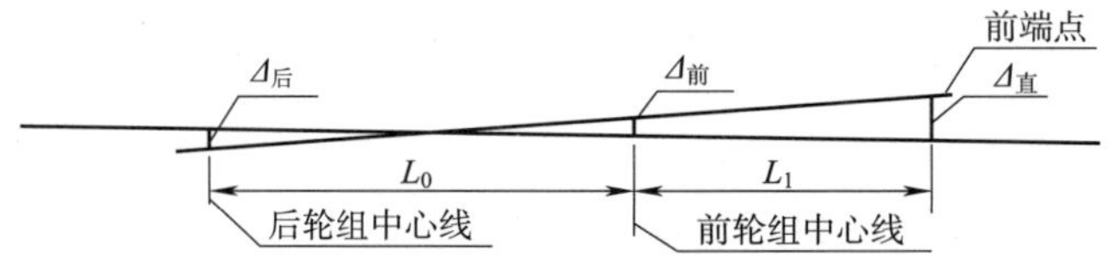

图5—1　直线拨道计算图

式中　$\Delta_{直}$——前端点偏移量;

l_0——前后轮组中心距;

l_1——前轮组中心至前端点的水平距离;

$\Delta_{前}$($\Delta_{后}$)——前(后)轮组中心拨道量,与$\Delta_{直}$方向相同者为“+”,反之为“-”。

(2)曲线上见图5—2。

$$\Delta_{曲}=\Delta_{直}\pm\left(\beta_0\pm\frac{f}{2}\right)$$

式中　$\Delta_{曲}$($\Delta_{直}$)——曲(直)线上前端点偏移量;

β_0——前端点对曲线线路中心的偏距;

±——括号外"+"("—")号适用于向外(内)侧拨道;单梁式及双梁式架桥机括号内应取"—"号;

$f/2$——线路中心对桥梁中心的偏距,其值为:切线布置时 $f=0$;平分中矢布置时 $f=l^2/(16R)$,或视设计而定。其中,l——梁的全长加一个梁端伸缩缝;R——曲线半径。

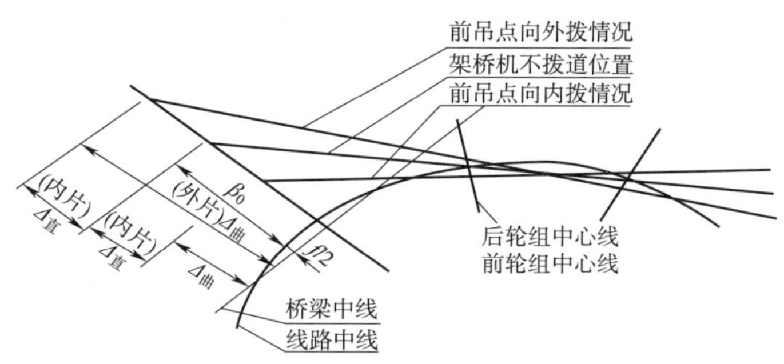

图 5—2　曲线拨道计算图

精确计算拨道量时,还应考虑下列各种因素:架桥机转向架在曲线上的内偏量(即架桥机中线向曲线内侧偏移);机臂中线偏离架桥机中线的偏头量;成品梁重心与梁梗中线间的距离;曲线线路中线与桥梁中线间的偏差量;以及障碍物对拨道量的影响。

线路拨道后应有良好的平面条件,必要时应提出平面设计。拨道曲线长度宜取 60～70 m,实际拨道量与计算拨道量的最大误差不得超过 10 mm。拨道后曲线半径不宜小于 250 m,条件困难时不得小于 200 m。

线路拨道后应按规定捣固密实,半径很小时应采用弦线法校正。曲线轨距一般按正线原状铺设,不另加宽;当半径很小并有机车通过时仍应按规定加宽。半径 200 m 的曲线应在外轨加设轨撑。

拨道前应算出曲线起讫点和中点位置,并在线路上作出标记以便掌握。

拨道时必须注意发生以下问题:

①由于线路拨道使桥梁或桥台托盘受到过大偏载而产生裂纹或受到内伤。

②前后轮组的拨道量不适当,使机动平车喂梁或主机拖梁发生困难,或者梁片落不到需要的位置。

③拨道后线路不圆顺,曲线半径过小,缺少线路加强设备等,以致发生掉道、挤钉等现象。在墩上移梁作业比较熟练时,也可不进行拨道作业。拨道时一般利用架桥机的摆臂功能进行,为加快进度也可用拨道器人工进行拨道。不论采取哪种方式,所拨线路均须满足上述要求。

第二节　架梁基本作业

T梁架设一般包括顶梁、捆梁、吊梁、移梁、落梁、支座安装、铺桥面、联结板安装、横隔板的湿接和梁体横向张拉等工序。

一、顶　　梁

用千斤顶垂直起落梁的作业过程统称为顶梁。

(1)选用顶梁千斤顶应符合下列规定：

①顶梁用千斤顶一般为液压千斤顶，当起落量较大时，也可用螺旋千斤顶。

②千斤顶的标记载重量宜选在实际受载量的1.5倍以上。

③梁每端应选用两个同类型的千斤顶同步起顶。

④千斤顶应经过检查。

⑤液压千斤顶使用的油类应符合有关规定，并应保持清洁。

(2)梁的施顶位置应符合下列规定：

①梁梗纵向：施顶中心至梁端的距离不得小于支座中心至梁端的距离，并不应大于设计允许的悬出长度。

②梁梗横向：两个同类型的千斤顶应在梁重心线两侧等距离支放，千斤顶头部外缘距离梁梗混凝土外缘应保持100 mm以上的距离。

③低高度梁如顶道砟槽板，应按设计支顶位置和应力分布长度加以控制，距梁端的最小距离不得小于300 mm。

④除设计允许外，横隔板处不应施顶。

(3)千斤顶安放应符合下列规定：

①头部应垫有扩大传力面积的支垫(如硬木块、钢板等)。混凝土与钢板、钢板与钢板之间均应放置木片或麻袋片。

②千斤顶底座应放在可靠的基础上。当为土质地面时应整平夯实，上面密排枕木，并加垫厚度不小于16 mm的钢板。

③千斤顶安放在平车上时，应放在平车纵向中心线附近，用短轨或枕木垫底，上加钢板分布荷载，并应将侧梁下部垫实。

④安放在有斜坡的混凝土表面上时，应用硬质木板或钢板将斜坡垫平垫实，再安放千斤顶。

⑤当梁底与墩台顶帽间的净空较小，不便安放千斤顶，设计图又未提出顶梁方法时，可在墩台上预留放顶凹槽或托架，架梁后再恢复原设计式样。

(4)千顶落梁作业应遵守下列规定：

①顶落梁必须两端交替进行，严禁同时起落。两端高差不宜过大、未施顶一端的全部重量应落在稳固的支垫结构上。同端两千斤顶下落应同步，严禁用交替下落的方法调整横向位置。

②顶落梁时应设置保险枕木垛，紧随梁起落加高或降低，并用木板，木楔等调整间隙，梁底与垛顶间应保持不超过50 mm的距离。中途停止工作时，应将空隙用木楔打紧。使用千斤顶顶梁安放支座时，顶起后应立即塞入支座。严禁长期用千斤顶支承梁体。

③T型成品梁或其他梁底窄、重心高的梁，应在不施顶的一端用木撑支护或有其他防护措施。

④如发现起顶困难，应查找原因，不应接长手把或增加人力强压。

⑤安全栓外露的千斤顶的前面，不应站人或抛掷工具。

二、捆　　梁

用专用吊具或千斤绳将预应力钢筋混凝土梁或钢板梁吊挂到架桥机、龙门起重机或其他起重机上的作业过程称为捆梁。

预应力混凝土梁在设计、制造时已选定起吊位置,并留有空洞,可采用专用吊具,将梁吊挂到架桥机上。捆梁千斤绳至梁端的距离不应小于支座中心至梁端的距离;并不应大于设计允许的悬出长度。在可能的情况下,为防止桥梁到位时,一号吊梁小车与设在大臂前端的滑轮相抵触,捆梁位置应与梁前端保持 2 m 左右。

捆梁用千斤绳,应采用 6×37 或 6×61 型的交互捻制钢丝绳。破坏安全系数不得小于10,长度应根据架桥机净空、钢丝绳的变形及施工作业需要等诸因素统筹决定。钢丝绳两端宜用穿绕方式编成绳套,以便挂在吊钩或铁扁担上,钢丝绳应考虑易挂易摘,容易从两片混凝土梁缝间脱出,避免绞花和两股互压等要求。使用三绕千斤绳宜用夹具将三根钢丝绳排好夹紧,联成一体。配合各种类型的桥梁,应备有直径、长度不同的千斤绳供选择使用。捆梁时应保持千斤绳每次均向同一方向弯折,避免受反复应力。

千斤绳与桥梁底面转角接触处,必须安放护梁铁瓦以免混凝土被挤碎、千斤绳被割伤。铁瓦应力求轻便,但须有一定刚度,与钢丝绳接触面宜作成弧形。护梁铁瓦可用麻绳悬挂在千斤绳或铁扁担上。千斤绳与混凝土接触如压力较大,应垫木板以防挤伤混凝土,提升千斤绳应设有人力或机械的提升设备。

捆梁千斤绳一般应保持垂直,不得斜挂。自一个吊点向两侧斜挂起吊小跨度桥梁时,两千斤绳间的夹角不宜大于 30°,并保持两侧斜度基本一致。大于 30°时,应设有能防止千斤绳滑动的拉绳或其他设施,并应核算千斤绳的受力。凡不能采用以上办法达到捆梁位置要求时,应另行配制铁扁担或采取其他悬挂措施。

吊梁应优先采用与梁型配套使用的吊具。如使用千斤绳捆梁使道砟槽板受到较大向上分力时,应检算道砟槽板和梁梗交界处的应力是否超出设计允许值。

捆梁作业时,必须注意以下事项:

(1)千斤绳不得误用。各股千斤绳应受力均匀,不应有绞花和两股互压现象。

(2)护梁铁瓦及其他支垫物应在受力时进行调整,使其支垫牢实,不致中途脱落。

(3)千斤绳必须可靠地悬挂在吊钩或铁扁担上。有保险销的应插好保险销,防止受力时脱出或出现互压现象。较粗一端应挂在预制梁的人行道侧,以便使千斤绳容易从梁片间的缝隙中脱出。

(4)如千斤绳较粗,不易从梁片间取出时,应事先在千斤绳位置预凿千斤绳槽,架梁后修补完好。

(5)当发现千斤绳有扭结、变形、断丝、锈蚀等异常现象时,应及时折减使用或报废。

(6)超载使用过的钢丝绳,须通过破断拉力试验鉴定后方准降级使用,否则不应再度使用。

(7)上部工作人员应防止工具坠落或往下抛千斤绳时打伤下部工作人员。

三、吊　　梁

捆梁作业完成后,主机上的两个吊梁小车将梁片吊起,同时在机臂上运行,直至落梁的整个作业过程称为吊梁。

吊梁用卷扬设备必须结构坚固,有可靠的制动系统;能在停车、断电、发生故障时立即发挥制动作用,制动安全系数不得小于 1.5。卷扬机电磁闸应指定专人掌握调整,并宜安装手制动系统作为应急措施,手动卷扬机必须使用棘轮、棘爪防止逆转。

卷扬用的起重钢丝绳应采用 6×37 型或 6×61 型交互捻制的钢丝绳,安全系数不得小于 6。

卷筒与引导钢丝绳进入卷筒的转向滑车之间的距离不宜过短。因距离过短不能自行排绳时，应设置排绳器，否则应有专人协助排绳。卷扬系统中所有易发生跳槽处，均应设置防止跳槽的装置。卷扬机钢丝绳放出到最大限度时，卷筒上必须留有3圈钢丝绳。

起吊梁片时应注意保持左右两侧卷扬机升降速度一致，受力均匀，同时注意钢丝绳有无跳槽和护梁铁瓦有无窜动脱落情况。梁片吊离支承面20～30 mm时，应暂停起吊，对各重要受力部位和关键处所进行观察，确认没有问题时才能继续起吊。

梁片在起落过程中应保持水平。横向倾斜最大不应超过2%；纵向倾斜亦不宜过大，在架32 m梁时，可使梁的前端逐渐低落300～500 mm，以免与停在机臂前端的铺轨小车相碰撞。出梁时，梁片的前后端下落落差不得大于500 mm，严禁梁片的尾端碰擦机臂。

单梁式或双梁式架桥机偏吊时，应调节几台卷扬机的升降量，严禁出现只有部分卷扬机受力现象。吊梁钢丝绳在起升过程中，如果梁片被卡住或受其他猛烈冲击时，必须立即停车检查钢丝绳有无异常。若发现受力最大的一段有损坏或其长度增加0.5%时，必须更换。

梁片即将到位时，应注意防止梁片前端碰撞0号柱。落梁就位时严禁无约束地横向顶、拉。

四、移　梁

移梁可分为机上移梁和墩顶移梁。

(1)机上移梁应注意下列事项：

①机上移梁前应重新检查零号柱和架桥机主机前支腿支垫情况，移梁时观察墩顶支垫处变化情况；

②机上移梁不到位，需要少量斜拉时，宜选择低位进行，斜拉距离不得超过400 mm，斜拉所用手拉葫芦起重量不得小于5 t；

③机上移梁就位前，应检查捆梁千斤绳抽取难易程度。

(2)墩顶移梁

墩顶移梁是指：将桥梁的一端或两端在墩台顶帽上移到要求位置的过程。墩顶移梁一般采用滚移法，主要设备有：托盘、滑道、辊轴、链条滑车、起道机、千斤顶或液压推顶器等，如图5—3所示，移梁设备应轻便坚实可靠。

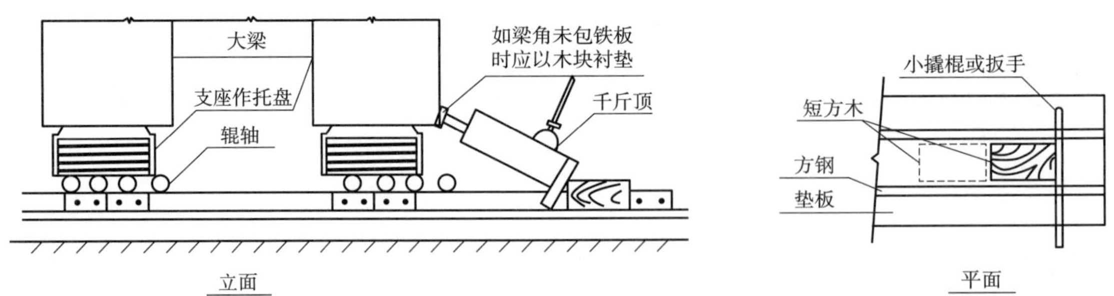

图5—3　墩顶移梁示意

移梁滑道一般用两根50×50 mm的方钢并列组成，间距250 mm左右，方钢每节长1～2 m，用夹板和螺栓连结，每节两端宜制成斜坡。接长时，搭接长度不得小于200 mm。方钢的最外端应设置止动木楔。滑道亦可用长条形钢板或小钢轨制成。

两股滑道顶面应在同一水平面上。两股滑道应互相平行，其间距允许误差为±10 mm，并应与梁移到正位时的方向相垂直，滑道可安放在支承垫石上。当放在垫石外的泄水坡上时，应用硬质楔形木板垫平垫实，其木纹走向应与滑道相垂直。方钢滑道的外侧与墩台帽边缘应保持100 mm的安全距离，托盘式或特殊设计的墩台，滑道安放位置应根据设计要求或通过检算决定。滑道端部应向墩台外缘作成不大于2%的上坡道，严禁设置下坡滑道。

移梁用的托盘可用钢质或钢木结合质，也可用桥梁支座作托盘。托盘应有足够的强度和刚度，并应便于安放护梁支撑木。底面两端宜作成斜面以利吞吐辊轴。托盘至少应比梁梗底面两边各宽出50 mm。不能与托盘一起移动的支护设备或保险设施，应在梁移动时能随时调整其位置或长度。

滚移梁体应根据梁重选用直径30～70 mm的圆钢作辊轴。辊轴应经过加工，直径大小一致，表面光滑，并有足够的把持长度。一般按辊轴中心距100～120 mm添进辊轴，每个托盘下不得少于六根。

移梁可用环链手拉葫芦，起道机、千斤顶或液压推顶器作推动设备，其推动力应比计算阻力大50%。移梁时应用梢径100 mm圆木或100 mm×100 mm方木支护梁，上端支在梁颈部，下端支在托盘端的挡肩上。

墩顶移梁作业应符合下列规定：

①梁下落接近托盘顶面时，应检查托盘与滑道是否上下相对，辊轴方向、位置等是否正确，发现问题应立即纠正。

②梁落实后应立即安好支护设备，然后移梁。

③梁两端的走行速度应基本一致。在滚移时应随时调整梁的纵、横向位置。吞吐辊轴时应防止压伤手指和辊轴自滑道上坠落。

④托盘前后均应有止动木楔，梁停止移动时应立即塞紧。支托在移梁设备上等待回移的梁片，必须可靠地制动。

⑤当墩台顶帽较窄时，应有可靠的防溜、防倾保险设施，梁梗外缘距墩帽边缘应留有100 mm的保险距离。

⑥当支座为盆式橡胶支座时，应采用托盘移梁，并应在支座两侧增设防倾设施。严禁在支座上直接移梁。

五、落　　梁

梁通过直接落位或墩顶移梁到达设计位置后，经调整梁和支座在平面和立面上的位置，使之符合规定的过程称为落梁。

落梁的施工工艺可参照顶梁的要求进行，有横向张拉预留孔道的预制梁落梁时应确保同孔各片梁体的预留孔道相互对应。

六、支座安装

桥梁落位后，马上安装支座。目前，国内铁路上各式梁式桥常用的支座可分为钢支座和橡胶支座两大类。钢支座主要有平板支座、弧型支座、摇轴支座、辊轴支座及KT-YZM系列钢支座。橡胶支座主要有：板式橡胶支座和盆式橡胶支座。各种支座的尺寸和技术条件请参阅相关规范。在海外，则根据招标文件之规定采购并安装支座。

1. 支座安装一般要求

支座进入工地后，应对支座的外观尺寸和组装质量进行检查，符合设计要求后才能进行安装。

支座安装前，应检查桥梁跨距、支座位置及预留锚栓孔位置、尺寸和支座垫石顶面高程、平整度，并均应符合设计要求。支座安装前应组装好，并消除非弹性变形和空隙。

支座安装前，工作人员应认真阅读制梁技术条件的要求和支座设计文件中的安装工艺细则。

2. 安装支座时应注意以下事项

(1)支承垫石表面和锚栓孔内的杂物、冰雪等必须清除干净。

(2)支座弧形承压面在安装前应涂黄油。

(3)支座安装应符合支座设计要求。

(4)支座各组成部分之间、支座顶面与梁底之间以及支座底面与墩台支承垫石顶面间应保持密贴，不得有缝隙。

(5)梁在支座上落实后应立即打好支撑。

(6)在安装支座的同时，应将锚栓安放齐全。上下锚螺栓的埋置深度应符合设计规定，严禁将弯钩截去后插入锚栓孔，螺帽拧紧后螺栓头应露出三个丝扣。

(7)支座底面中心线应与墩台支承垫石顶面画出的十字线重合。

(8)梁缝应符合规定尺寸。

(9)在保持梁梗竖直的前提下，梁片间隙应符合规定，道砟桥面的道砟槽顶宽不宜窄于3.9 m。

(10)活动支座应按梁的温度变化及混凝土梁未完成的收缩徐变产生的错动量，调整顶板与底板(或上下座板)的相对位置。16 m以下(不包括16 m)成品梁的弧形支座，当活动支座上下座板中线重合，销钉正在椭圆孔正中位置时，架设时可不考虑错动量。但当销钉不在正中位置，椭圆孔一侧的活动间隙很小时，仍应检算错动量，伸缩间隙不足时应立即进行调整。

(11)支座底面与墩台支承垫石顶面应密贴，上座板(顶板)与梁底之间应无缝隙，整孔梁不应有三条腿现象。

(12)板式橡胶支座安装应做到平、密、紧。当支座下有缝隙时，应以水泥砂浆等适当材料填实。坡道上采用板式橡胶支座时，当坡度在6‰以下时，可采用砂浆垫层调整；当在6‰及以上时，必须在支座与梁底支承钢板间加焊一块和坡度相同的楔形钢板。板式橡胶支座安装后，支座与梁底或支承垫石顶面之间无滑移或脱空现象，无初始剪切变形，表面无裂纹，垂直压缩量不大于设计值，侧看无不均匀鼓凸。

(13)安装盆式橡胶支座时，支座中心线与主梁中心线应重合或在允许偏差内平行，支座与梁底及支撑垫石顶面应平整密贴，平面两方向应水平，四角高差不得大于2 mm，固定支座安装时，上下座板应相互对正，支座安装前各相对滑动面应用丙酮或酒精仔细擦净，不得夹有灰尘和杂质。盆式橡胶活动支座安装时，上下导向块必须保持平行，交叉角不得大于5°，同时，应计算因安装温度与设计温度不同，支座上下各部件错开的距离，此距离需经计算确定。

(14)整孔箱梁在落梁时应保证四个支座均匀受力，无三条腿现象。

七、铺 桥 面

桥梁落位后，必须进行铺桥面工作，以便通过架桥机械及临时行车等。其内容包括：安放防水盖板、泄水罩、铺桥面轨、铺砟、整道等。

铺设桥面板时若相邻两孔梁顶面高差大于30 mm，应用水泥砂浆将较低一端垫高后，方可铺设防水盖板。

桥面轨道可预先在基地或桥头组成轨排，随梁车装运，用架桥机或铺轨机一次铺成正式线路。用龙门吊换装或用架桥机吊铺轨排时，应正确选定吊点位置。吊25 m轨排必须采用双吊点，并宜使轨排中腰和两端的下挠度大致相等；两吊点间的距离可选为14 m；两端悬出长度宜为5.5 m。

采用拨道对位的线路，宜先恢复到设计中线后再铺新轨排。当架桥机压在桥头短轨地段上时，应缩回大臂，退出短轨地段，经拆除短轨后再铺设正式轨排。

铺设轨排后应立即进行整道作业，消除硬弯、反超高和三角坑等缺陷，并应将轨枕头下面用道砟串满，不应悬空。

各型架桥机还应配备几种长度的短轨和异型鱼尾板，以便能在各种情况下满足架梁作业要求。任何情况下，接长后的线路轨端距架桥机对位后第一位轴不得小于1.0 m。

八、联结板焊接

桥梁落位后，在铺桥面的同时电焊连接板，将两片梁连成整体。为连续架梁、提高架梁速度，对已就位的梁至少应先焊连梁端及跨中三个隔板，连接钢板需满焊，焊缝高度8 mm。对需要施加横向预应力的梁，各横隔板必须先穿上横向预应力钢绞线，并用木撑块(杆)将隔板上下翼板缘支撑好，然后拉紧横向预应力钢绞线，在保证架梁时稳定的前提下架设下一孔梁。架梁时应保证各片梁的横向预应力孔准确对位。

当两片梁的联结角钢相互错动很大，使用原配联结板不能保证联结质量时，应在现场另行配制钢板。配板厚不得小于原设计厚度，配板长度不应大于联结角钢之长度，并应使两相对联结板之间至少能保持30 mm净距的宽度。板上挖孔直径不宜大于50 mm。当上下错动量较大时，应随高差大小裁成平行四边形。

电焊前应将联结角钢或联结板上的混凝土溅渣、油污和铁锈等除净。电焊焊条和联结角钢应保持干燥状态，低温作业时尚应采取预热措施。焊缝厚度不得小于8 mm，并不应有裂缝和气孔等缺陷；联结板的下端不应低于联结角钢的下端，否则应将超出部分割去。

电焊脚手宜采用“挂板式”或“框式”脚手。

九、横隔板的湿接与桥梁横向张拉作业

1. 横隔板的湿接作业

(1)制孔及预应力钢束孔道连接

制孔时为控制管道坐标位置，应设置定位网，以保证波纹管顺直，各方向偏差应符合所应遵循标准规范的有关规定。预应力筋孔道应满足设计要求。

制孔完毕后，应及时将隔板及桥面板接缝处的预留波纹管插入T梁预留孔道内，插入长度应在30 mm以上，孔道对接处要保证密封，防止进浆。

(2)预应力钢绞线的制造和穿钢绞线束

①钢绞线下料,应按设计孔道长度加张拉设备长度,并预留锚外不少于 100 mm 的总长度下料,下料应用砂轮机平放切割。切断后的钢绞线要平放在地面上,并采取措施防止钢绞线散头。

②钢绞线切割完后须按各束理顺,并间隔 1.5 m 用铁丝捆扎编束。同一束钢绞线应顺畅不扭结,同一孔道穿束应整束整穿。

③预应力钢束穿束需在湿接缝模板安装前进行,以便在穿束过程中能够及时发现、处理拉破孔道接头。

(3)绑扎钢筋、安装模板

横隔板钢筋应按设计图尺寸及规格在基地制作,用运输平板运至施工现场,绑扎钢筋时按尺寸预留波纹管道。湿接缝钢筋绑扎也可按常规施工方法在施工现场进行绑扎。

待钢筋绑扎完成后,按设计图纸尺寸进行支模板。立模板前应将联结角钢上的浮杂物质除净,敲去电焊熔渣后再立模板,模板可采用钢模板组拼。为使用方便,可以将底模、侧模分别组装成几个整体模板,以便重复利用时减少组拼工作量。模板安装应坚固牢靠,防止浇筑混凝土时跑模、胀模。模板安装完毕后,应进行模板检查,确认几何尺寸无误后,进行下道工序。

(4)混凝土灌注、养生、拆模

混凝土强度等级应按设计规定配制,振动棒振实,振捣混凝土时要注意对波纹管的保护。浇筑混凝土时应不断拉动预应力钢束,以避免因波纹管排列后,混凝土进入波纹管将预应力钢束固定。

浇筑混凝土时应同时对因架梁造成的缺陷(如填补千斤槽、顶梁凹槽和因碰撞挤乳产生的破块裂痕等)进行整修。修补前应将破碎混凝土彻底清除,并用清水冲净。当破损深度超过 50 mm 或露出主筋时,应作成记录交养护单位备查。

湿接混凝土采用自然养生。拆模时混凝土强度不得低于混凝土设计强度的 60%。

2. 预应力筋的张拉

(1)预应力钢绞线的张拉

①预应力设备选用及校正应符合铁路铺架项目所在国的有关规定,采用中国标准时,应符合国内技术标准之要求。

②当横隔板接缝处混凝土强度达到设计强度的 100%时,方可施加横向预应力。

③在进行第一孔梁张拉时,需要对管道摩阻损失、锚圈口摩阻损失进行测量。根据实测结果对张拉控制应力作适当调整,确保有效应力值。

④同一孔梁宜对称张拉,其不平衡束最大不超过一束,张拉同束钢绞线应由两端对称同步进行。张拉顺序为:两端横隔板—跨中横隔板—中间横隔板由两端向中间对称张拉。

⑤预应力筋张拉程序为:

0→0.1σ_k(作伸长量标记)→σ_k(静止 5 min)→补拉 σ_k(测伸长量)→锚固。

⑥张拉操作工艺

张拉操作工艺应符合铁路铺架项目所在国的有关规定,采用中国标准时,应符合国内技术标准之要求,如设计有特殊规定时可按设计文件办理。

3. 管道压浆

终张拉完成后,宜在 48 h 内进行管道压浆,压浆前管道内应清除杂物及积水。管道压浆须符合铁路铺架项目所在国的有关规定，采用中国标准时，应符合国内技术标准之要求，如设计有特殊规定时可按设计文件办理。一般来说，管道压浆会对水泥强度等级、水泥类型、水灰比、水泥浆泌水率、流动度、浆体膨胀率、初凝时间、终凝时间、压浆时浆体温度等相关指标有所规定，且需确保压入管道的水泥浆应密实饱满。

水泥浆所掺加高效减水剂应符合相关标准之规定，掺量由试验确定，阻锈剂掺量宜为12 kg/m^{3}或按产品使用说明掺加。严禁掺入氯化物或其他对预应力筋有腐蚀作用的外加剂。

预应力管道压浆应采用真空辅助压浆工艺。真空泵和压浆泵应分别与同一管道的排气口和压浆口连接；排气口应设在管道一端的上方，压浆口应设在管道另一端的下方。

4. 封锚

(1)清理表面。浇筑封端混凝土前，应先将承压板表面的粘浆和锚环外面上部的灰浆铲除干净，为保证混凝土接缝处接合良好，应将原混凝土表面凿毛，并焊上钢筋网片。

(2)防锈、防水处理。在清理封端的杂物后，应对锚具进行防锈处理，用环氧树脂涂封锚具，用防水涂料涂封锚穴四周。

(3)对锚具进行防锈处理时，应同时检查确认无漏压的管道后，才允许浇筑封端混凝土。封端混凝土应采用无收缩混凝土进行封堵，其混凝土强度不得低于设计要求。

(4)封端混凝土应连续浇筑，一次成型，并应具有良好的密实度，封端混凝土采用自然养护。

(5)锚栓孔灌浆，上述工作完成后，进行锚栓孔的砂浆灌注，灌注完成后进行养生。

第三节　架梁作业

下面以肯尼亚蒙内铁路六标段采用我国铁路技术标准，使用TJ165型架桥机架设T梁为例，介绍快速架设简支T梁施工技术的研究情况，希望该施工技术同行有所裨益。

一、概　　述

在原TJ165型轮轨式架桥机架设铁路简支T梁施工中，由于涉及到两片T梁横隔连接钢板焊接作业、架梁与轨排铺设工作内容转换、吊梁天车挂钩连接等环节大大影响架梁进度，也存在诸多安全隐患。中国路桥工程有限责任公司和中交隧道工程有限责任公司通过研发焊机承载装置、短轨排承载架、吊梁天车挂钩半自动连接装置等，在确保安全架梁铺轨的同时，大大加快了架梁铺轨进度。

架设梁时，架桥机主机在铺设的轨道上行驶到桥头，打好液压支腿，在主机两侧设置的承载架上装载工具轨排，主机过孔立0、1#柱，然后依次喂、捆、出、落、移、支两片T梁，立即用5台电焊机横向焊接联结钢板(同时二号车运桥面25 m轨排)，再铺设25 m轨排(如果有)，将工具轨排从主机两侧承载架上推入架桥机主机腹内，再次实现架桥机主机对位过孔。

二、施工工艺流程

架梁施工程序：龙门吊倒装梁→拨道对位→顶梁→捆梁→吊梁→移梁→落梁和支座安装→连接板焊接→铺桥面轨→收尾。

架梁铺轨施工工艺流程见图5—4。

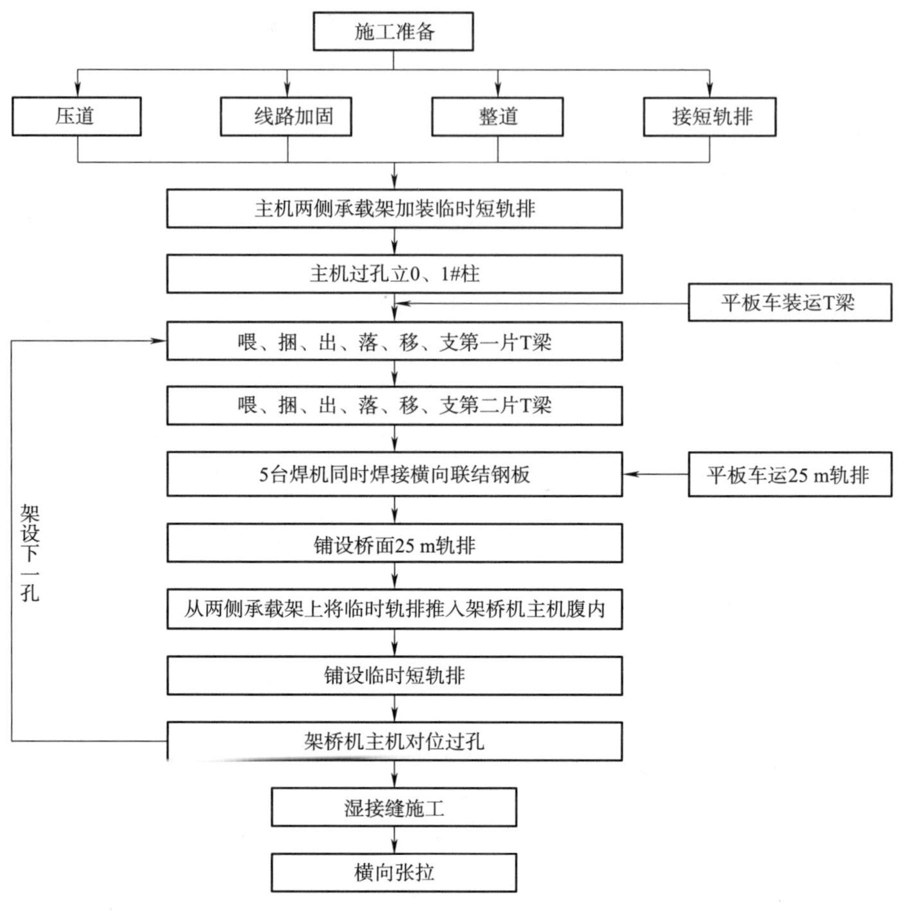

图 5—4　架梁铺轨施工工艺流程

三、施工技术要点

(一)施工准备

1. 架梁工程施工前,应做好施工调查工作,与线下工程施工单位做好交接验收工作,并根据施工调查情况制订架梁实施方案。

2. 架梁前,应落实下列工作:

(1)架梁施工步骤和架梁时的劳力组织;桥头线路、桥面等的铺轨上砟办法;铺轨与架梁的衔接办法。

(2)确定组装架桥机地点和换装龙门吊安放位置。

(3)复查架桥机组装后走行地段和吊梁通过地段的限界是否符合要求。

(4)检查桥墩中线、支座十字线等是否已画在墩台垫石顶面上、垫石顶面是否平整;锚栓孔位置、深度、孔径大小等是否符合要求;桥台挡砟前墙和墩台顶帽有无外露钢筋;吊篮及步行板是否安装牢固。

(5)检查桥头填土和线路质量,确定压道加固方法和有关事项。架桥机组装后的走行地段线路必须压道检查,线路状况不合格时,应由原施工单位进行处理直至达到标准。

(6)确定架梁列车编组挂运办法和梁的生产供应能力。

(7)特殊条件下架梁的办法和步骤。

(8)确定桥头备砟、堆料、存放机具的具体位置。

3. 架梁前，复测桥梁墩台前后、左右距设计中心线的尺寸和支承垫石高程，锚栓孔尺寸、支座十字线均应符合验标要求。

4. 成品梁应按照架梁计划，分批并成孔地组织装车发运。同一孔两片梁的制成日期之差应符合下列规定：(1)制成日期距架设日期超过 30 d 不足 90 d 时，不得大于 10 d；(2)超过 90 d 不足 180 d 时，不得大于 20 d；(3)超过 180 d 时可适当放宽；(4)梁车挂运时应有专人押运，梁运到现场后铺架队应及时组织架设。

5. 跨装梁的车辆在调车作业时，严禁溜放或将溜放车辆与梁车相挂。途中运行速度应符合规定，不应超速。押车人员在停车时应检查梁体及支撑、运梁转向架等有无窜动、移位现象，一经发现，应立即纠正。运梁转向架及其他周转性支垫材料、加固设施等，应及时发回梁场。

6. 架梁前准备

(1)配齐随梁配件。

(2)检查及整修支座螺栓。

(3)预上支座、桥面道砟、预上道砟厚度不宜小于 10 cm。

(4)架梁用的机具材料应配备齐全，并应在架梁前送到桥头。所有材料、工具、机械等应经检查、试用后方可发运，到达桥头后应再度检查。

(5)架桥机应进行静、动载试验和试运转。

(6)组装好的架桥机进入工程线前，必须进行压道，必须对桥头线路进行加固。雨后必须重新压道。

7. 卷扬机起重钢丝绳应采用 6×37 或 6×61 型交叉搅丝的钢丝绳，安全系数不得小于 6。

(二)桥头作业

1. 架桥机由组装地点至架桥工地，应根据具体情况进行编组运行。一般采取一号车在前、二号车居中，机车再推送梁车、桥面轨节车和龙门架车在后跟踪运行的方式发送。一、二号车也可联挂运行。

2. 出退机前应提前消灭钢轨硬弯、曲线轨道反超高、三角坑等病害，清除障碍物，将线路整平拨顺，确认路基坚固、线路平实后才能出机。必须执行列检和铺架机走行司机两级监督检查、制动试验制度。

3. 出退机应符合下列要求：

(1)机臂必须落到低位，并插好一、二号柱柱销，放倒机臂上安全绳杆。

(2)必须有架桥机副机长以上领导负责，并有专人护送领车。

(3)铺架走行司机每次接换班后以及每次出退机前必须对铺架机的制动，走行部进行细致的检查。

4. 桥头正线的轨道条件应符合下列规定：

(1)道床厚不得小于 25 cm。

(2)道床顶面宽不得小于 350 cm，并应在拨道范围内适当加宽。

(3)曲线地段不应设超高。

(4)轨距、水平、方向等应符合线路养护作业标准。

(三)一号车作业

1. 一号车应准确地停在架梁位置上,第一位轮中心到胸墙或已架梁前端间的距离应严格按照 2.47 m 对位。对位后,制动风压应随时保持 600 kPa 以上,并采用铁鞋、木楔和止轮防爬器在车轮下止动,确保架桥机不发生溜动,经检查确认无误可停机。

2. 出大臂前,一号车放下前后液压支腿,并在钢轨两端外侧横梁下各支垫两根硬质枕木头,同时用木板或楔木抄平。大臂伸缩前,应将吊轨小车退回 1#柱前紧靠吊梁小车。如遇雨天或钢丝绳过松,绞盘打滑,应在卷筒面上适当垫放材质以增加摩擦力,以避免绞盘损坏。

3. 将原吊梁天钩改为挂钩自动连接装置(图 5—5～图 5—10),图中:1—主动天车,2—从动天车,3—钩框,4—挂钩部件,4-1—挂钩,4-2—挂钩架,4-3—托架,4-4—电磁铁,5—连接杆,6—连接架,7—销轴。

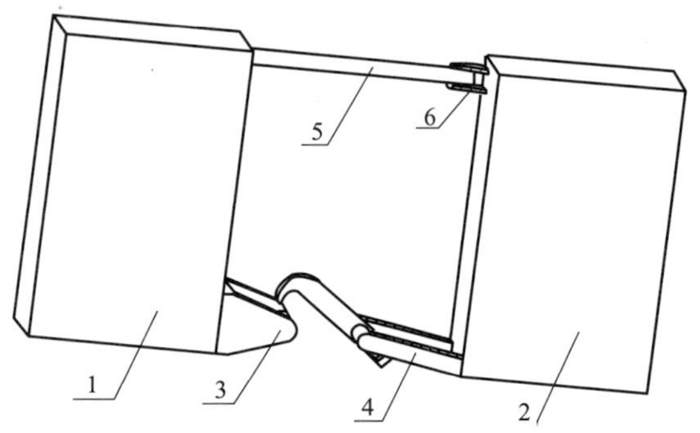

图 5—5 挂钩松开示意

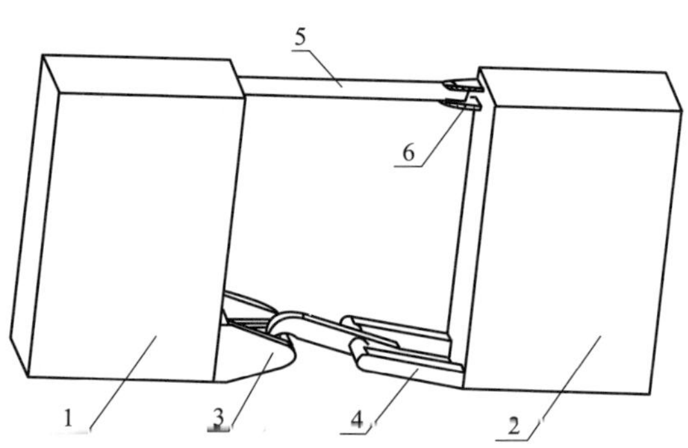

图 5—6 非电磁铁挂钩连接示意

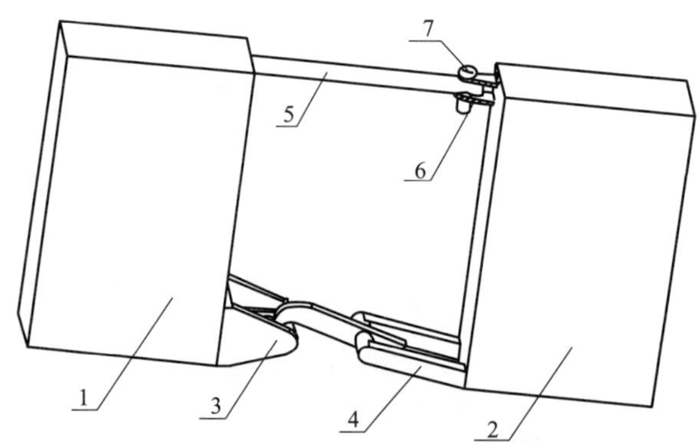

图 5—7 电磁铁挂钩连接示意

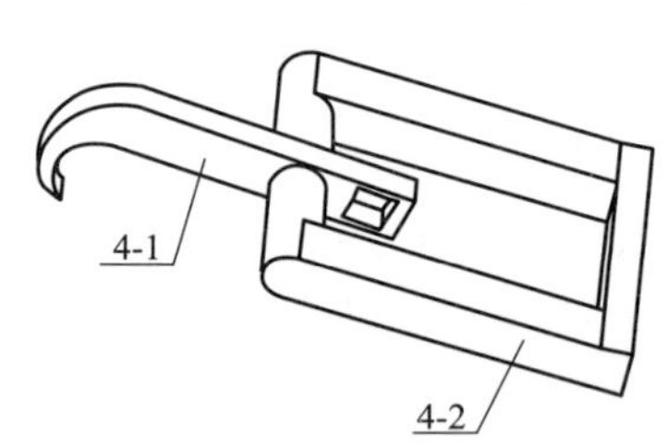

图 5—8 半自动连接装置示意

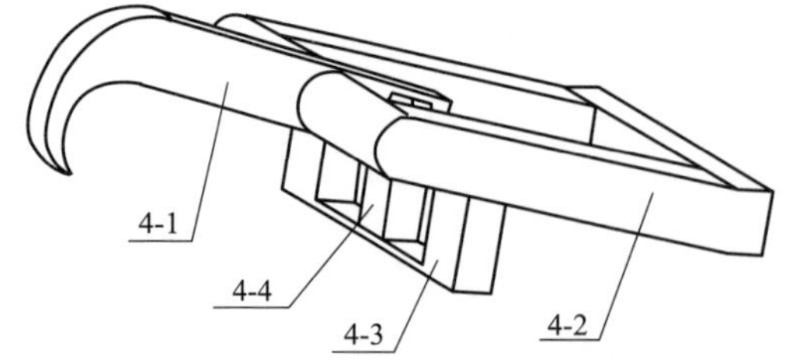

图 5—9 电磁铁连接装置示意

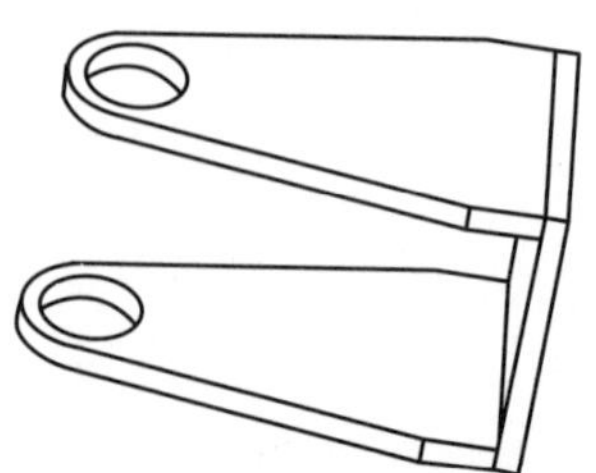

图 5—10 连接架示意图

挂钩自动连接装置包括固定于天车上部的主连接装置和固定于天车下端的副连接装置；主连接装置包括固定于主动天车的连接杆和固定于从动天车的连接架，副连接装置包括固定于主动天车的钩框和固定于从动天车的挂钩部件；使用时，连接杆与连接架通过销轴连接。

连接架将两块开有连接孔的钢板焊接在钢板制成的底座上，两块带有连接孔的钢板分别位于底座的上端和下端(图5—10)。

挂钩部件包括挂钩架和挂钩，挂钩架为矩形框结构，使用时将矩形框一端固定在从动天车上，与固定端相对的是铰接轴，挂钩与铰接轴铰接，挂钩上铰接孔的位置靠近挂钩尾端。由于副连接装置位于吊梁天车下端，施工人员不易到达，需要设置成半自动连接的形式。

为了实现副连接装置的半自动连接，应采用如下设置形式：在挂钩的尾部开孔，如图5—4所示。将绳索穿过孔捆绑牢固，绳索长度应能从天车底端到达地面，便于施工人员操作。还可以在挂钩架下端焊接托架，托架位于挂钩尾部的正下方，并将电磁铁固定于托架上，电磁铁位于挂钩尾部正下方，具体结构如图5—9所示。

在使用前，将主连接装置固定在天车上端，其中连接杆焊接在主动天车的后端，连接架焊接在从动天车的前端；将副连接装置固定在天车下端，其中钩框焊接在主动天车的后端，将挂钩部件焊接在从动天车的前端。

使用时，操作主动天车靠近从动天车，在靠近过程中将绳索拉紧，使挂钩的前端高于尾端，如图5—5所示。待挂钩前端的位置正好处于钩框上方时，松开绳索，挂钩前端靠自身重力作用下落勾住钩框，完成勾接，如图5—6所示。此时，从动天车不会溜车，并且连接杆的连接孔正好与连接架的连接孔重合，可方便准确地将销轴插入到连接杆和连接架的连接孔中，从而完成主动天车和被动天车的连接，如图5—7所示。在需要松开连接时，首先将销轴取下，然后拉紧绳索使挂钩的前端高于尾端，启动主动天车远离从动天车，完成分离。

如果使用在挂钩尾端下方设置电磁铁的方案，则使用更加方便。在操作主动天车靠近从动天车的过程中，将电磁铁通电以将挂钩的尾端吸附保持挂钩的前端高于尾端，如图5—5所示。待挂钩前端的位置正好处于钩框上方时，电磁铁断电失去吸附能力，挂钩的前端靠自身重力作用下落勾住钩框，完成勾接，如图5—6所示。此时，从动天车不会溜车，并且连接杆的连接孔正好与连接架的连接孔重合，可方便准确地将销轴插入到连接杆和连接架的连接孔中，从而完成主动天车和被动天车的连接，如图5—7所示。在需要松开连接时，首先将销轴取下，然后将电磁铁再次通电，电磁铁吸附挂钩尾端，挂钩的前端高出钩框，启动主动天车远离从动天车，完成分离。

图5—11所示为TJ165架桥机主机吊梁天车改造后的半自动连挂装置实物图。改造所需原材料：15 mm厚钢板，400×200 mm(长×宽)两块，20 mm厚钢板650 mm×150 mm(长×宽)一块，75 mm方钢长1 350 mm，450 mm×250 mm(长×宽)两块。

4. 大臂伸出抵达桥墩后，及时立好零号柱，零号柱的支垫应符合下列要求：

(1)在桥墩垫石顶面立零号柱时，垫石顶面必须用硬质木板和木楔填平垫稳，支垫的长度和宽度应大于零号柱两侧承力部分尺寸，保证零号柱柱底受力均匀；当零号柱偏离时，突出垫石的部分下面必须用素枕头和硬质木板垫平楔实，严禁零号柱一侧或两侧悬空。

(2)在桥台立零号柱时，零号柱下并排垫枕木，不平处用薄木板和木楔填平楔实，保证零号柱柱底全面受力。

图 5—11 TJ165 架桥机主机吊梁天车改造后的半自动连挂装置

(3)零号柱支垫的厚度，应根据坡度和梁跨长度进行调整，尽量使零号柱立好后大臂保持水平。

5. 根据所架梁体高度将一号柱、二号柱上升到所需高度，一号柱、二号柱柱顶高度应相同，插好一号柱、二号柱柱销，再将一号柱油缸卸压，二号柱油缸上顶，使插销压牢受力。

6. 将吊梁小车与一号柱柱顶的定位销插好，拔出一号柱柱顶与机臂的中心销，开动机臂伸缩卷扬机，机臂即可前伸。机臂伸到位后，插好一号柱柱顶与机臂的中心销，并拔出一号柱柱顶与吊梁小车的定位销。

7. 进行翘头作业时，应注意将二号柱插销全部拔出后方可进行，并尽可能缩短油缸进行翘头作业的时间。

8. 立稳零号柱后，二号柱油缸上顶使零号柱压牢，压力为 4 MPa，将摆头油缸钢丝绳完全放松。为防止吊梁台车吊梁体走行时，机臂固定销突然窜出，还应将压销手钢板用螺丝上好压在销子上，但不能压死，应留出 150 mm 间隙。

9. 大臂伸出简易立在桥墩台后，吊轨小车方可进行吊运作业。所用工具材料吊放墩台后，再翘大臂垫枕木或木板，支垫完后再压大臂，严禁大臂在悬空时吊装运行或把吊轨小车开到前端。

10. 架完梁需缩回大臂时，前液压支腿不能撤，应先将吊梁小车退回到后端限制位置，机臂抬头，收起零号柱活动节，并将大臂摆正后方可回缩。大臂缩回到位后，前液压支腿方能撤回。

11. 大臂上应设专人，其任务是：防止钢丝绳绕乱、跳槽；走梁前摘掉吊梁小车插销；伸缩大臂后安销子；二号吊梁小车卸载后打堰，梁走行前清除大臂上的障碍物等。

(四)龙门架倒装 T 梁作业

1. 机车推送 T 梁、桥面轨节及龙门架车到达工地后，在距桥头约 200 m 远的合适地点组立龙门架，将平板车上的桥梁吊起，落放到二号车上，进行倒装梁作业(图 5—12)。

2. 龙门架支立

(1)龙门架一般应组立在坡度不大于 6‰的直线线路上或半径不小于 1 200 m 的曲线线路上。特殊情况在半径较小的曲线上组立时，应将线路拨直 50 m 左右。

图 5—12　龙门架倒装 T 梁作业

(2)龙门架至桥头距离应以满足倒车的需要,同时又须尽可能缩短二号车的走行长度,一般选在 200～500 m 之间为宜。

(3)龙门架应立在基底坚实且线路条件较好的地方,并尽量避开高填路基,基底要整平夯实,基底上至少放二层枕木,分布压力。

(4)龙门架脚底宜高出轨面一层枕木,组立后钩底距轨面的净高应保证运梁 2＃ 车及运梁车能自由通过。

(5)龙门架支腿垫平垫实,两边支腿安放在同一水平上,垂直度≤2/1000。

(6)龙门架左右支腿与线路中线的距离应保持相等,误差不超过 10 mm。

3. 倒装不同跨度梁片时,两龙门架的中心距离应做相应的调整。一座桥有两种跨度时,必须调整龙门架位置,严禁使用 24m 跨度梁片的吊距起吊 32 m 跨度梁片。

4. 用龙门架吊装梁片及轨排时,如需偏装,可通过龙门架架顶横移装置进行,也可以调整两侧油缸高度来解决,但龙门架两侧油缸高度相差不得超过 300 mm。

(五)二号车装运梁与一号车对位

1. 二号车装梁时,梁体重心一般落在二号车纵向中心线上。在曲线上架梁时,可使梁片中线与二号车纵向中心线略成斜交,梁片前后两端各向二号车中心线左右偏离少量距离。梁体落在二号车上时,梁前端超出二号车的距离,其最低处距轨面净高必须满足一号车拖梁的需要,不足时须用垫木调整。

2. 二号车载梁运行速度宜为 0～7 km/h,与一号车对位时速度≤0.5 km/h。距一号车 10 m 处一度停车确认二号车制动系统工作正常后,再启动一号车缓慢推进。二号车运送桥梁时应设专人护送(图 5—13),预防梁侧支撑松动。与一号车对位时,注意观察一号车后边有无部件或障碍物,严防与梁片悬出部分碰撞。

3. 二号车对位时应有专人把闸,在一、二号车之间酌留间隙,不予挂实,严防冲撞。在一号车落梁过程中禁止联挂。图 5—14 所示为二号车与一号车对位。

4. 二号车后退时,由司机负责瞭望,前进时由车长持信号旗领车。

(六)梁体拖拉与起吊

1. 架桥机梁体拖拉作业和捆梁、吊梁等作业交叉进行,主要包括以下过程:顶起梁体前端,并落到一号车的前一辆拖梁小车上,在跨装状态下拖梁前进;待进到一定位置后,再顶起桥梁后端,并落到一号车的后一辆拖梁小车上,继续前进(图 5—15),梁体前端进到一号吊梁小车位置时，捆梁、吊梁在半支半吊状态下前进；待梁体后端进到二号吊梁小车位置时再捆梁，吊起后端，在悬吊状态下前进对位。

图 5—13　二号车运梁

图 5—14　二号车与一号车对位

图 5—15　拖梁前进

2. 二号车端油压千斤顶顶梁时，左右千斤顶应同时顶升，随时保持梁体处于水平状态，并及时调整可能出现的偏斜量；梁体顶起后，一号车拖拉小车未到位垫好前，严禁抽去铁盒或拉开二号车拖梁小车。

3. 拖梁小车上应放硬质木板垫梁，垫梁板高度必须使梁体能够顺利的拖进一号车，梁体装上拖梁小车后，应及时加设支撑支护。

4. 拖梁小车运行前，必须清除影响小车和桥梁前进中的一切障碍物，并观察有无碰挂和小车运行不良情况。

5. 梁体后端捆绑完后，钢丝绳以起吊至不受力为准，然后用拖梁台车往前拖送至1♯柱中部位置，方可进行起吊作业。吊点应符合有关规定，一号吊梁小车的捆梁位置一般距梁端3～3.7 m，避免与大臂前端的吊轨小车相碰，严禁在2号柱下起吊。

6. 桥体吊起后，梁身应保持水平状态向前移动，架32 m梁时，两端吊起后，可将前端逐渐落低，以免与停在大臂前端的吊轨小车相碰撞。

（七）纵横移落梁就位

1. 梁体宜高位纵移；纵梁时应设专人在桥墩台上监视梁体动力情况，特别是梁体即将到位时，应密切配合严防梁体撞击前支腿或零号柱；墩台设专人拉限位开关。图5—16所示为T梁纵移现场。

图5—16　T梁高位纵移

2. 梁体应先下落后横移，严禁高位横移。梁体横移时，横移小车在丝杆传动装置的驱动下，吊起梁体可横移左右各1 150 mm；严禁用二号车顶梁扁担的横移装置横移梁体。

3. 落梁(图5—17)就位时，支座底面中心线应与墩台顶面放出的十字线相重合。梁端伸缩缝和梁体间的间隙应符合规定尺寸，梁梗垂直，支座底面和墩台顶面应密贴，上下座钣间无缝隙，整孔桥梁无三条腿现象。就位后的支座十字线与墩台十字线间的错动量及两片梁支座中线间的错动量和两片梁支座中线的横向距离误差应在设计允许范围内。

4. 梁体就位后，梁体端部应平齐，桥梁平整，梁顶面高程符合设计要求，梁体无损伤，并保持横向预应力预留孔道对齐。

（八）横隔板焊接

1. 整孔梁体就位后，应立即进行联结板焊接，架桥机通过该跨前应焊完两端及跨中处联结点。

图 5—17　落梁作业

2. 为加快焊接速度，宜采用电焊机承载架来增加电焊机的数量。图 5—18 所示为电焊机承载架的构造示意图。其中，纵梁、横梁和立柱构成承载架的框架，上、下平台采用销轴和支撑凸台固定在框架上，承载架可以采用设置带有锁定装置的万向轮。电焊机可放置于上下平台上，最多可放置 5 台电焊机。电焊机承载架的尺寸应根据电焊机的尺寸来确定。

图 5—19 为承载架实物图。尺寸为 1 680×780×1 700 mm(长×宽×高)，下层放置 3 台，上层放置 2 台和配电箱一个。

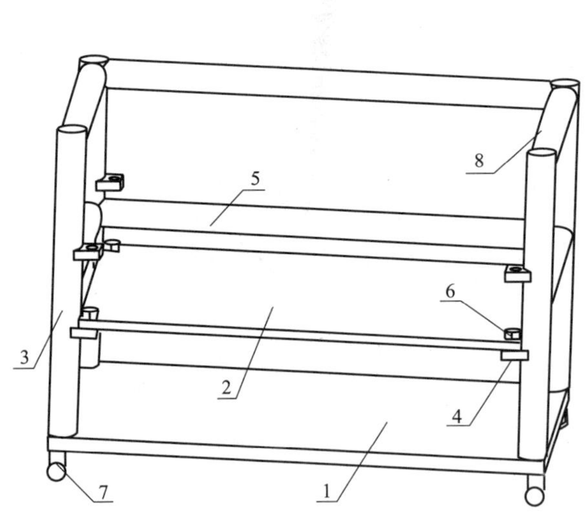

图 5—18　电焊机承载架构造示意

1—下平台；2—上平台；3—立柱；4—支撑凸台；
5—纵梁；6—销轴；7—万向轮；8—横梁

图 5—19　电焊机承载架实物图

3. 焊接应符合下列要求：

(1)当两片梁的联结角钢相互错动很大，使用原配联结板不能保证联结质量时，应在现场另行配制钢板。配板厚度不得小于原设计厚度，配板长度不应大于联结角钢之长度，并应使两相对联结板之间至少能保持30 mm净距的宽度。板上挖空直径不宜大于50 mm。当上下错动量较大时，应随高差大小截成平行四边形。

(2)电焊可用交流或直流焊机，焊条应符合现行国家标准。电焊前应将联结角钢或联结板上的残渣、油污和铁锈等除净。电焊焊条和联结角钢应保持干燥状态，低温作业时尚应采取预热措施。

(3)焊缝厚度不得小于8 mm，并不应有裂缝和气孔等缺陷；联结板的下端不应低于联结角钢的下端，否则应将超出部分割去。

(九)桥面轨排铺设

1. 联结板全部焊接完成后，平整桥面道砟，拆除工具轨排后换铺成正式轨排(工艺方法前已介绍，图5—20所示为桥面轨排铺设现场图)。将轨排拖入主机腹内；若曲线上拖拉极端困难时，可用二号车顶梁扁担横移轨排，或将主机后退到平直路段倒运轨排。

图5—20　桥面轨排铺设

2. 铺轨后应进行整道作业，注意消除硬弯、反超高、三角坑等，并将枕木头下面用道砟串实不得悬空。

(十)收尾工作

1. 梁体架完后，桥梁支座锚栓孔应灌注砂浆。灌注锚栓孔砂浆时，应用钢钎捣实，灌后顶面应抹平。

2. 进行桥面湿接缝及横向联结施工，混凝土强度等级按设计规定配制。

3. 整修因架设造成的梁体缺陷，修补前应将破碎混凝土彻底清除，并用清水冲净。

四、材料与设备

(一)材料要求

1. 成品梁出厂时，应附有桥梁质量证明文件，桥梁防水层、保护层铺设质量符合设计要求和相关规定。

2. 桥梁支座进入工地后，应检验支座包装标志与产品合格证等是否相符，对支座外形尺寸、外观质量进行检验，支座品种、类型、性能、规格、结构和涂装质量均符合设计要求和相关标准规定方可安装。

（二）设备机具配置

1. 架桥机主机由机臂、曲梁及横移机构、零号柱、一号柱、二号柱、三号柱、吊梁行车、液压系统、动力及电气系统组成。技术参数如下：

(1)架桥机作业面尺寸不小于(长×宽×高)64 m×4.8 m×7.36 m；

(2)正常架设片的最小曲线半径 600 m,拨道架设梁体的最小曲线半径 300 m,通过最小曲线半径 180 m；

(3)自行速度 0～12 km/h,吊梁走行速度 6 m/min,吊梁横移速度 0.25 m/min,吊轨起升速度 4.5 m/min,吊轨走行速度 19.3 m/min,拖梁速度 6 m/min；

(4)自行最大爬坡度 16‰；

(5)液压系统工作压力≤20 MPa；

(6)工作海拔高度≤2 000 m。

2. 运梁平车轨距为 1 435 mm,可运送 165 t 及以下铁路 T 梁。技术参数如下：(1)最大轮廓尺寸 30 m×3.5 m×2 m；(2)额定载重量 165 t；(3)单机通过最小曲线半径 180 m；(4)自行速度 12 km/h；(5)液压系统工作压力≤20 MPa；(6)重载最大爬坡度 16‰；(7)工作海拔高度≤2 000 m。

3. 倒装龙门吊由两台 85 t 液压龙门吊完成,设置位置要求坡度不大于 10‰的直线线路上,龙门吊到桥头的距离一般为 200～500 m。两立柱与水平面垂直,垂直度≤2/1000,龙门吊中心与线路中心线重合,误差≤10 mm。两龙门吊中心距离见表 5—1。

表 5—1　组立两龙门吊中心距离表

需倒装的桥梁跨度	32 m	24 m	16 m	25 m 轨排节
两龙门吊中心距离	24 m	18 m	12 m	13.8 m

五、质量控制

1. 架梁时,现场技术人员负责检查、记录每片梁支座的横向、纵向错动量；两片梁间的腹板中心距；要求支座的横向错动量＜15 mm,纵向错动量＜20 mm。腹板中心距符合设计图纸要求。

2. 整孔 T 梁架完成后,应检查桥面的宽度是否符合设计要求。

3. 梁体架设后应梁体稳固,梁缝均匀,梁体无损伤。

4. 梁缝应符合施工图要求。当梁端及梁间缝偏小时,应在保持梁体竖直和桥梁顶面中心线与墩台纵向中心线相一致条件下,纵向偏差应在保持梁体活动端自由伸缩的条件下,将误差向梁体两端分配；横向偏差应在保证桥面顶宽符合设计要求条件下,向墩台中心两侧分配。

5. T 梁架设后的相邻跨梁端桥面之间,梁端桥面与相邻桥台胸墙顶面之间的相对高差不大于 10 mm,T 梁桥面高程不得高于设计高程,也不得低于设计高程 20 mm。

第四节　架梁作业安全风险控制策略

与前述铺轨作业相类似,在海外进行架梁作业,也面临着社会层面、技术层面和管理层面的风险,社会层面分为不可控风险(包括恐怖袭击、部族冲突、社会治安)和不可控风险(包括跨文化、盗抢、群体性事件)，管理层面包括安全教育、安全交底、安全隐患排查与消除三个方面。而在技术层面，架梁作业则包括运输、架梁两大方面，下面对海外铁路架梁作业工安全风险控制策略逐一展开论述。

一、主要风险分析

1. 架梁设备若不按操作规程安装、使用，则可能导致架梁工作中出现意外而造成各类伤害和设备损坏；

2. 起落梁时，若梁体两侧无支护措施，则可能导致梁体在上升过程中侧翻坠落砸伤施工人员；

3. 使用千斤顶起落梁时若违章操作，则可能导致梁体坠落砸伤作业人员，造成物体打击伤害；

4. 两台吊机吊梁时，若指挥不统一，起落不同步，则可能出现梁体左右高度不一致现象，导致梁体倾斜、坠落砸伤施工作业人员和机械设备；

5. 架梁作业区若未按规定设置防护设施，而无关人员随意出入施工现场，则梁体上的道砟等物件一旦掉落，可能砸伤工作人员，造成物体打击伤害；

6. 架梁时，墩台未设置吊篮、步板、梯子等安全防护设施，可能导致工作人员坠落发生高处坠落伤害；

7. 若不按规定对架梁线路进行检查维护，则可能因线路轨道几何形位不良而导致架桥机、运梁车等倾覆事故；

8. 运梁车在下坡道停放时，若没有设置可靠的防溜设施，可能导致运梁车溜车事故，造成人员伤亡和设备损毁；

9. 架桥机过孔前，梁片若未按规定进行横向连接，则梁体可能倾翻导致架桥机倾覆和施工人员重大伤亡事故；

10. 高处作业时，若无可靠的工作平台或吊篮，或不按则规定进行防护，或酒后作业，或疲劳作业，都可能发生施工人员高处坠落伤害；

11. 跨越公路、河道施工时若无防护措施，则可能因梁上物件掉落砸坏公路上车辆、河道上船舶，甚至造成重大人员伤亡事故；

12. 架梁作业时若无防风措施，则梁体在上升或下落过程收到超量的横向力，导致梁体坠落事故；

13. 雨期施工时，若无防雷击措施，则在高处或用高压电下方施工时可能导致施工人员受到雷击伤害。

二、重点控制策略

简支T过程中梁运架过程中，须防范物体打击伤害、高处坠落伤害、触电伤害、淹溺等伤害。

风险控制控制的重点在于：

(1)起落梁时，确保两侧有支护措施，以防梁体起落过程中坠落砸伤作业人员；

(2)起落梁时，指挥应统一，确保起落同步，以防梁体坠落；

(3)架梁时，在施工作业平台应安装步板、吊篮、梯子等安全防护设施，防止作业人员坠落；

(4)架梁线路应定期进行检查维护,避免线路轨道几何形位不良;

(5)横向连接、湿接缝施工应设置可靠的工作平台或吊篮,以防作业人员施工时坠落;

(6)跨越公路、河道施工时应设置安全网等防护措施,以防作业人员发生高处坠落伤害或淹溺伤害,防止掉落物件造成车辆船舶损毁和重大人员伤亡;

(7)架梁作业应设置防风、防雷、防滑措施,以防梁体坠落、作业人员发生高处坠落或雷击伤害。

三、风险控制要点

预应力混凝土简支 T 梁运架风险控制措施有:

(1)梁体上下翼缘应设护铁,确保在上升过程中梁体受到碰撞后不致损坏;

(2)架梁作业区应设置明显的警示标志和必要的安全防护设施,非框架梁人员不得进入框架梁作业区,防止发生主梁坠落事故危害人民群众的安全;

(3)架梁时应做好安全防护措施,确保工作人员在安全的施工环境下工作,防止作业人员高处坠落;

(4)第一片梁架设应安排在白天进行,以便检查机械运转情况。夜间架梁作业应有良好的照明,确保施工安全;

(5)施工现场风力超过 6 级时应停止架梁作业,防止因风力过大梁体发生坠落砸伤工作人员;

(6)运梁车到位后,应制动锁定,防止运梁车发生溜车;

(7)运梁车在下坡道架梁时,应设置可靠的防溜设施,防止停放的运梁车发生溜车事故;

(8)机动平车运梁前,应保证制动状态良好。接近主机时,设专人指挥,保证速度在 0.5 km/h 以下,防止与主机冲撞。对位后,立即放置制动铁鞋;

(9)梁面预铺砟带应均匀,不得偏重,避免梁片各部位受力不均匀;

(10)天车走行轨道的两端应设止轮器,避免天车在两端自由滑动;

(11)高处施工作业时,应安设安全可靠的吊篮或工作平台,保证工作人员在安全的环境下进行施工,并且有足够的作业空间;

(12)横隔板焊接质量必须符合设计要求,桥面应有消防设施,防止在焊接时起火后无法抢灭;

(13)桥下应设置安全防护人员,当桥上作业时,杜绝人员和车辆进入危险区域,防止因施工作业掉落的重物砸伤工作人员。

第六章　海外铁路新线工程运输作业

第一节　工程运输的组织

一、工程运输的特点

工程运输是保证铁路铺架施工正常进行的重要环节。一般来讲，工程运输具有以下几个特点：

(1)新建铁路工程运输是在行车设备不齐、线路状态不良、铺架施工周期短的特定条件下进行的；

(2)在铁路营业线上进行的工程运输是在原行车密度已经接近或达到饱和状态、运输任务十分紧张的情况下进行的；

(3)在工程列车中，超限列车较多，运输过程中受到各种限制；

(4)在海外铁路铺架工程中，还存在中外雇员之间语言沟通困难、外方雇员无行车经验、无铁路运输安全意识等特点。

工程运输的上述特点，对铁路铺架工程施工单位提出了高标准的要求，铺架施工项目部必须建立精干严密的行车组织机构，以经济合理地使用机车、车辆，并确保工程运输的安全。

二、组织运输的一般原则

行车运输是铺架作业的重要环节，为了紧密配合铺轨架梁，应坚持以下原则：

1. 以铺轨架梁为中心，设立专门的运输机构，负责办理运输业务和技术作业。

铺架施工涉及的部门比较多，是一项复杂的综合技术作业。所以，应该以调度日班计划将长钢轨生产、轨排生产、运输、铺架等分散的生产活动联成整体，要求项目部调度主任每日在规定时间点前将工地铺架进度，轨排生产、机车车辆分布等资料收集完毕，并与前方调度、后方调度、桥梁厂调度(若有的话)、既有线施工时还必须与路局所属调度台研究次日铺架及轨排生产计划，于规定时间点前编制出行车日计划，由调度中心值班调度下达有关部门，由前后方值班调度共同组织实施，确保日计划的实现。

2. 将运输和施工有机地结合起来，统筹兼顾，统一指挥。行车调度编制列车运行图，工程调度编制铺架综合技术作业图，二者互通情况，密切配合，共同掌握铺轨架梁进度计划，及时分析解决不协调因素，迅速建立并巩固运行秩序，为快速铺架创造条件。

3. 在铺架期间，新线运输逐日延长，而机车车辆正式检修设备往往安排不好。为了保证铺架和临时运营的需要，应设置机车车辆流动检修机构，负责新线机车车辆的检修工作。

4. 加强机车车辆的检修，压缩非生产和非技术作业时间，挖掘车辆潜力。

5. 强化装载加固措施，保证加固质量。

6. 及时对已铺线路进行上砟整道及养护维修工作，及时进行铺架交接工作，便于上砟整道单位及时整道、维修，以提高线路质量。保证工程运输的速度和安全，确保铺架作业顺利完成。

三、运输管理组织机构的组建

为保证铺架工作的顺利进行，项目部应负责管理新建铁路的运输工作，在工地成立运输领导小组。主要职责是负责新线运输各专业的技术管理和安全工作，与既有线（若有）所属各相关业务部门及其他工程单位协调相关事宜，确保运输安全畅通。运输组织机构见图 6—1。

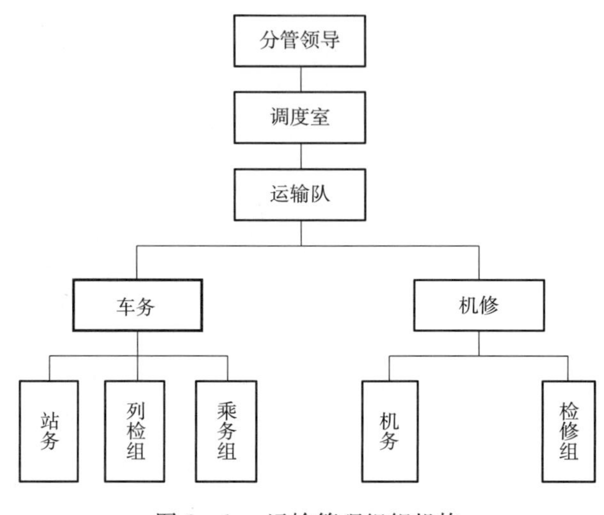

图 6—1　运输管理组织机构

1. 调度室

调度室是运输指挥中枢，负责运输组织协调、货物运输统计、货物编组运输计划等。所有工作要根据项目部的施工计划和铺架现场实际施工情况，结合运输生产能力、区间通过能力、基地站路料生产装卸能力，合理编制运输计划，指挥列车按列车运行图正点运行，确保运输和施工生产两不误。有关作业队（梁场、轨枕场、轨排队、上砟整道队（含大机养护）、铺架队及桥面系作业队等）作业的施工计划安排必须由各自工调人员到项目部调度室向工程调度提出书面的施工计划，如要行车及占用区间的施工，由工程调度统一向行车调度申报，计划批复后，到各车站登记及销点。

项目部调度室设在铺架基地，主要负责：

(1)基地站至小里程铺架前方站的行车指挥；

(2)占用区间施工的计划安排；

(3)根据铺架进度、施工计划下达日班计划或阶段性计划；

(4)专职货运统计员负责货调统计；

(5)工程计划调度员和行车调度员统一负责协调处理有关线上和线下施工单位之间的协调工作。

基地的桥梁、轨排及其他路料的编组顺序等调车由工程计划调度员下达、装卸等施工，由调度室工程调度员相关的车站货运员向相关架子队下达，基地站根据路料的编组顺序下达的调车作业计划来解体、编组列车。

调度室行车调度员负责基地站至小里程前方站的行车指挥工作；前方站至铺架现场的行车计划由前方站值班员（或前方调度）下达，并向中心调度室行车调度汇报。

调度室一般执行两班制，每班设值班主任 1 名、工程调度员 1 名、行车调度员 1 名、后勤调度员 1 名，24 h 轮流值班制度。

2. 运输队

运输队是具体实施运输工作的基层单位，负责车务、机务、机修、列检、乘务及各车站的技术管理和人员管理。主要工作如下：

(1)为便于沿线施工及工程运输，运输队需在所经的沿线各站派驻站人员，加强线下施工单位和项目部调度室的联系，保证运输畅通。

(2)基地站设机务运转室，负责机车乘务派班工作，运转车长值乘方式与机车乘务员相同。

(3)基地站担当相关路料的装卸车、存储；轨排生产、桥梁、钢轨、轨枕倒装，列车解体、编组等调车任务。

(4)在线路运距增长时，由调度室提出开设中间站，派驻人员负责路料、工程列车的转换运输等工作。

(5)机务运转室负责机车运用的全面工作，认真贯彻执行上级命令和机车运用的有关规定。机务运转室必须在 24 h 内有人坚守岗位，对工作要做到一视同仁，公平公正，认真负责，严禁上班喝酒，打麻将，从事与工作无关的事情，乘务员出勤时，认真传达注意事项，退勤时，对机车质量、卫生清洁等做好监督、检查，确认合格后，方可给当班乘务员办理退勤手续，否则不予退勤。

(6)检查督促乘务员落实岗位责任制和各项规章制度，针对工作中存在的问题及时制订出措施，防止事故发生。

(7)平时组织乘务人员参加学习事故的分析和处理。带领乘务员完成项目部及队内下达的各项施工运输生产任务，消灭各种事故苗头，行车事故、人身伤亡事故及火灾事故。

(8)定期召开机务安全分析会，布置安全生产任务，组织学习安全文件，交流安全生产经验。

(9)加强乘务员安全教育，及业务技术学习，提高乘务员业务素质，统筹安排，搞好机务安全生产运输组织工作。

(10)根据运输计划合理安排机车保养、整修工作；按照调度室日行车计划，合理安排机车交路工作；建立乘务人员出勤、机车油料消耗及保养临修管理台账。

(11)为确保沟通顺畅，降低车站管理安全风险，运输队扳道员应全部配置中方人员。

运输队中方人员配置见表 6—1。

表 6—1　运输队中方人员配置（肯尼亚蒙内铁路 6 标实例）

序号	部　门	岗　位	计划人数	合　计
1	后勤	队长	1	5
		站长	1	
		机务主任	1	
		材料员	1	
		机修技术指导	1	

续上表

序号	部　门	岗　位	计划人数	合　计
2	机务	机车司机	21	48
		机车副司机	21	
		叫班员	2	
		轨道车司机	1	
		轨道车副司机	1	
		柴油机维修	1	
		制动机维修	1	
3	站务	内勤值班员	2	90
		外勤值班员	2	
		调车长	2	
		调车员	10	
		货运员	2	
		列检	4	
		运转车长	14	
		车站值班员	18	
		扳道员	36	
		合　计	143	

3. 列检所

为确保列车运行安全，在基地站设列检所，作业范围如下：

(1)负责所在标段自备车辆检修，对到达、始发的列车按照主要列检所的作业范围进行全面检查、修理。

(2)对装载超级超限货物的车辆安装车钩缓冲器，并将所在标段车辆的钩提杆用铁丝捆绑固定；对装运超限货物的车辆进行技术检查和货物装载状态鉴定。

(3)根据需要指派检车员随车乘检，处理危及行车安全的临时故障；故障车的维修；担负事故救援任务，并负责对救援设备的日常检修与保养。

第二节　工程运输设备及设施

本节结合肯尼亚蒙内铁路为例，介绍工程运输设备及设施的选型、配置与管理。

一、机车车辆使用计划的编制

(一)机车牵引质量的确定

牵引质量是指是某一类型机车牵引普通货物列车的总吨数。由于新铺线路的轨道尚未密实、道砟不平、坡度误差大、轨向不顺等原因使得列车运行阻力加大，根据经验，以在线路的限制坡度(双机或多机牵引地段为加力牵引坡度)的基础上加大3‰来进行牵引计算较为合适，即线路计算限坡取 $i_x+3‰$ 或 $i_{JL}+3‰$。而工程列车在新铺线路上运行，经常遇到区间内整道施工或其他施工而停车，因此，不可避免地会遇到在限制坡度(双机或多机牵引地段为加力牵引坡度)地段停车、起动的情况。故在按起动条件检算机车牵引质量时一律按线路的限制坡度加大3‰来计算换算单位坡道阻力和换算坡度。

一般来讲，新线列车的牵引质量全部为起动条件控制，所以实际上只计算起动牵引质量。起动牵引质量

$$Q_q=\frac{\lambda_y F_q-P(\omega_q'+i_j)g}{(\omega_q''+i_j)g}$$

式中 Q_q——起动牵引质量(t)；

λ_y——机车牵引力使用系数，单机牵引时取0.9；

F_q——机车计算起动牵引力(N)，工程列车的机车一般采用内燃机车，常用的有DF4(货)、DF4B(货)、DF4C(货)、DF4D(货)，其计算起动牵引力可从表6—2获取；

P——机车质量(t)，可从表6—2中获取；

ω_q'——机车单位起动阻力(N/kN)，取5N/kN；

ω_q''——货车单位起动阻力(N/kN)，采用滚动轴承货车时$\omega_q''=3.5$(N/kN)，采用滑动轴承货车时$\omega_q''=3+0.4i_q$(N/kN)；对于滑动轴承货车，当ω_q''的计算结果小于5 N/kN时，按5 N/kN计算；

i_j——加算坡度值(‰)，i_j=限制坡度i_x+3‰+曲线附加阻力换算坡度i_r+隧道附加阻力换算坡度i_s(计算办法可参见铁路牵引计算或铁路选线设计方面的书籍)；

g——当地的重力加速度(m/s^2)。

表6—2 牵引计算相关参数

机车类型	起动牵引力F_q(kN)	机车质量P
DF4(货)	401.7	135
DF4B(货)	442.2	138
DF4C(货)	442.2	138
DF4D(货)	480.48	138

(二)确定轨排、梁体和道砟运输方案

实际的牵引质量还与装车情况等条件有关，下面简要叙述轨排、梁体和道砟的运输方案。

1. 轨排运输

将基地组装好的轨排装车运到铺轨前方并送进铺轨机机身之内，是轨道铺设的重要工序之一，它在很大程度上影响铺轨进度和经济效益。因此它需要车、机、工、电各方面的高度协作配合。

轨排运输组织一般采用两点一线组织法，以铺架基地为一点，前方铺轨工地为一点，通过列车运行线，编制严密完整的轨排运行图，用以控制轨排列车由铺架基地到铺轨工地的到、发车时间。轨排生产、运输、铺设及空车回送，应按大流水作业组织均衡生产和运输。如设轨排换装站，则采用三点一线组织法。

目前的轨排运输的办法：用普通平板车直接装运轨排到铺轨前方，由紧跟在铺轨机后不远的倒装龙门架将轨排倒装到设有滚轮的机动平车上(二号车)上，由二号车短距离地送到铺轨机尾部，拖进铺轨机。

用平板车运输轨排，轨排要跨装到两个平板车上。关于车面上是否要设置转向设备或滑动式垫座问题，长期以来我国有两种不同的实践，现都在并行使用。

第一种方式是用两辆平板车直接跨装轨排，而且轨排也无须捆紧。他们认为这样并不会扭断轨排中段的轨枕，也不会使两端的轨枕被扭伤，较大的问题是运输时反复通过正反向曲线，使跨装在两辆车上的轨排弯来弯去，轨枕和钢轨的结合处会反复错动，造成轨枕不方现象，这种情况以直接压在车面板上的最下一层最严重，但这些不难在铺设和上砟整道时纠正。需注意的是，在两车连接处的混凝土枕须放在翻平的车端板上，不能悬空，以免在通过曲线时将悬在中间的混凝土枕挤伤。

另一种方式是在平板车上距轨排两端 1/4 长度处，各搭设一个枕木垛作为支托，并将轨排组在此处与车体捆扎牢实，另在底层轨排轨腰前后各用一根短轨横向托住，使轨排中部可以在短枕上滑动。持这种观点的人认为：轨排直接跨装到两辆平板车上会将底层轨排中段的许多轨枕扭断或扭伤，因此须有的单位直接在平板车面顺向放置一些钢轨托住轨排，在距轨排两端约 5m 处用钢丝绳与平车捆住。也有建议设置能让轨排有微小活动余地的支垫车，目前还没有统一做法。

从理论上分析，车辆通过曲线时，没有设置正规转向设备的跨装轨排，都不可避免地要受到很大弯矩，这个弯矩是相交成一个角度的两辆平车，通过车面板，车面板上的托轨或木垛，或者滚轮上的托轨传到底层轨排的混凝土枕上的，大小基本相同。从尽可能的均匀分布这个弯矩到许多轨枕承担这个角度观察，用枕木垛支托时，显然只有少数几根轨枕承担，受力偏大。即使轨排底面可在车面上作小量滑动(例如装在滚轮车上)，也不能可靠地减小这个弯矩。看来最可靠的办法仍是设计使用正规的转向架，才能彻底消除轨排在曲线上所受的弯矩。

为保证运输安全，尤其是在长大坡道行车时的运输安全。在现场实际操作中，若是装运Ⅱ型混凝土轨枕组装的轨排，每组装运 6 排，上面 4 排两端应固定为整体，并每段用钢丝绳十字斜拉固定在车体两侧；若是装运Ⅲ型混凝土轨枕组装的轨排，每组装运 5 排，上面 3 排两端应固定为整体，并每段用钢丝绳十字斜拉固定在车体两侧。长度为 25 m 钢轨可考虑用枕木支垫跨装运输，车辆两侧插立柱。

2. T 梁的运输

T 梁架设随铺轨作业同时进行，桥梁运输如受桥梁厂生产能力或铁路运输条件限制时，有必要建立存梁场，可以提前有计划地储备一定数量的桥梁，用以缓和供需矛盾，但仍应以直达运输为主组织运送。在保证架梁工期前提下，物资部门和运输部门要共同配合，有计划地组织桥梁厂供应符合型号的桥梁直接运送到架梁工地，最大限度地减少桥梁倒装，桥梁车的编组根据每座桥的孔数确定，最多一列 4 孔。选择运梁平车时，应充分考虑梁重、梁长、平车载重。

组装转向架时应按规定配对，并认真检查转向架圆销是否存在、是否完好，转向架是否放在规定的位置上，加固是否牢固。装后检查支架是否牢固，梁体重心是否水平落在车体纵向中心线上，并涂打移动标记，转向架上摆与斜支撑不得压死，要有移动间隙。

货物转向架下架体与车底板支柱槽间，应用 8 号铁线 8 股捆成八字形，并用绞棍将铁线绞紧。货物转向架上架体与梁底部之间，需加防滑垫木。死心盘一端货物转向架上部的防滑垫木上应加铺一层橡胶垫，桥梁底部与货物转向架上架体的挡铁之间需用木楔楔紧。

在货物转向架上桥梁的两侧，应使用型钢焊制的梯子形斜支撑进行加固。斜支撑的顶部与预应力梁之间必须密贴顶牢。支撑上使用垫木加固时，不应超过三块木板，且木板必须压死。支撑要用 8 号铁丝绑在转向架上摆上，支撑顶端两头与桥梁接触处打红线。

跨装车组在装车前必须安装车钩缓冲停止器。预应力梁如在运输途中产生纵向窜动，长度为 32.6 m 的不超过 250 mm，长度为 24.6 m 的不超过 150 mm，且两者横向位移不超过 20 mm 时，可以继续运行。斜支撑产生纵向倾斜时，必须进行整理后，方可继续运行。

3. 道砟运输

提高线路允许行车速度是加快轨排运输，保证前方铺轨，提高运输效率的基本条件。在保证铺轨的同时，必须加强铺砟的运输组织工作，在复线区段采用一股道组织行车，另一股道铺砟整道，经过一阶段整道后再行调换；单线区段应以保证轨排列车运行为主，将运砟列车安排在轨排列车的空隙时间内运行。为保证行车、施工、人身安全，铺砟与铺轨不得在同一区间内进行，一次起道量不能过高。风动卸砟列车不得在道口、岔区、隧道及桥梁上卸车。如果桥梁上用人工卸砟有特殊困难，必须制定安全措施后方可卸车。铺轨后期线上配套工程施工全面展开，对运输工作干扰较大，在保证铺轨进行的同时，要全面兼顾，除采用列车运输空隙封闭给点施工外，对施工任务大、时间长的，应纳入列车运行图采用“开天窗”的运输组织法，为配套工程的施工创造条件。

道砟运输分两种情况进行：底砟摊铺采用汽车运输，利用便道把石砟运送到路基上，再用铲车或装载机把石砟摊铺均匀。补砟时用风动卸砟车作为装载运输工具。

以肯尼亚蒙内铁路为例，运送轨排采用换长 1.3 的 N17 型平板车（每两辆车跨装 6 组Ⅱ枕 25 m 轨排）。运送 16 m 梁采用两辆 DL1 专用车组成车组，16 m 梁放置于车组中部（图 6—2）。24 m 梁采用定制载重 70 t 换长为 1.5 的车体加装桥梁转向架运输。32 m 梁运输采用 DL1 型大吨位专用运梁车组运输。

（三）列车编组计划

上述得出的牵引质量为允许的最大牵引质量。实际的牵引质量和编组计划要根据铺架进度、装车情况等条件综合考虑确定，并须有一定的能力储备（一般考虑 20%能力储备）。具体的编组计划编制方法参见《铁路工程铺架技术与管理》（卢朋，刘新社主编）。

二、车　　站

车站主要有基地站、中间站和铺架前方站。

铺架基地站，主要负责铺架基地内路料的装卸、列车的编组、调车作业。

为提高机车的会让和通行效率，可开通几个车站的行车指挥调度，办理工程列车会让及其他行车业务（站房采用临时集装箱住房），其余为无人看守车站，如遇特殊情况需在无人看守车站作业时，由调度室下达调度命令给两端车站、列车司机、车长，由车长现场进行调车组织，机车副司机配合。

铺架现场设铺架前方站。

三、道岔管理

为加强运输设备管理，确保铺架运输列车的安全运行，沿途各站道岔管理遵循如下要求：

（1）工程线所有道岔由运输队制定管理使用的各项规章制度作业办法和安全卡控措施并纳入所制定之《车站行车工作细则》。

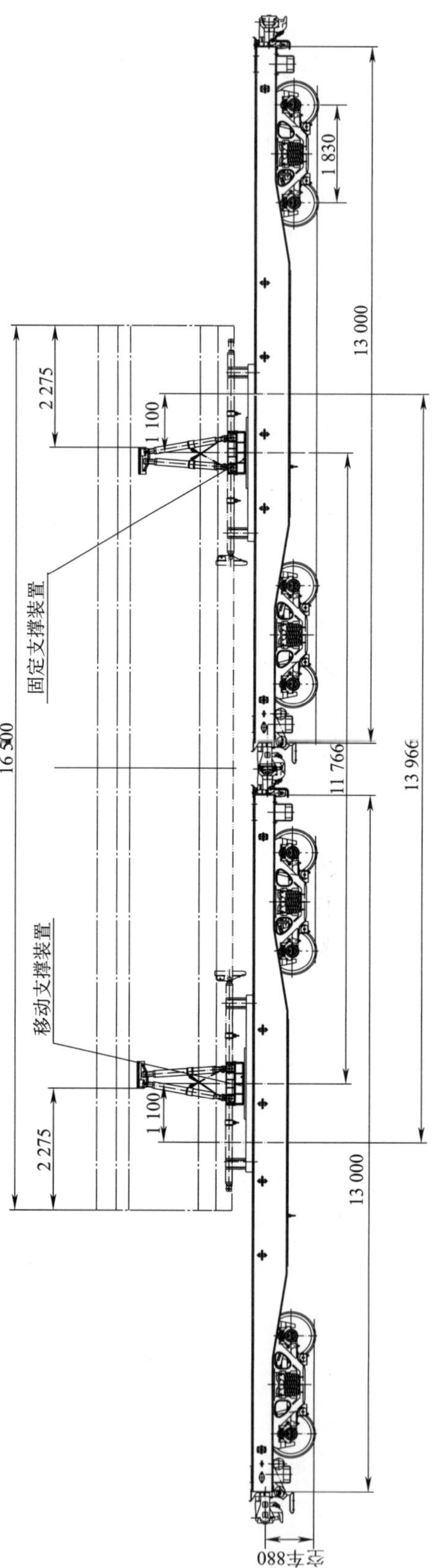

图 6—2 16 m梁运装示意图（单位：mm）

（2）扳道器：基地站、中间站、前方站全部采用宝塔式搬道器；安装转辙机后，采用摇把开启道岔。各站需配备足量的道岔勾锁器及垫木，道岔班组铺设后交予运输队管理。交付道岔时，必须灵活、密贴平整，并双方签字认可；否则，运输队可以不接收。

（3）车站值班员全面负责站内道岔的管理工作；各施工队使用道岔时，应告知调度和运输队车站值班人员，经调度和运输队车站值班人员同意后方可使用。

（4）使用时严格按照“一看、二扳、三确认、四显示（呼唤）”制度，对进路上不该扳动的道岔进行确认，检查确认进路是否正确、岔尖是否密贴后方可使用。道岔操作人员必须严格执行各项规章制度、标准化作业；对道岔的保养、清扫、涂油及维护等工作包保到人；如发现道岔存在病害，应立即反馈并组织进行专业养护和维修以消除道岔病害，确保行车安全。

（5）各运输相关部门和施工队在沿途各站因施工需要操纵道岔时，必须在当日18时前向基地调度室提供次日施工计划。

（6）如在无人看守车站施工作业时，应提前到运输队领取道岔钩锁器和转折器钥匙，并做好签字登记，使用完毕后及时、完整归还。

（7）作业完毕后，应保持道岔处于清洁、灵活、良好的状态并使线路开通为正线，确认加锁后，通知基地调度使用完毕，同时到运输队登记签字。

（8）如未得到调度和运输队道岔管理人员同意，私自开通道岔或者经同意使用后，未恢复到定位状态的，造成行车事故和其他事故的，后果均由私自开通道岔及使用后，未给恢复正常状态的单位或施工队负全部责任。

（9）沿线各站站线铺架完成后，铺轨机、架桥机、轨道车转换时必须返回到车站侧线，且退回到警冲标内方。车站交会时，重车无论是停车或通过，一律进入正线，其他列车或车辆只能进入侧线。

四、车站安全制度

（1）交接班制度：接班人员要精力充沛、按时到站、规定着装、固定位置、列队点名。现场对号交接班要做到“五清”、“五不交”。“五清”是：列车运行计划清，站内停留车位置、空重去向、防溜措施清，装卸车计划清，各种行车备品清，有关命令注意事项清。“五不交”是：不在规定地点不交；接车时，自列车接近至列车进站停妥或通过列车整列出站前不交；发车时，自待发列车的出站信号开放至列车整列出站前不交；调车作业一批未完不交（必须交班时，应停轮并重新传达计划）；备品不清、卫生不好不交。值班中严守劳动纪律，听从指挥，交班后，按时召开班组总结会，总结全班工作，记录于总结簿内。

（2）安全制度：联系制度，认真执行规章、作业标准规定的各种联系制度，加强联系、互相交底；确认制度，接发列车、调车作业、扳动道岔、开闭信号、承认闭塞时，确认再确认，不得臆测行车；监督制度，小组与小组、工种与工种以及个人相互间，工作中实行自控、互控、他控，互相监督、互相帮助，防止发生差错。检查制度，对线路、机车、车辆停留位置，防溜措施，要认真检查，做到心中有数。

（3）防止车站错办列车进路的“卡死”制度：无轨道电路时，车站值班员在承认邻站闭塞时，必须确认区间空闲，助理值班员和扳道员必须确认接车线是否空闲，并按规定检查确认，填写占线板。准备进路前，车站值班员必须通知扳道员，停止影响进路的调车作业。扳道员在接车时，必须确认列车尾部进入警冲标内方，再向车站值班员报告列车到达，还必须确认列车尾部标志是否清楚，并向值班员汇报。

(4)安全管理制度：对车站职工进行安全生产的思想教育和劳动纪律教育，开展安全检查活动，严格分析处理事故、事故苗子、违章违纪，坚持“四不放过”(事故原因未查清不放过，事故责任人未受到处理不放过，事故责任人和周围群众没有受到教育不放过，事故制定的切实可行的整改措施未落实不放过)。作业标准是安全生产的根本保证，必须严格执行。管理者和班组长要以身作则，敢抓敢管。车站成立安全小组，班组设安全员，建立安全情况统计资料，每月进行分析，总结经验教训，找出隐患，掌握规律，采取措施，把事故消灭在萌芽状态。

第三节 行车组织

一、行车调度指挥

(1)行车调度室是根据铺架施工进展特点而设置的行车工作的统一指挥者。行车工作必须坚持集中领导、统一指挥的原则，组织协调铺架施工生产的工作，保证铺架施工行车工作安全进行。分管领导对行车调度指挥工作负总责。任何领导不得越权直接指挥行车工作。

(2)调度员在编制和执行计划工作中必须严肃认真，要严格调查前后施工情况，编制施工计划、机车使用计划及列车运行图。

(3)发布调度命令必须用规定的格式完整的记载，调度命令的号码、发布时间、受令人及转抄受令人、复诵人、命令内容、发令人等必须在《调度命令登记簿中》逐项记载齐全、书写清晰并与实际相符。

(4)调度命令只能在规定的权限内发布，不得越级或越权，行车室指示的工作方法必须符合《技规》、《行规》。不得发布一个区间两种闭塞交替使用的调度命令。

(5)调度命令要做到一事一令，内容要严密、确切，措词简明，记载完整。《调度命令登记薄》应由专人负责，按月整理，妥善保存，保管期限为一年。

(6)调度主任要经常检查列车调度员的计划编制和发布情况并及时给予指导。

二、施工条件下的安全指挥

(1)新线铁路在铺架运输情况下进行施工，不可避免地会影响行车工作。为避免发生事故，必须建立健全施工条件下的安全指挥制度。对计划内的施工任务，领导要心中有数、提前做出安排、协调各个环节的工作并在日常工作中认真检查落实。调度室是工程计划和行车运输的组织机构，工作时高度集中，各级领导不得在调度员工作时去打扰、批评等骚扰行为。有问题下调度台后解决。

(2)施工开始前，施工负责人应亲自或派本队调度员向调度所提前申请要点(每日18点前提报次日计划)。

(3)基地调度室调度员在确认施工项目、内容与施工里程后，在行车命令中注明通知机车乘务员和运转车长。

(4)施工进行过程中，列车调度员应密切注意和经常了解施工进度，对可能发生的问题预先制定各种应变方案，一旦发生问题及时进行处理。

(5)施工封锁区间只许开行路用列车，开行路用车时应与施工单位核对计划，按计划或按施工单位的请求开行。

(6)路用列车原则上一个区间每端只准进入一列,必须有运转车长乘务、列车进入封锁区间的行车凭证为调度命令。

(7)施工用轨道车必须纳入行车调度管理。

(8)铺架前方站至铺架现场车列的发车、运行、交会、摘挂作业等一律按调车作业办理,由运转车长负责引导行车,司机根据运转车长的手信号或对讲机呼唤正确的操纵列车运行。

(9)前方站至铺架现场的行车工作由前方值班员统一指挥。其他人员不得擅自指挥行车。

(10)推进运行时,运转车长和司机必须不间断瞭望、互对信号,推进运行的速度按调度命令行驶。

(11)铺架现场列车返回前方站时,前方调度值应与前方值班员取得联系,同意后方可发车并及时报告开车时间,前方站值班员并及时准备好接车进路。

(12)在施工封锁时间内,车站值班员没有调度的命令,不得放行列车、轨道、路用车及其他自轮运转车进入施工区间。

(13)连挂铺轨机、架桥机时,机车必须距铺轨机 30 m 处一度停车,取得铺轨机、架桥机负责人同意后,方准以不超过 3 km/h 的速度连挂。正在铺轨、架梁时禁止连挂。

(14)工程列车连挂铺轨机、架桥机作业时,应明确必须有专人值守,负责连挂。

三、列车运行图

(1)根据施工情况编制列车运行图。每天 18 点前下达次日 18 点行车计划,严格按照运行图运行,沿线各站严格执行行车调度安排。

(2)铺架期间应确定上下行方向,并对所有列车(包括所有单机、轨道车)进行编号。以肯尼亚蒙内铁路为例,铺架期间工程线划分为基地→蒙巴萨为上行,蒙巴萨→基地方向为下行;所有工程运行列车均应编排车次。具体车次编号如表 6—3 所示。

表 6—3　列车车次编号表

列车种类	车次编号
超限货物列车	70001～70800
单机	51001～51020
普通路用列车	57001～57080
救援列车	58101～58120
轨道车	56001～56080
专列	另定

四、行车闭塞办法

新建工程线铺轨架梁期间,铁路联锁与闭塞一般还未施工完毕,这时需要采用以电话(电台无线调度网)闭塞为基本闭塞法,列车占用区间的凭证为路票或调度命令,采用手信号引导接发列车。

五、车辆溜逸处理

(1)车辆由车站溜入区间或由区间溜入站内时是很危险的事故,列车调度员必须担负起处理事故的指挥责任。

(2)在接到现场关于发生车辆溜逸的报告后,责任单位应迅速查明溜逸车辆的车数、车种、空重别、溜车方向、大致原因以及溜出方向前方各区间列车运行情况,做出正确判断、采取恰当对策。在处理的同时应及时通知值班主任及分管领导、项目经理。

(3)列车调度员应迅速采取非常措施,通知前方各列车在车站停车、命令待发的列车取消发车;通知值班员将溜逸车辆进站方向道岔开通不能进入有列车停留的线路的位置;也可将线路开通安全线、避难线、空闲的牵出线或尽头线。

(4)估计溜逸的车辆在区间停车后,列车调度员应指示车站派胜任人员携带联络器材到区间查看。在找到车辆、确知车辆停妥和停车地点公里数后,迅速向车站值班员和列车调度员报告。

(5)列车调度员在接到报告后,应指示派到区间的人做好防护和车辆防溜措施;发布调度命令封锁区间;派机车进行救援,将车辆拉回车站。在未派人先赴区间查看并未设防护时,禁止盲目派机车或其他轨道交通工具进入区间查找。

第四节　接发列车作业安全

一、一般规定

(1)行车工作必须坚持集中领导、统一指挥、逐级负责的原则。车站的行车工作由车站值班员统一指挥。

(2)接发列车时车站值班员应亲自办理闭塞、布置进路、开闭信号、交接凭证、接送列车和指示发车。

(3)车站值班员应保证有不间断接发车的空闲线路,合理的运用正线、到发线、并遵守下列原则:

①正线上不得停放车辆。

②到发线上停放车辆时须经车站值班员准许,在中间站必须经列车调度员准许方可占用。

(4)车站值班员在办理闭塞时,应确认区间空闲。确认闭塞同意接车,接车前必须确认接车线路空闲。进路道岔位置正确、影响进路的调车作业已经停止后,方可接车。

(5)发车前值班员应确认进路道岔位置正确,影响进路的调车工作已经停止后,才可送交凭证,指示发车。

(6)车站值班员下达接发列车调度命令时,必须简明清楚,正确及时,讲明车次和占用线路,并要受令人复诵,核对无误。

(7)接发列车时,按规定程序办理,认真执行标准呼唤用语。

二、接发列车作业中的人身安全

(1)行车有关人员接发车前须充分休息,严禁饮酒,如有违反立即停止所承担的任务。

(2)上岗人员必须着装整齐,按规定佩戴好防护用品。

(3)当线路、机车车辆有防护信号时,任何人员不准撤除防护信号。

(4)顺着线路行走,应在两线中间,并注意邻线机车车辆和货物装载状态,严禁在道心枕木头上行走，不准脚踏轨面道岔连接杆、尖轨等。

(5)横越线路时应做到："一站、二看、三通过"，注意左右机车车辆动态及脚下障碍物。

(6)横越停有机车车辆的线路时应确认机车车辆无移动的可能，然后在该机车车辆一端5 m以外绕行通过，严禁在运行机车车辆前面抢过，不准钻车。必须横越列车时，确认列车无移动的可能，然后由两车车钩上越过。勿碰开钩销和关闭折角塞门，并注意邻线有无机车车辆运行。

(7)不准在钢轨上、车底下、枕木头、道心内等地点坐卧休息、乘凉、避风、避雨等。

(8)严禁扒乘运行中的机车车辆，以车代步。

三、电话闭塞车站接发列车程序

1. 电话闭塞的主要作业环节

(1)两车站值班员根据《行车日志》查明区间已空闲。

(2)发车站与接车站(承认闭塞)电话记录号码的收发及添记。

(3)接发列车进路的准备及有关道岔的加锁。

(4)发车站的路票填写、盖站印及交递。

(5)指示发车、引导接车(列车通过)。

(6)接车站向发车站报告列车到达时间及电话记录号码，开通区间。

2. 基本作业手续、电话记录号码的使用方法

铺架运输电话闭塞法的基本作业手续、电话记录号码的使用方法如下：

(1)电话记录号码是相邻车站值班员间按电话闭塞法行车办理行车作业的凭证和依据。电话记录号码应坚持"一事一号"的制度，一日内不得重复使用同一号码，以免混淆，发生错误。

(2)电话记录号码的使用自每日0时起至24时止，按日循环进行编号。

(3)按电话闭塞法行车，遇下列情形时，应与邻站值班员间收发使用电话记录号码，并记入《行车日志》内。

①承认闭塞

②列车到达补机返回

③取消闭塞

④ 跟踪出站调车

⑤ 跟踪调车完毕

3. 电话闭塞法接车作业程序

(1)确认区间空闲办理闭塞手续

车站值班员接到发车站闭塞请求根据《行车日志》及各种表示牌确认区间空闲，按列车运行计划核对车次，命令指示发出的电话记录号码，用语为："×号(×点×分)同意×次闭塞"。按规定通知有关人员，填写《行车日志》口呼×次闭塞并接挂，区间占用标识牌。

(2)准备进路确定接车线

检查接车线通知有关扳道员"×号×号次闭塞检查×道"并听取×道空闲报告，通知扳道员停止影响进路的调车作业，并听报告添记占线板。

准备进路通知的有关扳道员×号×号×次×道停车(通过或到开)准备进路，听取复诵无误命令，"执行"扳道员正确及时的准备进路并将路上有关对向道岔及邻线的防护道岔加锁，向

车站值班员报告×号×道接车进路好，通知扳道员确认×道进路。

(3)听取开车通知

车站值班员复诵开车通知×次×点×分开填写《行车日志》通知扳道员"×号×号×次开过来了"按站细通知有关人员。

(4)引导接车

通知扳道员："×次×点×分开过来了引导接车"引导员道规定地点显示引导手信号接车，值班员得到列车接近的报告后再次确认接车线路空闲道规定地点接车。

(5)接送列车

车站值班员接到列车接近的报告到规定地点监视列车进站收回凭证，列车停妥后返回，通过列车于列车头部进入接车线前显示通过手信号，接递占有区间凭证，列车头部越过接车地点，确认尾部标志与车长显示互检信号返回。

(6)列车到达

值班员听取列车到达(出站)报告应答"好了"并划占线板。

(7)开通区间

车站值班员向邻站发出话记录号码："×号×次×点×分到"，填写《行车日志》，摘下"区间占用"标示牌，到达路票按规定处理。

4. 接发列车的规定

(1)新建铁路禁止办理相对方向的同时接车及相同方向的接发列车。

(2)两列车同时接近车站时，应先接停车后启动困难或不适于在站外停车的列车。后接列车必须站外停车，待先接列车进入接车线警冲标内方停妥后再接后接列车。

(3)两列车不能同时接发，原则上应先接后发。

(4)站内无空闲线路特殊情况下，只准许接入为排除故障，事故救援等所需的救援列车、工程列车、单机及重型轨道车，并严格按以下办理。

① 列车应站外停车，由接车人员向司机通知事由后以调车手信号旗将列车领入站内。

②车站值班员应事先了解接入列车实际长度一边确定接入股道，值班员应将接入线路内的车辆停留位置或有障碍的地点以书面通知扳道员转交司机。

③车站值班员应在距列车停留或障碍地点不少于 50 m 外，显示停车手信号。

5. 列车凭调度命令列车的规定

遇到下列情况凭调度命令行车：

(1)铺架前方站至铺架现场开行的铺架列车。

(2)向封锁区间开行的救援列车。

(3)向封锁区间开行的路用列车。

(4)向施工封锁区间开行列车、轨道车、单机。

第五节 工程列车运行安全

一、新铺工程线车机联控制度

采用列车无线调度电话(无线电台、对讲机)，利用机车乘务员、车站值班员、运转车长之间的联控，实行机车乘务员“问路行车”、车站值班员“指路行车”、运转车长“联系行车”的办法，运用机车、轨道车、值班员、运转车长配备良好通信设备，无良好通信设备时应及时更换，否则不得出乘，以确保列车运行安全。

二、列车运行速度

由于新铺工程线路况较差，为确保工程列车在工程线上运行安全，司乘人员要严格控制速度，未整道前荒道为 5 km/h，顺道后为 15 km/h。以后视线路整道情况逐步提速，列车运行具体速度以调度命令形式发布。

三、列车运行中乘务员注意事项

(1)新线铁路行车严格按新线运行限制速度的规定运行，严禁超速行驶。运行中乘务班组必须不间断瞭望，注意沿线施工标志和防护信号。

(2)严格按信号显示要求行车，彻底瞭望、确认信号，认真执行高声呼唤、手比眼看的呼唤应答制度，遇有信号显示不明或危及行车和人身安全时，应立即采取减速或停车措施。

(3)机车乘务班组应密切注意运行区段的线路情况，对三角坑、死弯、路基下沉等危及行车安全的处所，应及时向前方值班员报告，退勤时应向机务运转室值班员报告。

(4)列车运行中，各有关作业人员应认真执行车机联控，无线通信设备必须保持全程开通，严禁擅自关机。

(5)出站后及时提高列车的运行速度，根据列车速度、线路情况、牵引辆数、车辆种类和闸瓦种类等条件，准确的掌握制动时机和减压量，做一次列车贯通试验，防止折角塞门关闭运行。

(6)严守调度命令规定的速度，安全行驶。

(7)随时观察机车总风缸、燃油、机油、前后增压器的压力及油水温度。

(8)瞭望彻底，认真执行“十六字令”，严防路内、路外伤亡事故的发生。

(9)通过区间施工路段，车长要和现场负责人早联系、勤联系，司机、副司机应加强瞭望，多鸣笛，降低运行速度，严禁碰撞施工器械。

(10)列车运行中司机和车长加强联系，通过桥、隧、施工区段、限速路段及危险处所时应多鸣笛互相提醒，必要时开前大灯行驶，确保人身安全。

(11)注意观察机车、车辆的运行状态，司机、副司机在列车出站后进站前加强后部瞭望，区间运行中副司机认真巡视机械间，车长应利用曲线对列车左右侧认真观察。

(12)通过道口时应早鸣笛、早降速，观察好道口的通过情况，做好随时停车的准备。

(13)根据线路的状态，控制好列车的运行速度，严防脱线事故发生。

(14)在区间装卸作业时车长应加强与调度的沟通汇报，督促现场负责人抓紧作业、正点作业，在规定时间点不能作业完毕时，应提前联系调度续点作业。司机在区间停车时，应使列车全部制动，不准断开空气压缩机或停机。

(15)通过中间车站时要早联系，提前了解进路，做到心中有数。

(16)通过无人看守的中间车站，在进出道岔时，岔前均需一度停车，有副司机下车检查道岔开通是否正确、岔尖是否密贴，确认正确无误后方可再行开车。

(17)天气不良时，司机、副司机认真瞭望，同时降低列车的运行速度。

(18)中间站会让时禁止在邻线坐卧，司机应利用会车时间对机车走行部、轴温进行认真的检查，车长应对车辆及装载的货物进行检查。

(19)禁止冲撞、碾压在铁路上行走的家畜和野生动物。

(20)禁止非乘务人员登程机车。

(21)严禁乘务员在行车中玩手机，闲聊或者打盹睡觉。

(22)等会列车时，不准关闭空气压缩机，应将机车头灯灯光减弱火熄灭。

(23)注意单阀的缓解，每个区间最低不少于两次。

四、对机车乘务员的要求

(1)机车乘务员出勤时必须充分休息，出乘前 8 小时内不得饮酒。

(2)出退勤时，班组同行，应走规定的线路，严禁以车代步、走道心或枕木头。

(3)出勤前开好安全预想会，提出运行安全注意事项、预想，并记录在司机手账上。

(4)出勤时应认真阅读调度命令，了解天气情况，并将揭示、安全注意事项摘录于司机手册，认真听取值班员传达命令与要求并办理有关审核，签章手续。

(5)机车乘务员接车时应对机车的技术状态进行全面的了解，按规定的项目对机车进行检查、整备，确保机车不“带病”出乘。

(6)机车启动前应确认风压及制动性能，机车移至警冲标处鸣笛要道，扳道员显示信号后鸣笛回示，厉行呼唤应答后方可动车进线。

(7)进入挂车先后，应严格控制车速距车列前 30 m 必须停车，然后由副司机引导挂车。

(8)挂车后司机与车长对表校正时间，启动列车前司机和副司机两人确认行车凭证和发车信号并厉行呼唤应答。

(9)操纵机车做到启动稳、加速快、精心操纵、停车准确，按规定鸣笛，防止冲动和断钩。

(10)运行中随时观察机车总风缸、制动主管的压力，内燃机车柴油机的润滑油压力，冷却水的温度及其转数情况。

(11)区间内列车停车进行防护、分部运行装卸作业或使用紧急制动阀停车后再开车时司机必须检查试验列车制动主管的贯通状态，确认列车完整条件具备，方可启动列车。

五、对运转车长的要求

(1)出乘前要充分休息，同时准备好各项用品及信号用具，通信工具要备齐。

(2)接收列车要认真做到现车、单据及编组顺序表“三一致”，为保证运行安全对列车货物装载加固状态、超高超限、编组隔离等情况进行认真检查，发现问题必须在发车前认真纠正。

(3)运转车长在运行中加强瞭望，注意货物装载情况及信号的显示，进出站及在区间交会时，要互相检查并显示互检信号。发现问题用通信设备通知有关人员，发现危机行车及人身安全时要立即采取措施。

(4)发现下列危及行车和人身安全时应使用紧急制动阀停车。

①车辆燃轴或重要部件损坏。

②列车发生火灾。

③货物发生突出、脱落等情况。

④有人从列车上坠落或线内有人死伤。

⑤能判明司机不顾停车信号，列车继续运行时。

⑥列车无任何信号指示，进入不应进入的地段或车站。

⑦其他危机行车和人身安全时。

六、列车推进运行的规定

(1)列车推进运行时，列车前端应安装简易紧急制动阀。

(2)运装车长在前端车辆上值乘负责瞭望前方线路及信号，发现危及行车或人身安全时应立即采取措施使列车停车。

(3)司机加强瞭望不间断，注意车长显示的信号。在接近道口、桥梁、隧道、曲线、车站、施工地点时，运转车长应显示信号要求司机鸣笛。

(4)列车推进前应进行试拉并对制动系统进行试验。推进运行的列车接近站界时必须注意进站信号，进站后车长应注意接车线末端警冲标，提前显示减速信号。

(5)列车推进到施工地点时，施工单位应派安全员在施工地点前400 m进行引导指示列车运行。

(6)挂有后部补机的列车，如补机已与列车离开，不得退行。

七、桥梁列车的运输

(1)桥梁列车运行按超限货物运输的有关规定办理，区间运行速度视工程线的具体情况而定。

(2)列车运行中严格控制速度，禁止溜放和激烈冲撞。

(3)桥梁列车运行时，运转车长随时注意运行状态。成品梁在运输中，长度为32.6 m的边梁纵向窜动不超过250 mm，或横向位移不超过20 mm。

(4)长度为24.6 m的边梁纵向窜动不超过150 mm或横向位移不超过20 mm。

(5)车站在接发列车时，应安排列车直股通过或停车。

(6)侧向过岔时，限速5 km/h。

八、道砟运输及卸车时的安全要求

(1)卸砟时用风动卸砟车，装车前认真检查卸砟车车门是否关闭，各控制手柄是否放在合适位置，车体内有无大石块、方木等障碍物，及时排除隐患。

(2)卸砟列车在区间运输时，按调度命令规定的速度运行。

(3)卸砟时，荒道速度控制在5 km/h，补砟时8～10 km/h。

(4)卸砟时，严禁单边卸砟，以免偏重脱轨。

(5)作业前，车长和现场负责人监督好作业人员正确打开车辆的风缸塞门。

(6)作业中，车长通知司机掌握好卸砟速度，匀速运行；卸砟人员控制好车门的大小，防止石砟过高刮伤机车油箱和车辆，避免石砟漫钢轨、石砟堆堆或者偏重造成脱线事故。

(7)卸砟过程中，车长和现场负责人要在列车的两侧，认真跟车查看货物的卸载状态。危机到行车安全时，应及时通知司机停车；同时，通知卸砟人员关闭两侧车门，对于钢轨上的石砟要进行清理，确认安全后再动车作业。

(8)作业中，司机、副司机盯好前方线路的同时，也要对后部加强瞭望，听好电台，听到车长的呼唤或者看到车长的手信号时，采取措施要果断，车长应根据砟车排放石砟量大小，灵活的掌握机车速度，最好控制在 5 km/h。补砟时，应适当提高速度。

(9)在桥梁处卸砟时，司机应降低运行速度，车长和现场负责人叮嘱好作业人员车严禁飞上飞下。

(10)石砟卸完后，运转车长及时通知司机停车。车长和现场负责人应对石砟车逐辆检查。

①车厢内石砟是否卸完。

②车门口是否堆有石砟，是否影响车门的关闭。

③作业时的风缸塞门是否关闭。

④车辆侧门是否处于关闭状态。

九、轨排的运输

(1)运送 25 m 轨排时应使用高度相同的两辆平车跨装，在两平车连接车钩上应安装车钩缓冲器，装车时不得超宽、超载和偏载。

(2)发车前货运员应认真检查确认，核对编组。

(3)司机在列车运行或调车作业中，严格按规定速度运行，防止冲撞。

(4)车站在接发列车时，应安排列车直股停车或通过。

(5)调车作业时禁止溜放及提活钩。

(6)列车停止时应检查装载情况，发现异状及时处理。

十、列车操纵

(1)设有两端司机室的机车，司机必须在运行方向前端司机室(调车作业推进运行时除外)操纵。

(2)运行中或机车未停稳前，严禁换向操纵。

(3)提回手柄应逐级进行，使牵引电流、柴油机转速稳定变化。

(4)使用常用制动时，根据列车速度、线路情况、坡度的大小、牵引辆数、车辆种类等，准确的掌握制动时机和减压量，保持列车均匀减速。

(5)牵引列车时，不准使用单阀停车。

(6)空电配合制动调速时，应先上电制动，在电制动不能有效控制列车速度时，应及时的配合使用空气制动。

(7)缓解时，应先缓解空气制动，最后退回电阻制动。

(8)使用电阻制动时，制动电流不得超过额定值，电流的升、降要做到平稳。

(9)使用空气制动时，初次减压量，不得少于 50 kPa。

(10)追加减压量一般不应超过两次；一次追加减压量，不得超过初次减压量。

(11)累计减压量，不得超过最大有效减压量。

(12)自阀减压时，排风未止不应追加、停车或缓解列车制动。

(13)少量减压停车后，应追加至 100 kPa。

(14)列车在站或区间停车超过 20 min 时，开车前应进行列车制动机的简略试验。

(15)施行紧急制动时，迅速将自阀手柄推向紧急制动位，解除机车牵引力，列车未停稳前，严禁移动单、自阀手柄，更不准缓解列车。

(16)机车未缓解，不得加负荷。机车在运行中或机车未停稳前，严禁换向操纵，防止逆电。

特别注意在上坡道操纵提手柄后，防止列车后溜。同时，列车运行中禁止进入高压室内。

(17)机车提回手柄柴油机转速一次升降不超过规定的转速。回手柄时应在保位和一位停留一定的时间，时刻注意仪表显示，倾听各部件声音，油水温度 75～80 ℃之间，持续电流不超过 4 000 A。

(18)在正常情况下，非操纵端控制电路的各开关均在断开位，各保护电路动作后，在未判明原因前严禁切除各保护装置。当机车某一保护装置切除后，乘务员应密切注视各仪表的显示，并加强机械间的巡视，防止扩大事故。

(19)在附挂运行中，换向器的方向应与运行方向相同。在运行中随时注意各仪表的显示，发现故障及时判断处理。

十一、恶劣天气时的行车办法

(1)遇暴风、大雨天气时，车站值班员、运行中的司机应及时向列车调度员报告，并加强瞭望；列车调度员接到报告后应立即了解全区段天气情况，布置安全事项；站长要亲自上岗监控车站作业情况，检查车辆防溜措施；线路养护部门要加强重点病害地段的检查、看守，及时做好防洪抢险准备。

(2)昼间手信号显示距离不足 200 m 时，应使用夜间信号，并以音响信号辅助；适当降低调车速度。

(3)车站接发列车时，应提前检查、准备列车进路，进路准备妥当后不准变更，发车时应提前办理闭塞手续。

(4)遇暴风、大雨时，站长要及时组织全站员工加强站内线路的巡视，发现险情及时汇报处理。

十二、列车在区间被迫停车时的处理办法

(1)列车在区间被迫停车后，不能继续运行时，司机应立即使用电话通知两端车站，并向列车调度员报告停车原因和停车位置，请求救援。如自动制动机故障时，乘务员按每百吨列车重量拧紧不少于 3.6 个手制动机轴数。列车调度员应立即封锁区间。

(2)对已请求救援的列车，不得再行移动，并按规定进行防护。

(3)被迫停在长大坡道和 10‰以上坡道的列车，不准分部运行。

(4)符合列车分部运行条件时，机车乘务员应使用电话报告前方站，并做好遗留车辆的防溜(除拧紧规定数量的手制动机轴数和放风制动外，还必须在车辆下坡方向的一端放置不少于 4 只止轮器)防护和看守工作。司机在记明遗留车辆数和停留车位置后，牵引前部车辆运行至前方站。司机确认车站引导员的引导手信号后可直接进站。待将遗留车辆全部拉回车站，车站值班员确认区间空闲后，报告列车调度员开通区间。

(5)下列情况列车不准退行：

1)在长大上坡道区间，被迫停车的列车。

2)单机挂车。

3)在暴风雨及其他不良条件下，难以辨认信号时。

4)一切电话中断后发出的持有《红色许可证》通知书之二内容的列车(①站间设有单线线路所时，在一切电话中断后，优先发车站必须确认站间区间空闲后，方可发出列车。此时，单线

线路所应自动封闭。有道岔的线路所，应立即将道岔置于开通正线的位置并加锁。同时，准许列车司机凭红色许可证越过关闭的线路所通过信号机运行。②站间设有单双线线路所时，在一切电话中断后，双线方向车站，在查明所间区间空闲后，只准向线路所发出一次正方向的列车。以后每次发出列车，均须得到线路所“准接你站发出的列车”的通知书后方可发车。线路所应主动向双线方向车站传递通知书。③车站向双线线路所发车时，必须查明情况后方可发车。)。

十三、救援列车开行办法

(1)车站值班员接到司机的救援请求后，应立即报告列车调度员。列车调度员向有关车站发布命令封锁区间，并迅速派出救援列车。

(2)向封锁区间发出救援列车时，不办理闭塞手续，以列车调度员的命令，作为进入封锁区间的凭证；当列车调度电话不通时，应由接到救援请求的车站值班员根据救援请求办理，救援列车以车站值班员的命令(使用调度命令纸)，作为进入封锁区间的凭证。

(3)司机接到救援命令后，必须认真确认。命令不清，停车位置不明确时，不准动车。

(4)救援列车进入封锁区间后，在接近被救援列车或车列 2 km 时，应以在瞭望距离内能随时停车的速度(最高不得超过 15 km/h)，在防护人员处或压上响墩后停车，然后到事故地点联系确认，按要求迅速进行救援作业。

(5)救援列车的出发或返回，应及时通知列车调度员及对方站，如事故现场设有临时线路所时，车站值班员应于发车前征得线路所值班员同意。

十四、机车防火措施

(1)司机室、高压室、机械间保持清洁，无油垢、杂物，及时消除各部漏油现象。因工作需要带汽油、酒精等上车作业时，要特别小心，用后立即送下机车，并擦净残迹，机械间严禁吸烟及明火，在司机室吸烟时必须将火柴和烟头及时熄灭，放入烟灰盒，禁止乱扔或扔出窗外。

(2)内燃机车对所配备的灭火器，应按时检查，确保性能良好，使用后立即换新。机车出段时灭火器必须符合规定。乘务员要熟悉车上灭火器的性能和使用方法。

(3)内燃机车柴油机起动后，特别是高负荷时，要加强对机械间的巡视，发现异常情况及时处理。东风型内燃机车消音器一旦起火，要将主控手柄退回零位，做好灭火准备，切勿立即停止柴油机。

(4)在内燃机车上进行熔焊时，要停止柴油机运转，断开机车电源，做好防护，并及时熄灭和清扫焊渣、火种。

(5)机车各种保护装置应符合规定，合理使用熔断器，烧损时要认真记录，定检时加强检查。

(6)经常检查电机、电器和电线路，紧固松动的接点，更换破损的灭弧罩，消除接地、虚接、短路现象。严禁擅自加设电器明线。

(7)定期检查蓄电池，消除爬碱、漏液、漏电、接线松动等现象。

(8)运行中发生接地或电机放炮时，未判明情况禁止加负载(查明故障原因时除外)。

(9)严格按规定进行柴油机甩车，按规定及时清扫消音器及其排污管和废气支管，彻底铲除油垢、积炭，及时补充、包扎隔热材料。

(10)经常保持差示压力计液面高度标准触针作用良好。差示压力计作用使柴油机停机后,未查明原因禁止强迫起动,也不要立即打开曲轴箱检查孔盖。

(11)机车应配棉丝桶,加盖放到指定位置,禁止在空气压缩机、柴油机上等处烘烤棉丝。

十五、机车防溜措施

(1)列车在沿途各站停车时,机车在车站停放时,不论任何情况下,乘务员必须坚守岗位,有人看守机车。

(2)货物列车进站停车时,必须施行制动,开车前再缓解列车制动。

(3)停放在机库或车站走行线内的机车,单独制动阀应施行制动,内燃机车要拧紧手制动机,锁好车窗门,钥匙交机务运转室保管。除整备线和检修库内各线外,其他所有停放机车均应设置止轮器,并纳入站细。

(4)机务值班员应检查库内停放机车防溜措施实施情况,以确保安全。

十六、防止动轮弛缓措施

(1)检修机车时,严格按相关规定对轮对进行检测,查验防缓标记,不清晰时重新打印,移动时进行鉴定或整修。

(2)机车乘务员交接班前认真检查动轮轴防缓标记是否正确,动轮是否符合运用状态。发现防缓标记移动要报告机务值班员,并会同技术、检修等技术人员鉴定,不得盲目出库。

(3)机车出库前必须检查制动机及基础制动传动装置作用良好,手制动是否撤除到位。

(4)遇有天气不良或特殊情况要采取点式或线式撒砂方法有效控制空转,连续性长大下坡道区间要合理使用单、自阀。

(5)途中停车必须检查动轮防缓标记和温度。发现异状及时采取措施,严禁盲目运行。

(6)双机牵引或遇有多机联挂时,重联机车司机和联挂机车司机要按本务机车司机的指令操纵,不得违章操作。

(7)运行中发现动轮严重弛缓不能运行时,未经处理和采取安全措施不得盲目运行。

第七章　海外铁路铺架施工现代化管理

海外铁路铺架施工管理的现代化就是在海外铁路铺架施工的管理工作中，结合当地的法律法规、文化习俗、宗教信仰等，树立新的管理理念和运用现代化的项目管理理论、技术和方法。

铁路项目一般工程量巨大，所需当地雇员数量庞大，而一般当地雇员的技能水平无法满足项目的使用需求，需要对其进行系统的安全技术培训后才能胜任工作。有些国家(或地区)各种工程相关资源相对缺乏，大量资源需从国内进口，运输时间长，容易对现场施工进度产生影响。设备的计划、采购、生产周期较长，运输距离远，设备的组织和维修容易受到国内调遣期长、当地维修维护能力差等因素的影响。有些国家环境保护标准较高，在施工过程中如何保护环境也成为决定工程能否顺利推进的关键。

下面以肯尼亚蒙内铁路为例，介绍现代化系统管理理念、物资与设备管理、人员管理、安全质量管理、进度控制、成本管理等方面的有关内容。

第一节　现代化系统管理理念

一、大联动机的系统管理理念

海外铁路铺架工程就好比是一台大联动机，因为铺轨架梁生产是由综合办公室、设备部、工程部、安检部、计划财务部等多部门联合，由架子工、钢筋工、混凝土工、电工、电焊工、模板工、安装钳工、起重工等多工种协调，由物资采购、沙石料生产、轨枕预制、梁体预制、轨排组装、轨排运输与架设、梁体架设等多环节作业的施工过程，涉及设备的数量庞大、种类繁多，设备布局的延续纵深和操作人员岗位独立分散的特点，使各工种和各环节的协同配合都离不开严格有效的管理。可以从如下几个方面来贯彻大联动机的管理理念：

1. 树立系统论的观念

所谓系统(System)就是一个由多个元素有机地结合在一起的集合体，它执行特定的功能以达到特定的目标。铁路铺架工程项目是一个庞大的系统工程，应当运用系统工程的观点和方法进行管理。铺架施工不是一项孤立的事物，而是一个复杂的系统，所以必须运用系统论的思想和方法，综合考虑各种要素，实现各要素间的匹配和最佳组合。铺架施工要与自然界和社会这个大系统相统一，施工方案、技术标准、施工管理一定要适应自然环境和沿线经济、社会发展的要求；各种设施之间要有机统一，固定设备之间、移动设备之间、固定与移动设备之间要匹配协调，达到最佳组合；施工过程要与劳动组织、运输组织相统一，为减员增效创造条件。

2. 树立工业化大生产观念

铺架施工是一项庞大的系统工程，要有严密的组织、科学的管理才能搞好设计和建设，要坚持专业化、标准化、理性化生产的观念。铺架设备是现代铁路施工的必要设备，技术要求高、制造难度大，而且由于工期紧张和桥梁数量大，需要设置的铺架基地比较多，如果各施工单位各搞一套、势必造成低水平的重复研制，不仅无法保证设备的性能和质量，而且会造成投入的浪费。

3. 统筹管理

铺架施工是一个复杂的系统工程，影响因素很多，应当综合分析，统筹管理。在着重抓住施工的进度、成本、质量、安全等主要因素外，对于人力、设备、材料、用地、水电、安全等均应统一规划，妥善安排解决。

铺架基地的"三通一平"问题（通路、通水、通电、平整场地），以及铺架过程中临时通信设施的建设，应当永久与临时结合，通盘考虑。一方面，既考虑到节约工程的总投资，又有利于缩短线路开通和投产的期限；另一方面，既考虑到铁路工程的需要，又适当改造周边环境，尽可能地为铁路沿线地区提供便利。物资采购的统筹也是一个需要考虑的问题，以保证所采购的材料与设备的标准、规格统一，价廉物美，最终保证实现工程项目目标的要求。

二、优化管理

系统工程的基本目标是实现系统的最优化。对于铺架工程施工而言，项目管理的目标就是在既定的条件下，最优化地控制进度、成本、质量、资源，完成项目。当代的优化技术可以在项目管理中发挥重要的作用。常用的最优化数学方法有：函数极值解法，变分法，最小（大）值原理，动态规划等。

铺架施工中需要运用优化技术的问题很多，主要的有：

（1）施工技术方案优化。对施工所采取的技术、工艺、方法、机械设备、平面图设计进行优化，使得项目在保证质量的前提下，其工期和成本是最优的。

（2）施工组织方案优化。对施工程序、工艺顺序、施工流向、劳动组织安排方面进行优化，使得项目的实施能够以最短的工期、最小的成本、最佳的质量完成，达到预定的项目目标。

（3）资源配置优化。对项目实施中的人、财、物的配置进行优化，包括消耗总量优化、时间调度、资源组织优化等。

第二节　物资与设备管理

一、物资采购管理

对于海外铁路铺架工程项目，应在成本、进度、供应商资源、过程控制等管理方面入手，熟悉铁路铺架项目所在国对于物资供应的有关标准规范规定，做好物资采购管理工作。

（一）摸底调研，知己知彼，因地制宜

项目采购实施前，需要对项目所在国进行全面的摸底调研。项目的一次性特点决定了在采购规划时应重点考虑项目自身的特性，使采购规划符合项目的实际需求。这主要表现在以下几个方面。

1. 标准规范要求

基于国情的不同，不同的国家技术标准规范不尽相同，加之项目人员对规范的理解偏差和疏漏，客观上加大了项目的风险。因此，项目采购人员必须熟悉规范要求，掌握标准规定，随时了解变更动态，才能做到在实际采购时少走弯路，事半功倍。

以欧美为代表的市场，其有着完善的标准规范，不允许使用其他的标准；中东、南美、北非、东南亚部分地区的国家没有制定其国家标准，但引进了欧美标准规范，且在这些地区已经得到了广泛应用；南亚部分地区、非洲其他地区，既无制定国家标准，也未系统性地引进国外的标准，大部分工程使用工程项目承包商提出的标准。以美国为例，美国的设备材料规范以ASME、ANSI、ASTM为主，电气类以ANSI、NEC、UL为主，通信类以TIA为主，消防类产品以NFPA为主。尤其是电气、消防规范的不同要求，给其国外供应商制造了技术壁垒，在采购执行时承包商不得不从当地寻求合作的供应商资源，无疑会增加其采购成本。

2. 法律情况

各国的法律体系框架不同，在项目采购策划阶段需要特别注意。需要考虑当地法律对合同、知识产权、进出口许可、税费、安全、物流运输等方面的特殊规定，做好相应的预判和预案。欧美等地的普通法法系国家，对于知识产权、进出口许可、安全等的要求更为严格，中东等地区稍微宽松，近几年南美国家对于进口的许可管理等方面也逐渐加强。

美国对进口物资的要求严格可以说居全球之首，除了进口的设备须符合其进出口许可规定外，还要考虑对其本土企业的保护。在进口时美国政府会以侵犯其相关企业的知识产权、不公平竞争为由，对外国企业进行阻挠，经过长达8个月甚至更长时间的一次审查、二次审查后，外国企业基本失去向其出口的机会。

3. 政治风险

不同国家的政治稳定性不一样，在采购策划时有必要了解项目所在国的政治情况，需要将其风险纳入到采购成本和采购合同条款中。例如，在中东地区和非洲国家，除少数国家的政治较为稳定外，其他国家均有政治动荡，包括战争、内乱等；南美不少国家受政治制裁等影响，经济也不稳定；欧美等地的国家易出现罢工等情况。尤其是2014年以来，北非纷争不断，中东地区局势动荡不止，欧洲地区罢工、恐怖袭击时有发生，南美国家准备世界体育大赛，内部肃清活动持续进行，部分国家面临政府换届，政局动荡不安。上述原因对采购合同的执行有着不可预估的影响，对于合同履约、进度保证等方面较为不利。

种种因素直接或间接地给项目采购执行造成了不利影响。

4. 经济风险

经济方面的影响主要有进口保护、汇率浮动、外汇控制、通货膨胀等因素。以进出口为例，受项目所在国经济政策的影响，绝大多数国家制定了对其国内企业相应的贸易保护措施，特别是技术性措施、知识产权保护等，对中国产品出口的影响日益突出。例如，欧盟的REACH法规、WEEE指令，美国的331调查、337调查。

缴纳反倾销税和反补贴税也是采购活动所要面对的一个重要问题。例如，美国对中国的热轧碳钢板、无缝钢管、光伏产品、橡胶制品等产品征收反倾销税和反补贴税，反倾销税率为26.71%～78.42%；对电气类产品要求采用美国标准，导致中国的产品无法进入北美市场。欧盟对中国的热轧不锈钢薄板和无缝管、紧固件等产品征收反倾销税，税率为17.7%～74.1%。南美部分国家对电气类、泵类等征收反倾销税，税率为12.34%～90.83%。北非、南非、印度等地近年来对中国制造的产品均有反倾销或反补贴措施。

通货膨胀、外汇控制主要在中南美等国家体现较为明显。例如，委内瑞拉自2015年以来通货膨胀率不断攀升，到2015年11月通货膨胀率环比增长约300%，加之国内美元储备的管制，造成本币不断贬值，物价接连上升，经济陷入了恶性循环状态。这些因素均对采购合同的执行提出了更高要求——交货周期的设备或材料，在合同执行周期内物价可能翻番，严重影响了合同的履行。因此，在下达采购订单时，采购商需要考虑通货膨胀对合同金额、交货期等的影响，提前做好资金计划，以备不时之需。

5. 市场资源情况

作为境外项目，所在国的资源无疑是工程项目的首要选择。为便于项目后期的运营，需要在采购前期对当地的供应商进行摸底和调研，包括设备材料供应商、检验服务商、物流运输服务商、清报关公司等。尽管当地物资贫瘠，生产力落后，但当地的供应商占据地利优势，有效利用当地资源，能为项目采购工作的开展带来意想不到的效果。

6. 市场行情调研

由于部分设备和材料的价格受市场波动影响不尽相同，在采购策划时，有必要对当地的市场行情进行调研。尤其是钢结构、管材等大宗材料，在当地采购可为项目执行带来诸多便利条件，如能把握好签约时机，也是节省采购成本的重大举措。

结合上述摸底调研情况，应形成初步的采购计划，包括采购模式的确定、供应商资源的选定、合同形式、采购执行流程、物流运输策划、清报关方案管理、风险预测等内容。

（二）拓展资源，优化合作，共赢管理

供应商资源是工程项目的补给后盾，项目的成功与否离不开当地供应商资源的支持。对于北美、南美项目市场，北美供应商是项目供货的关键力量。对于中东、非洲市场，亚洲和欧洲供应商无疑是项目供货的关键力量。

从长远来看，建立与当地供应商的合作关系，以签订战略合作协议的模式进行长期合作，有利于降低企业长期采购（包括催交、检验）的成本，也有利于降低采购物资的进度风险和质量风险。同时，通过合作方式，可对当地的后续项目进行共同开发、互利合作、协同发展。

（三）入乡随俗，加强沟通，注重交流

公共关系的建立是项目顺利执行的必要条件。不同的国家和地区有其不同的文化、宗教信仰，因而在与最终用户、供应商及利益相关方等交流时，应该入乡随俗，尊重对方文化。

例如，在阿拉伯地区，如果要获得较好的、成功的沟通，就必须了解所在国实行的严格的政教合一制度，尤其是熟悉伊斯兰教的一些习俗与规定，言谈中要注意避免谈论政治，同时要注重热情和耐心，否则就可能给工作带来许多不便。在欧美国家，在合法、公平的基础上，共同的业余爱好、晚餐文化等良好的沟通可使双方的意愿得到充分表达，同时相互了解对方的原则、目标和工作方式。在南美国家，当地人开朗热情，社交聚会对于他们来说是生活不可缺少的内容，不定期地与当地合作企业举行聚会，有利于促进合作双方的友谊，融入其当地文化氛围，可以为项目的执行带来不可估量的推动作用。非洲不少国家，其当地居民对于其居住环境爱惜备至，对于其信仰的图腾更是神圣不可侵犯。

（四）系统管理，精确把控，有的放矢

从实际操作看，采购也可作为一个小项目进行系统管理。要使采购的物资在成本、进度、质量等多方面达到目标要求，就需要对采购进行系统管理，重点在于采购计划的管理。

采购计划是采购工作开展的源头，良好的采购计划可使采购工作事半功倍。计划的准确度和严密性直接影响后期开展的具体采购工作。根据项目的设计进度和施工计划，对采购计划进行周密规划，确保设备和材料的技术条件满足设计要求，交货工期满足项目施工进度要求，即确保技术性满足、数量准确度高、进度合理。

与采购计划相对应的资金使用计划也应一并管理。资金使用计划包括采购执行时需要的资本金支出、贷款本息等，均需要进行资金投入计划和现金流的测算，确保资金链的合理保障。

（五）集中采购，规模效应，提高效益

目前，国内铁路铺架工程项目物资的集中采购已成为大趋势，随着国内项目的饱和及国外项目的拓展，工程公司采购的重心也将逐步移向国外市场。对于某一片区的项目来说，形成一定的规模效应，集中采购无疑是更为经济有效的采购方式。

目前中国工程公司在国外的项目多集中于北美、南美、中东、中南亚地区，随着多个项目的经验积累以及后续项目的不断跟进，采取集中采购方式，有利于项目的成本、风险控制，保证项目的进度要求，同时利于提高承包商的整体经济效益。随着信息系统的健全，数据传输将摒弃以往文件传输的限制，也为集中采购提供了便利条件。

（六）掌握主动，过程跟踪，定向控制

不少项目采购存在下订单前争分夺秒、下订单后无人问津、交接时场面混乱的前紧后松的现象。对于海外铁路铺架工程项目，设备和材料工期保证是项目顺利推进的必要前提，务必全过程控制货物动态。(1)通过数据系统与人相结合管理的原则，由专人全过程跟踪，包括前期询价、订单、催交、检验、包装、运输、清报关、现场验收等；(2)积极催交，落到实处，切实掌握设备和材料制造动态，了解存在的问题，并及时提出解决的办法；(3)提前做好货运准备，包括许可证明文件、吊装方案、运输路线及预案措施等；(4)如果是进口货物，则需进一步考虑项目所在国清报关的相关许可文件、法律规定以及与内陆运输或河运相关政府部门的协调工作。

（七）控制文件，多方收集，有备无患

国外项目多以合同为准绳，以记录为依据，以证据进行索赔。采购过程上承设计，下接施工，中间有与运输部门、海关部门、供应商等的交接界面，其间文件繁杂，也易出纰漏，任何一项纰漏都有可能造成整个合同的亏损或是对项目产生重大影响。因此，做好各项文件的收集，尤其是验收、放行、包装、接收等文件的整理，对于后期有可能产生的索赔、纠纷处理具有重大作用。

二、物资管理

除了在国内铺架项目中所要完成的铺轨架梁任务外，还有制梁制枕的任务，例如在肯尼亚蒙内铁路铺架工程中，还需要进行沙石料的采备、轨枕和梁体的预制，需求材料品种多、采购难度非常大，且当地市场工程材料匮乏，物资管理工作面广、线长、量大、环节多，加大了物资管理的工作难度。可以从以下几个方面来加强物资管理：

(1)建立一套完善且行之有效的物资管理制度，包括物资的收发存管理制度、物资供应商绩效考核制度。同时，建立部门岗位职责，实行岗位责任制，明确分工，做到责任落实到人。

(2)加强物资的计划管理。大力推进物资集中采购工作，做到提前落实、提前准备，避免因物资供应滞后而发生影响工程进度的问题。积极加强与施工现场、技术人员的沟通，认真编制季度、月度和周材料计划，提高材料计划的准确性，提高采购效率，提高综合效益。

(3)把好物资采购关。物资采购是保证整个物资管理过程质量的关键部分，对当地的材料供应商进行评选，根据合作态度、公司信誉、送货速度、付款方式等方面情况择优选取合格供应商，充分保证原材的质量、单价和运距的最优化，从而提高单位的综合效益。

三、设备管理

针对铺架工程施工设备多、管理幅度大的特点，应加强班组建设，实行设备模块化管理，分别设沙石料生产班组、轨枕预制班组、梁体预制班组、铺轨架梁班组、起重班组、电工班组、维修抢修班组、设备保养维护班组等。选择优秀管理人员，带领可培养的劳工技术工人，建成专业作业班组，实现设备管理模块化。

加强设备调遣管理，项目部定期、不定期对在用机械设备进行检查抽查，特别是针对特种设备的使用，发现隐患，及时整改。定期根据项目的生产状况，将设备在各个工区进行调遣，保证每台设备都能发挥其最大的工效。

严格控制维修保养成本，加强设备外修管理，加强配件采购、出入库的管理，在保证配件质量的同时，尽可能降低配件采购价格和库存量，从而降低总体维修成本。

第三节 人员管理

一、外籍雇员管理

相比国内铁路项目而言，更多的外籍雇员管理工作也是本项目管理特色之一。为加强对外籍雇员的管理，应制定合适的海外项目人力资源属地化实施方案，通过与政府合作、老员工介绍、登招聘广告等方式拓展了招聘渠道。

同时，针对当地雇员技术水平低下的特点，加强对外籍雇员安全技术及能力的培训。新聘的外籍雇员要进行进场前安全教育，定期进行消防应急演练（图 7—1）和触电救援演练（图 7—2），保障当地雇员的人身安全和切身利益。班组实行班前教育，教育内容包括作业安排及步骤、施工中可能涉及的安全隐患及其他注意要点、现场规定制度等。

设备部定期对操作手进行设备保养、设备操作技能培训；工程部进行工程技术交底；试验室和测量班定期对外籍雇员进行技能培训，外籍雇员基本能独立胜任部分技术工作。针对能力素质不高、自由散漫等问题，建立相应的考核管理制度及基本岗薪和技能等级工资制度，根据工人的不同等级技能确定不同的基本岗薪，促进了肯方雇员提升自身技能的积极性。同时，定期进行优秀员工评选，对表现优异的员工发放奖励。对于违反管理规定的员工及时予以清退，并建立退场人员黑名单。

图 7—1　肯尼亚当地雇员的消防演练

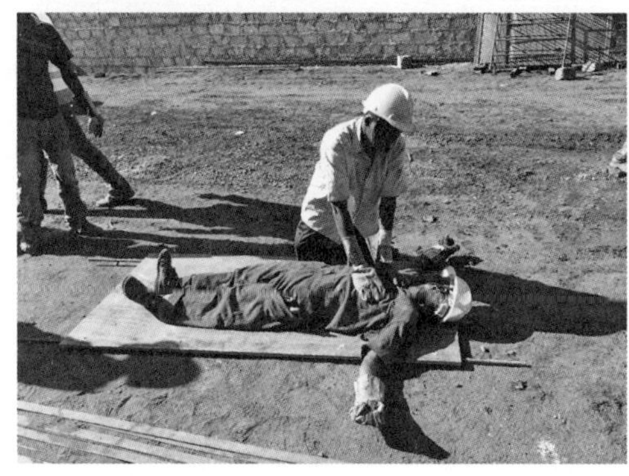
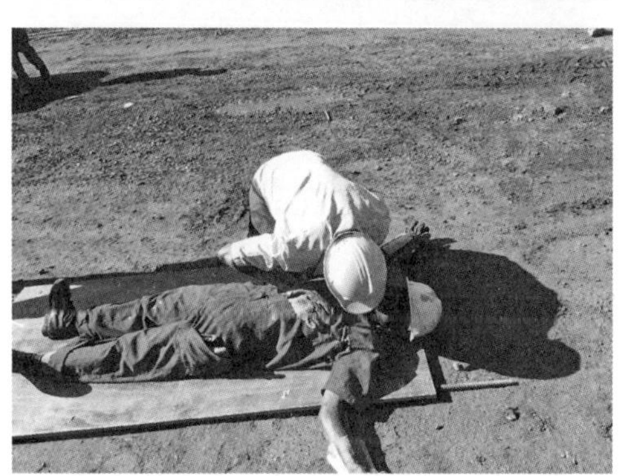

图 7—2　肯尼亚当地雇员的触电救援演练

二、架子队管理

1. 海外项目架子队的特点

建筑企业传统的用工模式主要有四种:正式固定工模式、工程分包模式、劳务分包模式、零散用工模式。由于目前国内建筑市场比较成熟,专业分包队伍,劳务分包队伍资源丰富,为减轻企业经营负担,目前国内建筑企业多采取管理层与劳务层分离的项目管理模式,管理层多由企业正式员工组成,劳务层则多以工程分包,劳务分包的形式组成。在分包的管理模式下,由于分包管理不到位,往往会出现工程质量缺陷,安全事故频发,工作效率低下,各种权益纠纷等问题。

架子队是国内建筑企业为了规范劳动用工推行的一种新型劳务用工管理模式,它是以建筑企业管理、技术人员和生产骨干为管理层,以与建筑企业签订劳动合同的劳务人员为作业层的施工作业团队。通过架子队的管理模式,即充分利用了社会劳动资源,又确保了企业对项目的有效管理,实现了管理层与作业层的有机结合,从源头上解决了分包模式造成的诸多问题的产生,同时有利于控制成本,挖掘潜力,锻炼人才。但受企业传统管理观念的束缚,项目对传统分包模式的依存度高,管理团队资源匮乏等因素的影响,国内的架子队的组建多流于形式,多是以分包队伍为主体,辅以部分项目管理、技术人员,没有实质性的参与到作业层的管理中,分包队伍依然发挥着原有的作用,分包模式的弊病仍不同程度的存在。

海外项目则有所不同,由于项目所在国的建筑市场不发达,很难找到专业的分包队伍和成建制的劳务公司,如选择国内的分包公司,分包模式的的弊病一旦产生,轻则会影响项目的顺利实施，重则带来国际纠纷，对企业乃至国家的声誉带来不可挽回的损失。同时受所在国家的法律和所签署合同的约束，相当比例的劳动力必须从当地解决。海外项目扁平化、属地化的客观要求使采用真正的架子队管理模式成为必然。下面结合肯尼亚蒙巴萨至内罗毕标轨铁路项目的工程实践，对海外铁路铺架架子队管理的组建、管理及取得的经验进行介绍。

2. 架子队的组建

组建桥梁预制队、轨枕预制队、轨排生产队、道砟生产队、上砟整道队、铺架队、运输队、附属施工队共八个架子队。每个架子队由均由管理层和作业层组成。各架子队依据所负责项目特点进行的人员配置见表7—1。

表7—1 各架子队人力资源配置表

架子队	管理层			作业层	
	企业正式工	聘用中方人员	聘用肯方员工	聘用中方员工	聘用肯方员工
桥梁预制队	10	15	14	10	272
轨枕预制队	5	6	18	3	240
轨排生产队	3	2	4	0	73
道砟生产队	3	7	7	4	140
上砟整道队	13	8	4	6	159
铺架队	18	2	1	15	41
运输队	3	7	0	30	3
附属施工队	2	3	1	0	53

其中管理层由队长、副队长、技术负责人、技术员、安全员、材料员、领工员、工班长组成，其中管理技术干部成员为公司正式员工；领工员、工班长由国内招聘的有经验的作业班组长以及经培训考核后具有组织和操作能力的当地员工组成；作业层为当地招聘的肯方员工及国内招聘的特种作业操作人员组成。

公司正式员工由项目部选派；中方聘用人员由公司及项目部在国内社会招聘，当地雇佣的肯方员工由项目部人事部门会同架子队长共同招聘。

其中，国内聘用人员无论之前在哪一团队都根据项目部的总体需要和自身工作能力，重新进行工作分配至各架子队中，重新进行班组建设，不存在游离于项目架子队之外的"隐形"团队。

架子队的组成不要墨守成规，而应根据所属队伍的作业特点，以及现有的国内及当地劳动力资源进行合理配置。

3. 架子队的人员管理

(1)企业正式员工依照企业相关制度框架内进行管理。

(2)中方聘用人员(包括工班长、特种操作人员)一律与企业签订劳动合同，依据合同条款和项目有关规定进行管理。

(3)当地雇佣的肯方员工一律与项目部签订劳动合同，依据当地法律、工会协议、劳动合同和项目有关规定进行管理。

(4)架子队的用工需求计划由队长上报，经项目领导审批后，由项目部人事部落实。

(5)架子队的人员管理采用队长负责制，队内人员的招聘、奖罚、解聘等工作，由架子队队长与项目人事部共同完成。

(6)架子队所有成员的工资,依照企业制度、相关合同、考勤、以及绩效考核,由项目部按月统一发放。

4. 架子队的物资、设备管理

项目的所有物资、设备有项目部统一采购,各架子队每月根据需要上报物资、设备计划,经部门及分管领导审批后,由项目部物资部统一采购,并分队列支。架子队无物资采购权。

项目部采购后,各队根据需求分期、分批从大库中领用。各队设小型材料库,主要存放日常消耗型材料及小型机具。各队物资材料员由企业正式员工担任,队物资材料员负责与项目部物资部对接,负责队级材料库每日材料设备的领用、归库等管理,并做好日材料消耗台账。

队内所有的设备原则上由各队进行日常保养和维护,小型机具的修理由各队机修工完成,大型设备由项目部物装部安排专业人员进行日常常的检查和维修(如龙门吊、发电机等)。

5. 架子队的质量、安全、进度管理

架子队的质量、安全、进度实行以架子队长为主体的架子队管理层负责制。在确保项目总体质量、安全、进度目标实现的前提下,项目部在制定相关指标时,与架子队管理有充分的沟通,并对影响目标实现的因素事先进行排除,使相关指标合理、可执行。同时,由于架子的执行层面由公司正式员工和施工骨干组成,架子队具有较强的执行力,项目部的质量、安全、进度等管理措施能够得到有效的执行,避免了项目部和队级管理"两层皮"的现象。

项目部每月根据计划对各架子队下达每月质量、安全、进度指标及相应的奖罚标准,架子队管理层全力相应,认真落实,出现问题时,反馈及时,处理得当,施工生产得以顺利开展,各项指标清晰、可控。

各队生产能够在项目的总体安排下,均衡进行,各队间、队内各工班配合默契,工序衔接紧密,保障了项目总体的有效正常开展。

各队生产资源可以在项目部总体协调下,得到优化配置,随时调剂,加大了人员、设备的利用率。

6. 架子队的成本核算

由于海外项目架子队的成本核算与国内类似的工程成本核算存在较大差异。国内项目多采用分包的管理模式,所以国内项目的成本管理很大程度上是合同管理,即选择优秀的作业队伍,签订严谨的分包合同,过程中严格按照合同履行双方责任、义务,把好质量、安全、进度关,避免由此造成的成本风险,结算时严把合同关,严格按照分包合同验工计价。海外项目架子队的成本核算则完全是项目部自身的全过程控制,项目成本管理的好坏,完全是由项目管理水平决定的。首先工、料、机的供应完全是项目部提供,架子队工、料、机的消耗量成为成本核算的主体。架子队成本核算是个全员管理的过程,项目部各部门及架子队管理层均参与其中。为得到每月各队的成本情况,项目部需完成以下统计工作:

(1)每天统计各队的材料消耗,按月盘点库存;

(2)每天统计各队进度,如有异常,及时分析解决,每月统计当月完成实体工作量;

(3)每天统计各机械的油料消耗,建立油料消耗台账;

(4)每天由各队工班长对作业层考勤核对,各队中方人员实施请、消假制度。每月中、肯方员工考勤情况由人事部汇总,并据实发放工资,同时统计出各队人工费用水平;

(5)项目部根据各队不同特点,每队设置几个关键控制指标,作为统计考核,按月提取相关

数据。(如混凝土损耗,垫块损耗等)

在经过几个月的摸索实践中,项目部形成了适用于本项目特点的成本考核指标,如单产品工费指标、单产品主要材料消耗指标、单产品低值易耗品费用指标、单机油耗指标等。项目部每月底召开成本分析会,对当月各架子队成本进行归集、计算、分析,及时了解当月单件产品的生产成本。对存在的问题研究解决对策,在下一个核算周期内落实整改。对当月成本控制情况进行通报,并对几个主要指标进行考核奖罚。

7. 注意事项

(1)管理、技术干部选派及培养

架子队管理层中,企业正式员工(管理、技术人员)是架子队管理的核心,架子队队长的选派尤为重要,必须是具有与本队作业内容相匹配的、丰富现场施工经验的管理干部担任,架子队的其他管理人员应按专业,成梯队设置,在做好现场施工管理的同时,充分发挥传、帮、带的作用,使年轻的技术干部在工程实践中快速成长,为企业发展培养、储备人才。

(2)施工骨干的配备

架子队中的领工员、工班长是管理层的施工骨干,也是连接管理层与作业层最直接的纽带,他们负责架子队日常生产中相关指令的传达,又对所负责作业工班的施工进行全过程地监管。同时,他们还是所在工班作业层的实际操作的指导老师,起到引领和示范的作用。因此,施工骨干的合理配置会大大缩短施工磨合期,施工骨干的实际操作能力,很大程度决定了所在工班的作业能力和施工功效。本项目初期,在梁场架子队配置中,忽略了施工骨干的作用,人员配备严重不足,使制梁生产走了一段时间弯路。

(3)当地员工的培训

由于项目所在国建筑市场不发达,很难找到适应本项目的熟练工种,每一项新作业开始时,架子队都要对当地作业人员做系统的培训,并在实际操作过程中不断积累实践经验,使当地劳务人员从普通的力工逐渐培养成所需的熟练工种,如钢筋工、模板工、混凝土工、机械操作手等。对其中具有技术或管理能力的当地员工选拔进入架子队管理层,担任工程师、班组长等,实现管理的属地化,大大提高了管理效能。

(4)机械设备的使用、保养及维修

机械设备的使用、保养及维修管理在海外项目架子队管理中至关重要,海外项目的施工设备绝大多数来源于国内进口,机修配件也主要从国内采购,采购、发运、清关等环节往往需要2～3个月。因此,一旦关键设备出现机械故障且相关配件供应不及时,就会使整个队伍工效大幅度降低,严重时造成生产线瘫痪,停工。而且,施工过程中对机械设备的误操作、保养维修不及时,会带来很大的安全风险。为此规定:

①特种设备的司机必须由聘用的中方操作人员担任,并持证上岗;

②普通机械设备的操作人员可由当地员工担任,但必须经架子队、项目部人事部选拔、考试合格方可聘用,并在工班长的指导培训下,不断实践,提高操作水平;

③项目部成立专门的机修班组,对主要设备进行日常保养和维修,各架子队设机修工,对队管小型机具设备进行保养和维修;

④项目部大库中主要设备易损配件,要保证三个月以上的周转使用量。

(5)提高工效的几个小尝试

①项目部对架子队的绩效管理。随着不断的经验积累,逐步制定合理的绩效指标,并每月

进行考核，兑现奖罚。本项目的中后期实施绩效管理后，各队的积极性、主观能动性被充分调动起来，取得较好的效果。

②架子队内部分班组确定日劳动定额，定时定量，对超额完成任务的工班予以工时奖励，调动了作业班组的积极性，劳动效率有较大提高。

③对成熟的工班作业进行工班分包，确定作业内容单价，每天按实际完成量确定工费。此方法仅对成熟的作业班组有效。

架子队管理作为一种新型劳务用工管理模式，可以将项目部的管理指令直达作业队操作层，大大加强了项目的执行力。项目部管理者可实现对项目实施进行全方位、全过程的监管，使项目的质量、安全、进度、成本等指标牢牢把控在项目管理者手中。从根本上消除了因项目分包带来的诸多弊病。

海外项目面临的属地化及扁平化的管理需求，架子队管理模式对海外项目具有极强的适用性。本人在肯尼亚蒙巴萨至内罗毕标轨铁路项目的工程实践中，采用架子队的管理模式，实现了工程项目的有效管理，切实感受到了架子队管理模式的优越性，对管理过程中取得的经验以及仍需思考的问题，做了简单的介绍，以供借鉴和交流。

第四节　三大控制管理

一、安全质量管理

安全质量管理包括 HSE 管理、风险控制和质量管理。对于安全管理，后面还将用一章做专门阐述。

(一)HSE 管理

HSE 是健康(Health)、安全(Safety)和环境(Environment)三位一体的管理体系。一方面，肯尼亚之前是英国殖民地，沿用的是英标的 HSE 管理体系，对于 HSE 的管理理念也是照搬英国的管理思路，相关的法律文件比较健全。但是，当地工人的安全意识薄弱，使得项目安全管理压力增大。另一方面，中方 HSE 管理人员的英语水平有限，与当地有关部门、当地工人沟通比较困难，使得现场 HSE 管理效果打了折扣。铺架项目的 HSE 管理工作宜围绕属地化与中方管理相结合的方式，一方面组织有海外经验的 HSE 管理人员参与管理；另一方面积极聘用当地 HSE 管理人员，加强对当地工人的教育培训，提高当地工人的安全意识。

针对当地雇员的安全意识、安全知识和技能水平，编制施工安全交底，交底内容应图文并茂、通俗易懂，须注意与现场实际相符，能够真正为一线作业人员的安全作业提供指导。

当今世界面临着严重的环境问题，现代工业化带来了高度的物质文明，也造成了环境的严重恶化，严重影响了人类的生活和人类社会的可持续发展。环境保护已经成为人类的普遍共识，获得了世界各国的高度重视。铁路铺架施工的实施，一方面要消耗大量的自然资源，另一方面要向大自然排放大量的废气、废水、废渣，产生噪声和扬尘，从而使自然生态环境遭到破坏。因此，必须增强环保意识，充分重视环境保护工作，在项目的实施过程中认真贯彻“预防为主，防治结合”的方针，进行环境监测和调查，采取有效措施，把环境保护工作落到实处。

(二)风险控制

风险是客观存在的，它可能由自然灾害引起，也可能由人为的或社会的原因而产生。例如，飓风使得正在作业的架桥机意外倾斜甚至颠覆；特大泥石流把正在施工的路基冲毁，导致铺轨作业无法正常进行；由于现场条件的变化使得原定的铺架方案无法实施；铺架作业所使用的原材料价格出乎意料地发生大幅度上涨，遭遇恐怖袭击或破坏等等。这些意外事件皆是风险事件，都将给工程项目造成重大的损失。

铁路铺架施工过程的影响因素十分复杂，工程持续时间长，铁路沿线的自然、人文条件复杂，难以绝对控制，因此风险是客观存在的，发生风险事故并不足怪，但是不能掉以轻心。在项目的投标和施工实施的各个环节，都必须进行项目风险分析，努力进行风险控制，力求避免风险事故，尽量减少风险的损失。

综上所述，施工企业必须把风险管理纳入项目管理之中，力求以最少的成本实现最大的安全保证效能。在风险损失发生之前，尽可能地避免发生风险事故，为潜在的风险事故做好各项应付对策；在风险损失发生之后，积极采取补救措施，尽量减少风险损失，迅速恢复正常生产。

风险管理的内容包括：风险辨识、风险分析、风险控制、风险转移、风险管理效果评价等。通过建立相应的管理标准来识别、确认和度量各类风险，并制定选择和实施风险处理方案，使风险减少到最低程度。

（三）质量管理

在质量管理工作中，应以质量管理体系为中心，建立健全各项质量管理制度，依照质量体系控制程序开展质量控制，并将质量监督体系运用到实际工作之中。全面推行施工标准化管理，执行中国标准，树立工程建设精品意识，根据业主相关管理要求，严控施工过程，突出重点，强调质量精细化管理，对每道工序和指标，坚持从细微处入手，把质量控制落实到每个环节、每道工序、每个流程、每个岗位，确保总体工程质量达标。

(1)围绕业主单位关于质量管理的要求并结合项目部实际情况，建立各项质量管理制度，成立以项目经理为组长的质量管理领导小组，配备充足的专职质量管理和检测人员。各级管理人员依照质量体系控制程序开展质量控制，并将质量监督体系运用到实际工作中，不断完善和提高项目部质量管理水平，确保总体工程质量达标。

(2)针对当地雇员的技能水平，编制各分部分项工程技术交底，交底内容图表结合、简明扼要、实用性强，有利于一线作业人员充分了解其施工内容及质量控制要点。为项目分部分项工程的开展打下扎实的技术基础。

(3)在日常施工中，加强过程控制，严格执行"三检"制度。定期进行专项质量检查并对所发现的相关问题进行仔细分析，提出预防和纠正措施，全面总结并加强对全员的宣传教育，以保证项目质量管理落到实处。

二、进度控制

由于项目实施过程中主客观条件的变化是绝对的，不变则是相对的；在项目进展过程中平衡是暂时的，不平衡则是永恒的，因此在项目实施过程中必须随着情况的变化进行项目目标的动态控制。项目目标的动态控制是项目管理最基本的方法论。铺架施工控制行为的主体是项目经理部，控制对象的目标构成目标体系。

项目目标动态控制的工作程序包括：

(1)将项目的目标进行分解，以确定用于目标控制的计划值。

(2)收集项目目标的实际值，如实际成本，实际进度等；定期进行项目目标的计划值和实际值的比较；通过项目目标的计划值和实际值的比较，如有偏差，则应及时采取措施纠正偏差，使项目的实施按计划进行。

(3)在新的干扰因素的作用下，又会发生新的偏差，又需要采取措施纠正偏差。项目控制就是这样动态循环地进行，直至项目完成。

在项目控制中，既要对项目的全过程进行控制，又要对项目的全部要素进行全面控制。项目的要素包括资源(人、财、物)、信息、技术、组织、时间、信誉等。动态控制的周期根据工程项目的复杂程度和控制的详细程度而定。对于铺架这样跨度巨大，而且需要大量外部协调的项目来讲，动态控制的周期通常以周或天为单位更合适一些。动态控制可以分为事前控制、事中控制和事后控制。在项目实施中应积极提倡事前控制，即防患于未然，在偏差发生之前预先分析可能发生的偏差，采取预防措施，防止偏差发生。

由于海外铁路项目的特殊性，必须加强统计和计划管理，精心组织，采取"以日保周、以周保旬、以旬保月、以月保年"的方式确保总工期目标的如期实现。

三、成本管理

成本的控制和管理敏感地反映着工程项目的全部状态，贯穿于项目建设的全部过程。成本管理控制的目标是贯彻目标成本预算，防止成本超支，保证盈利。海外铁路项目是我国企业走向世界的重要标志，也是我国改革开放的重要成果，随着"一带一路"战略的纵深推进，这一趋势将更加明显。因此，在海外铁路铺架项目施工过程中，贯穿项目始终的全过程成本管理，进一步有效控制海外项目总体施工成本，确保在保障工程质量的前提下，实现业主与企业双赢，将成为我国铁路施工企业加快国际化进程、提升国际竞争力的必须之路。

(一)海外项目成本构成的特殊性

与国内铁路铺架工程项目相比，海外铁路铺架工程项目由于受汇率、两国人员费用差异等方面的原因存在自身特殊性，具体表现如下：

1. 附加及风险成本的存在

与国内铁路铺架工程项目相比，海外铁路铺架工程项目成本构成中存在一定的附加成本和风险成本，主要是指两个方面：一是项目代理费，我国铁路施工企业在海外施工建设过程中，由于受当地风俗、宗教等影响以及语言、沟通交流等因素的限制，一般需要聘用当地的项目代理人员进行工程项目日常施工建设过程中的协调以及沟通交流；此外，原材料、机械设备等运输过程中的海关费、保险费以及紧急物件的空运费等构成的海外项目工程运输成本一般为国内运输成本的3倍左右，这两部分费用都属于海外项目成本的附加部分；二是由汇率所带来的风险成本，对于中国海外项目来说，一般以美元计价，随着近年来美元的走强和人民币对美元的升值，使得中国在海外项目的收入将会受到汇率的双重影响，这在海外铁路铺架工程项目成本管理的过程中也是不容忽视的。

2. 人工费构成的特殊性

与国内铁路铺架工程项目相比，海外铁路铺架工程项目的人工费主要由两部分构成：

一是国内劳工，这一部分成本是国内的两倍左右，还要考虑路费；二是国外劳工，需要在详细了解当地劳工薪资水平的基础之上，遵循当地的劳工合同法律法规，提供相应的福利费用、加班费用等。海外铁路铺架工程项目人工成本构成的特殊性不仅在一定程度上加大了人工成本管理的难度，也在一定程度上增加了人工成本。

3. 材料费的特殊性

无论是国内铁路铺架工程项目成本构成还是海外铁路铺架工程项目成本构成，材料成本都占其中的60%以上，而与国内项目相比，海外铁路铺架项目的材料成本在国内的2～3倍左右，因此，海外铁路铺架项目材料成本在其总成本中占据更大的比例，且一些小型国家可能还会存在原材料垄断现象，如水泥、钢材等，在一些落后的第三世界国家，某些材料甚至还需要进口，这都无疑增加了海外项目材料成本控制的风险性，加大了海外项目材料成本管理的难度。

4. 设备费构成的特殊性

国内铁路铺架工程项目设备费用一般由两部分构成，即设备购入或租赁费用和运输费用。但是海外铁路铺架工程项目设备费用不仅包括以上两种费用，亦包含国外运输的特殊费用以及备品备件费用等，而在此部分的成本费用构成中，不仅运输费用较高，且与国内运输费用存在较大的差异，这无疑增加了海外铁路铺架工程项目成本管理的复杂程度。

(二)海外铁路铺架工程项目成本管理的重要性

通过海外铁路铺架工程项目成本构成的特殊性，可以发现海外铁路铺架工程项目不仅成本较高，且其构成存在一定的复杂性和风险性，一旦管理不善或者是忽视对其成本的管理和控制，就会对企业造成不可估量的损失，不利于企业经营目标的实现。因此，在海外铁路铺架工程项目管理过程中，要重视对人工成本、材料成本、设备成本等多方面成本的管理，以最大程度避免不必要的资金投入，做好项目总成本的控制工程，为实现企业经济效益最大化的经营目标奠定坚实基础。

(三)海外项目成本的全过程管理

1. 事前工程项目成本管理

即指海外铁路铺架工程项目的前期成本管理，主要包括三方面内容：一是项目经理和管理层的选派，其管理能力高低直接关系着整体工程项目成本管理水平和效益，因此，在海外铁路铺架工程项目前期成本管理的过程中，要选择那些有责任心以及有较强组织协调能力、专业能力的人员充当海外铁路铺架工程项目经理及管理层，并做好相应的人员配置工作，合理规划管理结构，以确保成本管理和控制的高效性；二是制定合理的分包模式和施工方案，以便于提前规划好施工过程中的各项人力、物力和财力资源，优化施工过程中的各项资源配置，以便于在降低人财物浪费的同时，避免工期的延误，合理控制海外铁路铺架工程项目的总成本；三是设置项目责任成本目标，将海外铁路铺架工程项目总成本分为间接成本、直接成本等，并分解成不同的单元制定相应的成本控制目标，以便于在实际工程施工过程中对项目成本实行全过程、全方位的成本控制。

2. 事中工程项目成本管理

即指工程项目施工过程中的成本管理，该部分的成本管理和控制是整体工程项目成本管理和控制的关键性环节。此环节的工程项目成本管理主要包括以下方面：

(1)督促全员树立起成本管理和控制的意识，建立健全的集约化工程项目成本管理体系，将海外项目成本管理落实到各个环节；

(2)完善海外铁路铺架工程项目中的人工成本管理，根据当地的经济、政治及社会环境合理配置国内劳工、当地劳工之间的比例，精简国内管理人员，选派一专多能的人员进行海外管理和作业，且制定完善的岗位职责制度，“一岗多职”，降低海外铁路铺架工程项目的人工成本；

(3)加强材料成本的管理，该部分的成本管理和控制是海外铁路铺架工程项目整体成本管理和控制的关键，因此，在海外铁路铺架工程项目成本管理过程中，必须做好各项材料成本的规划工作，合理控制各项材料的消耗量，制定完善的材料管理制度，在确保工程项目质量的前提下，实现材料限领；此外，亦要注重各项新材料及新工艺的应用，以降低材料成本；同时，要将材料成本规划与实际的实施情况进行对比分析，以便于及时调整偏离方向，将材料成本控制在合理范围内；

(4)在机械设备及材料运输成本的管理方面，要合理组织材料及设备的运输，既要备足当地不宜购买或者是价格较高的原材料及设备，亦要遵循就近选择的原则，以便于将海外项目的运输成本控制在合理范围之内；

(5)做好海外项目建设施工过程中现场管理费用规划，降低不必要的费用支出，在保证员工基本生活环境的前提下，尽可能缩小临建规模，将管理费用支出控制在合理范围内。

3. 事后工程项目成本管理

即工程竣工验收阶段的成本管理，主要包含以下两个方面：

(1)工程款的清收，在工程竣工后，既要及时办理质保金保函，以确保资金的及时回笼，亦要及时回收工程尾款，以便于降低尾款的清收难度，减少工程竣工阶段不必要的经济损失；

(2)防止资产的流失，即在工程竣工验收阶段不能放松警惕，既要加强对各项资产的后期管理，亦要重视相关资产交接手续办理的完善性，实现对财、物等各项资产的全面追踪和管理，尤其要注重对机械设备的管理，尤其是海外铁路铺架项目竣工阶段成本管理的重点和难点。

第八章　海外铁路铺架施工安全与应急管理

第一节　安全组织管理

一、安全管理方针

我国安全生产的方针是“安全第一、预防为主、综合治理”，与其他海外工程一样，海外铁路铺架工程实施过程中不仅要遵守我国的安全生产法律、法规，也应该遵守铁路铺架项目所在国的法律法规要求。在海外铁路铺架工程项目安全组织管理过程中，安全方针的制定应遵循“生命至上、以人为本、预防为主、全员参与、持续改进”的原则。从事海外铁路铺架工程项目的铁路施工企业主要负责人应对海外铁路铺架工程项目安全做出承诺，海外铁路铺架工程项目应根据安全方针，结合行业、企业实际，从遵守我国和铁路所在国(地)法律、实现安全管理目标、优化安全资源配置等方面制定本工程项目的安全政策和承诺。并将本企业主要负责人的承诺用中文和当地语言制成带有公司标志及名称等内容的宣传展板，展示在项目办公室/场所显著位置，传达至每位中方和外方雇员。

项目制定的安全目标应基于安全方针和安全承诺，符合我国和铁路所在国(地)有关的法律、法规和政策，符合公司总部的相关要求，符合本项目的实际情况，考虑项目开展过程中的重大风险；可选的技术方案、财务、运行和经营要求；相关方和合作方的观点与愿望；员工的保护等因素。

各类目标的制定应体现目标可衡量、目标可达、目标实际的原则。

二、安全管理原则

与其他海外工程项目一样，海外铁路铺架项目安全管理过程也应遵循以下几点原则：

(1)“生命至上、以人为本、预防为主”原则。

(2)“最低合理可行”原则，将风险控制于企业最低可接受程度。

(3)“合规性”原则，全面遵守我国和铁路所在国的法律法规。

(4)“设施完整性与安全设施与主体工程同时设计、同时施工、同时投入生产和使用的‘三同时’”原则。

(5)“本质安全”原则：利用企业内外部安全科技研究力量，加大技术改造，淘汰危及安全的落后工艺和设备，积极开展安全科技攻关和技术革命，推广和应用先进安全科技新技术，提高本质安全度。

(6)“公共关系与社会责任”原则。遵守当地法律法规和尊重社会公德、商业道德以及行业规范，同当地政府、民间组织保持良好的沟通与联系，同时为当地政府、组织、民众履行社会责任。

(7)“全员参与及时激励”原则。坚持全员参与安全管理的原则是安全责任制度的具体体现,安全管理人人有责,要采取必要的奖励激励方式,提高全员安全管理意识,激发全员参与的安全氛围。

(8)"协商与沟通"原则。通过内外部的沟通,及时有效传递安全信息。

(9)"武力使用"原则。在严格遵守铁路所在国法律法规的前提下,利用当地政府得到武装保护或雇佣保安力量。

三、和谐环境管理

1. 创建维持和谐社会环境

海外铁路铺架工程项目在进行安全生产的过程中,应尊重当地文化、宗教和生活习俗,根据自身经济实力,积极参与社区建设,热心参与当地社区慈善、捐助等社会公益事业,关心支持教育、文化、卫生等公共福利事业。在当地发生重大自然灾害和突发事件的情况下,积极提供财力、物力和人力等方面的支持和援 助,努力与当地社区或部落构建良好关系,营造和谐社区和作业环境。根据自身经济实力和经营情况,通过积极回馈社会,主动承担起相应的社会责任,为当地社会做出适度的贡献而获得多方认可,通过各项具体措施,树立良好的社会形象,收到良好的社会效益。良好的社会责任表现,既可赢得铁路所在国(地)人民的广泛肯定和尊重,促进工程项目不断融入当地社会,也可为工程项目进一步做好社会安全工作,保障员工的生命财产安全,提供较好的社区环境和群众基础。

图 8—1 所示为肯尼亚蒙内铁路六标段项目部人员慰问当地 Kathekani 村的村民。

图 8—1 慰问当地村民

2. 做好自然环境保护

废弃物管理应当符合铁路所在国(地)环境保护法律法规和相关标准规范的要求。污染物排放必须符合铁路所在国(地)政府规定的污染物排放标准,固体废物处置应当满足有关技术规范要求,并依法缴纳排污费。海外铁路铺架工程项目应当建立完整的废物处理和排放控制档案,执行废物排放管理申报登记制度,依法申请办理排污许可证。海外铁路铺架工程应当加强污染治理、废物处置和生态保护等环境保护设施的管理,建立健全岗位责任制、操作规程和环境监测等规章制度,定期检维修。未经相关管理部门许可,环境保护设施不得擅自闲置、停运或者拆除。产生危险废物的单位必须按照铁路所在国(地)有关规定处置危险废物,不得擅自倾倒、堆放。海外铁路铺架工程项目应当制订并实施污染防治方案,有效处理处置作业过程中产生的废物。

3. 做好生态环境保护

海外铁路铺架工程应当遵守铁路所在国(地)生态保护相关法律法规,按照“在保护中施工,在施工中保护”的原则,坚持生态保护与生态建设并举,实施全过程生态保护监督管理。生产作业时应当采取有效措施保护生态环境,选取有利于生态保护的工期、区域和方式,降低或减少开发活动对生态环境的破坏。在环境敏感区域进行作业时,应当经铁路所在国(地)政府有关部门批准。施工结束、资源枯竭后应及时恢复自然生态。例如,需要筹建铺架基地,对铺架基地内植被、树木等确因施工作业需要铲除/砍除时,应征事先得当地环境保护部门的批准和业主的同意。

四、场所安全管理

场所安全管理是指通过有效地组织各种控制手段,以可持续改进的方式,将针对海外铁路铺架工程生产、工作和生活场所中人员和财产的风险控制到可接受的程度。

在规划场所安全管理方案时,应遵循如下原则:

(1)应当符合当地法律、法规对各项控制措施的特别许可、技术指标等合规性要求。

(2)要充分考虑场所的封闭性特点,严格设定、划分和管理场所及其各部分的出入和活动权限。

(3)要对场所及其各个分区进行分层控制,确保任何一个威胁事件的攻击过程都会遭遇数层控制措施的依次处置,直至威胁终结。

(4)要依据对象和风险的等级不同,采取多种控制措施进行有效集成,确保不同控制措施之间的有效衔接,以及整体控制措施的成本有效性。

第二节　风险识别与管控

一、威胁信息的获取

安全威胁信息的搜集、整理、分析可以起到预警作用。通过及时调整和布防,加强对实际威胁的防范。对于各种威胁信息可从以下渠道获取和识别:历史事件记录、类似地区发生的事件记录;政府/警察部门/应急部门有关的报告及数据统计;专题调查研究、行业报告;与雇员的工作访谈、管理层访谈等;报纸、电视、互联网;社会安全专项检查表、问卷调查;经验判断、专家咨询;统计推论、流程分析、系统分析、模拟情景分析和系统工程技术方法等。

二、风险管理

海外铁路铺架工程的风险管理需通过项目围绕其总体安全政策和管理目标,通过明确各部门分工和职责,配置各项资源,在业务管理的各个环节和工程实施过程中进行风险管理:

(1)考虑谁会受到伤害或影响,以及如何避免受到伤害或影响,编制业务活动表,涉及业务活动所涉及的场所、设施、设备、人员、作业程序、作业活动、管理活动的信息收集,系统地识别存在的风险;

(2)考虑安全控制的有效性以及安全控制失败所造成的后果,并对各类风险进行分析评价;

(3)判定识别评价的风险是否在现有的控制措施下得到有效控制,并符合当地法律法规、标准规范和其他要求,以及符合项目自身的要求;

(4)针对评价中发现的风险,编制安全保证计划、控制措施计划、专项处置方案;

(5)针对编制的安全保证计划、控制措施计划、专项处置方案,重新评价安全风险,评审这些措施方案是不是能有效控制风险;

(6)将经过评审的方案实施;

(7)在项目实施过程中,检查方案的执行情况,并评审方案的执行效果,持续改进。

海外铁路铺架工程项目要实现对风险的持续改进,应通过安全审核、现场检查、演习、会议、事故管理、隐患汇报和法律法规及合同要求、合规性评价等方式识别和确定安全管理中存在的问题和不足,项目负责人在提供足够资源的情况下,组织人员制定并落实纠正和预防措施。随着人员更替、地形变化、社会治安、政局、经济形势等因素的变化,风险也将发生变化,为确保安全管理体系在受控状态下运行,海外铁路铺架工程项目要及时对新增风险进行识别和登记,按照变更管理和风险管理要求,将风险控制在一个可以接受的程度。合规性评价,也就是评价遵守现行适用法律、法规、合同及其他要求的情况,及时发现各项生产经营活动与法律、法规、合同及其他要求偏离的现象。海外铁路铺架工程项目应及时收集合规性评价的各项输入材料,按时开展合规性评价工作。对不符合法律、法规、合同及其他要求的情况应及时采取纠正和预防措施。

二、风险控制

海外铁路铺架工程项目安全管理中的风险控制,由高效到低效,主要有以下几种方法:

(1)消除:完全将风险消除,如取消工作任务等。

(2)替代:用较低风险的技术、工序、设备和人员等资源来替代较高风险的技术、工序、设备和人员等资源,如员工本地化、项目优先次序的调整等。

(3)降低:降低高风险设施、高风险人员等的数量及其暴露时间,如减少高风险员工、减少现金存放量(主要是考虑易遭受抢劫)。或者降低潜在后果的方法,如紧急反应计划、与政府机构关系、社区关系的保持等。

(4)隔离:使用壕沟、铁丝网、隔离墩、护栏、墙、安全室、入侵预警系统、缓冲带、安保检查、进出控制、雇员背景调查、保安人员或远离等措施与人员,财产或环境隔离等措施。

(5)控制:通过安全操作规程或培训手段规范公司和员工行为,如安全须知、安保护卫程序、保密规定、培训、信息收集与分析、演习、武力使用政策等。

(6)保护:个人防护设备、个人危机应对技能如求生自救等。

(7)纪律:违反项目规章制度或安全操作规程的惩戒措施。

第三节　人员安全管理

一、安全能力

1. 国内聘用员工安全能力要求

根据铁路所在国(地)安全风险的具体情况和工程项目的业务特点,海外铁路铺架工程项目对在国内聘用的员工的能力也提出相应的要求，主要包括以下几方面内容：

(1)拥有健康的体魄及一定的耐力；

(2)具备良好的心理素质，能够在逆境中保持斗志；

(3)具有较强的沟通能力，能使用当地语言进行简单交流；

(4)具备团队合作精神；

(5)掌握个人安全防范和紧急事件应对的知识和技能；

(6)掌握必要的野外生存常识；

(7)具备从事岗位要求的业务素质。

2. 海外雇员安全能力要求

聘用雇员之前，项目人事部门需证实应聘者所提供资料的真实性、了解是否存在对其将来工作绩效有负面影响的行为，防止雇员利用职务便利从事损害项目利益的行为发生。其措施包括但不限于如下几项：

(1)高风险国家或地区的工程项目对于安保岗位或敏感职务人员的筛选要制定并严格履行人员筛选程序，详细了解应聘者的真实背景情况，确保安保岗位或敏感职务的从业人员安全可靠。

(2)人事部门需根据应聘者提供的个人履历、个人身份证件正本、有效的保安员上岗证件正本、学历证件正本等进行身份背景核实。必要时可以通过当地军警部门、前雇主了解其是否曾触犯刑责、有无吸毒史、有无渎职行为等不良记录。

(3)人事部门牵头负责人员筛选工作并建立和维护相关档案记录。

(4)相关人员须遵守保密规定，不得泄露调查资料，也不可以将调查结果告知应聘者；不可查询与人员筛选工作无关的问题，不可与应聘者争辩并尽量避免模棱两可的问题。

(5)如未能获得应聘者足够的背景信息，可邀约应聘者面试，面试不要采取审问的发问方式，应充分尊重应聘者的尊严。

(6)所有应聘者背景资料须保存两年。如有必要，须对个人背景资料进行更新。

(7)为避免不必要的纠纷，应在应聘前与应聘者签署授权声明，允许用人单位进行背景调查。

二、安全意识

国内聘用员工应保持良好的个人安全意识，应尽量做到以下几点：熟悉并遵循项目安全管理规定；对陌生人始终保持警觉；避开易发生冲突的区域；了解安全地点以应对突发状况，如朋友住所、酒店、大使馆、警察局；了解当地安全信息如大选、游行、犯罪、暴乱等；了解当地新闻内容和媒体联系方式，但要尽量 避免与媒体的接触，除非商业需要；避免在公开场合谈论旅行等活动计划；向可靠的当地居民和当地大使馆咨询安全建议；避免在不熟悉的地方约见陌生人；习惯性地锁好房门和挂好防盗链；熟悉紧急逃生通道；在他人进入房间前通过门上的窥视孔确认来访者；避免向他人透露不必要的信息，确信让可靠的人知晓自己的行程；不在公共场所翻阅地图；妥善保管敏感信息和文件，如护照等；在到港和离港时提高安全警惕；夜间，不要在灯光昏暗的区域步行；在可能的情况下尽量结伴出行，两辆车远比一辆车外出安全，必须步行外出时一定要结伴而行；在受保护的区域内停放车辆，进入未安排人员看管或无保护措施的车辆前要进行搜查；在行车途中要关好门窗；尽量让车辆处于启动状态且靠近建筑物的入口，如果对所在环境不熟悉要事先让车直线行驶，在确信车辆已经到达并可以安全离开之前要留在安全地点。

三、安全机智

国内聘用员工要行为低调，避免成为犯罪分子关注的目标。使用良好且不引人注意的行李箱，精美的行李箱易引起犯罪分子的注意；小心标记好行李，写好姓名和当地住址，避免使用公司名称；了解并遵守当地风俗习惯，行为举止、穿着打扮尽量入乡随俗，以免引人注意；使用当地货币且持有小额零钱；避免露出现金、昂贵的手表、首饰和其他表明是高级管理人员或外国人的物品并尽量减少现金的携带；不要在街上暴露相机、现金或个人文件；尽量使用当地主流车辆。

国内聘用员工日常出行也有一定的要求：使用不同车辆并且经常改变乘车地点；经常不定时地变换路线或出口；尽可能地在最后时刻预定好房间；改去不同的餐馆就餐；尽量考虑不同的着装；不定期改变文娱活动时间等。

国内聘用员工面对抢劫盗窃时可参考如下措施：尽量满足对方要求，如金钱、首饰、手表等；为了安全起见，没有十足把握，生命没有受到威胁之前不要试图反抗，要设法尽快脱身；如果情况恶化，应采取让对方分身无暇的方法立即脱离现场，如将现金散落在地上；直接进入避难所或安全地点；在避难所或安全地点向警察局报告。

国内聘用员工面对车辆劫持时可参考如下措施：立即对形势进行判断，并决定停车还是迅速逃离；在多数情况下，停车并且交出财物是明智的选择；不贸然采取抵抗行动，不做任何突然的动作；将手放在劫持者可见的地方；迅速遵从劫持者的指令；要表示出自己没有任何威胁且很顺从；要从速、准确地报告该事件。

国内聘用员工面对劫机时可参考如下措施：保持克制及警觉，进行心记；除非生命受到威胁，避免与绑匪目光接触和对抗；如果事件拖而不决，要接受给予的食物；注意紧急出口情况，仔细听从劫匪的指令；如果情况恶化，要对自己可能遇到的问题或要采取的行动做好心理准备；在救援行动中，要注意藏身，听从所有指令，不要突然动作，要使手臂放在可见的地方并做好受到粗野对待的准备；要表示出自己没有任何威胁且很顺从；要从速、准确地报告该事件。

面对绑架威胁时，应该迅速恢复镇定。作为人质，应谨记：保持镇定。如果已经被劫持，接受现实，举止谨慎；对被劫持后的恐慌要有思想准备，认清现实并且在精神上接受目前的困难处境；当有人为你治疗伤病时，要接受并真诚地与他们进行交流；即使食物很差，也要接受给予的食物；要尽量在绑匪心目中降低你个人对于公司的重要性，做到谦而不卑；永不放弃获救希望，保持积极乐观情绪；即使待在狭小的空间里每天也要进行体能锻炼；制订一个包括饮食、锻炼的每日活动计划并坚持不懈地进行；利用好绑匪提供的便利，例如书籍、报纸或者广播。如果没有，可尝试提出此类要求；小心留意你身边的环境以及绑匪的行为细节；即使生活在脏乱的环境，也要尽量保持整洁并适当地要求绑匪提供洗漱用品；与绑架者友好相处，表现出一些幽默感是非常有益处的，尝试向他们分享你的经历以争取他们的同情，但同时需小心谨慎，不随便同情绑匪的犯罪理由；不要对绑匪做无用的抵抗，要认识到你在他们的掌握之中，服从他们在一定范围内的要求；交谈不要涉及争议话题，例如政治信仰或革命问题；不要透露对绑匪可能有用的信息，例如其他行政人员，你的家庭以及公司安全问题等；不要卷入暴力或口头攻击；不轻易尝试逃脱，除非你的计划有很大的成功概率；努力记录时间；相信你的直觉，要坚信公司不会抛弃你；不要轻易相信你所听到的，对待人和事要采取谨慎怀疑的明智态度；不要期望会被立刻释放，思想上要做好长期吃苦的准备，也许是数个月或更长的时间；不要让自己的想法被绑匪左右，尝试取得对方的尊重。

四、安全防护

1. 贴身防护

贴身防护措施一般适用于高风险地区或地点的员工出行活动。单人出行时，每辆车最少配备 2 名贴身防护保安；多人出行时，应根据人员数量、车辆数量及风险类型等实际情况决定保安的配备比例；贴身防护通常由具有一定经验和技能的保安人员来执行，可视当地安全情况为保安配备必要的自卫武器。

贴身防护保安有以下要求：掌握人员保护技术和技巧；熟悉防护目标周围道路、建筑物、避难所等环境特点；具有高级驾驶技能；掌握反监视和反跟踪技能；掌握急救技能；熟练使用特定的通信工具；掌握徒手搏斗技能；在特定情况下，熟练使用配发的武器；拥有敏锐的洞察力和良好的职业道德；具有良好的身体和精神适应性；要熟悉各种应急反应程序，并定期进行演练。

贴身防护管理基本要求包括以下几方面：

(1)保安主管在得知项目人员的出行计划后，要根据最新掌握的安全信息，选择合适的出行时间、路线和车辆，并安排保安人员。每次外出的时间、路线、车辆要经常变化；出行前应事先规划好可利用的应急路线。

(2)出发前，保安主管要召集随行保安和被保护人员，召开出行前会议，部署任务，明确分工和注意事项。

(3)出行计划应保密，外围随行保安只能在出发前获知具体目的地。

(4)车辆应编队行驶，员工车辆应处于保安车辆之间；行驶当中，编队车辆保持合适的间距，在保证安全距离的情况下，防止其他车辆插入。

(5)所有贴身防护保安都要携带便携式对讲机，不同车辆人员之间以及与主营地之间能随时共享信息。

(6)途中临时停车时，应尽量选择空旷或安全地点，并由贴身防护保安在周围形成保护圈。

(7)到达目的地前，车辆应采取绕圈的方式来防止和确认是否有车辆尾随。

(8)下车前先由贴身防护保安下车环视四周，确保安全后被保护人员才能下车。

(9)除非特殊情况，车辆停车后应至少有一名贴身防护保安负责看管车辆。

(10)贴身防护保安要始终跟随被保护人员左右，并注意对周围环境进行观察。

(11)在社会活动场所，例如饭店、商场、医院等地点时，贴身防护保安要保证被保护人员始终处在其视线范围之内，一旦怀疑有危险，要立即采取相应的行动。

对被保护人员的要求包括以下方面：

(1)遵守贴身防护保安的指导，不能擅自离开保护圈；

(2)正常情况下，沿规定路线行驶，不能擅自变更路线；

(3)始终穿戴防弹衣和头盔；

(4)路途中尽量减少停车次数和缩短停车时间；

(5)保持队(阵)形；

(6)避免前往人群聚集区域或敏感地点；

(7)时刻保持低调，尽量不引起他人注意。

2. 通信防护

通信防护包括以下几方面：谨慎对待来自陌生人的“打错电话”或主动联系的电话；接电话时，不向陌生人透露个人信息及其他社会安全敏感信息；避免在电话中或公开场合谈论出行计划及其他社会安全敏感信息；意识到与酒店来往的电报和传真内容将被陌生人获知；出发前，通知目的地人员并届时与相关人员确认平安到达；事先约定好恰当的暗语，便于在交谈或书信中用于指示是否处于胁迫状态；使用可靠的方式确保所属单位知晓你的行程变化；将自己的联系电话告知你所在部门的人员；住所和办公室应张贴应急反应流程，为员工提供应急联络卡；关于邮件、计算机等使用中的安全管理要求。

五、人员管理

1. 人员管理方案要素

在规划海外人员管理方案时，要遵循以下几项要素：

(1)要根据铁路所在国(地)的社会安全风险特点以及风险等级，采取有针对性的方法和措施进行控制和防护。

(2)要提高海外人员的安全意识。因为归根到底个人对自己的安全负主要责任，如果个人没有安全意识而身处危险的境地是很容易出现风险的。

(3)要尽量做到安全保护措施与风险相匹配。根据风险的级别设计相匹配的安全保护方案和措施。一旦出现风险强但安全保护措施弱的情况，将无法保证安全目标的实现。

(4)要依据保护对象和风险的等级不同，对包括安全意识、信息控制、路线控制、交通工具控制、技术控制、物理控制、人力控制在内的多种控制措施进行有效集成，确保不同控制措施之间的有效衔接，以及整体控制措施的成本有效性。

(5)应当符合当地法律法规对各项控制措施的特别许可、技术指标等合规性要求。

2. 低风险环境下人员安全管理原则

在低风险环境下进行人员安全管理，应遵循以下原则：

(1)了解当地主要的犯罪形式并遵守项目的防范要求；

(2)参加项目组织的各种安全培训；

(3)应定期对固定路线中易受到的潜在攻击的风险进行评估，并保持警觉；

(4)严格控制个人及其相关信息；

(5)外出时保持低调；

(6)尽量避免有规律性的活动；

(7)对可能存在的监视行为保持警惕并采取相应的反监视措施。

3. 中风险环境下人员安全管理原则

中风险环境下人员安全管理原则须在低风险管理原则基础上，加强如下防范措施：

(1)加强驻地和工作场所的物防措施；

(2)改善通信条件；

(3)实施 24 小时实时监控；

(4)使用受过良好驾驶技能训练的司机并进行应急驾驶技能培训；

(5)在允许的情况下，雇佣接受过正式训练的保安人员进行日常巡逻，做好保安和贴身防护人员的筛选和管理。

4. 高风险环境下人员安全管理原则

在高风险环境下进行人员安全管理，应遵循以下原则：

(1)构建全面的安保指挥和联络系统，尤其要配备卫星电话；

(2)所有中方人员必须接受高风险条件下要求的所有社会安全培训并按要求参加再培训；

(3)生活和工作场所应提供 24 h 的保安巡逻；

(4)人员外出时需要提供贴身防护，极端情况下针对特殊群体提供全天候贴身防护；

(5)加强保安和贴身护卫的筛选和管理；

(6)按照高风险标准配置物防设备；

(7)严格实施人员出行管理制度，严控出行范围；

(8)尽量控制和减少外出和社交活动；

(9)实施来访人员控制和保护。

5. 极高风险环境下人员安全管理原则

在极高风险环境下进行人员安全管理，应遵循以下原则：

(1)构建全面的安保指挥和联络系统，尤其要配备卫星电话；

(2)管理人员和员工必须接受高风险条件下要求的所有安全培训并按要求参加再培训；

(3)生活和工作场所需要提供 24 h 的保安巡逻；

(4)外出时需要提供贴身防护，极端情况下针对特殊群体提供全天候贴身防护；

(5)加强保安和贴身护卫人员的筛选和管理；

(6)按照设施安全对应的极高风险标准配置物防设备；

(7)实施最严格的出行管理制度，严控出行范围；

(8)尽量控制和减少外出和社交活动；

(9)实施来访人员控制和保护；

(10)尽量减少现场的工作人员；

(11)停止非必要的访问和工作。

第四节　生产生活设施安全设置

一、安全选址

1. 营地选址

海外铁路铺架工程项目在选设营地等场所时，应寻求铺轨架梁需求和安全要求的最佳平衡。理想的位置应选择在具有开阔地面的高地。避免营地遭受武器火力攻击，便于发现和监控任何形式的入侵。营地的位置应远离主干道，为来访者提供充裕的停车位。停车区域必须选择在入口岗哨的监控视线内。空间要足够大，并满足如下要求：

(1)周界栅栏以外 100 m 的“武器火力区”内不允许出现建筑或居民区。

(2)员工的住宿活动房、野营房等要保持安全间距，可根据风险等级进行调整，但不得小于规定的防火间距。

(3)帐篷或棚屋要保持安全间距，可根据风险等级进行调整，但不得小于规定的防火间距。

(4)用于办公的活动房、野营房等要保持安全间距，可根据风险等级进行调整，但不得小于规定的防火间距。

(5)在关键区域要配备监控设施,如发电机和通信设备所在区域。

(6)满足作业队伍作业和生活的需要。

(7)满足营地所有车辆的停车需要。

(8)员工营地的保护措施应包含多层安全防护:营地临近的社区作为第一道防线,应与当地社区保持良好的关系,以提供早期风险预警;周界作为第二道防线,可设计为栅栏、围墙或其他类似的设施;栅栏或围墙的监控措施可以通过肉眼巡查、闭路电视或者声控报警等手段实现;第三道防线由内部设施和建筑物组成,它们的周围可设置栅栏或者围墙;第四道防线为建筑内墙以及上锁的门和窗;最后一道防线为房屋内部的门以及应急避难设施。

(9)根据风险级别,配备相应的保安人员。为保安人员配备警械、报警器、视听设备等,并设置机械或电子的进出控制系统等来辅助保安人员实施防护。

(10)如果可能,可以请求警察、军队等当地国家司法机关提供更高级别的保护。

(11)组建快速反应部队,在必要时可对岗哨和巡逻队伍进行支援。后备保安力量要有足够的灵活性,充足的资源和武器弹药装备,以及时应对各种突发事件。

(12)所有保障措施的功效取决于所用材料的质量、材料使用的方式、保安力量的资格和能力,以及现场管理层与当地相关安全部门、机构之间的关系。

(13)对于整体安全目标来说,管理者与所雇用员工,现场与当地社区之间保持良好关系非常重要。

2. 生产生活设施选址

生产生活设施场地最好选择在高处。这样可以使建筑物不易遭到武器火力攻击,便于发现和监控任何形势的入侵。

环境考虑因素包括:

(1)进出办公场地不应受当地交通的限制影响。

(2)场地应尽量远离潜在袭击目标或较为敏感的建筑周围,例如,敏感国家的大使馆、清真寺或其他宗教设施。

(3)场地应远离主干道,并满足以下要求:

①建筑物距离围墙或车辆入口至少有 30 m 的缓冲区;

②在建筑物小区外的可视范围内,提供足够的停车空间,并且停车区尽量靠近办公用房;

③在场地附近为来访人员提供足够的停车空间;

(4)设立车辆检查站,对车辆进行检查,并能够阻止车辆进入现场;

(5)设立行人检查点,对准备进入现场的人员进行身份检查,并对其行李进行检查或执行来访者程序;

(6)有足够的空间设立 2.5 m 高的外部周界栅栏或围墙。

(7)遇高风险级别,住宅应与办公区域设立在一起,并提供额外的安全保障。

二、安全布局与安防部署

1. 安全设施布局

建筑空间可分为三种类型:公共区域、内部区域和需要特殊安全措施的安全区域或受限制区域。这些区域在建筑物内应各自分开,且控制各区域间的人员流动。应合理安排走廊、楼梯间和其他可进入区域,以避免其成为隐藏场所。

外门应制作坚固，并紧密固定在外门周围的砖墙上。强度不够的门应用铁皮加固。门应安装适当标准的安全锁具和警报，特别是只作为应急出口的门。所有观察窗都应符合安全标准或由铁皮保护。通向屋顶的门必须采用和外门一样的标准，且应额外安装一个"进、出小心"警告标志。应急出口门应和其他 外门选用同等标准。安全插销可阻止未授权人员的强行进入。同时，要考虑"应急"释放闩、"进、出警报"和插锁，并将钥匙保存在附近玻璃表面的盒子内。内门必须结构坚固，如果安装在普通区域和受限制区域之间，还应安装合适的安全锁。门口和走廊使用外开格栅大门和卷帘门，但这些不能作为唯一 一道防线，还须设置入侵检测系统，例如报警系统或监控系统等作为支持。

所有无关紧要的窗户都应用砖或玻璃砖砌起。所有地下室，一楼或其他容易进入区域的窗户必须固定在周围砖结构内，观察窗应在内部固定。所有紧固件，如扣件、钩子等，必须设计牢固，并在必要时可锁。如果标准窗钩或插销不够，则要考虑下列因素：一个从内部固定的钢格栅或卷帘窗，应带有一个安全锁，以便紧急情况下作为应急出口；高强度钢筋条固定在周围砖墙内；重型金属网或焊接网要焊接到金属边框上并固定在周围砖结构内；钢或混凝土百叶固定在周围砖结构内。

报警扬声器应安装在办公楼的外部和内部，内部应在每个楼层安装足够的报警扬声器，以使所有区域都能够清晰地听见警报。在武装保安的岗哨、经理室、财务室等区域都应该设有警报按钮。

2. 安保力量部署

海外铁路铺架工程项目办公场所需要部署的保安数量取决于风险级别，一般情况下保安人员的配置根据以下情况而定：①岗位需求数量的考虑因素：控制大门处人员、车辆的进入；控制其他可能的接近；巡逻；快速反应小组。②将岗位的需求数量乘以换班的次数，如 2 人×12 小时或 3 人×8 小时。③加上指挥管理 人员，如部门主管、管理人员等。

3. 安全监控系统配置

所有使用监控系统的地方，摄像头的清晰度至少为 480 线或更高。摄像头应每天检测。监控系统应安装在距地面 4～5 m 之间，且能提供重叠覆盖。数据记录设备应保存在拥有报警系统房间内的防火柜内。监控系统数据应至少保留 30 天，可外置存储盘。应签订维护协议，以提供定期的维护。如果发生故障，应在 12 小时内修复。防入侵者探测系统可以探测进入保护区的入侵者，它的信号可发给远程区域，以便立即采取相应的行动。这些系统可用于高风险区域。

三、安全防护

1. 住所防护

住所防护的实施主要包括以下几方面内容：进行住所安全介绍，使员工了解住所位置、周边区域信息和主要的安全风险等；对员工进行监控系统、报警、灭火器、门禁系统等物防设施使用培训；住所周围要有合适的栅栏；配备结实牢固的户门，配备"猫眼"和防盗链，保管好钥匙；配备朝向道路的窗口，要有防盗栏或防爆膜；熟悉人员通道的门禁等控制情况和检查程序；住所内外配备适度的照明，包括应急照明；配备相应的报警系统，包括电子监控系统，入侵报警系统，烟雾探测器和灭火器；如果有人闯入，避难所能从内部上锁，以拖延时间拨打应急电话；在主卧室有可充电的无绳电话或手机；在主卧室和避难所有可充电的手电筒；开门前首先识别造访者并确认安全；接电话不要向陌生人透露个人信息；部署保安并进行严格的监督管理。

2. 办公室防护

办公室防护包括以下几方面：进行办公室安全介绍，使员工了解办公室位置、周边区域信息和主要的安全风险等；对员工进行监控系统、报警、门禁系统等物防设施使用培训；采用适当的门禁管理程序；严格钥匙管理；严格控制前往管理层办公室和房间的出入口；内外部的警报系统；安装闭路电视监控系统，监视办公区域；准备好避难所；设置备用的独立出入通道；部署保安并进行严格的监督管理。

第五节 海外医疗服务

一、健康医疗保障要求

随着中国铁路技术、建设队伍的国际化进程，工作群体包括中国员工，当地雇员以及非当地的国外雇员。健康管理人员对各类员工的服务应该是多样化的，满足不同类型员工的需求。应考虑的因素包括职业、语言、性别、宗教信仰、文化程度、公共健康和医疗习惯（传统医药），当地法律和政治氛围等。以适当的方式对待所有人员，包括：以同等的尊重对待所有人员；女性要由女性医务人员提供服务；提供翻译人员；健康教育方案中考虑宗教信仰和文化；兼顾西方医疗服务和传统医疗服务。

基于以上因素，海外铁路铺架工程项目应该为员工及其家属提供以下健康医疗保障：

(1)出境前医疗：在出境前，海外铁路铺架工程项目的员工应该在符合法律规定标准的场所完成医疗评估，并有专业医务人员对结果与相关人员进行沟通。为确保该员工适合出境工作，项目应告知工作场所和当地环境存在的潜在危险因素以及当地可用医疗服务的质量。

医疗评估应该在出境前较早的时间段完成以便相关人员可以获取报告结果，并适时完成疫苗注射以及疟疾预防等。境外项目作业常常需要员工尽快赴境外工作，这会和医疗评估所需的检验检查以及审核过程相冲突。为此，项目的管理层必须对出境前的医疗评估做出承诺。

一旦员工存在健康问题，应该尽可能地提供便利条件对相关员工进行安置。必须告知员工不适合在目的地国家工作的因素，包括：境外工作地点不能满足监管和继续治疗的条件；境外工作地点存在高地方病风险；境外工作地点将增加员工的现有疾病恶化风险；境外工作地点缺乏必要药品。

(2)当地医疗设施：某些境外工作地点可以指定当地的医生为工程项目的员工提供全科医生服务并对周边医疗机构进行评估，也可以根据需要设立项目的诊所或派驻医务人员。

(3)健康指导：到达作业国家后，对员工和其家属进行健康指导是必要的，内容应包括：常见健康风险信息及控制措施（食品安全，避免污染水源，安全性行为）；适当的人员保护措施（抗疟疾药物，杀虫剂）；紧急联系号码（管理人员、医务人员、急救中心、人力资源部门）。信息还应包括该人员在当地住宿的细节情况。

这些信息应以卡片的形式提供给每位员工及其家人。所有信息在卡片背面以当地语言写出。

(4)特殊事项：应注意的特殊事项：孕妇，随行员工家属，慢性病医疗情况，定期健康评估，交通事故，心脏病，疟疾，娱乐活动（游泳等），暴力冲突。

(5)心理辅导：员工辅助计划的目的是帮助员工管理工作压力，建立工作生活平衡。企项目可通过下列方式实现员工在出境前、作业过程中和归国后得到不间断的服务。

出境前：心理适应性评估、咨询访谈；提供境外心理危机知识培训，保持心理健康。

作业过程中：设立24小时专线电话。境外员工可以通过网络和专线电话获得心理援助服务。

归国后：进行职业心理检查，适应归国后工作环境。

二、医疗应急反应预案

制定紧急预案之前应进行项目周边医疗资源调研，包括周边医疗设施能提供哪些方面的服务、路况、距离、通信状况、联络人和联络方式等。在此基础上再结合现场的规模和布局、员工人数、风险评估结果、地点、可能发生的事故和疾病、现场现有医疗设施等情况进行系统化编制。高效的医疗应急反应预案，应具备以下条件：在健康风险评估基础上的系统性开发，与项目的整体医疗应急反应预案相一致；与管理层的责任直接挂钩，预案与员工及相关方有效沟通；项目医疗卫生专员及急救员密切合作，相关人员培训(急救培训、医疗应急反应培训)后有能力履行其职责；设立急救站配备急救包和其他相应器材；医疗应急预案反复的演练。

三、医护人员职责与素质

海外铁路铺架工程项目现场的医护人员有以下职责：紧急救护；全科医疗；协调转诊；协调转运；为现场的员工提供现场急救培训；建立并管理员工健康档案；参与职业卫生管理；制订计划采购医疗用品；为管理层提供诊所情况报告；参与现场紧急应对演习；监督管理现场卫生；为现场的员工提供健康讲座、健康教育。

现场医护人员必须由注册的职业医师、护士或医护人员担任。医生需在全科医疗方面拥有至少3年经验，并获得职业资格证书；护士及医护人员需在初级护理方面有工作经验，或为合格的执业护士。向现场医疗管理医生直接汇报，并在其指导下完成各项现场医疗工作。为适应不同作业地区的医疗服务要求，当班医护人员至少一名人员具备以英语或当地语言进行沟通的能力。医护人员还需具备的能力包括：保持医疗设备和用品达到国家和企业制定的标准；监督/提供急救服务；保持有效沟通；保持医疗机密性记录达到国家和企业制定的标准；确保正确处理医疗垃圾。

四、医疗转运

1. 转运交通工具

医疗转运的交通工具应具备如下要求：

(1)车辆必须符合当地法律规定，满足项目需求，符合企业的安全规定并接受定期的保养和维修；

(2)车辆必须符合人体工程学，适合担架及其他设备进入，并能适应项目所在地的不同路况，能够实施转运；

(3)为保证转运过程中医疗设备的正常使用，车内应提供外接电源；

(4)必须提供充足的室内和室外光源，以及对气温的控制；

(5)随行医护人员或者车辆驾驶员必须能够和外界医疗机构保持沟通，随行医护人员有充足的空间进行医疗处置或实施心肺复苏；

(6)担架必须符合企业安全规定，并且应该被安全地固定在车辆上。

2. 医疗转运设备

医疗转运设备应具备如下要求：

(1)医疗转运所需的医疗供给品和设备在车辆上必须明确编号，定期检测以确保随时可用。同时，所有的电子医疗设备必须有独立的店里供；

(2)车辆必须配备具有面罩及流量计的供氧设备；

(3)氧气充气袋以确保100%氧气的供应；

(4)保证病人每小时路程携带180公升以上的氧气；

(5)吸痰器；

(6)机械控制的静脉输液装置；

(7)医用急救药品及设备。

第六节　突发事件与应急

一、安全形势与法律培训

应对包括境外安全形势、国家政策与实践和国外法律与政策的培训。

境外安全形势的培训内容应包括：(1)国际安全风险的表现特征和发展趋势；(2)中国铁路施工企业面临的境外安全风险类型；(3)中国铁路施工企业驻在国(地)安全风险及威胁；(4)作业区安保现状和形势特点；(5)恐怖组织的特征；(6)恐怖分子的惯用手法；(7)相关社会安全形势及事件案例分析。

国家政策与实践的培训内容应包括国家有关境外安全管理的方针政策、法律法规的解读，应包括但不限于：(1)《中华人民共和国突发事件应对法》主席令第69号(2007年)；(2)《中华人民共和国安全生产法》主席令第70号(2002年)；(3)《突发公共卫生事件应急条例》国务院令第376号(2003年)；(4)《国家突发公共事件总体应急预案》(国发〔2005〕11号)；(5)《国务院办公厅转发商务部等部门关于加强境外中资企业与人员安全保护工作意见的通知》国办发〔2005〕48号；(6)《关于全面加强应急管理工作的意见》国办发〔2006〕24号；(7)《关于加强企事业应急管理工作意见》国办发〔2007〕13号；(8)《境外中资企业和人员安全管理规定》商合发〔2010〕313号；(9)《对外投资合作境外安全风险预警和信息通报制度》商合发〔2010〕348号；(10)《生产经营单位安全生产事故应急预案编制导则》(AQ/T 9002—2006)。

国外法律与政策的培训内容应包括铁路所在国(地)有关安全管理的方针政策、法律、法规的解读以及相关国际公约。

二、突发事件类型

海外铁路铺架工程项目在生产经营过程中，通常存在自然灾害、事故灾难、公共卫生事件、社会公共安全事件等四种突发类型的风险。

(1)自然灾害：指洪汛灾害、破坏性地震灾害、地质灾害、气象灾害、海洋灾害、生物灾害和森林草原火灾等。

(2)事故灾难:指各类生产经营活动中安全生产事故、交通运输事故、环境污染和生态破坏事故,以及信息安全事故等。

(3)公共卫生事件:指突发急性职业中毒事件、重大传染病疫情、重大食物中毒事件、群体性不明原因疾病,以及严重影响人员健康的事件等。

(4)社会公共安全事件:指恐怖袭击事件、战争、民族宗教事件、政治动乱和突发事件、经济突发事件、暴乱、骚乱、大型罢工等。

社会公共安全事件类型较多,政治突发事件、政局动荡和战争有造成投资失败、设备损毁、撤离疏散难题、人员伤亡等危险;恐怖袭击事件有造成人员遭绑架、劫持及生产设施遭破坏等危险、造成人员伤亡和重要设施损毁的危险;群体性事件有造成重大社会影响的危险;网络与信息事件有造成系统瘫痪、信息破坏、公司声誉损害和不利社会影响的危险;公共文化场所和文化活动突发事件有造成人员受火灾灼伤、踩踏事件、建筑物坍塌等人身伤害和财产损失危险;新闻媒体事件有造成公司形象受损的风险。

三、突发事件分级

按照突发事件性质、严重程度和影响范围因素,海外铁路铺架工程项目突发应急事件一般分为三级:

Ⅰ级突发事件(境内公司总部级):指突然发生,事态严重,对员工、相关方的生命安全、设备财产、生产经营和工作秩序造成严重危害或威胁,已经和可能造成重大人员伤亡、财产损失或环境污染、生态破坏,造成较大社会影响及对公司声誉产生重大影响,需要调度多个部门和单位力量、资源应急处置的突发事件。

Ⅱ级突发事件(境外中资企业级):指突然发生,事态较为严重,对员工、相关方的生命安全、设备财产、生产经营和工作秩序造成较为严重的危害或威胁,已经和可能造成较大人员伤亡、财产损失或环境污染、生态破坏,造成社会影响及对企业声誉产生较大影响,境外中资企业需要调度力量和资源进行应急处置的事件。

Ⅲ级突发事件(境外工程项目级):指突然发生,对员工、相关方的生命安全、设备财产、生产经营和工作秩序造成一定危害或威胁,可能造成人员伤害、财产损失和环境污染或生态破坏,境外工程项目需要调度力量和资源进行应急处置的事件。

四、应急管理体制与应急运行机制

1. 应急管理体制

应急管理责任制:海外铁路铺架工程项目应实行应急管理工作行政领导负责制和责任追究制。海外铁路铺架工程项目是应对突发事件的责任主体,全面负责突发事件的应急管理。海外铁路铺架工程项目的主要负责人对应急管理工作负全面责任,分管领导对分管业务范围内的应急管理工作负责。

全员参与的应急管理工作格局:做好应急管理工作需要领导的高度重视和职能部门的密切配合,以及全体员工的共同参与。各级组织应把应急管理工作贯穿在工作部署、生产经营活动中。与驻在国(地)政府有关部门、企业所在社区和相关方开展工作联系,形成全员参与、齐抓共管、企地联动的应急管理工作格局。

2. 应急运行机制

突发事件预警机制：海外铁路铺架工程项目应建立具备风险分析、监测监控、预测预警、调度指挥功能的应急信息平台，开展经常性的风险隐患普查和监督检查，对事故隐患、重大危险源和重点部位定期进行分析和评估，提高应急预警能力。

突发事件应急预案启动管理机制：海外铁路铺架工程项目应针对不同类型突发事件和不同级别突发事件确定启动条件，建立分级启动机制，下一级预案启动后，上一级组织应及时判断响应级别，做好响应准备。

突发事件应急处置机制：海外铁路铺架工程项目应建立突发事件的现场应急处置、抢险救援和现场恢复以及应急协调联动机制。处于同一地区的海外铁路铺架工程项目应建立协调领导联动机制，对突发事件的应急响应、组织协调和救援增援进行联动管理。

突发事件的信息管理机制：海外铁路铺架工程项目应建立突发事件信息报送、发布的相关制度，实行现场信息动态报告制度，开展信息报告和应急值守工作，与相关新闻媒体建立沟通和联系，正确引导舆论和公众行为。

应急物资储备机制：海外铁路铺架工程项目应建立应急物资储备机制，采取区域规划、分级储备、分类管理，逐步完善应急物资储备体系。

第七节　公共安全应急演练与典型范例

一、应急演练基本方法

(一)应急培训

1. 应急培训需求分析

制定培训计划之前，首先要对应急逃生与救援系统各层次和岗位人员进行工作和任务分析，根据培训者在应急工作中的职责和任务确定该应急岗位的所要达到的能力要求，制定一个“工作/任务摘要”，这样能够明确学习目标和培训后受训者希望的效果。工作/任务摘要简表的基本格式应该包括以下内容：

(1)使命：岗位的总体目标；

(2)重要职责：按职责对工作全面说明；

(3)任务：每项职责下要履行的各种任务；

(4)任务说明：明确说明责任人该怎么做；

(5)小组与个人：个人执行任务和小组执行任务之间的区别。

应急培训的基本内容主要包括基础培训与训练、专业训练、战术训练及其他训练。基础培训与训练的目的是保证应急人员具备良好的体能、战斗意志和作风，明确各自的职责，熟悉施工现场潜在的重大风险的性质、逃生与救援的基本程序和要领，熟练掌握个人防护装备和通信装备的使用方法等；专业训练关系到应急队伍的实战能力，训练内容主要包括专业知识、逃生方法、抢险技术与技能、现场急救知识与技能等；战术训练是各项专业技术与技能的综合运用，使各级指挥人员、救援人员具备良好的组织指挥能力和应变能力；其他训练应根据实际情况开展训练，以进一步提高救援队伍的救援水平。

2. 培训课程设计和培训计划

应急培训课程应根据专项培训目标而制定。所有授课内容应以培训目标作为主要决策基础。培训者应该确定授课方法，例如讲座、模拟、自学、小组受训和考试等授课方法。

根据效能标准和评估准则培训者应该制定合适的测试方法，应该规定出使考试与实际应急工作一致性和相关性的必要的原则和要求。所有培训内容都应该进行考试。培训者应该系统分析测试结果，给受训者有效的反馈。这种分析不仅帮助改进受训者的缺陷，它也帮助培训者辨识出培训计划缺点以便改善培训计划。

培训计划应该详细说明教学设施（例如大楼、实验室、设备）和教学媒介。应注意依照培训管理计划来实施培训。仅仅有一个良好的应急培训计划，却不能遵照执行是巨大的资源浪费。还应该建立教师任职资格制度，以保证培训效果。

（二）应急训练与演习

1. 应急逃生与救援训练与演习的目的

应急逃生与救援训练是指通过一定的方式来获得或提高应急逃生与救援技能。演习是指按一定程式所开展的救援模拟演练。目的是为提高应急逃生与救援技术水平与救援队伍的整体作战能力，以便在事故的救援行动中，达到快速、有序、有效的效果。它们的主要目的在于测试应急系统的充分性和保证所有反应要素都能全面应对任何应急情况。经常性地开展应急逃生与救援训练或演习应成为救援队伍的一项重要的日常性工作，具有重要的意义。

演习的目的是：验证应急预案的整体或关键性局部是否可能有效的付诸实施；验证预案在应对可能出现的各种意外情况方面所具备的适应性；找出预案可能需要进一步完善和修正的地方；确保建立和保持可靠的通信联络渠道；检查所有有关组织是否已经熟悉并履行了他们的职责；检查并提高应急逃生与救援的启动能力。

2. 应急逃生与救援训练类型

应急训练的基本内容主要包括基础训练、专业训练、战术训练和自选科目训练四类。

（1）基础训练。基础训练是应急队伍的基本训练内容之一，是确保完成各种应急逃生与救援任务的前提基础。基础训练主要是指队列训练、体能训练、防护装备和通信设备的使用训练等内容。训练的目的是应急人员具备良好的战斗意志和作风，熟练掌握个人防护装备的穿戴，通信设备的使用等。

（2）专业训练。专业技术关系到应急队伍的实战水平，是顺利执行应急逃生与救援任务的关键，也是训练的重要内容。主要包括专业常识、堵源技术、抢运和清消，以及现场急救等技术。通过训练，救援队伍应具备一定的救援专业技术，有效地发挥救援作用。

（3）战术训练。战术训练是救援队伍综合训练的重要内容和各项专业技术的综合运用，提高救援队伍实践能力的必要措施。通过训练，使各级指挥员和救援人员具备良好的组织指挥能力和实际应变能力。

（4）自选课目训练。自选课目训练可根据各自的实际情况，选择开展如防化、气象、侦险技术、综合演练等项目的训练，进一步提高救援队伍的救援水平。在开展训练课目时，专职性救援队伍应以社会性救援需要为目标确定训练课目；而单位的兼职救援队应以本单位救援需要，兼顾社会救援的需要确定训练课目。

救援队伍的训练可采取自训与互训相结合；岗位训练与脱产训练相结合；分散训练与集中训练相结合的方法。在时间安排上应有明确的要求和规定。为保证训练效果，在训练前应制定训练计划，训练中应组织考核、验收和评比。

3. 应急演习类型

应急演习是一种综合性的训练，也是训练的最高形式，演习应该在培训和训练后进行。演习是在模拟事故的条件下实施的，是更加逼近实际的训练和检验训练效果的手段。事故应急演习也是检查应急准备周密程度的重要方法，是评价应急预案准确性的关键措施，演习的过程，也是参演和参观人员的学习和提高的过程。

不论什么性质的演习，都可以分为全面演习、组合演习和单项演习。演习既可在室外也可在室内进行。演习既可由机关单独进行，以指挥、通信联络为主要内容，也可由机关带部分应急逃生与救援专业队伍进行演练。要注意复杂的训练应在较简单的训练之后进行。

例如，在进行全范围训练之前，应该完成一项或多项功能训练。这种渐进式方法保证训练的复杂性不超过参加者执行任务的能力。

(1)单项演习。这是为了熟练掌握应急操作或完成某种特定任务所需的技能而进行的演习。这种单项演习或演练是在完成对基本知识的学习以后才进行的。根据不同事故应急的特点，单项演习的大体内容有：

a. 通信联络、通知、报告程序演练；

b. 人员集中清点、装备及物资器材到位(装车)演练；

c. 化学监测动作演练：固定监测网络中各点之间的配合，快速出动实施机动监测，食物、饮用水的样品收集与分析，危害趋势分析等；

d. 化学侦察动作演练：对事故发生区边界确认行动，对危害区边界变化情况时判定行动，对滞留区地点及危害程度侦察等；

e. 防护行动演练：指导公众隐蔽与撤离，通道封锁与交通管制，发放药物与自救互救练习，食物与饮用水控制，疏散人员接待中心的建立，特殊人群的行动安排，保卫重要目标与街道巡逻的演练等；

f. 医疗救护行动演练；

g. 消毒去污行动演练；

h. 消防行动演练；

i. 公众信息传播演练；

j. 其他有关行动演练。

(2)组合演习。这是一种为了发展或检查应急组织之间及其与外部组织之间的相互协调性而进行的演习。由于部分演习主要是为了协调应急行动中各有关组织之间的相互协调性，所以演习可涉及各种组织，如化学监测、侦察与消毒去污之间的衔接；发放药物与公众撤离的联系；各机动侦察组之间的任务分工及协同方法的实际检验；扑灭火灾、消除堵塞、堵漏、关闭阀门等动作的相互配合练习等。通过带有组合性的部分联系，可以达到交流信息，加强各应急逃生与救援组织之间的配合协调。

(3)全面演习或称综合演习。这是应急预案内规定的所有任务单位或其中绝大多数单位参加的为全面检查执行预案可能性而进行的演习。主要目的是验证各应急逃生与救援组织的执行任务能力，检查他们之间相互协调能力，检验各类组织能否充分利用现有人力、物力来减小事故后果的严重度及确保公众的安全与健康。这种演习可展示应急准备及行动的各方面情况。因此，演习设计要求能全面检查各个组织及各个关键岗位上的个人表现。通过演习，应该能发现应急预案的可靠与可行度，能发现预案中存在的主要问题，能提供改善预案的决策性措施。全面演习要考虑公众的有关问题，尤其要顾及危险源区附近公众的情绪，使公众能够正确评价危害的性质，从而使推荐的防护措施能得到公众的确认。公众信息传播部门应借助全面演习的机会，向有关公众宣传演习的目的，以及当真实事故发生时，应该采取的一措施。必要时可组织公众中骨干力量参观，甚至参加演习。全面演习应在单项和组合演习进行后实施，并应有周密的演习计划，严密的演习组织领导，充分的准备时间。

全面演习是最高水平的演习，并且是演习方案的高潮。全面演习是评价应急系统在一个持续时期里的行动能力。它通过一个高压力环境下的实际情况，检验应急逃生与救援预案的各个部分。

一个全面演习需要很长的准备时间，一般超过 3 个月。这是因为必须保证演习应急预案所规定的行动：响应机构必须做的事、资源转移、开放避难所、派遣车辆等。应急逃生与救援指挥中心作为全面演习的一部分，全面投入该项活动。

必须指出，演习特别是全面演习或综合演习，主要是在宏观上检验应急预案的可靠性与可行性，为修正预案提供依据。同时，也为各个应急逃生与救援专业组织之间、应急逃生与救援指挥人员之间的协作提供实际配合的机会，以提高他们的协同能力和水平。

（三）参与人员及其任务

应急演练的参与人员包括参演人员、控制人员、模拟人员、评价人员和观摩人员。这五类人员在演练过程中都有着重要作用，并且在演练过程中都应佩戴能表明其身份的识别符。

1. 参演人员

参演人员是指在应急组织中承担具体任务，并在演练过程中尽可能对演练情景或模拟事件做出真实情景下可能采取的响应行动的人员，相当于通常所说的演员。参演人员所承担的具体任务主要包括：

（1）救助伤员或被困人员。

（2）保护财产或公众健康。

（3）获取并管理各类应急资源。

（4）与其他应急人员协同处理重大事故或紧急事件。

2. 控制人员

控制人员是指根据演练情景，控制演练时间进度的人员。控制人员根据演练方案及演练计划的要求，引导参演人员按响应程序行动，并不断给出情况或信息，供参演的指挥人员进行判断、提出对策。其主要任务包括：

（1）保证规定的演练项目得到充分的演练，以利于评价工作的开展。

（2）保证演练活动的任务量和挑战性。

（3）保证演练的进度。

（4）解答参演人员的疑问、解决演练过程中出现的问题。

（5）保障演练过程的安全。

3. 模拟人员

模拟人员是指演练过程中扮演、代替某些应急组织和服务部门，或模拟紧急事件、事态发展的人员。其主要任务包括：

（1）扮演、替代正常情况下或响应实际紧急事件时应与应急指挥中心、现场应急指挥部相互作用的机构或服务部门人员。由于各方面的原因，这些机构或服务部门并不参与此次演练。

（2）模拟事故的发生过程，如释放烟雾、模拟气象条件、模拟坍塌等。

4. 评价人员

评价人员是指负责观察演练进展情况并做记录的人员。其主要任务包括：

(1)观察参演人员的应急行动，并记录观察结果。

(2)在不干扰参演人员工作的前提下，协助控制人员确保演练按计划顺利进行。

(四)演练实施的基本过程

由于应急演练是由许多机构和组织共同参与的一系列行为和活动，因此，应急演练的组织和实施是一项非常复杂的任务，建立应急演练策划小组(或领导小组)是成功组织开展应急演练的关键。策划小组应由多种专业人员组成，包括来自公安、消防、医疗急救、应急管理等部门的人员，以及新闻媒体、企业的代表等。为确保演练的成功，参演人员不得参加策划小组，更不能参与演练方案的设计。

综合性应急演练的过程可划分为演练准备、演练实施和演练总结3个阶段，策划小组各阶段的基本任务为：

(1)演练准备阶段：

①确定演练日期；

②确定演练目标和演示范围；

③编写演练方案；

④确定演练现场规则；

⑤确定评价人员；

⑥安排后勤工作；

⑦准备和分发评价人员工作文件；

⑧培训评价人员；

⑨讲解演练方案与演练活动。

(2)演练实施阶段：记录参演组织的演练表现

(3)演练总结阶段：

①评价人员访谈演练参演人员；

②汇报与协商；

③编写书面评价报告；

④演练参与人员自我评价；

⑤举行公开会议；

⑥通报不足项；

⑦编写演练总结报告；

⑧评价和报告补救措施；

⑨追踪整改项的纠正。

(五)演练结果的评价

应急演练结束后，应对演练的效果做出评价，并提交演练报告，详细说明演练过程中发现的问题。按照对应急逃生与救援工作及时有效性的影响程度，将演练过程中发现的问题分为不足项、整改项和改进项。

二、应急演习典型范例

下面以肯尼亚新建蒙内铁路六标段的一次恐袭逃生应急演习为例，介绍海外工程中的应急演练工作内容和要点，供同行们参考。

（一）演练方案范例

中国路桥蒙内标轨铁路第六项目经理部防恐及逃生应急演练方案

1. 目的

1.1 评估项目应急准备状态，发现并及时修改应急预案、处置方案的缺陷和不足。

1.2 评估应急物资准备状态，明确相关部门和人员的应急职责。

1.3 检验应急响应人员对应急预案、处置方案的了解程度和实际操作技能，评估应急培训效果、分析培训需求；同时，作为一种培训手段，进一步提高应急响应人员的业务素质和能力。

1.4 掌握突发恐怖事件时各个人员的逃跑路线和流程。

1.5 使作业工人掌握如何报警，如何抢救伤者。

1.6 提高全员安全意识。

2. 演练适用范围、总体思想和原则

本演练方案适用于本项目范围内的防恐和逃生应急演练策划，遵守“保护生命、安全第一、预防在先”的方针，达到避免人员伤亡，或者将伤亡代价降到最低的效果。。

3. 演练策划组

3.1 成立策划组

为了成功组织开展应急演练工作，成立演练策划组：

策划小组组长：××

策划小组组员：××、××、××、××、××、××、××、××、××、××、××、××、××、××、××、××

3.2 策划小组任务

(1)确定演练目的、原则、规模、参演的部门；

(2)确定演练的性质与方法，选定演练的地点与时间，规定演练的时间尺度和工人参与的程度；

(3)确定演练实施计划、情景设计与处置方案；

(4)检查和指导演练准备与实施，解决演练准备与实施过程中所发生的重大问题；

(5)协调各类演练参与人员之间的关系；

(6)组织演练总结与追踪。

4. 应急演练参与人员

按照应急演练过程中扮演的角色和承担的任务，将应急演练参与人员分为演习人员、控制人员、模拟人员、评价人员和观摩人员。

4.1 参演人员

4.1.1 参演人员定义

参演人员是指在应急组织中承接具体任务，并在演练过程中尽可能对演练情景或模拟事件做出真实情景下可能采取的响应行动的人员，相当于通常所说的演员。

4.1.2 参演人员所承担的具体任务

(1)救助伤员或被困人员。

(2)保护财产和公众健康。

(3)获取并管理各类应急资源。

(4)与其他应急人员协同处理重大事故或紧急事件。

4.1.3 参演人员分工、职责

参演人员为本项目应急预案规定的所有内部应急组织和人员。

(1)应急救援领导小组机构组成：

组　长：××

副组长：××

成　员：××、××、××、××、××、××、××、××、××、××、××、××、××、××、××、××

应急领导小组在现场成立应急指挥中心，应急指挥中心办公室设在公共安全部。

应急指挥中心职责如下：

a. 负责指挥处理紧急情况。保证突发事件按应急救援预案顺利实施；

b. 负责事故现场的抢险、保护、救护及通信工作；

c. 负责所需材料、人员的落实；

d. 负责与上级公共安全管理机构的联系及情况汇报；

e. 负责与相邻可依托力量的联络求救；

f. 负责生产的恢复工作。

(2)抢险救援组：组长生产副经理古俊晓

组员：各架子队长、各队兼职安全员

负责现场物资疏散，搜索未及时疏散的人员，将其疏散至安全区域。

(3)保卫疏导组：组长综合副经理冷冬

组员：现场安保人员

控制各出口保障道路畅通，无关人员只许出不许进，引导人员疏散自救，确保人员安全快速疏散。

(4)对外联络组：组长外联部负责人安澄昊

组员：外联部员

负责对外联系、通报事故情况、传达上级指示与要求。

(5)后勤供应组：组长综合部负责人黄文宏

组员：综合部员、厨师、司机

负责解决全体参加抢险救援工作人员的食宿问题、急救用品等。负责对受伤者进行抢救。

(6)物资供应组：组长物装部负责人屈高伟

组员：物装部成员、水电工

负责了解掌握所需物资的分布的储备情况、水电控制保障。

参演人员列表

序号	姓名	应急演练职务	电　话
1	×××	应急领导小组组长	×××××××
2	×××	应急领导小组副组长兼抢险救援组组长	×××××××
3	×××	保卫疏导组组长	×××××××
4	×××	后勤供应组组长	×××××××
5	×××	对外联络组组长	×××××××
6	×××	物资供应组组长	×××××××
7	×××	应急值班人员	×××××××
8	×××	事发地值班安全员	×××××××
9	×××	应急领导小组成员	×××××××
10	×××	应急领导小组成员	×××××××
11	×××	应急领导小组成员	×××××××
12	×××	应急领导小组成员	×××××××
13	×××	应急领导小组成员	×××××××
其他参演人员若干，此处不再详列			

4.2 控制人员

控制人员是指根据演练情景，控制演练时间进度的人员。控制人员根据演练方案及演练计划的要求，引导参演人员按响应程序行动，并不断给出情况或消息，供参演的指挥人员进行判断、提出对策。其主要任务包括：

(1)确保规定的演练项目得到充分的演练，以利于评价工作的开展。

(2)确保演练活动的任务量和挑战性。

(3)确保演练的进度。

(4)保障演练过程的安全。

控制人员列表

序号	姓名	应急演练职务	电　话
1	×××	控制人员	×××××××
2	×××	控制人员	×××××××

4.3 模拟人员

模拟人员是指演练过程中扮演、代替某些应急组织和服务部门，或模拟紧急事件、事态发展的人员。其主要任务包括：

(1)扮演、代替正常情况或响应实际紧急事件时应与应急指挥中心、现场应急指挥所相互作用的机构或服务部门。

(2)模拟事故的发生过程。

(3)模拟受害或受影响人员。

模拟人员列表

序号	姓名	应急演练职务	电　　话
1	×××	模拟总经理部领导	×××××××
2	×××	模拟总经理部领导	×××××××
3	×××	模拟当地武装力量领导	×××××××
4	×××	模拟当地武装力量领导	×××××××
5	工人1	模拟当地武装力量	
6	工人2	模拟当地武装力量	
7	工人3	模拟当地武装力量	
8	工人4	模拟当地武装力量	
9	工人5	模拟当地武装力量	
10	工人6	模拟当地武装力量	
11	工人7	模拟当地武装力量	
12	工人8	模拟当地武装力量	
13	工人9	模拟当地武装力量	

4.4 评价人员

为了达到确定演练是否达到目标要求，检验各应急组织指挥人员及应急响应人员完成任务的能力的目的，必须在演练覆盖区域的关键地点和各参演应急组织的关键岗位上，派驻公正的评价人员，全面、正确地评价演练效果。评价人员的作用主要是观察演练的进程，记录演习人员采取的每一项关键行动及其实施时间，访谈演习人员，评价参演应急组织和演习人员的表现并反馈演习发现。

评价人员列表

序号	姓名	应急演练职务	电　　话
1	×××	应急指挥中心评价人员	×××××××
2	×××	演练现场评价人员	×××××××
3	×××	演练现场评价人员	×××××××

5. 应急演练时间

应急演练时间：2015年2月1日11:10～11:20。

地点：KATHEKANI营地。

6. 应急演练目标

根据演练范围和目的，确定展示以下演习目标见下表。

应急演练目标

序号	目　标	展示内容	目标要求
1	应急动员	展示通知应急组织，动员应急响应人员的能力	采取系列举措，向应急响应人员发出警报，通知或动员有关应急响应人员各就各位；及时启动应急指挥中心和其他应急支持设施，使相关应急设施从正常运转状态进入紧急运转状态

续上表

序号	目　标	展示内容	目标要求
2	指挥和控制	展示指挥、协调和控制应急响应活动的能力	具备应急过程中控制所有响应行动的能力。事故现场指挥人员和应急组织、行动小组负责人都应按应急预案要求，建立事故指挥体系，展示指挥和控制应急响应行动的能力
3	事态评估	展示获取事故信息，识别事故原因和致害物，判断事故影响范围及其潜在危险的能力	要求应急组织应具备通过各种方式和渠道，积极收集、获取事故信息，评估、调查人员伤亡和财产损失、现场火灾危险性等有关情况的能力；具备根据所获信息，判断事故影响范围，以及对公众和环境的中长期危害的能力；具备确定进一步调查所需资源的能力；具备及时通知场外应急组织的能力
4	资源管理	展示动员和管理应急响应行动所需资源的能力	要求应急组织具备根据事故评估结果，识别应急资源需求的能力，以及动员和整合内外部应急资源的能力
5	通信	展示与所有应急响应地点、应急组织和应急响应人员有效通信交流的能力	要求应急组织建立可靠的主通信系统和备用通信系统，以使与有关岗位的关键人员保持联系
6	应急设施	展示应急设施、装备及其他应急支持资料的准备情况	要求应急组织具备足够应急设施，且应急设施内装备和应急支持资料的准备与管理状况能满足支持应急响应活动的需要
7	警报与紧急公告	展示向公众发出警报和宣传保护措施的能力	要求应急组织具备按照应急预案中的规定，迅速完成向一定区域内公众发布应急防护措施命令和信息的能力
8	应急响应人员安全	展示监测、控制应急响应人员面临的危险的能力	要求应急组织具备保护应急响应人员安全和健康的能力，主要强调应急区域划分、个体保护装备配备、事态评估机制与通信活动的管理
9	警戒与治安	展示维护警戒区域秩序，控制交通流量，控制疏散区和安置区交通出入口的组织能力和资源	要求责任方具备维护治安、管制疏散区域交通道口的能力，强调交通控制点设置、执法人员配备和路障清理等活动的管理
10	撤离与疏散	展示撤离、疏散程序以及人员的准备情况	要求应急组织具备安排疏散路线、交通工具、目的地的能力以及对疏散人员交通控制、引导、自身防护措施、治安、避免恐慌情绪的能力并对人群疏散进行跟踪、记录

7．演练现场规则

为确保演练参与人员、公众和环境的安全，应急演练必须遵守以下规定：

（1）演习过程中所有消息或沟通必须以“这是一次演习”作为开头或结束语，事先不通知开始日期的演习必须有足够的安全监督措施，以便保证演习人员和可能受其影响的人员都知道这是一次模拟紧急事件；

（2）参与演习的所有人员不得采取降低保证本人或公众安全条件的行动，不得进入禁止进入的区域，不得接触不必要的危险，也不使他人遭受危险；

（3）演习过程中应当把假想事故、情景事件或模拟条件成真实发生的事件对待，特别是在可能使用模拟的方法来提高演习真实程度的那些地方，事先必须考虑可能影响设施安全运行的所有问题；

（4）演习不应要求承受极端的气候条件或污染水平，不应为了演习需要的技巧而污染大气或造成类似危险；

（5）参演的应急响应设施、人员不得预先启动、集结，所有演习人员在演习事件促使其做出响应行动前应处于正常的工作状态；

（6）除演习方案或情景设计中列出的可模拟行动及控制人员的指令外，演习人员应将演习事件或信息当作真实事件或信息做出响应，应将模拟的危险条件当作真实情况采取应急行动；

（7）所有演习人员应当遵守相关法律、法规，服从执法人员的指令；

（8）控制人员应仅向演习人员提供与其所承担功能有关并由其负责发布的信息，演习人员必须通过现有紧急信息获取渠道了解必要的信息，演习过程中传递的所有信息都必须具有明显标志；

（9）演习过程中不应妨碍发现真正的紧急情况，应同时制订发现真正紧急事件时可立即终止、取消演习的程序，迅速、明确地通知所有响应人员从演习到真正应急的转变；

（10）演习人员没有启动演习方案中的关键行动时，控制人员可发布控制消息，指导演习人员采取相应行动，也可提供现场培训活动，帮助演习人员完成关键行动。

8. 应急演练前的准备

综合性应急演练的过程可划分为演练准备、演练实施和演练总结三个阶段，各阶段的基本任务如下图所示。

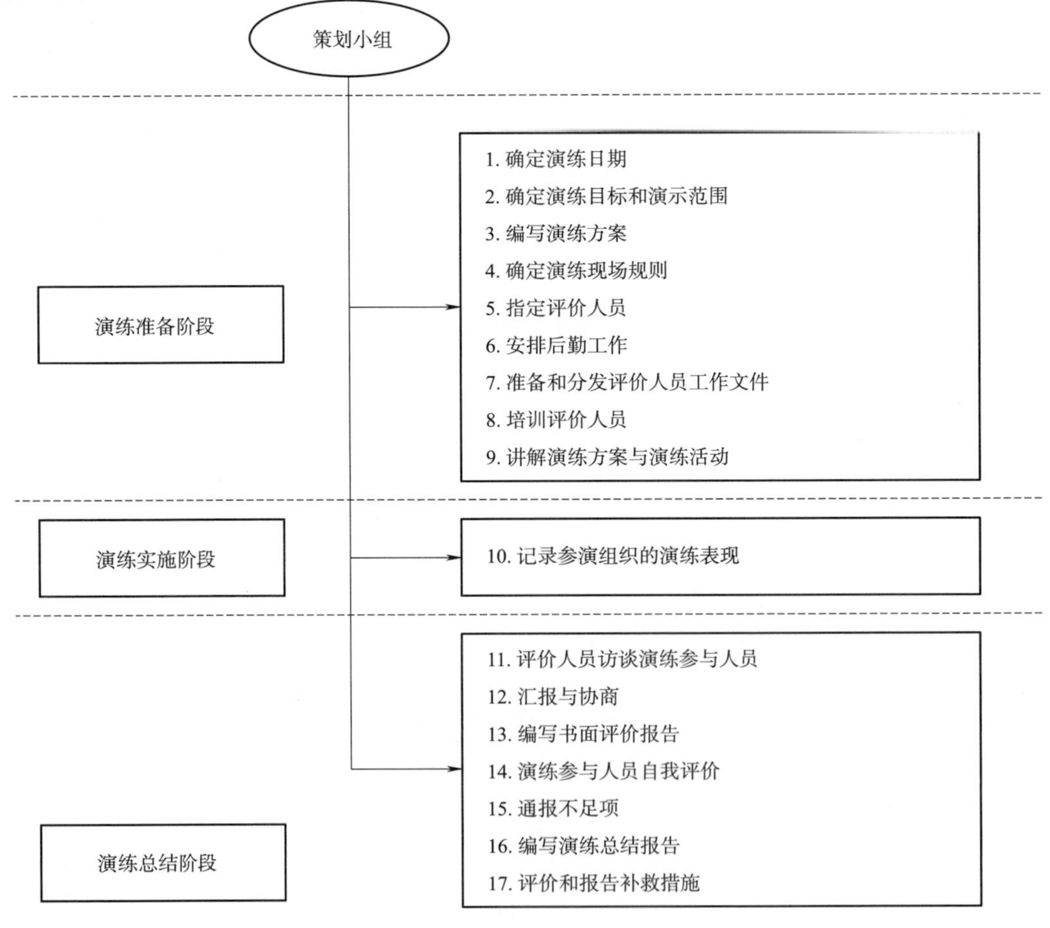

综合性应急演练实施的基本过程

(1)策划组对评价人员进行培训，让其熟悉项目应急预案、演练方案和评价标准；

(2)培训所有参演人员，熟悉并遵守演练现场规则；

(3)准备好模拟演练响应效果的物品和器材；

(4)演练前，策划人员将通信录发放给控制人员和评价人员。

9. 演练程序

本次演练程序见下表。

演练程序

时　间	项　　目	演练内容
11:10	开始	策划组长××宣布应急演练开始
11:11	恐怖事件发生	数名恐怖分子正准备从项目部电子自动门进入营地
11:12	发现与初期处理	现场值班安全员××和 AP 第一时间知道，通知全体人员撤离
11:13	应急动员	应急领导小组组长××接到报告后立即向应急值班人员××下令："立即启动防恐及逃生应急预案，各职能组集结到位
		应急救援领导小组全体成员到达集结到位后，成立现场应急指挥中心并开始指挥工作，并令外联部××立即报警
		应急救援领导小组组长××命令各职能组按其职责和分工各就各位，立即开展救援工作，相关应急设施从正常运转状态进入紧急运转状态
11:14	队伍到位实施救援	保卫疏导组组长××带领治安保卫人员到达指定地点，并按要求设置警戒线，进行交通管制，清除路障，保持消防通道畅通，维持现场秩序
		××组织全体人员有条不紊的从逃生门逃离
11:16	现场恢复	人员清点
		应急救援领导小组组长××发布命令：应急状态结束，解除警报
		评价人员访谈演练参与人员，评价组向策划组提交书面评价报告
11:18	应急结束	应急领导小组组长××讲话
11:20	演练结束	策划组长××宣布演练结束，召开总结会

10. 应急演练总结与追踪

在演练结束 3 天内，策划组根据评价人员演练过程中收集和整理的资料。策划组应对演练发现进行充分研究，确定导致该问题的根本原因、纠正方法、纠正措施及完成时间，并指定专人负责对演练中的不足项和整改项的纠正过程实施追踪，监督检查纠正措施的进展情况。

应急预案演练记录

编号：(001)

演练单位	中国路桥蒙内标轨铁路第六项目经理部		
演练地点	KATHEKANI 营地		
演练时间	2015.2.1　11:10～11:20	组织者	×××
演练项目名称	防恐及逃生应急演练		
参加人员：			

续上表

演练中存在问题：			
整改意见：			
记录人：		应急领导小组组长：	

（二）防恐及逃生应急演练总结报告

目　录

防恐及逃生应急演练总结报告

1. 演练概况

1.1 演练时间

2015 年 9 月 2 日上午 11:20～12:00，历时 40 分钟。

1.2 演练地点

KATHEKANI 营地。

1.3 演练主要过程

演练开始→预警→应急预案启动→疏散急救→事态评估→求救外援→引导外援进场并清剿恐怖分子→事件平息→现场清理→演练结束。

1.4 演练参与人员

项目部 83 人（部分不在项目部的未参加）、AP（武装警察）10 名、保安 26 名。

1.5 评价人员

配备评估人员 3 人，对应急动员、指挥和控制、事态评估、资源管理、通信、应急设施、警报与紧急公告、应急响应人员安全、警戒与治安、撤离与疏散等 10 项内容进行观察评价。

1.6 模拟外援机构

模拟当地武装力量。

2. 演练过程概述

2.1 恐怖事件发生与预警

演练于 2015 年 9 月 2 日 11 点 20 分开始，假设有恐怖分子正从项目部营地大门进入，企图制造恐怖事件。

现场值班安全员×××发现情况后，立即报告应急领导小组组长×××和公安部长×××。

2.2 应急预案启动

应急领导小组组长×××接到报告后立即向应急值班人员×××下令启动防恐及逃生应急预案。

2.3 疏散急救

各应急职能小组得知消息后立即集结，并奔向应急逃生门。

2.4 事态评估

应急领导小组在现场成立了应急指挥中心，并对此次情况进行评估，认定形势危急，立即决定报警求援。

2.5 求救外援

对外联络组组长×××进行了报警求助，立即赶来支援。

2.6 引导外援进场并配合灭火

外援到达后，配合营地的 AP 和保安进行抵御和疏导中方人员撤离，直至演练结束。

2.7 现场清理

对现场进行清理，并清点人员。

2.8 演练结束

11 点 15 分，现场清理完毕，人员清点完毕，应急救援领导小组组长×××宣布应急救援结束，并做总结性讲话，11 点 20 分，演练全部结束。

3. 评价人员根据记录情况

在演练过程中布置了 3 名评价人员对演练关键项目进行了跟踪记录，其分工如下：×××负责应急动员、指挥和控制、事态评估、资源管理情况记录；×××负责通信、应急设施、警报与紧急公告、应急响应人员安全情况记录；×××负责警戒与治安、消防与抢险、撤离与疏散情况记录。记录情况如下：

3.1 应急动员情况

(1)在收到恐怖事件报告后，应急领导小组组长×××立命令启动应急预案，指令明确、及时，能满足应急要求；

(2)应急值班人员×××拉响警报器，用时 1 分钟 19 秒，时间较长；分析原因：警报器设置位置不明显，并且比较偏；

(3)现场应急指挥中心组建及时，启动较为迅速；

(4)应急设施从正常行状态转入紧急运转状态及时，启动较为迅速。

3.2 指挥和控制情况

现场应急指挥中心应急过程中的统一指挥控制能力较强，各职能小组组建指挥体系迅速，分工明确，整体指挥和控制应急响应行动能力较强。

3.3 事态评估

(1)应急救援过程中，设置了专门的信息收集传递人员，信息收集准确；

(2)现场应急指挥中心在收到现场信息后，能及时判断评估、调查人员伤亡和财产损失、现场火灾危险性等有关情况，具备判断事故影响范围的能力。

3.4 资源管理

根据事态评估结果，能较为准确的识别应急资源需求，能合理利用和整合内、外部资源和救援力量。

3.5 通信

(1)演练启动过程中主要通信方式采用手机电话，但存在营地内手机电话信号较差，存在有时打不通电话的情况；

(2)在演练启动后，主要通信方式采用对讲机，通信效果较好。

3.6 警报与紧急公告

演练时，保卫疏导组根据现场情况，进行了现场警戒并发布了营地内及周围的应急防护命令，派了专门人员在营地周围巡查，防止无关人员进入，模拟防止造成次生灾害的情况发生。

3.7 警戒与治安

(1)应急演练过程中，组织保安进行了现场的维护治安、管制疏散事故区域并进行警戒，情况较好；

(2)在交通要道位置配备了专门的人员进行交通管制，消防通道顺畅，无阻塞情况。但未使用专业的交通管制工具，如警示锥形桶等。

3.8 撤离与疏散

(1)模拟恐怖事件发生后，对全体中方人员做到有条不紊的疏散保护；

(2)疏散过程中秩序较好，无恐慌情况；

(3)对疏散出的人员进行了管制，模拟恐怖事件现场只准救援人员进入，秩序较好；

(4)疏散后对作业人员进行了清点确认。

4. 演练总结

4.1 总体情况

此次防恐及逃生应急演练是对本项目防恐逃生应急预案及应急准备情况的一次实战检验和考核，此次演练总体结果比较成功，达到了预定的演练检验目的：

(1)达到了评估项目应急准备状态，发现了应急演练中的问题，用以补充完善应急演练和处置方案。

(2)评估了应急物资准备状态，演练过程中分工明确，是相关部门和人员对自身应急过程中的分工和职责有了深刻的认识，对今后突发事件发生后的从容应对打下了基础。

(3)检验了应急响应人员对应急预案和处置方案的了解程度和实际操作技能，同时也是一次实战培训，加强了应急操作技能，进一步提高了应急相应人员的业务素质和能力。

(4)提高了全员的公共安全安全意识，使员工学会了有突发事件发生时如果自救和互救，为项目安全生产工作的开展起到了积极的作用。

4.2 不足项及整改措施

4.2.1 存在的不足项

在此次演练过程中，亦发现了许多不足项，主要有以下几项：

(1)在应急演练启动时，拉响警报器，用时 1 分钟 19 秒，时间较长；

(2)在应急演练启动时，作为主要通信手段的手机电话信号不稳定，会造成应急启动的延迟。

4.2.2 针对不足项的整改措施

针对发现的不足项，采取以下整改措施：

(1)在应急启动阶段，因警报器设置位置比较偏且不明显，是造成拉响警报器时间比较长的原因，建议警报器设置位置要明显且距离中方生活区较近的中心地带。

(2)与电信运营商协商增加信号扩大器之类的装置，加强通信信号，保证突发事故发生时的通信畅通。

4.3 应急预案补充完善

针对此次演练发现的问题，将对《防恐及逃生应急预案》及相应的处置方案进行修改完善。

5. 附件资料

附件 1　防恐逃生应急演练记录

附件 2　防恐逃生应急演练评价报告

附件 3　防恐逃生演练影像资料

附件 1

肯尼亚蒙巴萨至内罗毕标轨铁路项目应急预案演练记录

<table>
<tr><td>演练单位</td><td colspan="3">中国路桥蒙内标轨铁路第六项目经理部</td></tr>
<tr><td>演练地点</td><td colspan="3">KATHEKANI 营地</td></tr>
<tr><td>演练时间</td><td>2015 年 9 月 2 日(11:20～12:00)</td><td>组织者</td><td>×××</td></tr>
<tr><td>演练项目名称</td><td colspan="3">防恐及逃生应急演练</td></tr>
<tr><td colspan="4">参加人员：
××、××及工人若干</td></tr>
<tr><td colspan="4">演练中存在问题：
1. 在应急演练启动时，拉响警报器用时 1 分钟 19 秒，时间较长；
2. 在应急演练启动时，作为主要通信手段的手机电话信号不稳定(会造成应急启动的延迟)。</td></tr>
<tr><td colspan="4">整改意见：
1. 警报器调整到明显位置，并靠近中方人员生活区的中心地带。
2. 建议与电信运营商协商增加信号扩大器之类的装置，以加强通信信号</td></tr>
<tr><td>记录人</td><td>×××</td><td>应急领导小组组长</td><td>×××</td></tr>
</table>

附件 2—1

肯尼亚蒙巴萨至内罗毕标轨铁路项目防恐及逃生应急预案演练评价报告

<table>
<tr><td>演练单位</td><td colspan="3">中国路桥蒙内标轨铁路第六项目经理部</td></tr>
<tr><td>演练地点</td><td colspan="3">KATHEKANI 营地</td></tr>
<tr><td>演练时间</td><td>2015 年 9 月 02 日(11:20～12:00)</td><td>组织者</td><td>×××</td></tr>
<tr><td>演练项目名称</td><td colspan="3">防恐及逃生应急演练</td></tr>
<tr><td>评价项目</td><td colspan="3">应急动员、指挥和控制、事态评估、资源管理</td></tr>
<tr><td colspan="4">应急动员情况：
1. 在收到火灾发生报告后，应急领导小组组长×××立即命令启动应急预案，指令明确、及时，能满足应急要求；
2. 应急值班人员×××启动手拉警报器用时 1 分钟 19 秒，时间较长；分析原因：警报器设置位置偏，并距离中方人员生活区比较远；
3. 现场应急指挥中心组建及时，启动较为迅速；
4. 应急设施从正常行状态转入紧急运转状态及时，启动较为迅速</td></tr>
<tr><td colspan="4">指挥和控制：
现场应急指挥中心应急过程中的统一指挥控制能力较强，各职能小组组建指挥体系迅速，分工明确，整体指挥和控制应急响应行动能力较强</td></tr>
<tr><td colspan="4">事态评估：
1. 应急救援过程中，设置了专门的信息收集传递人员，信息收集准确；
2. 现场应急指挥中心在收到现场信息后，能及时判断评估、调查人员伤亡和财产损失，具备判断事故影响范围的能力</td></tr>
<tr><td colspan="4">资源管理：
根据事态评估结果，能较为准确的识别应急资源需求，能合理利用和整合内、外部资源和救援力量</td></tr>
<tr><td>记录人</td><td>×××</td><td>应急领导小组组长</td><td>×××</td></tr>
</table>

附件 2—2

肯尼亚蒙巴萨至内罗毕标轨铁路项目防恐及逃生应急预案演练评价报告

<table>
<tr><td>演练单位</td><td colspan="3">中国路桥蒙内标轨铁路第六项目经理部</td></tr>
<tr><td>演练地点</td><td colspan="3">KATHEKANI 营地</td></tr>
<tr><td>演练时间</td><td>2015 年 9 月 2 日(11:20～12:00)</td><td>组织者</td><td>×××</td></tr>
<tr><td>演练项目名称</td><td colspan="3">防恐及逃生应急演练</td></tr>
<tr><td>评价项目</td><td colspan="3">通信、应急设施、警报与紧急公告、应急响应人员安全</td></tr>
<tr><td colspan="4">通信:</td></tr>
<tr><td colspan="4">应急设施:</td></tr>
<tr><td colspan="4">警报与紧急公告:
演练时,保卫疏导组根据现场情况,进行了现场警戒并发布了营地内及周围的应急防护命令,派了专门人员在营地周围巡查,防止无关人员进入,达到了演练目标。</td></tr>
<tr><td colspan="4">应急响应人员安全:</td></tr>
<tr><td>记录人</td><td>×××</td><td>应急领导小组组长</td><td>×××</td></tr>
</table>

附件 2—3

肯尼亚蒙巴萨至内罗毕标轨铁路项目防恐及逃生应急预案演练评价报告

<table>
<tr><td>演练单位</td><td colspan="3">中国路桥蒙内标轨铁路第六项目经理部</td></tr>
<tr><td>演练地点</td><td colspan="3">KATHEKANI 营地</td></tr>
<tr><td>演练时间</td><td>2015 年 9 月 2 日(11:10～12:00)</td><td>组织者</td><td>×××</td></tr>
<tr><td>演练项目名称</td><td colspan="3">防恐及逃生应急演练</td></tr>
<tr><td>评价项目</td><td colspan="3">警戒与治安、消防与抢险、撤离与疏散</td></tr>
<tr><td colspan="4">警戒与治安：
1. 应急演练过程中，组织保安进行了现场的维护治安、管制疏散事故区域并进行警戒，情况较好；
2. 在交通要道位置配备了专门的人员进行交通管制，消防通道顺畅，无阻塞情况。但未使用专业的交通管制工具，如警示锥形桶等</td></tr>
<tr><td colspan="4">消防与抢险：</td></tr>
<tr><td colspan="4">撤离与疏散：
1. 模拟恐怖事件发生后，对营地全体中方人员进行了疏散保护；
2. 疏散过程中秩序较好，无恐慌情况；
3. 疏散后对作业人员进行了清点确认</td></tr>
<tr><td>记录人</td><td>×××</td><td>应急领导小组组长</td><td>×××</td></tr>
</table>

附件 3

防恐及逃生应急演练影像资料

拉响警报器

在 AP 的引导下人员进行撤离

撤离到安全区域

清点人数

附录　公共安全应急制度

目前，我国海外工程尤其是海外铁路工程，主要集中在发展中国家，各种传统和非传统风险因素对公共安全的影响日益显现，频发的自然灾害、事故灾害、公共卫生事件和社会安全事件不断考验着我国铁路施工企业公共安全管理机制在海外工程中的有效性。相比于其他专业工程，铁路铺架工程项目延展里程更长（往往长达数百公里），常常横跨多个民族、部落地区，宗教信仰、文化习俗、工作习惯、社会治安形势、恐怖袭击特征等可能有较大差异，这给铁路铺架工程项目带来了前所未有的挑战，铁路铺架工程中遇到的公共安全问题成为海外铁路建设成败的关键因素之一，为此，应制定适合铺架项目所在国的安全管理办法、安全应急预案和相关制度规定。下面介绍肯尼亚蒙内铁路六标段所制定和采用的相关文件，希望抛砖引玉，对同行有所借鉴。

附录一　公共安全监督管理办法

蒙内铁路项目第六经理部公共安全监督管理办法(修订)

第一章　总　　则

第一条　为加强蒙内铁路第六项目经理部公共安全管理,调动全体员工参与安全管理积极性,保障广大员工生命和国家财产的安全,结合项目的实际情况,制定本办法。

第二条　本规定适用于中国路桥蒙内标轨铁路第六项目经理部。

第三条　项目部公共安全管理工作遵循一把手总负责、党政工团齐抓共管和依靠群众的原则。

第四条　公共安全事件包括除安全生产外可能造成我驻外人员伤亡、失踪或财产损失的事件,如自然灾害、事故灾难、公共卫生、群体性事件、刑事犯罪、绑架劫持、武装袭击、恐怖活动、军事冲突、社会动乱、政治动乱、其他事件等。蒙内铁路项目中方人员包括公司正式员工、借调员工、合作单位中方人员、临时出差的中方人员。

第二章　组织机构及人员

第五条　项目部公共安全组织体系实行“三级四层”管理,即:项目经理部、各部门、各作业队三个级别,项目部的公共安全领导小组,公共安全部门,德威安保人员,当地警察和保安四个层次。公共安全管理组织机构见图1。

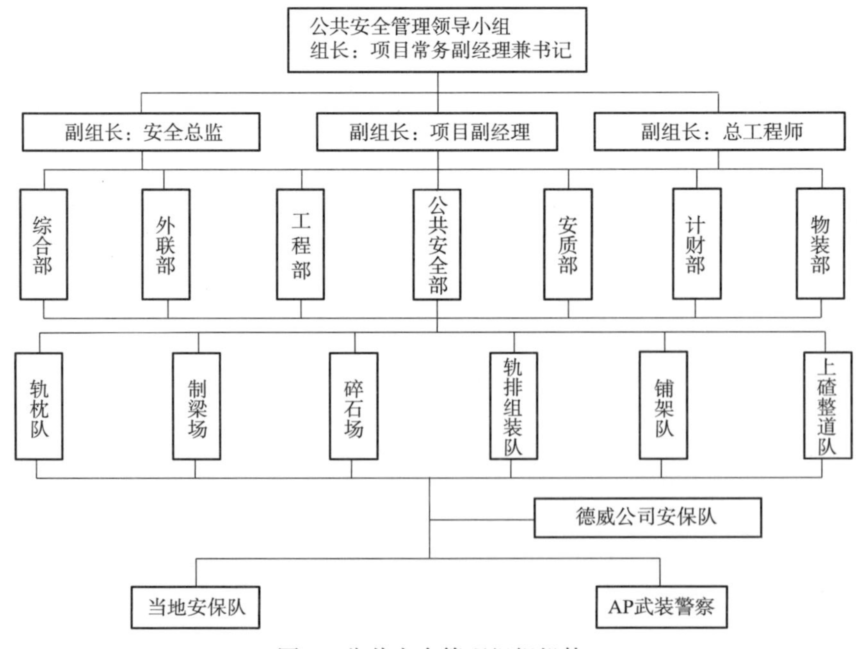

图1　公共安全管理组织机构

第六条　项目公共安全领导小组由项目经理、分管公共安全副经理、各队队长、各部门领导(办公室、人事、财务、工程、安全质量、外联、物装、计合、公共安全等部门)等组成,全面协调、指导、监督项目经理部的公共安全工作。公共安全领导小组下设公共安全办公室,设在公共安全部。

第七条　项目经理部公共安全领导小组及公共安全管理机构和人员参照总指项目公共安全领导小组设置,全面管理和实施本单位的公共安全工作。

第三章　管理职责

第八条　项目公共安全领导小组负责传达和贯彻有关国家、行业、中国交建、公司总部的安全方针、政策,签发项目公共安全管理制度并组织实施,审定公共安全考核情况。

第九条　项目公共安全领导小组负责全面指导、监督、部署整个项目的公共安全工作,研究、解决涉及项目公共安全的重大问题。

第十条　公共安全部全面落实整个项目的公共安全工作,建立健全公共安全管理体系和管理机制,掌握周边安全形势并进行风险预测,组织制定并督促落实公共安全工作方案和突发事件应急预案,进行公共安全检查和宣传教育,落实公共安全管理体系建设和安保人员配置,监督落实制定相关制度、应急预案和技术措施。

第十一条　项目部的负责人是本单位公共安全第一责任人,分管公共安全工作的副经理对本单位的公共安全工作负直接领导责任。

第十二条　项目部所属各部门、工区负责人、班组负责人均应在本职工作范围内对本部门、本工区和本班组的日常公共安全工作负责。

第十三条　项目部公共安全管理机构及公共安全管理人员负责对本单位员工进行公共安全宣传教育和管理,对各项规章制度和应急预案的贯彻落实、安防设施的配备情况进行检查,对现场操作人员及安保人员的遵章守纪情况进行监督检查。

第四章　监督、检查和考核

第十四条　项目部公共安全部每月对各作业队开展公共安全大检查1次,。

第十五条　要根据自身实际情况,对各工区、营地、作业现场要进行经常性的公共安全监督检查,发现问题及时解决。

第十六条　按照分级管理的原则,对所辖项目经理部公共安全工作负有监督责任,监督检查要做到“横向到边、纵向到底”,不留死角。

第十七条　项目公共安全领导小组负责审议考核初步意见,审定各单位公共安全管理综合考评分。

第五章　教育与培训

第十八条　公共安全部门负责定期组织对本单位的中方人员、安保人员、当地雇员公共安全培训,逐步提高项目全体人员的公共安全意识和防范能力。

第十九条　应建立健全员工公共安全教育培训制度,提高所属员工的公共安全意识、责任心和遵章守纪的自觉性。

第二十条　对新员工、首次出国聘用人员(含合同工、临时工、农民工)必须进行“三级”公共安全教育，即出国前教育、部门教育和岗位（班组）入场教育，方准许上岗操作。

第二十一条 在员工换区域、换环境、换岗位工作之前，必须对转岗人员进行公共安全再教育。

第六章 应急预案、演练和处置管理

第二十二条 项目突发事件应急管理组织体系分为三级管理，即：项目部部突发事件应急领导小组及应急管理办公室。

第二十三条 应急预案体系分为三级管理，即：综合应急预案、专项应急预案和现场处置方案。项目部负责制定综合应急预案和专项应急预案。对现场易发生重大风险事件的部位、环节进行监控，参照总经理部相关预案制定突发事件专项应急预案及现场处置方案。

第二十四条 应开展事故应急知识教育培训和演练，提高全员安全意识和应对突发事件的处置能力。

第二十五条 应当配备应急救援人员、器材和设备，定期检查本单位事故应急救援预案的落实情况，要设专人对救援器材和设备进行维护。

第二十六条 发生突发事件后，事发单位主要负责人必须立即赶赴事故现场组织指挥和抢救。项目经理部立即启动应急预案，明确应急指挥部场所，安排专职人员、启用应急通信手段，第一时间将事故发生时间、地点、经过、造成的后果、事故原因初步分析及采取措施等情况向总经理部应急管理办公室及分管领导报告，并随时报告处置过程，直至完成善后处置。

第二十七条 项目部要对公共安全突发事件的起因、性质、影响、责任和恢复重建等问题进行调查评估，总结经验教训，形成意见，并将今后的防范措施一同上报项目总经理部应急管理办公室。

第二十八条 项目部应协助当地警察部门对公共安全事件进行详细调查，并对有关事故责任人进行严肃处理。

第二十九条 对违反国家和肯尼亚相关法律、法规和公司总部、项目总经理部公共安全管理制度，发生特别重大公共安全事件并未妥善处置的项目经理部，总经理部将参照有关规定对相关责任人追究责任。

第三十条 对造成严重后果、构成犯罪的，依照国家和肯尼亚相关法律等有关规定追究刑事责任。

第三十一条 经项目公共安全领导小组批准后，可对下列人员酌情予以奖励：

1. 发现重大公共安全隐患，及时采取措施，避免发生重大公共安全事故的有功人员；
2. 防恐和应急救援工作有突出表现、有效减小事故损失的有功人员；
3. 为项目公共安全管理做出突出贡献的有功人员。

第七章 附 则

第三十二条 本办法如与国家、上级单位的法律法规、规章有抵触之处，按国家和上级单位的规定执行。

第三十三条 本办法由项目部公共安全部负责解释。

第三十四条 本办法从发布之日起执行，原办法废止。

附录二　蒙内铁路项目公共安全责任制

蒙内铁路第六项目部公共安全责任制(修订)

第一章　总　　则

第一条　根据《蒙内铁路项目公共安全监督管理办法》,项目第六经理部公共安全管理分为"三级四层"管理模式,在项目部公共安全领导小组的总体部署下,项目经理部三级公共安全管理机构组织协调,德威公司派驻项目各级安保人员开展具体安保管理工作,全方位构建和完善项目的公共安全体系,并对其进行组织管理实施。

第二条　本责任制适用于第六项目经理部公共安全管理人员、德威公司派驻项目各级安保人员等。项目的公共安全管理人员分为四个层次:

1. 项目经理部的公共安全领导小组;
2. 项目经理部的公共安全部门管理人员;
3. 德威派驻项目安保经理和安全官;
4. 肯尼亚当地警察、保安公司保安人员。

第二章　公共安全领导小组主要职责

第三条　项目公共安全领导小组由项目经理部各部门领导(办公室、人事、财务、工程、安全质量、外联、物装、计合、公共安全等部门)等组成,全面协调、指导、监督项目经理部的公共安全工作。公共安全领导小组下设公共安全办公室,设在公共安全部。

第四条　领导小组组长。项目经理是项目公共安全工作的第一责任人,对项目公共安全工作负总责,应全面履行以下职责:

(一)制定项目公共安全方针、目标和管理思路;

(二)建立健全项目公共安全责任制;

(三)组织制定项目公共安全规章制度和操作规程;

(四)保证项目公共安全防护设施的有效实施;

(五)掌握项目面临风险,督促、检查、落实项目的公共安全工作;

(六)组织制定并实施项目的突发事件应急预案体系;

(七)及时组织事故救援,妥善处置突发事件。

第五条　领导小组常务副组长。分管公共安全副经理担任公共安全领导小组常务副组长,应履行以下职责:

(一)贯彻项目公共安全方针,负责协助项目经理落实各项公共安全制度,统筹协调和综合管理项目的公共安全工作,对项目公共安全工作负综合管理领导责任;

(二)布置公共安全目标、公共安全规划、年度公共安全工作计划、公共安全管理规章制度;

(三)主持召开公共安全工作会议,布置公共安全监督检查,认真处理公共安全中存在的问题，及时消除风险；

（四）结合项目公共安全实际，组织制定相关安保防范措施，并督促落实；

（五）总结公共安全事故案例和先进经验，组织相关公共安全事故案例分析，制定防范措施；

（六）主持相关突发事件的调查、处理工作。

第六条 领导小组成员。领导小组副组长由项目部公共安全部部长担任，成员由办公室主任、人事部部长、财务部部长、工程部部长、安质部部长、外联部部长、物装部部长、计合部部等组成，协助领导小组组长和常务副组长，在本部门或本单位职责范围内开展公共安全工作，落实人防和物防等安保防范设施，保证应急资源准备，并协助处理处置突发事件。

第七条 各个作业队应设置专职或者兼职公共安全员，并协助公共安全部长做好整个项目的公共安全工作。

第三章 项目部公共安全部职责

第八条 公共安全部作为项目公共安全领导小组办公室，其职责如下：

（一）认真贯彻执行国家相关部委、中国交建、公司总部有关公共安全的法律法规、规章制度以及上级有关公共安全的文件、会议精神，组织实施项目部部署的各项公共安全工作，落实项目各部门、各作业队的公共安全工作计划和管理措施，保障项目人员生命财产安全；

（二）建立健全公共安全管理体系和管理机制，制定落实公共安全管理办法和相关制度，健全监测、预测、预报、预警和快速反应系统；

（三）建立并落实项目部公共安全责任制度，明确各级公共安全责任人；

（四）加强公共安全管理队伍建设，配备公共安全工作需要的监督管理人员，如德威安保人员、当地警察、当地专业保安力量以及其他公共安全工作人员等，并对其进行监督、检查和日常管理；

（五）了解掌握项目周边安全形势，进行公共安全风险预测，搜集公共安全情报，发现并及时制止妨碍公共安全的行为，发现危害公共安全的突发事件及时向相关机构报告；

（六）组织制定项目安保总体方案，并监督落实各单位安防措施建设；

（七）为项目部提供人员、物资等必要的保障，保证重要人员和物资护卫，保障监控设备和安全设施、器材配置齐全、完好有效，组织、实施和完成项目部所在地的现场安保和日常勤务工作；

（八）对项目进行公共安全检查和宣传教育，指导对相关人员的安全教育培训，提高人员应急能力和自救能力；

（九）组织制定突发事件综合应急预案和各类专项应急预案，组织相关应急演练，提高应对突发事件的能力；

（十）建立公共安全信息记录和上报制度，对各种危害行为和突发事件进行备案，发生突发事件及时上报；

第九条 项目部公共安全部内设 4 个业务小组，分别是：总体领导协调、情报信息组、安保护卫组、培训和检查督导组。

第四章 公共安全部经理职责

第十条 在项目公共安全领导小组组长和常务副组长的直接领导下，总体组织和协调项目全线安保工作，负责项目部的公共安全管理人员、德威公司派驻安保人员进行统一管理和协调。具体职责如下：

（一）落实项目领导的相关要求，负责总经理部公共安全部的各项工作；

（二）负责项目全线公共安全工作的总体组织和实施；

（三）定期上报项目全线公共安全工作报告和总结；

（四）组织项目全线各类安保工作计划和方案的制定；

（五）组织项目全线的安防设施建设；

（六）组织对项目全线的公共安全工作进行监督、检查和指导；

（七）同当地警察高层、保安公司保持长期联系，维持项目部和当地相关部门的友好关系；

（八）完成项目领导交办的其他与公共安全工作有关的事项。

第五章　情报信息组职责

第十一条　负责完成项目总体情报信息工作。具体职责如下：

（一）负责搜集各类与项目全线公共安全有关的情报信息；

（二）深入村镇、社区，接触当地政府、警察局等，获取情报信息和资料数据；

（三）负责在员工队伍、当地社区及当地其他相关组织或团体中发展和建立信息员，获取相关动态和信息，负责对信息员进行管理；

（四）根据获取的情报信息，对项目的公共安全风险因素进行分析研判，发布预警信息并提出工作建议；

（五）定期通报公共安全信息和威胁项目的风险源，为项目部提供相关信息和线索；

（六）完成公共安全部经理交办的其他事项。

第六章　安保护卫组职责

第十二条　负责项目部安保力量管理、安防设施建设、重要人物和物资、财务取款等安保护卫任务，具体职责如下：

（一）负责项目部安保力量（当地警察和保安）的日常管理，及时对违纪情况进行处理；

（二）负责项目部的安防设施建设、检查维护和各类安保器材的管理；

（三）负责项目部所在地的录像监控，发现隐患或潜在威胁情况时及时报告，及时发出预警信息并采取紧急处置措施；

（四）熟悉、掌握项目部及周边的安全状况和交通状况；

（五）负责组织相关安保人员实施护卫任务，负责护卫期间安保力量的管理和指挥，负责护卫任务期间各类突发情况的处理和报告；

（六）完成公共安全部经理交办的其他事项。

第七章　培训和检查督导组职责

第十三条　负责对项目公共安全培训、演练、检查和总结工作进行指导和协调，具体职责如下：

（一）协助完成和落实项目部公共安全部的各项工作；

（二）完成项目公共安全工作的各类报告和总结，负责收集和整理项目全线阶段性（每日、

每周、每月)安保工作情况报告;

(三)负责制定项目全线公共安全检查计划,协助组织开展全线公共安全检查,提出整改意见,并完成检查报告;

(四)负责制定项目全线公共安全培训和演练制度,指导各单位开展公共安全培训和应急演练;

(五)负责制定项目部公共安全培训和演练计划,组织对总经理部员工进行公共安全培训和应急演练;

(六)负责对项目部的公共安全检查情况进行督导;

(七)完成公共安全部经理交办的其他事项。

第八章　当地安保力量职责

第十四条　当地安保力量分为当地警察和当地保安公司人员,具体职责如下:

(一)在公共安全部的领导下,做好项目部24小时安保执勤工作;

(二)当地警察负责项目部所在地的武装警戒、巡逻、护卫、看守和报警等工作;

(三)当地保安负责项目部所在地的出入管理、访客接待、安全检查等工作,负责项目部重点部位、重要物资等的看护工作,维护项目部所在地场院及内部区域的正常秩序;

(四)协助公共安全部参与防范、处置突发事件;

(五)完成公共安全部交办的其他与公共安全有关的事项。

第九章　附　　则

第十五条　本制度由蒙内铁路第六项目经理部公共安全部负责解释,原责任制废止。

附录三　突发事件综合应急预案

蒙内铁路第六项目经理部突发事件综合应急预案（修订）

第一章　总　　则

第一条　编制目的

为了应对肯尼亚不断发生的自然灾害、事故灾难、公共卫生事件、社会安全事件及其他涉外突发事件，提高蒙内铁路项目第六经理部应对突发事件的能力，规范应急处置流程，保障全体员工的生命及财产安全，及时做好突发事件的救援处置工作，最大限度地减少事件损失，特制定本突发事件综合应急预案（以下简称《预案》）。

第二条　编制依据

《中华人民共和国突发事件应对法》

《国家突发公共事件总体应急预案》

《中国交通建设股份有限公司境外突发事件总体应急预案（试行）》（中交股人字〔2010〕441号）

《中国路桥工程有限责任公司境外突发事件总体应急预案》（路桥安监字〔2012〕4号）

《中国路桥工程有限责任公司境外公共安全监督管理办法（试行）》（中路安质发〔2013〕293号）

《中国路桥工程有限责任公司安全生产事故综合应急预案》（路桥安监字〔2013〕115号）

第三条　适用范围

本《预案》适用于蒙内铁路第六项目经理部。

本《预案》所称突发事件是指突然发生的、由非生产原因直接导致的，造成或者可能造成重大人员伤亡、财产损失和严重社会危害，危及项目公共安全的紧急事件及各类突发事件引发的次生、衍生事件。突发事件主要分为以下三类：

（一）自然灾害。主要包括水旱灾害、气象灾害、地震灾害、地质灾害、海洋灾害、生物灾害和森林草原火灾等；

（二）公共卫生事件。主要包括传染病疫情、群体不明原因疾病、食品安全等；

（三）社会安全事件。主要包括战争、政变、动乱、武装冲突、恐怖袭击、绑架抢劫事件、民族宗教冲突、涉外突发事件和群体性事件等。

第四条　工作原则

统一领导、归口管理、分级负责、协调配合；

以人为本、居安思危、快速反应、协同应对。

第五条　应急预案体系

本《预案》所称应急预案是指蒙内铁路项目处置突发事件的专门制度。应急预案体系由综合应急预案、专项应急预案和现场处置方案构成，具体包括：

(一)突发事件综合应急预案。综合应急预案是项目突发事件应急预案体系的总纲,是蒙内铁路项目在公司总部总体预案框架下,结合实际编制的突发事件综合应急预案。

(二)突发事件现场专项应急预案。现场专项应急预案是为应对具体突发事件(如防恐怖袭击专项应急预案、防野兽袭击、防传染病疫情等)而制定的应急预案,由项目总经理部和各项目经理部制定并发布实施。

(三)突发事件现场处置方案。现场处置方案由各项目经理部根据所项目实际及所在区域社会治安状况,针对具体的风险、现场设施、环境危害等情况,制定适合的现场处置方案(如现场急救、撤离方案等)。

第六条 分类分级

各类突发事件一般分为四级:Ⅰ级(特别重大)、Ⅱ级(重大)、Ⅲ级(较大)和Ⅳ级(一般),分级标准按国务院及其主管部门、中国交建和公司有关规定执行,作为突发事件信息报送和分级处置的依据。

预警响应与突发事件相对应,分为四级,按紧急程度依次用红色、橙色、黄色和蓝色表示。

一、红色等级

指标迹象:情报显示突发事件威胁逼近,或局部地区发生冲突、战乱,或情报证实即将发生武装或恐怖袭击。

行动:应做好应急准备,警告有关人员减少外出或不去危险地区。启动应急预案,采取各项措施保护生命财产安全,必要时做好撤离准备。

二、橙色等级

指标迹象:情报显示有发生突发事件的现实可能性,或局部地区发生冲突、动荡。

行动:注意收集情报,跟踪形势动态,考虑突发事件发生的方式、规模、影响,完善应对方案,必要时调整工作安排,发出安全提示。

三、黄色等级

指标迹象:情报信息显示发生突发事件的可能性增大。

行动:提醒人员高度重视,注意收集情报,跟踪形势动态,同时考虑突发事件可能发生的方式、规模及初步应对措施。

四、蓝色等级

指标迹象:情报信息显示可能发生突发事件。

行动:提高警惕,注意收集情报,跟踪形势动态,注意安全。

第二章 组织体系

第七条 领导机构

蒙内铁路第六项目经理部突发事件应急领导小组同项目公共安全领导小组,负责应急救援指挥工作,审定并签发综合应急预案,下达预案启动和终止指令,审批应急救援费用等。领导小组的相关领导按照日常业务分工负责相关类别突发事件的应急管理工作。

第八条 常设办事机构

公共安全部和相关部门组成突发事件应急领导小组常设办事机构,由公共安全部牵头,其主要职责是负责贯彻执行项目总经理部有关突发事件应急管理工作的安排和部署,负责信息收集并报告工作;其他相关部门按职责分工,归口负责突发事件的应急管理工作,承担相关的应急指挥职责，并指导和协调分指挥部和总经理部做好突发事件的预防、应急处置和调查处理等工作。

第九条　应急管理办公室

应急管理办公室设在公共安全部，负责保持与事发现场、中国驻肯使馆、经商参处、肯方政府及公司安全质量监督部的直接联络，做好信息的上传下达工作，向总经理部提出应采取的减缓事件后果行动的应急反应对策和建议，协调、组织和获取应急所需的设备和其他资源以支援现场的应急操作，直接监察应急操作人员行动，保证现场人员和公众应急反应行动的执行。

第十条　项目部应急管理机构

项目部要按照总经理部要求成立突发事件应急管理机构，负责组织本单位相关专业人员对风险等级进行评估并定期上报项目总经理部；做好本单位外派人员行前安全教育工作，保证外派人员掌握当地政治、文化、宗教、法律禁忌，对外派人员及协作队伍进行资格初审，做好外派人员把关工作；发生突发事件后，项目部应急管理机构启动应急预案，并做好相关应急处置工作。

第三章　运行机制和应急保障

第十一条　应急响应

项目部所在地发生突发事件时，事发单位和人员要服从项目突发事件应急领导小组的统一领导，积极参加应急处置工作。

第十二条　应急措施

1. 发生突发事件后，事发单位立即启动应急预案，明确应急指挥部场所，安排专责人员、启用应急通信手段，并随时向总经理部应急管理办公室及分管领导报告事态发展。

2. 项目经理部启动应急预案，并向总经理部报告。应急领导小组在最短的时间内赶赴事发现场，立即采取措施控制事态发展，组织开展应急救援工作，并寻求大使馆、经商参处等机构的支持，做好应急处置。

3. 在不能保证人员安全的情况下，项目须暂停施工，所有员工撤回安全地带，保障中方人员安全。

4. 受伤人员在紧急医护处理后，在保障路途安全情况下，宜尽快送当地医院救治。

5. 绑架事件发生时，任何员工不得有任何过激言行，保持沟通渠道，尽快向总经理部应急管理办公室及分管领导汇报，寻求适当的解决方式。

6. 项目部协同总经理部做好突发事件中涉险员工家属的安抚工作。

7. 当突发事件在短期内没有平息可能的情况下，在公司总部领导指导下，应暂停工程，撤离人员或在驻肯大使馆的指挥下分批撤离回国。

8. 撤离工作要及早向驻肯大使馆、经商参处等机构报告，取得其支持与协助，在驻肯大使馆等机构的统筹安排下，可依次分批搭乘客机、游轮或汽车撤离到第三国中转回国或直达国内机场或码头。

第十三条　信息报告

发生突发事件后，项目部应当按照“分级管理、逐级上报”的原则，须在第一时间向项目总经理部应急管理办公室及分管领导电话报告。项目总经理部接到报告后，核准重要信息和情况，视情况报告公司总部分管领导，并将公司领导做出的处置突发事件的批示传达给事发项目部，启动相关现场专项应急预案，指导事发项目部开展应急处置工作，跟踪反馈落实情况。同时按规定向驻肯大使馆、经商参处、当地治安机构和当地政府报告，并通报业主，取得业主支持。

报告内容主要包括时间、地点、事件性质、影响范围、事件发展趋势和已经采取的措施等。应急处置过程中，要及时汇报新发生的有关情况。若无特殊情况，书面报告 1 小时内报出。

对于影响严重的涉外突发事件以及发生在敏感地区、敏感时间的突发事件信息的报送，不受分级标准限制，可随时上报。

第十四条 指挥与协调

需由项目经理部处置的突发事件，总经理部应急领导小组负责统一指挥项目经理部开展处置工作。事发项目部成立现场应急小组，负责现场的应急处置工作。

第十五条 应急解除

项目经理部应急领导小组按预警级别、应急处置管理情况，宣布突发事件终止。应急处置工作终止后，或者相关危险因素消除后，应采取有效措施防止事件扩大，保护事件现场和物证，经有关部门认可后方能恢复施工生产。

第十六条 善后处置

项目部配合总经理部积极稳妥、深入细致地做好各项善后处理工作，包括境外人员安置、保险医疗、境外法律索赔以及国内家属的思想稳定工作。

第十七条 调查评估与总结

项目部要对突发事件的起因、性质、影响、责任、经验教训和恢复重建等问题进行调查评估，形成意见，向总经理部做出报告。必要时，配合总经理部对突发事件进行调查评估。

项目经理部应总结经验教训，修订各类管理制度，处理好各项遗留问题，做好人员安置、损失评估、赔偿、奖励等后续事宜，并上报驻肯大使馆、经商参处等相关机构。

第十八条 应急保障

项目经理部相关部门要按照职责分工和相关预案，切实做好应对突发事件的人力、物力、财力、法律保障等工作，保证突发事件应急救援工作需要和各项应急处置措施的顺利实施。具体如下：

1. 建立并保持与驻肯大使馆的沟通渠道；

2. 建立并保持与当地警察局、铁路警察、AP 总部、当地保安公司总部、红十字会、医院以及华人社区社团的联系渠道；

3. 建立应急管理技术支持系统（对讲机、电话、卫星电话、手机、警报器、广播器材、电脑网络等）；

4. 购置必备的急救器材（消防、紧急救护医疗器材、照明工具等）；

5. 办公室、物装部、财务部等相关部门需按照应急需要，提供车辆、物资、资金保障等。

第十九条 应急通信联络

单位和职务	联系人	电　话	单位和职务	联系人	电　话
驻肯大使馆	×××	×××××××	经参处	×××	×××××××
领事保护专线	×××	×××××××			

续上表

单位和职务		联系人	电　话
当地医院	Nairobi Hospital(总院)	×××	×××××××
	Nairobi Hospital(分院)	×××	×××××××
	Aga Khan University Hospital	×××	×××××××
	红十字会	×××	×××××××
	AAR(急救中心)	×××	×××××××
项目总经理		×××	×××××××
总经理部公共安全部		×××	×××××××
德威总安全官		×××	×××××××

单位和职务	联系人	电　话
警察总局	×××	×××××××
匪警/火警/救护中心	×××	999/112 ×××××××
APTC Commandant	×××	×××××××
铁警总司令	×××	×××××××
铁警副司令兼 项目警察总队长	×××	×××××××
项目书记	×××	×××××××
德威安全官	×××	×××××××
德威安全官	×××	×××××××

第四章　监督管理

第二十条　预案演练

项目经理部应急管理办公室要根据应急工作的要求，组织项目经理部进行应急演练，项目经理部要定期进行突发事件人员撤离演练等专项演练。

第二十一条　宣传培训

项目经理部应急管理办公室要组织项目经理部对外派人员及协作队伍广泛宣传应急法律法规和预防、避险、自救、互救、减灾等常识，增强应急意识，提高应急处置能力。对负有应急管理职责的人员，要有计划地进行应急预案和应急知识的专业培训工作。

项目经理部须组织派出人员在出国前和到达工作现场后，进行必要的应急培训。了解派遣国法律政治环境，了解当地治安和风俗民情，学习必要的沟通求助语言，熟悉应急预案，强化应急防范意识，熟悉极端情况下信息沟通联络方式渠道、自保互救方法和疏散撤离途径。

第二十二条　责任追究

对人为原因引起的迟报、谎报、瞒报和漏报境外突发事件重要情况或者应急管理工作中有其他失职、渎职行为的，依法对有关责任人给予行政处分；构成犯罪的，依法追究刑事责任。

第五章　附　　则

第二十三条　本《预案》由蒙内铁路第六项目经理部负责组织实施。第二十四条 本《预案》由蒙内铁路第六项目经理部公共安全部负责解释，原预案废止。

附录四　防恐怖袭击专项应急预案

蒙内铁路项目第六经理部防恐怖袭击专项应急预案(修订)

第一章　编制目的

为了及时、高效、妥善地处置可能发生的针对蒙内铁路项目的恐怖袭击事件,提高和预防对恐怖事件的应急处理能力,保护项目员工生命和财产安全,根据《中国路桥工程有限责任公司反恐专项应急预案》和项目突发事件综合应急预案,结合项目实际,特制定本预案。

第二章　适用范围

本预案适用于恐怖组织和恐怖分子(包括匪徒和极端分子)对项目经理部营地或施工工地实施恐怖袭击,给员工生命、单位设施和在施工过程中造成或可能造成较大危害的事件。

第三章　基本原则

处置暴力恐怖事件要以围绕保障员工的生命安全为中心,有条不紊的开展应急工作。主要遵循以下原则:

强化预警,争取主动;快速反应,有效处理;统一指挥,协作配合;平息事态、控制局面;生命第一,减少损失。

第四章　组织领导

蒙内铁路项目第六经理部防恐怖袭击应急领导小组同项目公共安全领导小组,参照《蒙内铁路项目突发事件综合应急预案》,由项目项目经理部和各个部门领导及作业队队长组成。

防恐怖袭击应急领导小组办公室同公共安全办公室,设在公共安全部。

第五章　主要任务和职责分工

一、防恐怖袭击应急领导小组的主要任务

结合项目实际情况,结合总经理部反恐应急预案精神,建立项目防恐怖袭击应急领导小组,制定应急救援预案并报总经理部备案,建立项目经理部的应急救援体系,完成应急救险、抢险、抢建、加固等任务,组织指挥完成项目事发单位应急救险、自救、互救任务,尽最大努力将事件损失降到最低限度,并配合上级部门做好事故调查处理工作,接受工作指导与协调工作。

二、主要职责

1. 发生恐怖事件后尽快向分指挥部、总经理部汇报。

2. 迅速接受、贯彻与执行总经理部反恐怖工作协调小组下达的应急救险各项指令。

3. 组建各类专业抢险队伍,组织协调各类专业抢修人员、机械、车辆、物资的调度和供应,部署实施本项目的应急救险行动。

4. 收集上报事发单位和实施应急救险行动进展情况。

5. 视情况在事件发生地组织应急救险现场指挥部。

6. 组织事件发生地人员撤离，切断危险源。

7. 协助有关部门对事件的调查。

8. 组织处理事件的善后工作。

9. 协调恐怖袭击事件发生地区的在建工程、办公地点，加强保卫、防范监控和公共安全管理工作。

10. 协调保护事件现场，清除无关人员。

11. 协调有关方面疏通交通，维护治安，保证事发现场工作秩序。

12. 对主要施工人员建立档案，组织应急方案学习和专业培训。

第六章　工作程序

恐怖袭击事件发生后，迅速开展处置行动，整个处置行动分为启动、实施和终止三个阶段。

一、启动阶段

当项目部发生恐怖袭击事件时，项目部立即启动防恐怖袭击专项应急预案，迅速启动应急救援系统和进入防恐怖袭击工作程序。项目防恐怖袭击应急领导小组要立即召开小组全体成员会议，通报恐怖袭击事件，部署有关部门工作，有关成员根据职责分工核实情况，立即安排应急救援工作。各级领导小组成员立即到达工作岗位，保证指挥系统和通信联络系统畅通。

二、实施阶段

1. 项目部迅速组织开展救援工作

(1)第一时间向当地政府、警察局和上级部门报告，发出求救。当自身力量无法完成应急救援工作时，应立即向分指挥部、总经理部、有关单位和临近地区请求支援；

(2)召集事发地点所有警力、安保人员，出动所有车辆护送中方人员向安全地带撤离；

(3)通知邻近地点的其他警力迅速支援；

(4)如不能及时撤离，必须迅速走进临近营地，关好大门并协助警察进行死守；

(5)如有较大恐怖袭击，可根据现场情况和总经理应急领导小组的指示下，根据营区所在位置，以内罗毕或蒙巴萨方向为撤离方向。

2. 开展现场勘察、侦查工作，以确定所有中方人员已经全部撤离出事现场，到达安全地点。

3. 全力稳定员工情绪，防止出现内部混乱，有组织、有计划、有秩序地进行撤离。

三、终止阶段

1. 根据情况提出终止行动建议，做好善后工作；

2. 总结经验，完善工作预案。

第七章　有关保障工作

一、宣传教育

有计划、有目的、有针对性地开展防恐怖袭击有关知识的宣传，提高员工对防恐怖袭击工作重要性的认识和对反恐活动的警觉性。增加预防恐怖袭击的常识和防范意识，提高防范能力和应急反应能力。宣传教育工作要本着积极、稳妥、适度的原则，避免造成社会恐慌。

恐怖袭击事件发生后，全体员工要做到内紧外松，保持冷静，切勿惊慌，不得对内、对外泄露和传播恐怖信息，一定要做好保密工作。

二、人员力量保障

1. 工程设施抢险组织

(1)项目部组建应急救援队伍，并配备机械设备、车辆，担负事发现场的工程设施抢险和安全保障工作；

(2)组建专业特种应急救援队伍。

A. 重要建(构)筑物和高层建筑应急救援队伍。

B. 机电专业应急救援队伍。

C. 自救互救综合应急救援队伍，各项目经理部自行组建。

2. 应急管理组织：项目部要确定主要管理部门和人员，担负防恐怖袭击组织的工作。

三、信息、通信保障

指挥通信系统：在项目总经理部的指导下，制订本系统通信保障专项预案，保障恐怖事件信息报送的及时和指挥通信渠道，无线通信和网络通信的畅通。项目经理部加强值班工作，保证电话畅通，人员到位，处理问题要稳妥果断。

项目经理部公共安全工作负责人要保持手机24小时开机，领导小组成员的手机要保持开机状态。如发生恐怖袭击事件，事发单位在整理文字材料后要立即以电子邮件方式向项目总经理部发送文字报告。

四、物资、设备保障

配备工程设施抢险设备、物资；各项目经理部应制定紧急情况下工程设施抢险设备、物资的配备、储备和调配方案。

1. 供水系统

(1)保证供水，控制污染扩散；

(2)请有关部门迅速监测水源地或供水设施的污染情况；

(3)配合有关部门清除污染；

(4)更换设施或采取其他方式保证生产、生活用水。

2. 燃气管网和储气储油设施

(1)加强对燃气管网和储气储油设施的保护；

(2)协助有关部门迅速确定破坏源，切断输气管线；

(3)紧急灭火，协助有关部门抢修输气管线，保证使用。

3. 重要建(构)筑物和在建工程

(1)迅速疏散室内及周围人员，营救被埋和受伤人员；

(2)组织协调应急救险各类专业队伍，进行工程抢险，排险；

(3)组织设计、施工、质检、安全等方面的技术专家，对工程进行必要的检测和安全性鉴定；

(4)组织工程的原设计单位或有关部门专家对工程提出修复、加固或拆除等处置意见。

4. 办公和生活设施

(1)对办公和生活设施内供水、供电、供气、通风、空调、电梯等公用设施设备及相关部位进行抢险、抢修和安全防护；

(2)做好人员的撤离、救援、抢救工作；

(3)组织有关部门人员对办公、生活设施的损坏情况进行检测、鉴定，并及时采取相应的修复、加固措施。

5．车辆

(1)发生劫持时，提供车辆上的人员和设施情况，协助有关部门做好处置和救援工作；

(2)发生爆炸后，立即进行救援、抢险、排险和应急抢修。

五、应急预案演练与专业培训

(1)应急方案演练：针对可能发生的恐怖袭击制定出恐怖应急方案，加强自身建设和安全管理，配备相关设施，增强抢险、抢修力量，并定期开展处理紧急情况的演练、演习；

(2)培训：对项目部公共安全管理人员，根据不同专业的需要，采取多种形式，有针对性地开展培训。要针对项目重点区域、设施、车辆等管理部门及单位的有关人员进行专业培训。

第八章　附　　则

本《预案》由蒙内铁路第六项目经理部公共安全部负责组织实施和解释，原预案废止。

附录五　中方人员安保规定

蒙内铁路第六项目经理部中方人员安保规定(修订)

为保障本项目部全体中方人员人身及财产安全，并规范日常公共安全管理，特制定本规定。具体如下：

(一)中方人员出国前必须接受公共安全教育，按照规定注射相关疫苗等。

(二)项目经理部全体中方人员需严格遵守总经理部公共安全相关制度和规定，如"九不准"管理规定、公共安全监督管理办法、外出中方人员安保护卫管理规定等。

(三)安保职责及分工

1. 项目部分管公共安全工作的副经理是项目部安保工作的总体负责人，负责项目部的安保工作总体部署。

2. 项目部公共安全部部长负责项目部的安保工作具体部署，并负责德威公司派驻人员、当地警察和保安的总体监督管理。

3. 德威公司派驻项目安全官具体负责所有项目部当地警察和保安的日常管理。

4. 项目部各部门部长是本部门安保工作的具体负责人，对本部门员工进行日常公共安全管理和宣传教育，对本部门员工各项规章制度的贯彻落实、遵章守纪的情况进行监督。

(四)严禁全体中方员工私自外出。员工在工作时间内外出，需向本部门安保负责人进行汇报；夜间外出、外出晚归和节假日外出，必须报本部门安保负责人批准，并视情况向公共安全部申请安保人员护卫。夜间外出或19:00以后归来必须申请安保人员护卫。

(五)中方人员出差需填报出差申请表，并向办公室和公共安全部进行报备。

(六)中方人员离开项目部部时必须携带应急联系卡，以保证发生应急情况时及时联系。中方人员应牢记公共安全部和本部门领导的电话号码2～3个，以备不时之需。

(七)项目部各住宿套房内主卧人员要对本宿舍人员进行监督，在人员外出未归时应及时报相关部门安保负责人。

(八)中方人员每处住宅必须备有一定数量的安保金，每名中方人员外出时必须持有不少于2万先令的安保备用金。

(九)办公区域内避免存放大量现金和贵重物品，在室内没有中方人员的情况下，务必锁好办公室门窗。生活区域要充分利用好门禁设施，走出楼门关闭门禁，低楼层务必锁好窗户和阳台。

(十)除特殊情况以外，原则上禁止中方人员驾驶交通车辆。

(十一)中方人员要慎重接受当地陌生人的帮助，严禁擅自接受媒体的采访。

(十二)本规定自印发之日起执行，原规定废止。

附录六　突发公共卫生事件专项应急预案

蒙内铁路项目第六经理部突发公共卫生事件专项应急预案(修订)

第一章　编制目的

为有效预防、及时控制和消除突发公共卫生事件的危害,指导和规范全项目突发公共卫生事件应急处理工作,保障蒙内铁路项目第六经理部员工群众身体健康和生命安全,维护项目稳定,确保项目施工生产顺利进行,根据《国家突发公共卫生事件应急预案》和总经理部下发的《蒙内铁路项目突发事件综合应急预案》,结合本项目实际情况,特制定本预案。

第二章　适用范围

本预案适用于蒙内铁路项目发生以下突发公共卫生事件:

1. 重大传染病疫情

重大传染病疫情是指某种传染病在短时间内发生、波及范围广泛,出现大量的病人或死亡病例,其发病率远远超过常年的发病率水平的情况。如埃博拉病毒、鼠疫、霍乱、疟疾、登革热、炭疽、肠道出血性大肠杆菌感染症、传染性非典型肺炎,甲型 H1N1 流感等传染病疫情或当地卫生行政部门认定的其他传染病疫情。

2. 重大食物和职业中毒

重大食物和职业中毒是指由于食品污染和职业危害的原因而造成的人数众多或者伤亡较重的中毒事件。

3. 群体性不明原因疾病

群体性不明原因疾病是指在短时间内,某个相对集中的区域内同时或者相继出现具有共同临床表现病人,且病例不断增加,范围不断扩大,又暂时不能明确诊断的疾病。

4. 其他严重影响公众健康的事件,主要包括接种生物制品、菌(毒)种丢失等引起的公众健康损害;预防接种或预防性服药出现群体性心因性反应或不良反应;预防接种或预防性服药出现人员死亡;当地卫生行政部门认定的其他突发公共卫生事件。

第三章　基本原则

处置突发公共卫生事件要以围绕保障员工的生命安全为中心,有条不紊地开展应急工作。主要遵循以下原则:

预防为主,防治结合;快速反应,妥善处置;统一指挥,协作配合;平息事态、控制局面;生命第一,积极救治。

第四章　组织领导

1. 突发公共卫生事件应急领导小组同突发事件应急领导小组,参照《蒙内铁路项目突发事件综合应急预案》，由项目领导组成。

2. 突发公共卫生事件应急领导小组办公室同应急管理办公室，设在公共安全部。

第五章　主要职责

1. 突发事件应急领导小组的主要职责为：统一领导、指挥、协调全项目突发公共卫生事件的应急处置工作；在发生或可能发生突发公共卫生事件时，做出启动或终止本《预案》的决定，采取重大公共卫生事件的应急处置工作，及时联系医院、警察等单位，采取应急抢救措施，积极主动地配合相关部门抢救治疗和调查，并向分指挥部和总经理部突发事件应急指挥中心等上级单位及时汇报情况。

2. 根据应急处置工作需要，项目各部门、全体员工应积极参与救援，配合开展应急处置工作。

第六章　监测预警

1. 突发公共卫生事件监测与报告

(1)埃博拉疫情监测与报告

公共安全部通过情报收集、分析和研判，将埃博拉疫情作为《公共安全快讯》中的单独版块定期发布。若疫情进一步扩大，可能会影响本项目员工的生命安全，将酌情加大监控力度和信息发布情况。

项目经理部要加强对发热病例的症状监测，对有埃博拉出血热病例接触史以及近期曾经到过疫情发生国家地区的发热病例及时登记报告。若发现疑似病例，要立即报告总经理部公共安全部和当地卫生部门，同时采取严格的隔离措施，控制传染源，防止疫情扩散。

(2)其他突发传染病疫情监测与报告

公共安全部主要利用传染病报告媒体进行其他突发传染病疫情信息监测，收集突发传染病疫情信息进行必要的补充，并对接到的突发传染病信息及时进行核实和分析，一旦发现有流行趋势，在调查核实的同时按照规定及时上报，及时采取有针对性的措施。

(3)重大食物中毒监测与报告

按照“早发现、早报告、早处置”的原则，公共安全部收集在本项目内可能发生的食物中毒事件信息，通过常规信息监测、广泛收集和充分利用项目员工信息，做好各类信息的分析、研判、准确监测和及时报送工作。

事发单位人员了解和掌握食物中毒事件信息，以现有的 999/112 等报警电话和其他各种途径报告，应迅速报告当地卫生部门发生食物中毒事件的单位、地址、时间、中毒人数、可疑食物留验等有关内容。

项目经理部在接到食物中毒或者疑似食物中毒事件的报告后，立即报告项目总经理部公共安全部和当地有关卫生部门。

(4)重大职业中毒事件、群体性不明原因疾病、预防接种或预防性服药出现群体心因性反应或不良反应的监测与报告，事发人员应迅速报告项目总经理部公共安全部。

2. 预警

(1)预警分析

一旦发现突发公共卫生事件征兆或突发公共卫生事件有扩大迹象时，公共安全部应当组织专家进行综合评估，通过分析、研判，做出预警结论，并将预警信息及研判结果报突发事件应急领导小组。

（2）预警确定

公共安全部负责对发生突发公共卫生事件的信息进行风险分析后，向项目突发事件应急领导小组和当地卫生部门报告预警情况。

（3）预警发布

项目发生和可能发生突发公共卫生事件时，由公共安全部报项目突发事件应急领导小组，批准后由公共安全部发布预警信号。

3. 报警电话

肯尼亚国家24小时在线求助热线如下：

（1）国家警察局：呼叫中心直拨999或112（全国通用）；

（2）警察局总部：××××××××；

（3）内罗毕地区警察局：××××××××；

（4）各项目经理部应统计所在地区的警察局电话，并定期更新。

4. 应急救护

（1）医院

肯尼亚国家医院：××××××××；内罗毕医院：××××××××；

Aga Khan 医院：××××××××；MP Shah 医院：××××××××；

Karen 医院：××××××××；Avenue 医院：××××××××。

各项目经理部应按照《项目医疗机构统计表》统计项目附近的医疗救援机构，定期更新，并保持沟通、建立联合应急机制。

（2）救护车

St. Johns：××××××××；

肯尼亚红十字会：××××××××；

AMREF：××××××××；

急救医生：××××××××。

（3）国家灾难管理中心：××××××××。

（4）中国驻肯使馆24小时领事保护专线：××××××××。

第七章　应急程序

1. 基本应急程序

（1）突发公共卫生事件发生后，应立即将事件情况报告项目突发事件应急领导小组，同时开展先期处置工作；

（2）公共安全部立即向项目突发事件应急领导小组报告事件情况并提出启动预案的建议，同时报告分指挥部和总经理部和当地卫生部门；

（3）项目突发事件应急领导小组决定启动应急预案后，组织相关人员组成现场指挥部，并向总经理部突发事件应急指挥中心报告；

（4）现场指挥部迅速组织队伍赶赴现场，并调配所需应急资源，组织协调各工作组开展应急处置；

(5)如事态无法得到有效控制，由项目突发事件应急领导小组向总经理部突发事件应急指挥中心请求实施扩大应急或请求撤离；

(6)应急处置结束后，转入后期处置工作阶段。

2. 突发公共卫生事件应急处置

(1)先期处置。突发公共卫生事件发生后，项目部应积极组织事开展先期处置，联系当地卫生部门组织救援，及时控制事态，努力减少损失，并立即将有关情况报告总经理部突发事件应急领导小组。应急领导小组要随时了解先期处置情况，并及时报总经理部。

(2)突发公共卫生事件发生后，项目突发事件应急领导小组启动应急预案，成立现场指挥部，按照突发公共卫生事件的相关流程，组织协调有关部门参与应急处置。

(3)隔离

项目在发生传染病或疑似传染病案例时，应当采取隔离或者控制传播措施。

对国家《传染病防治法》中规定的甲类传染病病人和病原携带者，乙类传染病中的艾滋病病人、炭疽中的肺炭疽和人感染高致病性离流感、埃博拉病毒等，予以隔离治疗；对疑似病人，确诊前在指定场所单独隔离治疗，隔离期根据医学检定结果确定。拒绝隔离治疗或者隔离期未满擅自脱离隔离治疗的，可采取强制隔离治疗措施。

对乙类或者丙类传染病病人，应当根据病情采取必要的治疗和控制传播措施；对医疗机构内的病人、病原携带者、疑似病人的密切接触者，在指定场所进行医学观察和采取其他必要的预防措施。

(4)撤离工作

项目附近若发生大规模传染病疫情，形势不可控制或有不可控制的趋势，经项目突发事件应急领导小组研究决定，采取必要的撤离措施。撤离可根据现场情况，在分指挥部和总经理部突发事件应急领导小组的指示下，根据营区所在位置，确定撤离方向。期间要全力稳定员工情绪，防止出现内部混乱，有组织、有计划、有秩序地进行撤离。

3. 应急结束

突发公共卫生事件应急处置工作完成后，由项目突发事件应急领导小组终止应急响应，并报分指挥部和总经理部。

4. 后期处置

(1)善后处理

事发单位负责组织善后处置工作，包括人员安置、补偿，污染物收集、清理与处理，医药费用的支付等，并尽快消除事件后果和影响，安抚受害和受影响人员，保证项目稳定，恢复正常秩序。

(2)总结报告

突发公共卫生事件应急处置工作宣布结束后，项目部应在一周内向总经理部公共安全部提交处置情况专题报告，报告内容包括：事件发生经过、人员患病及伤亡情况、事件处置情况、事发原因分析、善后处置情况及采取的防范措施等。

第八章　有关保障工作

1. 应急演练

项目经理部公共安全部组织针对项目实际情况进行培训、演练，增强实战能力。

2. 通信保障

项目经理部应建立应急通信保障体系，加强重要通信设施、线路及装置的管理，保障应急指挥需要。

3. 物资保障

项目经理部应保证突发公共卫生事件所需的物资供应，如生活物资、防疫设备、急救设施和装备、常用药品、车辆等。

4. 宣传保障

在发生突发公共卫生事件后，项目经理部员工应统一口径，由项目总经理部指定专人向媒体发布信息，其他任何人员未经授权不得对外公布相关信息。

第九章　附　　则

1. 奖惩。对在突发公共卫生事件应急处置工作中做出显著成绩的队伍和个人，酌情给予表彰和奖励。对在突发公共卫生事件应急处置工作中玩忽职守、失职、渎职或有其他重大过失的，按照有关法律、法规、规定处理；构成犯罪的，依法追究刑事责任。

2. 本《预案》由蒙内铁路项目第六经理部公共安全部负责组织实施和解释。

3. 本《预案》自印发之日起施行，原预案废止。

附录七　当地警察管理规定

蒙内铁路第六项目经理部当地警察管理规定(修订)

第一章　警察构成、组织和任务

第一条　警察人员构成

项目经理部派驻的当地警察主要涉及四类:行政警察(Ad ministration Police,简称 AP)、铁路警察(Railway Police,简称铁警)、野生动物保护警察(KWS Ranger,简称野警)和森林警察(KFS Police,简称森警)等。原则上,项目所有警察由总经理部公共安全部统一协调派驻。

第二条　警察组织架构

1. 肯尼亚政府指定铁警总司令为项目警察管理总指挥,负责项目全线警察的总体部署、检查指导、警用装备配置等工作。

2. 项目警察指挥中心设置于第二分指挥部,受铁警总司令直接领导,具体负责项目全体警察的工作安排、任务部署和监督检查。铁警副司令任指挥中心主任,各警种分别派驻 1 名警司任副主任。

警察指挥中心定期对项目全线开展安全检查,各单位应做好与检查相关的会务及食宿安排。

3. 肯尼亚警方向各分指挥部派驻 1 名警司,受项目警察指挥中心直接领导,对所辖各项目经理部的警察队长进行直接管理,各项目经理部的警察队长对本单位全体警察进行日常管理。

4. 各单位公共安全部负责全体警察的登记、考勤、监督、调配、具体任务安排、津贴发放等日常管理工作。

第三条　警察任务

警察任务为全天候保障中方人员生命和财产安全、重要物资和设备安全。不同警种之间无严格分工界限,可混合使用和灵活调配,具体任务如下:

1. 日常执勤。包括营地 24 小时值守和巡逻、施工现场护卫、路障控制、沿线巡逻、站房执勤、动物驱赶、应急事件处置等任务,以确保项目中方人员生命安全、项目财产安全,维护良好的治安环境。

2. 提现护卫。该任务为护送我中方财务人员前往银行办理提现等业务,护卫警察应按照中方人员指示,根据实际情况变换行车路线,途中禁止接打电话。

3. 外出护卫。该任务为护送我中方人员白天离开项目施工区域或夜间出行(当天返回)。

4. 出差护卫。该任务为护送我中方人员前往外地(当晚无法返回)出差。

根据肯尼亚法律,警察执行任务时必须至少两人同行,以互相监督和掩护。除日常执勤任务外,各单位须向完成护卫任务的警察发放相应津贴(发放标准附后)。

第二章 警察日常管理

第四条 警察申请

需要部署或增派警察的单位应至少提前10个工作日向总经理部公共安全部申请，若从当地郡县直接申请警察，应向总经理部公共安全部报备。

第五条 入场准备

警察入场前，各单位须先做好住宿、饮水、洗浴、厕所等生活必需的设施建设和物品配置。原则上，警察住宿应保证每人一间，以保护其个人隐私。

第六条 登记管理

警察到场后，各单位应登记其个人信息，银行账户信息，并准确填写《警察信息统计表 police manpower》(见附表1)，于每月底上报总经理部公共安全部。

第七条 入场培训

警察入住后，项目部须结合自身特点，对警察职责予以明确，对其工作流程予以规范，对本单位各项相关管理规定进行说明。

第八条 考勤

各单位应为每名警察制作考勤表，公共安全部负责每日对警察进行考勤，月底结算，缺勤天数应从个人基本津贴中扣除。

第九条 休假

各单位应按照项目实际情况，给予警察2～3天/月的休假时间，休假期间个人津贴和月度安全奖照常发放。超过正常休假天数的，应被扣除相应天数的津贴和奖金。

原则上，禁止警察请事假。特殊情况下请事假时，一切费用按事假天数扣除。事假超过一周者应由区域办公室另行派人予以替换。

第十条 警车管理

肯尼亚警方为各单位配置的警车和司机，隶属于项目部公共安全部，由公共安全部统一使用和管理。每日任务结束后，警车钥匙应交于各单位警察队长保管，警车每日的具体活动由其做好记录，并向公共安全部报告。

警车适用范围仅限于日常执勤、巡逻、紧急事件处置、重要人物和物资护卫等，不得执行与项目公共安全无关的任务，更不可公车私用或任由警方司机私自外出。若需前往项目以外的区域执行任务，警察队长应提前向警察指挥中心负责人和公共安全部请示，经同意后方可前往。

若因警方违反规定导致警车丢失或发生责任事故的，由相应警察承担相关法律责任。若因各单位使用不当造成责任事故的，由各单位承担相关法律责任。

第三章 警察津贴

警察津贴主要分为两大部分，即办公室职责津贴(Office Responsibility Allowance)和个人津贴(Individual Allowance)。个人津贴分为个人基本津贴(Basic Allowance)、护卫津贴(Escort Allowance)和其他津贴(Other Allowance)等内容。

办公室职责津贴以现金形式发放，个人津贴通过电汇方式汇入警察个人的银行账户。费用报销项目统一为安保费。

第十一条 办公室职责津贴

办公室职责津贴为每月支付给警察所属区域办公室的津贴，支付标准一般为10 000KES/人/月，行政警察特别行动小组（AP RDU）的支付标准为15 000KES/人/月，每月底由公共安全部以现金形式向区域办公室长官发放，并由其签收。

第十二条 个人基本津贴

警察的个人基本津贴由各单位公共安全部统一制表发放，警察本人签收。发放标准见下表（已含餐食标准12 000KES/人/月）。

级别（英文名，缩写）	个人基本津贴标准
警员（Constable，PC）	23 000KES/人/月
警士（Corporal，CPL）	28 000KES/人/月
警长（Sergeant，SGT）	32 000KES/人/月
高级警长（Senior Sergeant，S. SGT）	37 000KES/人/月
见习督察（Acting Inspector，AG. IP）	42 000 KES/人/月
督察（Inspector，IP）	47 000 KES/人/月
高级督察（Chief Inspector，C. IP）	52 000 KES/人/月
见习警司（Acting Superintendent，AG. SP）	57 000 KES/人/月
警司（Superintendent，SP）	62 000 KES/人/月
高级警司（Senior Superintendent，S. SP）	67 000 KES/人/月

第十三条 护卫津贴

各单位应向完成提现护卫、外出护卫、出差护卫任务的警察发放相应护卫津贴。公共安全部应如实做好记录，并由执行任务的警察签收。护卫津贴标准见下表。

津贴类别	发放标准
提现护卫、外出护卫津贴（<6小时和夜间外出）	500 KES/人/次
外出护卫津贴（>6小时）	1 000 KES/人/次
出差护卫津贴（当晚未返回，含食宿）	3 000 KES/人/天

第十四条 其他津贴

1. 通信津贴。各单位应根据自身实际情况，每月向各分指挥部警司、项目经理部警察队长、各营地警察主管发放不少于1 000KES/月的通信津贴或等值的电话充值卡。

2. 重粉尘津贴。对于长期在重粉尘区域（如石料场、水泥库、拌合楼等）执勤的警察，各单位应按照肯尼亚劳动法规定，为其提供必要的防护用品，同时向其发放重粉尘津贴或提供牛奶。发放标准参照同环境下的当地雇员标准。

3. 情报收集津贴。对于警察在情报搜集或其他工作的开展过程中产生的费用，各单位公共安全部应予以核实，并依据工作成效发放相关津贴。

第四章 警察纪律及奖惩

第十五条 纪律

1. 严禁警察酗酒、擅自离岗、夜不归宿、玩忽职守、留宿外来人员等恶劣行为，若首次违反上述纪律，应严肃警告或罚款，并告知其警察主管。

2. 若再犯可向项目警察指挥中心汇报，对违纪警察进行调换，性质恶劣者，须立即报告总经理部公共安全部。

3. 若无特殊情况，每班警察执勤时间不得超过 12 小时，以保证其工作的有效性。

第十六条　奖惩

1. 月度安全奖。若警察当月表现良好，无违纪现象，无安全事故，且服务期满 30 天后，各单位须按 3 000 先令/人/月的标准发放月度安全奖。月底汇入个人银行账户，与警察个人津贴一起报销。

2. 突出贡献奖。若有突出表现者，各单位可根据实际情况发放突出贡献奖。如抓到小偷、劫匪，击毙歹徒等为保护中方人员人身安全或重要物资安全等做出突出贡献的，各单位应酌情给予一定奖励。

3. 对于当月表现较差的警察，如缺勤(警察考勤表见附表 5)、没有按时完成任务、态度恶劣、工作不积极、触犯警察纪律、应急处置不当等，各单位可扣除或取消月度安全奖。若情节严重，可扣除一定金额的个人基本津贴予以惩罚，并告知其所属区域长官予以处理。

4. 对于长期表现优秀的警察，各单位应在其服务期满一年后向总经理部公共安全部上报推荐函和事迹材料，总经理部公共安全部将酌情向肯尼亚警察总部做提拔推荐。

5. 各单位应严格遵照本规定，结合自身实际情况，制定、修订本单位的警察执勤和奖惩实施细则。

第五章　附　　则

第十七条　本规定由项目总经理部公共安全部负责解释。

第十八条　本规定自印发之日起执行，原《中国路桥蒙内铁路项目各单位对当地警察管理的相关规定》(中路蒙内公字〔2014〕152 号)废止。

附录八　应对埃博拉疫情应急预案和撤离方案

蒙内铁路第六项目经理部应对埃博拉疫情应急预案和撤离方案（修订）

第一章　编制目的

为妥善应对埃博拉出血热疫情加重和扩散给蒙内铁路项目第六经理部带来的影响，指导紧急情况下全项目人员应急撤离工作，保障项目全体员工身体健康与生命安全，依据国家卫生和计划生育委员会《埃博拉出血热防控方案》、《埃博拉出血热诊疗方案》相关规定，参照中交集团和中国路桥公司制定的相关预案、方案及《蒙内铁路项目突发公共卫生事件专项应急预案》，按照"以人为本、生命第一；降低危害，减少损失"的原则，特制定本预案。

第二章　组织机构及职责

一、成立应对埃博拉疫情领导小组，负责指挥协调及分工合作。组长由项目经理担任，副组长由项目副经理、总工程师、党委书记担任，成员由各部门负责人和队长担任。

二、为做到应急响应分工明确，应急领导小组分为五个职能机构组。

1. 疫情防御组：组长——项目公共安全工作分管领导，成员——办公室主任、公共安全部经理。

2. 物资供应组：组长——项目物资装备工作分管领导，成员——物装部经理、工程部经理。

3. 财务支援组：组长——项目总会计师，成员——财务部经理、计合部经理。

4. 外宣联络组：组长——项目外联工作分管领导，成员——外联部经理、办公室相关人员。

5. 人事撤离组：组长——项目总工程师，成员——人力部经理、安质部经理。

三、各职能机构组的职责分工如下：

（一）领导小组

1. 负责审核制定的《应急预案》；

2. 建立埃博拉疫情应急组织机构，组建应急队伍；

3. 负责埃博拉疫情应急的全面组织工作；

4. 发布埃博拉疫情事件应急命令或者解除预警命令；

5. 组织应急演练，督促落实埃博拉疫情事件应急工作中的疏漏环节；

6. 检查各单位埃博拉疫情事件应急措施的准备情况；

7. 各小组在应急领导小组的统一协调下完成信息收集、宣传、病毒防御措施、预警、警报、通信、日常消毒、病员隔离、抢救、应急车辆、备用物资采购及调度、消除险情、撤离等；

8. 组织善后工作，形成总结报告。

（二）疫情防御组

1. 即日起负责监督不同时期的预防措施落实情况；

2. 制定预防措施，上报路桥公司总部，根据疫情变化情况更新预防措施；

3. 向分指挥部和总经理部及时汇报疫情动态及处理措施；

4. 即日起每天查阅肯尼亚相关部门、官方网站和报纸有关埃博拉疫情的最新动态，包括感染人数、死亡人数、扩散情况等，并及时向应急领导小组组长汇报；

5. 维护日常办公、住宿区域消毒，限制与外界人员接触；

6. 当疫情在肯尼亚境内发生时，建议领导小组启动相关应急程序；

7. 当现场出现疑似病例时，组织将疑似人员送往医院诊断；

8. 若有人员确诊，组织所有中方员工进行隔离，启动应急程序；

9. 负责撤离车辆、船只等交通工具的准备、组织及调度。

（三）物资供应组

1. 制定应急物资储备计划，检查、监督、落实应急物资的储备情况；

2. 定期检查、监督、落实应急物资人员的到位和变更情况及时调整应急物资的更新和达标；

3. 应急预案启动后，按领导小组的部署，有效组织应急物资到位，提供后勤服务；

4. 撤退方案启动后，保障物资、生活用品供给；

5. 负责重要物资封存、资产处置、留守看管物资人员安排事宜。

（四）财务支援组

1. 财务支援组需提前准备好备用资金，提供人员就医、撤离时所需的资金保障；

2. 负责财务共享中心资料的封存和保管。

（五）外宣联络组

1. 对外联络组是项目对外宣传的统一归口部门，应对媒体外宣工作。向大使馆、国内外媒体、各项目经理部通报准确信息，控制未证实的信息传播；

2. 即日起与大使馆、经参处、中国医疗队、新华社、当地医院、其他政府和企业等机构、其他中资企业共享有关埃博拉疫情最新状况，保持通信畅通；

3. 及时收集外部社会情况动态信息，若有异常及时向应急领导小组组长汇报；

4. 负责与肯尼亚相关部门的交流沟通，获取真实信息；

5. 和各项目经理部保持紧密联系，互相传达信息。

（六）人事撤离组

1. 统一妥善保管人员护照；

2. 负责统计撤离人员名单，对撤离人员进行清点，确保无人遗漏；

3. 若从肯国组织撤离（海、陆、空），办理中方人员机票、船票、签证等事宜；

4. 负责人身保险事宜和人员的善后处置工作，安抚员工情绪；

5. 负责联系肯劳动部门及工会，组织当地员工的就地遣散，妥善处置因遣散员工的工资发放事宜；

6. 当发生骚乱或哄抢事件时，应立即组织小组成员进行自保、自救，并向当地政府部门求助。

第三章　应急响应

按照埃博拉疫情爆发不同情况，应急响应分四个等级，分别为：

一级响应：当肯尼亚出现确诊病例，疫情未恶化时，所有人员准备随身物品（护照等），所有应急车辆、司机、船舶待命，严禁人员外出和外来人员入内，加强出入口的安保措施；

二级响应：当项目中方员工或当地雇员出现疫情疑似病例时，应立即对患者进行隔离、联系医疗单位予以检测和治疗，启动《疑似病例处置程序》；

三级响应：当项目中方员工、当地雇员或驻地周边有人员确诊病例且疫情有蔓延趋势时，应立即对患者和与其接触的相关人员进行隔离，迅速送往医院检测治疗，启动《现场管制程序》；

四级响应：当项目沿线疫情有大规模蔓延趋势时，所有人员撤离到施工现场，隔绝外界接触，解散当地员工，关闭施工现场大门，封存重要资料、材料和施工设备，组织车辆船舶待命，并启动《撤离程序》，随时准备撤离。

第四章　应急处置程序

根据应急响应级别，应急处置程序包括：疑似病例处置程序、现场管制程序、撤离程序三项。

一、疑似病例处置程序

（一）程序启动条件

项目员工（含当地雇员）出现疑似病例时，即启动疑似病例处置程序。

（二）程序流程图（见下图）

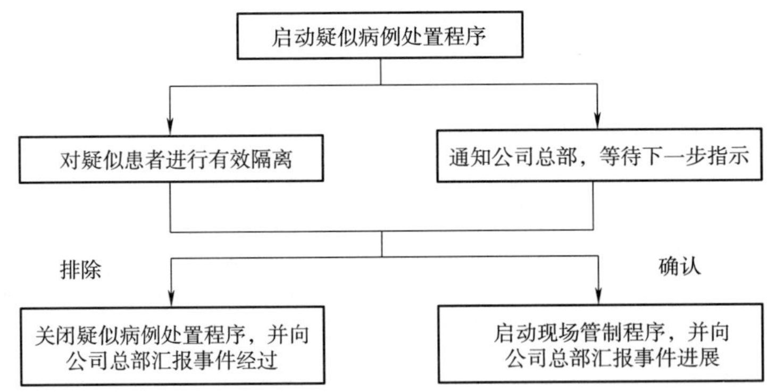

（三）程序关闭条件

疑似病例被确认排除。

（四）程序注意事项

1. 处置疑似患者时必须按要求佩戴好全套防护装备；

2. 对疑似患者进行必要的交流，防止其做出过激反应；

3. 第一时间向疑似患者询问一周内与其有过近距离接触人员的名单；

4. 对和疑似患者有过近距离接触的人员进行调查，必要时进行隔离处理，并做好情绪安抚工作。

二、现场管制程序

(一)程序启动条件

1. 项目员工(含当地雇员)有疑似病例确诊或患者死亡；

2. 办公与住宿周围地区有疑似病例确诊或患者死亡事件；

3. 当地政府、卫生部门或公司总部正式要求我项目实施进出管制。

(二)程序流程图(见下图)

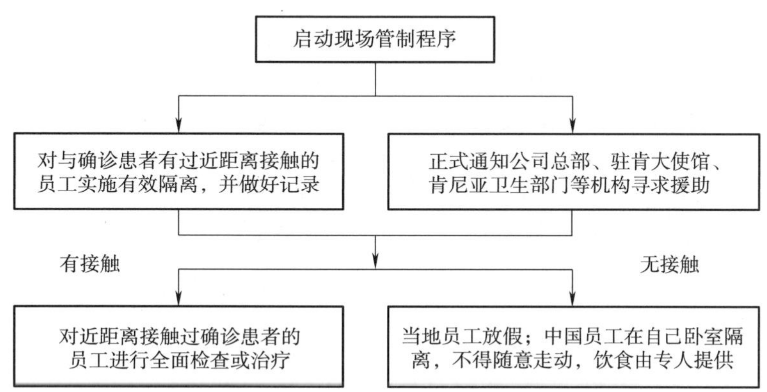

(三)应急程序关闭条件

肯尼亚政府、医疗卫生机构或公司总部正式通知可解除现场管制。

(四)程序注意事项

1. 现场管制期间所有人员不得随意进出办公及生活区域，除非有应急领导小组组长的电话/短信授权；

2. 所有人员需自觉遵守现场管制纪律，不得闹事；

3. 若办公及生活区域再次出现疑似病例，则再次启动疑似病例处置程序；

4. 与当地医疗机构或有关部门及时、有效合作。

三、应急撤离程序

(一)程序启动条件

1. 当疫情大规模爆发时，总经理部正式通知我项目人员撤离；

2. 中国驻肯尼亚大使馆正式发布消息要求所有中国公民从肯国撤离。

(二)撤离路线

1. 项目经理部在内罗毕和蒙巴萨设立两个撤离人员集合点。内罗毕集合点设在紫金花园小区，蒙巴萨集合点设在Jupter小区；

2. 当疫情在内罗毕爆发，没有蔓延至蒙巴萨地区时，撤至蒙巴萨集合点等待撤离；当疫情在蒙巴萨爆发，没有蔓延至内罗毕地区时，撤至内罗毕集合点等待撤离；若两地同时爆发疫情，则就近选择集合点等待撤离；

3. 在疫情全面爆发，不确定我项目沿线区域是否安全的情况下，通过飞机撤离至内罗毕或蒙巴萨，考虑到飞机票位紧张，可选中国、法国、阿联酋、埃塞俄比亚等国转机；

4. 在无法购买机票或航空限制的情况下，可考虑通过陆路、水路撤离至坦桑尼亚、莫桑比克等未爆发疫情的邻国。

(三)应急撤离流程图(见下图)

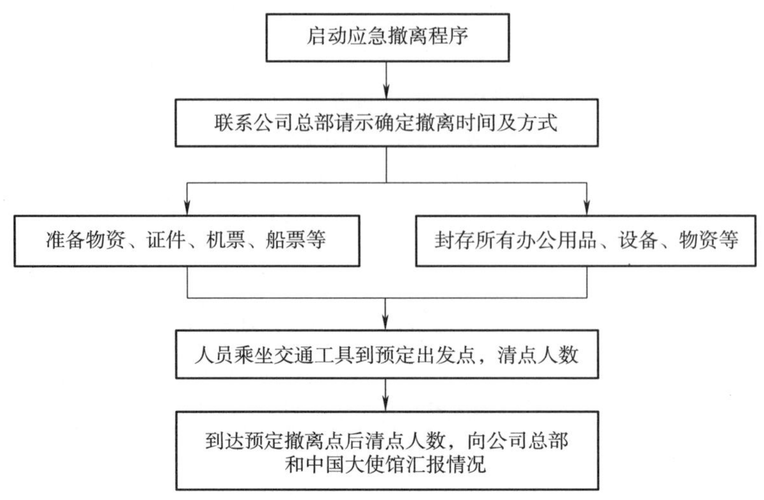

（四）应急撤离程序关闭

1. 所有人员全部撤离至预定安全地点；

2. 当地政府或中国大使馆正式通知疫情已得到控制，无需撤离。

（五）撤离前的准备工作安排

1. 应急领导小组组长和外宣联络组长通知当地政府、业主、驻肯大使馆及当地医疗机构寻求援助；

2. 各应急职能机构组按照各自职责就位，进行资源调配及应急反应实施；

3. 疫情防御组应立即将紧急撤离通知下达到各部门和各个作业队；

4. 接到应急领导小组下达的撤离通知后，须立即开展撤离前的准备，内容包括但不限于重要物资封存或装运、资产处置、留守人员安排、当地员工就地遣散、中方员工集中等待转移等；

5. 所有人员妥善收拾好个人行李，根据行程计划安排撤离，撤离人员做好离境前的个人及随身物品消毒工作。

（六）撤离过程中工作安排

1. 各应急职能机构组组长要及时向应急领导小组组长汇报各组的情况，组长随时掌握撤离人员方位及疫情发展情况，并向总经理部实时汇报情况。应急领导小组各组组长为最后撤离人员；

2. 外宣联络组需时刻保持与中国大使馆、医疗机构及公司总部保持紧密联系；

3. 疫情防御组负责组织人员撤离，安排车辆和筹备接应工作，最先到达撤离目的地；

4. 物资供应组负责保障撤离过程中的物资和生活用品供给，负责统计原地封存或者带走的物资和设备清单，做好物资转运和留存工作；

5. 财务支援组提供撤离过程中的资金保障，并封存财务资料；

6. 人事撤离组负责办理人员签证和机票事宜；对于就地遣散当地员工时，应做好相关的解释和说明工作，妥善处理好员工应得报酬的发放等工作；

7. 需要人员留守的，项目部须确定留守人员名单，明确留守责任，并为留守人员留足可供至少生活一年所需的经费、生活物资和生活设施，并提供能与外界保持联络的通信器材。留守人员原则上应由中方业务负责人或骨干担任，必要时也可留用少量当地员工作为留守期间的辅助人员。各分指挥部和各项目经理部须将留守人员名单报送应急领导小组，以便统一协调和安排相关留守事宜；

8. 在人员撤离工作和物资转运过程中，须加强对埃博拉疫情的防控，注意个人卫生，对人员和物品的防疫消毒，防止可能发生的病毒感染和疫情传播。

（七）到达预定地点后工作安排

1. 应立即向应急领导小组组长汇报，并进行个人及物品的全面消毒；

2. 向分指挥部和总经理部汇报。

第五章　应急程序关闭

本应急救援关闭至少需包括以下条件：

一、所有人员的生命健康安全已得到保证；

二、收到当地政府或卫生组织疫情消除的正式通知；

三、各种信息收集、整理并完成书面报告。

第六章　附　　则

一、按照本方案确定的原则和流程，结合本单位实际情况，各自制定和细化应急预案，确保任务明确，责任到人，一旦出现需要紧急撤离的情形能够迅速组织实施。

二、本方案由蒙内铁路第六项目经理部负责解释。如有需进一步补充完善之处，由公共安全部负责修订。

三、本方案自发布之日起生效，原预案废止。

附录九　罢工应急预案

罢工应急预案

1. 编制目的

为了及时、高效、妥善地控制和处理可能发生的当地雇员罢工事件，保护公司员工生命和财产安全，保证生产进度，结合本项目实际，特制定本预案。

2. 成立处理罢工领导小组

为明确中国路桥蒙内标轨铁路第六项目经理部各部门的分工，提高相互协调、配合处理当地雇员罢工事件的能力，经项目经理部研究，决定成立处理罢工事件领导小组：

组长：×××（项目常务副经理兼书记）

副组长：××（综合管理）、×××（生产管理办公室）、×××（总工程师办公室）、×××（外联部负责人），×××（物资设备管理办公室）、×××（公共安全部负责人）。

成员：项目经理部其他部门及各架子队负责人

3. 工作职责及工作程序

3.1 项目常务副经理

(1)接受总经理部及上一级突发事件指挥机构的领导，请求必要援助。

(2)监督应急预案的编制，下达应急指令。

(3)决定启动、终止相应突发事件应急预案。

(4)负责统一对外口径。

(5)向总经理部及上一级突发事件指挥机构汇报处理罢工进度及结果。

3.2 外联部负责人

(1)做好各班组雇员日常基础管理工作。

(2)以维护项目利益为出发点，适当权衡当地雇员利益，同时做好对有诉求雇员的劝说辅导工作，并做必要处理。

(3)与各班组负责人保持沟通，人事办公室应多听取各班组负责人对雇员诉求方面的汇报情况，并根据具体情况做出适当处理，以消除或减少雇员与项目人事管理的矛盾。

(4)保持信息渠道畅通。人事办公室应尽量在各班组安插眼线，以在第一时间掌握罢工动向、罢工规模、罢工目的、罢工方式。

(5)紧密接触当地政府部门。平时做好与当地相关政府部门的公关工作，便于一旦发生罢工，相应的政府部门能迅速协助项目维持秩序、保护生命财产安全及协调解决。

(6)汇报工作。一旦确认罢工事件发生，人事办公室立即汇报项目经理部，以便逐级向上汇报并确定下一步方案。

(7)安保工作。一旦发生罢工，人事办公室应立即安排警察及保安公司加强人手，提高警惕，若罢工事件有恶化趋势，也有必要联系当地警方到场维持秩序，保障项目中方人员和机械设备的安全。

(8)统计工作。一旦发生罢工,人事办公室应按班组统计参加罢工人数、罢工名单、雇员代表名单。

(9)谈判工作。当谈判条件具备后,人事办公室应代表项目经理部积极主动与工会及雇员代表进行谈判,并请当地劳工部官员或地区政府官员作为第三方介入协调,共同听取代表提出的条件并做出相应答复,直至双方达成一致,即所有罢工人员有条件地复工。

(10)事后调查。当事态平息之后,迅速调查罢工事件的煽动者,并对其做出相应处理,以避免同类事件的再次发生。

3.3 生产管理办公室、物资设备管理办公室、总工程师办公室

(1)罢工期间,尽量保证施工现场的秩序、机械设备的安全,避免公司财产遭到破坏。

(2)全力配合人事办公室处理罢工事件。

(3)事态平息之后,雇员复工之前,检查施工现场及机械设备是否存在由罢工引起的直接损失,并做好相关记录和报告。

附录十　公共安全突发事件应急救援预案

公共安全突发事件应急救援预案

第一节　处理突发事件应急预案的原则

为增强忧患意识，居安思危，减少施工事故的发生，提高自防自救意识，结合本工程的施工特点，主要针对可能出现的安全生产事故和自然灾害制定工程施工安全生产应急预案，其基本原则为：

坚持“安全第一，预防为主”的原则。通过强化日常安全管理，落实各项公共安全防范措施，查堵各种事故隐患，做到防患于未然。施工前期，针对施工过程中存在的重大危险源，提前预测，并制定公共安全事故应急救援预案，建立应急救援组织及配备应急人员，配备必要的应急救援器材、设备，以防突发事件，并定期组织演练，确保施工安全。各施工队、作业班组紧紧结合各自施工区的实际，成立抢险救灾小组，做好相关应急准备工作，包括救援器材，并定期组织演练，确保施工安全。

坚持统一领导，统一指挥，紧急处置，快速反应，分级负责，协调一致的原则。建立经理部/作业队/班组应急救援体系，做到局部利益服从整体利益，关爱生命高于一切，确保施工过程中一旦出现重大事故，能够迅速、快捷、有效的启动应急系统。

第二节　应急救援领导小组

应急救援领导小组由组长、副组长、成员三部分组成：组长由项目常务副经理担任，副组长由项目副经理、总工程师担任。

成员由项目其他领导、各部门负责人、架子队管理人员组成。

一、应急处理组织机构

以应急救援领导小组为基础，成立应急反应指挥机构，下设应急处理工作小组，应急处理技术组、应急处理监测组、应急处理物资设备组、应急处理保卫组、应急处理疏散撤离小组。应急处理工作组 24 小时值班，接到应急通知迅速组织各应急处理组、应急处理突击队赶到现场进行抢险救援。应急处理组织机构见下图。

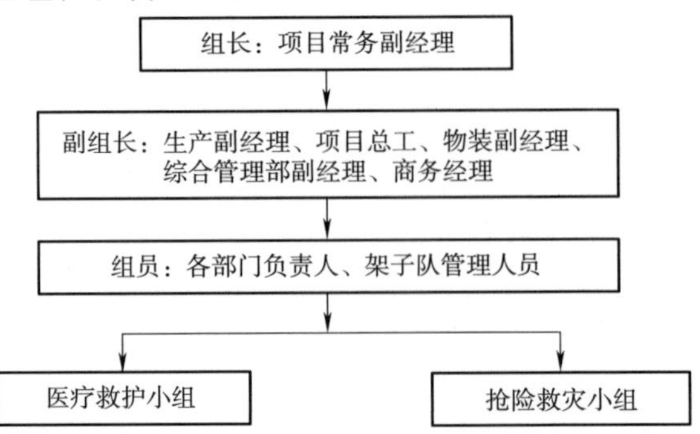

二、应急指挥中心

1. 值班人员的行动:记录事故发生区报告的基本情况;按预案规定,通知经理部所有人员到达集中地点,并规定时限;根据情况的危急程度,或按预案规定通知各应急救援组织做好应急出动准备。

2. 应急救援工作小组的行动:根据事故发生区报告的情况,指示安全技术人员进行危害估算;会同专家咨询组判断情况,研究应急行动方案,并向应急救援小组提出建议。其主要内容是:事故危害后果及可能发展趋势的判断,应急的等级与规模,需要调动的力量及其部署,公众应采取的防护措施;按应急救援小组的指令调动并指挥各应急救援组投入行动。

3. 应急级别划分

一级预警,最低应急级别,可以控制的异常事件或容易被控制的事件。

二级现场应急,属于中间应急级别,不会超出项目界限。外部人员和财产一般不会受事故的影响。这种级别表明项目内人员已经不能或不能立即控制事故,需要外部援助(如消防、医疗单位的援助)。

三级全体应急,这是最严重的紧急情况,表明事故已扩散到项目外。根据不同事故类型和外部人群可能受到影响,可决定进行安全避难或疏散。同时需要医疗和其他机构的人员支持。

第三节　报警系统和通告程序

一旦发生重大生产安全事故,项目经理部所属单位抢险救援力量不足或者有可能危及社会安全时,应立即向上级单位和相邻单位通报,必要时请求社会力量援助;社会救援队伍进入本工地后,由项目经理部生产经理负责联络,引导并告知安全注意事项。

一、应急处理程序

应急处理程序工作流程图见下图。

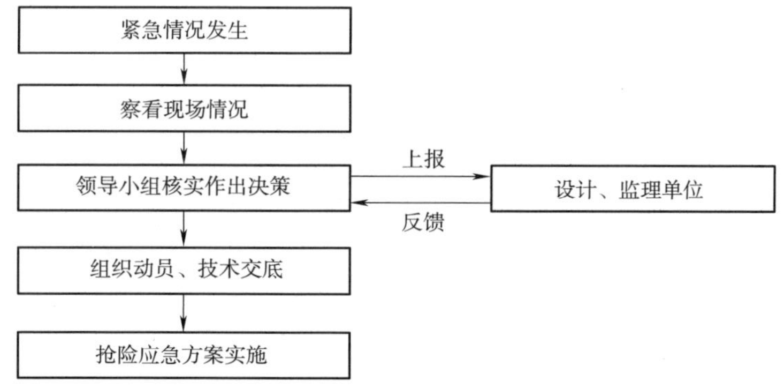

二、突发事件应急预案

根据工程特点、范围,针对施工安全风险因素,建立应急救援组织,配备必要的应急救援器材、设备,对施工现场易发生事故的部位、环节进行监控,制定生产安全事故应急救援预案。

项目部根据建设项目情况制定本标段总体应急预案,项目部根据工程设计单位的安全风险评估结果及高风险控制措施,施工安全评估及检测情况,外部作业环境及内部救援物资设备、人员的储备,以及针对本标段的总体预案等情况按类型、逐工点制定突发事件专项应急预案并按规定开展学习培训及预案演练。

项目部的专项应急预案包括应急救援组织(领导小组、救援队、应急管理办公室、应急值班室等),应急响应制度,应急物质设备情况(应附详细清单)及调配使用规定,地方公安、消防、医疗等相关机构或部门的联系方式,高风险工点应急抢险救援交通图等。专项应急预案由项目部负责组织编写,经监理单位审核后报业主,作为业主建设项目应急预案的组成部分。施工期间,应结合施工过程中危险源的监测情况、内外部作业环境的变化情况对各专项应急预案进行修改和完善,修改完善结果经监理审核后报业主备案。

附录十一　霍乱等传染疾病的防控应急预案

霍乱等传染疾病的防控应急预案

为提高本项目第六经理部预防和控制传染病能力，减轻、消除传染病的危害，保障施工人员的身体健康与生命安全，维护施工现场正常的施工秩序，认真贯彻执行“安全第一、预防为主”的工作方针，力求务实、高效、科学、有序地预防和控制传染病。

第一节　指导思想

第一条　以中国疾病预防控制措施为指导，建立霍乱等传染疾病预防和控制传染病的处理机制，迅速开展施工现场防控传染病紧急情况的处置工作，最大限度地降低损失和影响，有效、切实维护生命安全和秩序稳定。为项目员工的工作和施工场区周围居民提供更好更安全的环境，保证各种应急反应资源处于良好的备战状态，充分体现应急救援的“应急精神”。

第二节　目标任务

第二条

1. 宣传和普及传染病防控知识，提高广大施工人员的自我保护意识。

2. 完善传染病报告制度，做到早发现、早报告、早隔离、早治疗。

3. 建立快速反应和应急处理机制，及时采取措施，确保传染病不在本工程蔓延。

4. 加强环境卫生整治，动员全体施工人员集中整治环境卫生，消除发病诱因和隐患。对员工宿舍进行大扫除，及时清理脏乱差和卫生死角。

5. 每日进行施工人员身体病况排查，一旦发现发热等疑似症状的人员，立即送往医院诊治，及时对员工所在寝室所用物品进行彻底消毒，发现疫情立即向镇卫生院、疾控中心报告。

6. 严格控制新入场人员，进行登记备案，并进行健康监测，发现可疑病例，及时送往附近医院，严禁在工地留宿。

第三节　工作原则

第三条

1. 预防为主、常抓不懈。宣传普及传染病防控知识，提高全体工人的防护意识，加强日常监测，发现病例及时采取有效的预防与控制措施，迅速切断传播途径，控制疫情的传播和蔓延。

2. 规范管理、统一领导。严格执行国家有关法律法规，对传染病突发事件的预防、疫情报告、控制和救治工作实行依法管理。成立预防传染病工作领导小组，协调与落实建筑工地对传染病的防控工作。

3. 快速反应、运转高效。建立预警和医疗救治快速反应机制，增强应急处理能力。按照“四早”要求，保证发现、报告、隔离、治疗等环节紧密衔接，一旦发现疫情，快速反应，及时准确处置。

第四节 组织领导

第四条 成立建筑工地传染病防控工作小组，负责组织、指挥、协调与落实传染病的防控工作。防控工作小组：

组 长：××

副组长：××

成员及分工：

(1)宣传与教育：××。

(2)消毒与检查：××。

(3)联络与上报：××。

第五节 主要工作

第五条

1. 做好宣传教育工作。组织人员进行卫生大扫除、印发资料及宣传传染病的防控知识。

2. 加强疾病检查工作。每天由队长做好职工的检查工作，突出以班组为单位的询问制，通过一摸、二看、三问、四查的方式，细致地观察每一个工人的情绪与身体状况，有可疑病症，立即上报项目部。

3. 保持寝室空气流通。开窗通风，保证室内空气畅通。

4. 做好防范措施，每个寝室配备体温计，84 消毒液，口罩等物品。

5. 加强职工个人卫生教育。教育职工饭前便后以及班后一定要洗手，注意个人卫生，使用肥皂和流动水洗手，不喝生水。

6. 启动应急预案。如发现职工发热特别是伴有咳嗽、咽喉疼痛等，迅速隔离，立即带到当地正规卫生院就诊。

7. 实行日报告和零报告制度。完善传染病报告，做到早发现、早报告、早隔离、早治疗。“分层管理，及时落实”。若出现疫情时及时向上级领导部门报告。

第六节 应急措施

第六条 当工地出现“传染病”疫情预警时，立即启动应急处置方案后，在第一时间采取如下措施：

1. 在第一时间内向上级主管部门报告。

2. 对一般发热等病人的处理：

(1)出现发热咳嗽咽痛等症状，应及时就医，当地工人不得带病上班。发热病人退热两天后，且无反复，凭医院的健康证明，才能回岗。

(2)在规定时间内将发热人数向上级报告，并对病人作跟踪了解。

3. 对可疑病例的处理：

(1)发热病人经医院认为有传染病疑似病例嫌疑的，工地要立即报告上级主管部门。对在工地发现的病人，要在第一时间进行隔离观察通知附近的医院诊治。

(2)工地要对可疑病人所在寝室或活动场所进行彻底消毒；对与可疑病人密切接触的人员进行隔离观察。

(3)可疑病人在医院接受治疗时,禁止任何人员前往探望。

(4)工地应根据可疑病人活动的范围,在相应的范围内调整施工计划和安排。

4. 对传染病人的处理:

若“疑似病人”被医院正式确诊为传染病患者,工地要立即向上级报告,并采取一切有效措施,迅速控制传染源,切断传染途径,保护易感人群,具体要求是:

(1)封锁疫点。立即封锁患者所在寝室及班组,等待上级部门的处理意见。

(2)疫点消毒。对工地所有场所进行彻底消毒,消毒必须严格按标准操作,消毒结束后进行通风换气。

(3)疫情调查。对传染病人到过的场所、接触过的人员,进行随访,并采取必要的隔离观察措施。

5. 根据相关规定,出现因疫情原因需要部分或全部停工,按上级主管部门的通知精神执行。

第七节　保障措施

第七条　安排经费用于传染病疫情的宣传及防控工作,确保处理事件的快速反应能力。

第八节　责任追究

第八条　实行责任追究制。项目常务副经理为第一责任人,分管领导具体负责,各作业队长直接负责,其余人员一岗双责。全体管理人员必须把传染病的防控工作作为重要工作来抓,站在讲政治的高度,以对职工高度负责的态度,认真做好传染病防控工作,层层落实责任,做到防患于未然。对因工作不力、不负责任、措施不当造成工地传染病疫情扩散传播或对施工造成严重后果的,将按上级有关规定实行责任倒查,并追究相关人员。

附录十二　圣诞节期间安全预控与突发事件应急预案

圣诞节期间安全预控与突发事件应急预案

为保证圣诞节期间项目经理部和各架子队的安全与稳定，减少治安事情的发生，项目经理部要求各架子队负责人上报圣诞节期间留守人员名单。放假前各架子队必须将设备、材料妥善停放，并留足保安人员，预防偷窃事件的发生，同时项目经理部将在留守人员的基础上编制预防突发事件的应急预案。

1. 总则

1.1 编制目的

有效抗御各种恐怖事件，违法犯罪，集众闹事等突发事件给项目经理部所造成的危害，破坏和损失；及时处置各类突发事件，保证在处置工作中的组织指挥，物资保障、人员转移及抢险救灾工作高效有序进行，提高项目经理部对突发灾害的能力，最大限度减少人员伤亡和灾害损失，保证施工安全生产顺利进行；

1.2 适用范围

本预案适用于本项目经理部施工范围内的恐怖事件，违法犯罪，集众闹事等突发事件的应急处置；具体内容如下：

(1)暴力；

(2)爆炸物品；

(3)抢夺、抢劫、盗窃；

(4)投毒；

(5)谋杀；

(6)纵火；

(7)绑架、挟持人质，勒索。

1.3 工作原则

统一指挥，统一调配，分级分部门负责管理；统筹兼顾，局部服从全局；以人为本，先人后物；以防为主，防救结合；科学决策，快速反应，果断处置；团结协作，协同应对；处置暴力恐怖事件要以平息事态、控制局面、防止扩散、减少损失为主要原则。针对不同性质的事件采用的制止、宣传、保护、求援、疏散等方法，有条不紊的开展应急工作。

2. 领导机构

2.1 突发事件应急指挥部组成

项目经理部防突发事件指挥部是行使应急管理工作的领导机构，决定和部署全工地的防范管理工作。

总指挥：××；

抢险组：组长××；

安全保卫组：组长××；

后勤保障组：组长××；

事故调查组：组长××、项目经理部各责任部门领导；

善后处理组：组长××、项目经理部各责任部门领导。

2.2 突发事件应急领导机构职责

2.2.1 总指挥职责

（1）贯彻落实所在国家有关事故应急救援与处理法规、规定。

（2）接受地方政府及上一级突发事件指挥机构的领导，请求应急援助。

（3）监督应急预案的编制，下达应急指令。

（4）决定启动、终止相应突发事件应急预案。

（5）负责与新闻媒体沟通，处理一切与媒体报导，采访、新闻发布会等相关事务。

2.2.2 抢险组职责

（1）及时启动相应的应急预案，上报处置工作情况，提出处置工作建议。

（2）具体组织参与抢险救援、群众疏散、维护稳定、经费保障、人员救治，安全秩序恢复等工作。

（3）完成上级领导交办的其他任务。

2.2.3 安全保卫组职责

（1）协助抢险组执行突发事件应急指令。

（2）负责做好重点要害部位发生治安、恐怖、火灾等突发事件时应急保卫、抢救或疏散和维持现场秩序工作。

（3）负责做好与警察机关、消防部门、政府管理部门的信息沟通和外联工作。

（4）协助警察机关对恐怖信息事件的排查和调查处理。

（5）负责事件中的用车安排，事故中受伤人员送医院救治和事后索赔事宜，后勤食物及物资的供应，清洁现场卫生。

（6）负责及时向应急指挥部汇报有关突发事件应急保卫、抢救或疏散工作进展情况。

2.2.4 其他组做相应的协助工作。

3. 防范和预警

3.1 防突发事件准备工作

（1）思想准备：加强对务工人员法律法规、规章制度的宣传教育，增强法律意识，提高思想观念；做好各类突发事件的思想准备。

（2）组织准备：建立健全各架子队防范领导机构和通信网络，落实各架子队事故防范责任人，落实各项防范工作措施，加强重点区域工程项目检查与监督。

（3）工程准备：施工过程严格按照安全技术措施方案要求实施，按时完成各项施工任务，对在施工过程中出现的问题及时加以纠正，对于出现的安全隐患及时按要求进行整改落实。

（4）预案准备：修订完善事故突发预案，制定预案演练计划，并落实演练培训。

（5）物资准备：按照统一储备、统一保管的原则，完成救援物资储备配置合理充分，并配置专职责任人负责保管维护。

（6）通信准备：保证应急指挥部，应急救援领导小组成员通信信息畅通，各工区主要负责人通信信息畅通，确保灾情信息和指挥调度的及时传递。

(7)防事故检查:确保抢险救灾顺利进行,项目经理部展开自查:实行查组织、查工程、查设施、查预案、查物资、查通信为主要内容的分级检查制度,发现薄弱环节,明确责任限时整改。

(8)日常巡查:加强日常巡查工作,对于重大危险区域危险项目的安全措施落实情况进行检查监控,必须符合规定要求,发现问题立即整改。

3.2 具体事件的处理办法

3.2.1 暴力

(1)如没有伤及人员的情况下应以教育为主,劝说其放弃伤害他人、及破坏正常秩序的行为。

(2)如已伤及他人,应予立即制止,以抢救伤员为主,如情况继续恶化应以武力制止。

(3)注意观察暴力组织者的行为、特征。条件许可的话,当即擒获;不具备条件,也要想办法接近、控制,等待警察或其他队员到时再擒获。

(4)注意收集证据、保护证人。

3.2.2 爆炸物品

(1)如发现不明爆炸物,立即向领导小组报告,同时采取隔离措施,疏散人员集中至安全地带并保护好相关人员。

(2)严禁人员进出加强事故地点保卫、巡查工作。

(3)报告警察部门,请求派人排暴并协助其工作。

3.2.3 抢夺、抢劫、盗窃

(1)如发现犯罪嫌疑人没有离开施工现场,立即通报门卫保安员监控,并在第一时间向领导小组汇报,同时组织围捕。

(2)如发现犯罪嫌疑人已离开施工现场,立即向领导汇报,然后检查项目经理部的财产安全情况。

(3)如犯罪嫌疑人已伤到人员,应立即组织抢救。

(4)如犯罪嫌疑人在可监控的范围内,立即组织追捕,捉拿嫌疑犯。

(5)保护好现场、证人,在警察部门到来之前,严禁无关人员进出。

3.2.4 投毒

(1)如发现毒品,应立即报告领导小组,同时,集中所有可能接触到毒品的人员在某特定区域,加以保护,等待警察等有关部门前来检查、检验,同时提供相应的证据。

(2)发现毒品,应立即保护好现场,严禁他人出入,同时报告领导小组,请求警察等相关部门前来解决。

(3)查明毒源并切断毒源,保护好现场,严禁他人进出。

(4)如毒源蔓延,立即疏散人员至安全地点集中。

3.2.5 谋杀

(1)如犯罪嫌疑人没有离开事发现场,应立即向领导小组汇报,同时组织围捕。

(2)如犯罪嫌疑人已离开现场,立即保护好现场,保护好证人。

(3)第一时间报警,请警察部门前来侦破,同时提供相应的人证、物证等。

(4)如犯罪嫌疑人在可视范围,立即组织围捕。

3.2.6 纵火

(1)立即启动放火、灭火应急预案进行扑救灭火,同时报警。

(2)保护好现场,引导消防车进入起火区,严禁无关人员进出现场。

(3)如犯罪嫌疑人在现场,立即组织围捕。

(4)灭火后,注意保护好现场,统计损失。

3.2.7 绑架、挟持人质、勒索

(1)如犯罪嫌疑人在现场,应第一时间向领导小组汇报,同时采取围捕方式包围。

(2)正面宣传教育对话,劝其放下凶器。

(3)保护好现场,严禁无关人员进出现场。

(4)立即报警,请求支援。

(5)如犯罪嫌疑人已离开,应保护好现场痕迹等证物、证人等待警察部门前来侦破。

(6)如犯罪嫌疑人已逃离公司可视的范围内,应立即追捕,同时首要考虑人质的安全,等待警察部门前来解决。

4. 工作程序

4.1 突发事件应急救援领导小组成员接到应急指令后,立即组织全体保安员、现场施工人员,协助警察部门按区域分组对重点部位展开排查,对重点嫌疑人、可疑藏匿物品进行搜查,对存放爆炸物品现场进行控制,设置隔离警戒疏散人员,配合警察人员对重点位置(仓库、民工宿舍、食堂、洗手间、垃圾筒、大型设备、预制构件等)进行现场控制和排险、抢险工作。

4.2 项目经理部安全员、架子队长、技术员等接到启动预案指令后,配合警察人员对施工现场进行排查。

4.3 后勤保障组到现场配合事件处理中用水、用电、用车的需要。

4.4 后勤保障组接到启动预案指令后,随时准备协助抢救受伤人员,准备好救护或应急用车。

4.5 经过警察机关排查和各部门的检查处理,由项目常务副经理视情况发布预案的解除指令。

4.6 若突发事件已发生,各部门必须积极做好善后工作。

4.7 项目经理部根据参与人员在突发事件过程中的表现,进行考核并进行奖惩通报,对工作严重失职,造成重大损失和严重后果构成犯罪的,应追究其刑事责任。

4.8 全体员工要做到内紧外松,保持冷静,切勿惊慌,不得对内、对外泄露和传播恐怖信息,一定要做好保密工作。

4.9 突发事件应急救援领导小组成员均有义务做好新闻媒体的公关工作。

5. 特别提醒注意事项

5.1 恐怖袭击事件出现征兆或发生时,应当立即报告警察部门和办事处领导。报告的内容应当包括:报告单位、报告人或联系人,联系方式;恐怖袭击事件发生的时间、地点和现场情况;事件所造成的人员伤亡、财产损失等情况初步统计;事件原因的初步分析;事件发生后已采取的应急处置措施、效果及下一步工作方案等。报告采用电话和传真相结合的方式,情况紧急时可采取电话口述后传真文字方式报告。

5.2 各应急救援领导小组成员应加强请示汇报,不得压情不报、谎报、误报、错报、漏报。

5.3 所有员工要服从命令、听从指挥、积极配合,确保任务完成。

5.4 各部门在检查过程中,若发现可疑物品时,不要私自搬动或打开包装,保护控制好现场,应立即上报通知专业人员鉴定后再进行妥善处置。

参考文献

[1] 卢朋,刘新社,赵高启,等.铁路工程铺架技术与管理[M].北京:中国铁道出版社,2007.

[2] 刘彩霞.跨文化交际禁忌习俗文化研究[D].成都:四川师范大学,2010.

[3] 朱洪岩,王新,袁东梅.海外当地雇员 HSE 培训方法探索与实践[J].科技与企业,2012(13):80-80.

[4] 中铁一局集团有限公司.铁路轨道工程施工安全技术规程(TB 10305—2009)[S].北京:中国铁道出版社,2009.

[5] 王海棠.铁路 T 梁预制场规划设计研究[J].国防交通工程与技术 ,2015(S1):7-9.

[6] 程博华,张立青.铁路工程建设通用参考图《铁路 T 梁预制场平面布置图》内容要点和应用解析[J].铁道标准设计,2016,60(8):59-64.

[7] 盛辉.GPZZ 全液压往复式机械化轨排组装生产线工艺流程及实用新型发明[J].铁道建筑技术,2011(11):55-57.

[8] 彭绪娟.我国海外工程项目跨文化管理研究(第二版)[M].成都:西南财经大学出版社,2015.

[9] 孙成林.海外工程项目安全组织管理问答[M].北京:北京中商图书出版发行有限责任公司,2014.

[10] 李瑞俊.铁路桥涵工程施工技术(中册)[M].北京:中国铁道出版社,2014.

[11] 秦飞.铁路轨道工程施工技术 [M].北京:中国铁道出版社,2014.